Für Inga Bahauu
mit den besten Wünschen
für alle anstehenden
Aufgaben

Wolfgang Schäfer

Narrar la pluralidad cultural
Crisis de modernidad y funciones de lo popular en la novela en lengua española

Wolfgang Matzat/Max Grosse (eds.)

Narrar la pluralidad cultural
Crisis de modernidad y funciones de lo popular en la novela en lengua española

Wolfgang Matzat/Max Grosse (eds.)

Iberoamericana · Vervuert · 2012

Publicación financiada con el apoyo del
Programa de Cooperación Cultural "ProSpanien"

Reservados todos los derechos

© Iberoamericana, 2012
Amor de Dios, 1 – E-28014 Madrid
Tel.: +34 91 429 35 22
Fax: +34 91 429 53 97
info@iberoamericanalibros.com
www.ibero-americana.net

© Vervuert, 2012
Elisabethenstr. 3-9 – D-60594 Frankfurt am Main
Tel.: +49 69 597 46 17
Fax: +49 69 597 87 43
info@iberoamericanalibros.com
www.ibero-americana.net

ISBN 978-84-8489-626-5 (Iberoamericana)
ISBN 978-3-86527-681-0 (Vervuert)

Depósito Legal: SE-1117-2012
Printed by Publidisa

Imagen de la cubierta: Shutterstock
Cubierta: Juan Carlos García Cabrera
Impreso en España
The paper on which this book is printed meets the requirements of ISO 9706

ÍNDICE

Introducción: Crisis de modernidad y funciones de lo popular en la novela en lengua española 9
WOLFGANG MATZAT

Estrategias narrativas y socioculturales: *El pastor de Fílida* de Luis Gálvez de Montalvo 21
ANGELA FABRIS

Comunidad y sociedad en el *Quijote* y el *Guzmán de Alfarache* 35
JOSÉ MANUEL MARTÍN MORÁN

«Tened... que no soy *Ecce-Homo*»: *El Buscón*, el inconsciente político y la nuda vida 67
ROBERT FOLGER

La fuerza subversiva de la *Historia del famoso predicador Fray Gerundio de Campazas, alias Zotes* (1758) de José Francisco de Isla: el debate metatextual sobre la poeticidad de la novela 97
INKE GUNIA

La Gaviota: una lectura a contrapelo 117
HORST WEICH

Desprivatizando el *Werther*: reescritura, ironía y alegoría nacional en *Sab* de Gertrudis Gómez de Avellaneda 135
STEPHAN LEOPOLD

De Pérez Reverte a Pérez Galdós y Goya: una retrospectiva sobre el mito del Dos de Mayo 153
HANS-JÖRG NEUSCHÄFER

El sueño de un liberal: imágenes grotescas en las primeras novelas de Pérez Galdós 165
KIAN-HARALD KARIMI

Positivismo y poética: la carnavalización de las ciencias en *El doctor Centeno* de Benito Pérez Galdós 193
JUTTA WEISER

Degeneración y crisis de la provincia en *Los Pazos de Ulloa* 213
JOBST WELGE

Su único hijo y *Una medianía* de Clarín: ¿final del modelo discursivo realista-naturalista? 227
FRANCISCO CAUDET

Un cronotopo folclórico: la noche de San Juan en la novela realista española de los siglos XIX y XX 241
FRIEDRICH WOLFZETTEL

Ecos, incrustaciones, reflejos, apropiaciones y otras estrategias en narradores del siglo XX 259
M.ª CARMEN PORRÚA

Sobre *Ladrón de lunas* de Isaac Montero ante el fondo de la teoría bajtiniana 273
EBERHARD GEISLER

Intérpretes, voces y significado: a propósito de cuatro novelas del Caribe hispano 297
HÉCTOR LEÓN GARCÍA

Sobre los autores 315

Introducción:
Crisis de modernidad y funciones de lo popular en la novela en lengua española[1]

Wolfgang Matzat

Los trabajos que constituyen este volumen tienen el objetivo de indagar el vínculo entre el género de la novela y las formas de pluralidad cultural y social. En contraposición a las definiciones de la novela que se limitan a atribuirle un espectro de posibilidades estructurales y funcionales totalmente abierto, se asume aquí que existen ciertas características del género que hacen de él un medio literario idóneo para la representación de la vida social. Este enfoque se basa obviamente, en primer lugar, en la visión de la novela desarrollada en la obra de Mijaíl Bajtín. Para Bajtín la característica central del género es la tendencia hacia la dialogicidad (Bajtín 1989a). La gran ventaja de esta tesis consiste en que tiene en cuenta tanto la estructura interna de la novela como su dimensión social, vinculando así de manera estrecha la forma y la función del género. En cuanto a la estructura interna, Bajtín se refiere sobre todo al hecho de que el texto de la novela es una combinación de voces basada en la del narrador y las de los personajes ficticios. Así se da la posibilidad de formas de diálogo tanto directas como indirectas, frecuentemente irónicas. Ahora bien, estas formas de presentación del habla –según la constatación fundamental de Bajtín– siempre se basan en los usos sociales, es decir, en prácticas discursivas de la lengua contemporánea. Y es justamente el uso social de la lengua, acentuado por Bajtín en contraposición al estructuralismo lingüístico fundado por Saussure, el que causa la dialogicidad, ya que las situaciones comunicativas sociales siempre están marcadas por una tensión intersubjetiva o ideológica más o menos desarrollada. Así, el dialogismo estructural de la novela se corresponde al dialogismo social; la pluralidad de voces narrativas, a la pluralidad que marca toda sociedad y toda cultura. Como mostrarán los ensayos reunidos en este tomo, el dialogismo novelesco

---

[1] Los trabajos publicados en este tomo fueron presentados en una Sección del 17 Congreso de la Asociación Alemana de Hispanistas en Tubinga (18 al 21 de marzo de 2009) que llevó el título «Novela y pluralidad cultural».

puede presentar aspectos muy distintos según la época y la situación social consideradas: puede radicar en la pluralidad de estamentos y clases sociales, en la pluralidad que resulta de la copresencia de distintos estados históricos –es decir, la confrontación entre progreso y tradición–, en la pluralidad de regiones y la tensión entre periferia y centro, en el diálogo entre las generaciones y los sexos.

Sin embargo, sería erróneo limitar la función de la novela a la representación de formas diversas de la pluralidad, ya que también se relaciona con la tendencia contraria, la tendencia hacia la unidad social y cultural. También este aspecto contrario se refiere en la misma medida a la realidad social modelada por la novela y a la estructura interna de esta última. En cuanto a la realidad social, obviamente la noción de pluralidad no tendría sentido si no se relacionara con nociones de homogeneidad y de unidad, ya que sin estas nociones no sería posible percibir la pluralidad como tal. Y así el propio Bajtín constata que, en el idioma social, siempre se manifiesta una lucha entre el movimiento 'centrífugo' (Bajtín 1989a: 88 ss.), el movimiento hacia la pluralidad lingüística que corresponde a la tendencia hacia la diferenciación y la individualización inherente a las asociaciones sociales, y el movimiento 'centrípeto' que intenta contrarrestar la tendencia hacia la disolución y obedece a un anhelo de unidad igualmente arraigado. La novela participa de esta segunda tendencia en la medida en que su idioma respeta las normas lingüísticas instituidas y presenta un estilo homogéneo. Así, Bajtín distingue dos líneas estilísticas de la novela que marcan la evolución del género desde la Antigüedad (Bajtín 1989a: 182 ss.) y que reflejan este dinamismo centrípeto y centrífugo de la lengua social, considerando, sin embargo, la segunda línea, la línea dialógica, como la más importante.

La vinculación de la evolución de la novela con el movimiento hacia la unidad social se acentúa en algunos estudios más recientes que atribuyen al género una función específica para la formación de una conciencia nacional. El primero que enunció esta tesis fue Benedict Anderson (2006: 22 ss.), que adscribe a la novela un papel parecido al de la prensa para la constitución de un público nacional basándose sobre todo en la capacidad de la novela de presentar de manera más o menos simultánea un gran número de personajes que pueden percibirse así como miembros de la misma sociedad. Le siguieron Doris Sommer (1991) y Franco Moretti (1999). Sommer, indagando la vinculación de las historias de amor contadas en novelas latinoamericanas del siglo XIX con la trama política que les sirve de trasfondo para descubrir la función común de modelar un deseo amoroso por la patria. Moretti, reconstruyendo la geografía de las novelas europeas, tanto del Siglo de Oro español como del siglo XIX inglés, para interpretarla como un cronotopo nacional. Moretti, además, acompaña su tesis con una crítica explícita de Bajtín afirmando que la novela tiene más bien la función de presentar modelos de superación de conflictos sociales que la de darles expresión (Moretti 1999: 45).

Los trabajos que se presentan aquí tienen en cuenta ambas tendencias y desarrollan una visión del género en la que sobresale una relación dialéctica entre una visión monológica de la cultura y la tendencia hacia la polifonía y el pluricentrismo. Esta dialéctica se presenta de formas diversas según las épocas históricas consideradas, pero manifiesta también rasgos comunes. Una de las características recurrentes que se desprende del panorama histórico desarrollado en este tomo, que abarca la historia del género desde el Siglo de Oro hasta el siglo XX, es la puesta en escena de conflictos motivados por la evolución de la sociedad. Así, damos con formas de pluralidad cultural que resultan de la diferencia de velocidad de la modernización en distintos sectores sociales y de las nuevas formas de diferenciación social y cultural vinculadas a este proceso. En el caso de tales conflictos es posible tanto una presentación dialógica como la afirmación de un punto de vista único y de una visión monológica, por ejemplo cuando se propone una visión conservadora, crítica en cuanto al desarrollo histórico, o una visión en favor del progreso. Los textos que se tratarán en los artículos que siguen se refieren a tres paradigmas distintos de este enfoque histórico-social: la modelación del dinamismo social renacentista y barroco en la novela del Siglo de Oro, la famosa lucha de las 'dos Españas' como tema central de la novela realista y naturalista y a las formas de la crisis de la modernidad que marcan la literatura del siglo XX. En este contexto se tendrán en cuenta también oposiciones culturales que se vinculan con el dinamismo del desarrollo histórico, sobre todo la oposición de periferia y centro o de campo y ciudad, particularmente frecuente en la novela del siglo XIX.

Un segundo enfoque que une gran parte de los trabajos que siguen –por lo demás vinculado estrechamente con el primero– resulta del papel importante atribuido en ellos a las manifestaciones de la cultura y el discurso populares. Este enfoque se refiere a una forma de pluralidad cultural específica que resulta de la diferenciación de clases sociales que acompaña la evolución histórica. La importancia dada a la vida y al punto de vista del pueblo y a un lenguaje popular corresponde, por supuesto, a la visión bajtiniana de la novela. Sobre todo en su tratado sobre «Épica y novela», Bajtín caracteriza el género como expresión de una visión popular de la sociedad (Bajtín 1989c). Al contrario que la epopeya, en la que domina la veneración de un pasado tanto lejano como idealizado, la novela presupone un punto de vista contemporáneo que hace posible una relación de proximidad entre los lectores y los hechos representados. Y esta contemporaneidad está, para Bajtín, vinculada estrechamente a la risa y particularmente a la «risa popular» (Bajtín 1989c: 466), ya que «la risa [...] destruye la distancia épica y en general, todo tipo de distancia jerárquica» (468). He aquí el vínculo entre la teoría del carnaval y la literatura carnavalizada, por una parte, y la tesis de la dialogicidad fundamental de la novela, por otra. La palabra novelesca radica, para Bajtín, en la cultura popular, considerada como contracultura (cf. Bajtín 1987), y, por lo tanto, el diálogo puesto en escena por la novela es, por lo menos en sus formas típicas, un diálogo entre los discursos oficiales de una cultura y un contradiscurso popular, el discurso carnavalesco radicado en la plaza del mercado. Sin embargo –y esto hay que acentuarlo particularmente en nuestro contexto– lo popular no sólo tiene esta función dialógica sino que también puede apoyar el anhelo de unidad e identidad cultural. También esta posibilidad, aunque parece contradecir la teoría de lo carnavalesco, está implicada en los textos de Bajtín, sobre todo en sus reflexiones sobre el cronotopo idílico. Las «bases folclóricas» de este cronotopo (Bajtín 1989b: 357) residen en «la unidad total del tiempo» (360) que resulta de la vinculación estrecha de la existencia humana con los ciclos temporales de la naturaleza y una vida colectiva sin fisuras.[2] Aun cuando hacemos abstracción de la perspectiva histórica de Bajtín influida obviamente por la noción utópica de una sociedad sin clases que marca el comienzo y el fin de la historia, hay que tener en cuenta la posibilidad de una valoración del pueblo en la cual la gente sencilla, sobre todo del ámbito rural, es considerada como la base vital de la sociedad, como guardián de las tradiciones castizas y, por lo tanto, como fuente de una iden-

---

[2] Así, en *Las formas del tiempo y del cronotopo en la novela*, la visión de la novela de Rabelais se distingue de una manera obvia de la que se presenta en el libro a él dedicado. Mientras que en este libro sobre Rabelais los textos son el ejemplo de una literatura carnavalesca que logra, a través de la risa, la liberación de las restricciones culturales, en este caso de la cultura represiva de la Edad Media, en los estudios sobre el cronotopo, la obra de Rabelais (Bajtín 1989b: 318 ss.) marca el regreso a un cronotopo idílico que precede la desintegración social ya manifestada en la novela antigua.

tidad colectiva y nacional. Se trata de una visión del pueblo particularmente difundida desde el Romanticismo y que contribuye a las concepciones de la historia nacional desarrolladas durante el siglo XIX. Así se explica que el material popular y folclórico ocupe una posición clave en la dialéctica entre dialogismo y monologismo cultural, ya que puede motivar la parodia de los valores culturales vigentes y al mismo tiempo constituir un símbolo del verdadero centro de la cultura nacional. Los estudios que siguen dejan entrever la posibilidad de que el enfoque en lo popular pueda ser considerado como una característica bastante típica de la novela española y latinoamericana, ya que marca gran parte de la evolución del género desde la picaresca y el *Quijote* hasta las novelas realista –con el gran ejemplo de Galdós– y moderna, sobre todo latinoamericana.

Los tres estudios dedicados a la novela del Siglo de Oro que abren este tomo presentan de manera diversa los enfoques que acabo de esbozar. El artículo de Ángela Fabris que trata la novela pastoril tomando como ejemplo *El pastor Fílida* de Luis Gálvez de Montalvo, en primer lugar, llama la atención sobre un hecho fundamental para el desarrollo de la novela desde el Renacimiento: la aproximación del espacio ficticio del mundo real del autor y de los lectores. A la ubicación del espacio bucólico en una España contemporánea, que ya se puede constatar en la novela canónica de Montemayor, se vincula la modelación de un tiempo lineal más cercano al tiempo histórico real, que el tiempo más bien estático de las novelas que siguen el ejemplo de *La Diana*. Obviamente este acercamiento a la realidad es la condición previa que hace posible la puesta en escena de la temática social. Así, la sociedad de pastores representada en las novelas pastoriles constituye tanto un testimonio de la pluralidad cultural, –ya que presupone la conciencia de la diferencia entre cortesanos y campesinos– como la visión utópica de una sociedad homogénea que supere las diferencias entre los estamentos. Según las observaciones de la autora, la novela de Gálvez de Montalvo presenta esta problemática de una forma más aguda que las novelas pastoriles anteriores, al indicarse de manera reiterada, por las intervenciones del narrador, la pertenencia de los pastores al ámbito cortesano. Esta puesta en escena de la instancia narrativa, mucho más destacada que en el caso de Montemayor, abre al mismo tiempo la posibilidad de una relación dialógica con los personajes ficticios en la que no solo se cuestionan las convenciones de la novela pastoril, sino también la noción idealizada de una cultura cortesana universalizada. José Manuel Martín Morán, en su estudio comparativo del *Guzmán de Alfarache* y del *Don*

Quijote, relaciona las dos novelas, de manera explícita, con problemas de la constitución de una sociedad moderna. Se basa en la distinción de Ferdinand Tönnies de dos tipos de asociación humana, la comunidad (*Gemeinschaft*) típica de la era preindustrial y la sociedad (*Gesellschaft*) que se forma a partir de la relaciones comerciales de la modernidad y el racionalismo correspondiente. Desde este punto de vista, ambas novelas se interpretan como negociaciones dialógicas respecto a los dos modelos sociales. Mientras que en el *Quijote* se afirman los valores comunitarios –el discurso de la Edad de Oro representa en este contexto un pasaje paradigmático– al contrario del individualismo de la sociedad moderna, la vida del pícaro Guzmán es vista como un aprendizaje de las reglas de esta sociedad. Martín Morán tiene en cuenta también la estructura del discurso de las novelas al mostrar que la modelación de la instancia narrativa y las formas de diálogo con el lector se corresponden a la alternativa desarrollada en el nivel de contenido. Una observación particularmente interesante en cuanto a la función de lo popular se refiere al papel de Sancho Panza en su relación con Don Quijote. El representante del pueblo y de la risa popular se asocia en este caso, según la interpretación de Martín Morán, a la forma moderna de la sociedad, ya que comprende la relación con su amo en términos comerciales antes de ser convertido al ethos comunitario representado por Don Quijote. El carácter ambivalente de lo popular se encuentra en el centro del estudio de Robert Folger sobre el *Buscón* de Quevedo. Folger sostiene la tesis de que «la novela moviliza los recursos novelescos para la evocación de la pluralidad cultural de la sociedad española del Barroco, sobre todo de la cultura 'popular', con el fin de combatir esa pluralidad» (p. 67). La puesta en escena del punto de vista popular es, en este caso, un juego irónico que sirve para corroborar la visión del mundo de la aristocracia. Por lo tanto, la representación carnavalesca de la vida del pícaro no tiene la función de cuestionar los valores de las élites culturales; más bien constituye el símbolo de un 'estado de excepción' permanente, y asimismo del sistema político de las sociedades modernas. Para apoyar esta constatación, Folger se refiere a la noción del *homo sacer* desarrollada por Giorgio Agamben. El pícaro es visto así como «el doble del soberano» o como representante de los súbditos del Estado absolutista y las formas modernas de éste de reglamentar la vida de los individuos. Las representaciones de la vida corporal, del 'cuerpo grotesco', según Bajtín, cambian el significado en este contexto, ya que señalan el nexo del poder moderno con la emergencia de la 'nuda vida' establecido por Agamben. El hecho de que

Pablos escriba su vida en América constituye un argumento más en favor de esta tesis, ya que la colonia es un espacio que se presta particularmente a la aplicación de los presupuestos de Agamben respecto a las condiciones que producen la 'nuda vida'.

El trabajo de Inka Gunia muestra cómo la dialogicidad inherente en la novela del Siglo de Oro se traslada a otro contexto histórico. La novela en que se centra el estudio de Gunia, *La historia del famoso predicador Fray Gerundio de Campazas alias Zotes*, de José Francisco de Isla representa, en primer lugar, un testimonio típico de la Ilustración española al proponer una reforma de la práctica de la predicación. Sin embargo, al mismo tiempo sigue la tradición del *Quijote* y de la novela picaresca por el estilo irónico-burlesco y el juego metaficcional, combinando así la intención seria de propagar una forma del discurso religioso que se corresponde con el avance cultural en cuanto a la razón y la moral con una forma novelesca que, según Bajtín, tiene su origen en la risa popular. También aquí el recurso a la tradición baja y popular de la novela no permite una interpretación unívoca. Por una parte, el discurso lúdico se puede considerar como parte de una lucha por una práctica más libre y más humana en la enseñanza religiosa, y por lo tanto, como aliado con el progreso; por otra parte, podría leerse como la expresión de cierto escepticismo respecto a los intentos de renovación de la cultura.

La Gaviota de Fernán Caballero, es decir, Cecilia Böhl de Faber, la novela tratada por Horst Weich se presenta a primera vista como un ejemplo muy claro de la valoración romántica de la cultura popular y, al mismo tiempo, de una visión del pueblo y la vida del campo unida a una ideología conservadora. Por ello, la novela se podría leer, tal como Weich anuncia al principio de su trabajo, a modo de «mera novela de tesis y de propaganda retrógrada» (p. 118). En lo que sigue, sin embargo, Weich quiere demostrar en su «lectura a contrapelo» de la novela, que esta alianza de lo popular con un monologismo al servicio de una ideología conservadora no puede mantenerse en el transcurso del texto, ya que la puesta en escena de la cultura popular se hace parte de un diálogo en el que se afirman los valores de la emancipación y la liberación. La protagonista popular, probablemente en contra a las intenciones –por lo menos conscientes– de la autora, asume rasgos de «mujer romántica transgresora y rebelde» (p. 129). El material popular cambia así de signo y se une, de manera solapada, con un romanticismo liberal que combate los valores burgueses. El tema de la contribución de Stephan Leopold gira entorno a la novela de la autora cubana Gertrudis Gómez de Avellaneda, publicada pocos años antes de *La Gaviota*. En ella se presenta una imagen bastante distinta del papel del pueblo en la formación de una cultura nacional con el motivo del contexto colonial de la novela. Como muestra Leopold, la autora cubana dota la historia de amor contada en su novela de una dimensión política más abierta en comparación con las novelas sentimentales y románticas europeas –uno de los modelos intertextuales es el *Werther* de Goethe, ya señalado por el nombre de la protagonista femenina, Carlota–. El amor entre el mulato Sab, hijo de esclavos, por la hija de un hacendado blanco tematiza la pluralidad étnica de la isla caribeña, entonces todavía colonia de España. El hecho de que este amor quede frustrado –Carlota contrae un matrimonio infeliz con un mercader inglés– le aporta el valor de visión utópica del desarrollo de la colonia que, de hecho, nunca llegó a tener lugar.

Dentro de los estudios dedicados a la novela del XIX se pone un acento especial en la obra de Pérez Galdós. Hans-Jörg Neuschäfer se ocupa en su artículo de un ejemplo de los *Episodios nacionales*, el episodio con el título *El 19 de marzo y el 2 de mayo*, uno de los puntos culminantes de la Primera Serie. Este texto es otro ejemplo de la vinculación del tema de la modernización y del progreso con la concepción bajtiniana de la novela como expresión de un punto de vista popular. La representación de los sucesos del 2 de mayo de 1808, la lucha del pueblo madrileño contra los opresores franceses, señala el papel atribuido por Galdós al pueblo para la constitución de una conciencia nacional –en este caso de una conciencia nacional liberal, y no conservadora como en *La Gaviota*–. Pero esta imagen del pueblo es contrapuesta por Galdós a otra imagen, la del motín de Aranjuez del 19 de marzo, en el que dominan las fuerzas subversivas, aunque movilizadas en favor de la toma de poder del hijo del rey, el futuro Fernando VII, y de este modo, por una causa conservadora. La comparación que hace Neuschäfer entre la versión galdosiana de estos hechos con la que se presenta en una novela reciente de Pérez de Reverte pone de manifiesto la maestría de Galdós en el manejo del dialogismo inherente al género. También Kian-Harald Karimi escoge dos textos tempranos de Galdós, *El audaz* y *La Fontana de Oro*, para indagar la manera compleja en la que se presenta la ideología liberal en estas llamadas novelas de tesis. En ambas novelas Galdós trata ejemplos tempranos de la lucha de las dos Españas, en *El audaz* a través de la representación de un protagonista que combate por los ideales de la Revolución Francesa en la España de 1804; en *La Fontana de Oro*, narrando el destino de un liberal perseguido durante el reinado de Fernando VII. Karimi pone el acento en la función de las escenas oníricas que marcan ambas novelas y en las que los protagonistas forman imágenes grotescas de sus adversarios y de la persecución que sufren por ellos. Presenta la tesis de que estas escenas rompen el binarismo ideológico que se corresponde al compromiso liberal de Galdós, pues al vincular los objetivos políticos de los liberales con obsesiones irracionales que los alejan de la realidad, éstos asumen rasgos del irracionalismo de sus enemigos. Así, lo grotesco –que según Bajtín representa un papel fundamental para el dialogismo de la novela– produce una diseminación del significado político que no se deja controlar. Jutta Weiser, en su estudio de *El doctor Centeno*, describe otro aspecto del dialogismo de las novelas de Galdós que atestigua el escepticismo profundo del autor maduro. Weiser muestra en su interpretación que la novela pone en escena un diálogo de discursos científicos con discursos que cuestionan el ideal del progreso contenido en los primeros. La ciencia moderna se representa por la astronomía, como ya se indica por la ubicación del comienzo de la novela cerca del observatorio de Madrid, y por el discurso médico desarrollado con motivo de la enfermedad de Alejandro Miquis, el último amo de Centeno. En el lado contrario se encuentra una mezcla discursiva muy interesante, típica de la pluralidad cultural española del siglo XIX, que abarca los discursos religioso, literario y popular. El diálogo entre ciencia, por una parte, y religión y poesía, por otra, se despliega mediante el personaje de Federico Ruiz, amigo de Miquis, que es al mismo tiempo astrónomo y autor de comedias, además de soñar con reemplazar los nombres mitológicos de los planetas por nombres de santos. El discurso popular se introduce por el personaje del joven Centeno que, con su existencia picaresca, recuerda a la tradición popular de la novela del Siglo de Oro. Su relación dialógica con el discurso científico se pone en escena sobre todo al final de la novela, cuando Centeno formula en su jerga picaresca versiones paródicas de los diagnósticos dados a Miquis. Así pues, en este caso, lo popular se encuentra en el lado opuesto al progreso, pero no de manera absoluta, ya que Centeno también intuye los métodos más avanzados de la medicina.

Los estudios sobre la novela realista-naturalista continúan con las contribuciones de Jobst Welge, Francisco Caudet y Friedrich Wolfzettel. Jobst Welge se refiere, en su artículo sobre *Los Pazos de Ulloa*, sobre todo a la relación dialógica entre ciudad y campo, entre centro y periferia, que marca la novela de Emilia Pardo Bazán. En esta novela se desmienten tanto los valores atribuidos a la vida campesina como la visión positiva del progreso frecuentemente unida –por ejemplo en *Doña Perfecta* de Galdós– al ámbito urbano.

Así, la novela presenta una alternativa poco alentadora: en la ciudad, la tendencia hacia la decadencia física cuestiona los valores de la modernidad; el campo es el reino de la barbarie y de la inmoralidad, lo que no excluye pactos pasajeros con la modernización política, como se muestra en el personaje de Primitivo, candidato de los liberales en las elecciones a las Cortes. Francisco Caudet se ocupa en su artículo sobre *Su único hijo* de Leopoldo Alas «Clarín» de un ejemplo de la representación del espacio provincial igualmente pesimista. Todos los intentos de Bonis, el protagonista masculino, de la búsqueda de un hogar fracasan, ya que ni la reminiscencia de sus orígenes humildes y de la vida campesina de sus antepasados, ni la esperanza de una regeneración a través del hijo, se presentan como promesa de salvación. Tampoco el arte, encarnado por la cantante de ópera Serafina, constituye una alternativa viable a la existencia burguesa en el ámbito agobiador de la provincia. El escepticismo de Clarín se refiere igualmente a los valores del progreso, lo que se manifiesta no sólo en el nivel del contenido −en el papel poco lucido de los empresarios alemanes, los Koerner− sino también en el hecho de que rompe con el modelo de la novela realista-naturalista al abandonar la causalidad inherente a los hechos narrados para dotar el narrador de poderes soberanos. De este modo, compara Caudet al narrador de Clarín con un titiritero que dispone de los personajes según sus veleidades para afirmar así el poder de la ficción sobre el determinismo positivista. El diálogo intertextual con las novelas realista y naturalista −entre ellas *La Regenta* del propio Clarín− lleva así a la negación de toda posibilidad de darle un sentido a la historia. El estudio de Friedrich Wolfzettel sobre «el cronotopo folclórico» de la noche de San Juan abarca toda un serie de novelas, en su mayoría de orientación regional, *Pepita Jiménez* de Juan Valera, *Gloria* de Pérez Galdós, *Tal palo, tal astilla* de Pereda, *La barraca* de Blasco Ibáñez, *Tigre Juan* y *El curandero de su honra* de Pérez de Ayala. La investigación llevada a cabo por Wolfzettel en cuanto a las distintas representaciones de la fiesta popular y los mitos populares vinculados con ella en las novelas mencionadas es otra prueba de la polivalencia del material popular. Por una parte, la idea de una renovación vital según los ritmos de la naturaleza inherente en la fiesta del solsticio puede unirse con las esperanzas liberales de romper las cadenas de las costumbres añejas como en las novelas de Valera o Pérez de Ayala, en las que los protagonistas se liberan de las restricciones del catolicismo tradicional y los deberes de la honra; por otra parte, en las novelas de Pereda e Ibáñez, los fuegos de la noche de San Juan se vuelven un símbolo de las destrucciones causadas por la modernización.

La contribución de María del Carmen Porrúa constituye un primer ejemplo de cómo la pluralidad cultural se manifiesta en la novela moderna. En su artículo se tratan dos autores, Ramón del Valle-Inclán y Juan Goytisolo, cuya posición más o menos periférica en la cultura española lleva a una práctica intertextual sin límites. A través de las citas o «incrustaciones» de otros textos –según el término utilizado por la autora–, Valle-Inclán y Goytisolo se refieren de manera parecida a un espectro de culturas ajenas tanto geográfica como históricamente. María del Carmen Porrúa destaca de manera particular la representación de la cultura americana colonial y poscolonial en *Tirano Banderas* de Valle-Inclán y, en el caso de Goytisolo, subraya la postura intercultural del autor refiriéndose a las citas de textos tanto del Siglo de Oro español –con el ejemplo de San Juan de la Cruz– como de la novelística internacional con los ejemplos de Tolstoi y Proust. La respuesta a las crisis de modernidad que España vivió en el siglo XX y que ambos autores sintieron de una manera muy aguda consiste en una apertura de la cultura castiza hacia otras culturas tanto del pasado como del mundo contemporáneo. Al estudio de estos autores canónicos de la narrativa moderna se añade, con el artículo de Eberhard Geisler, un trabajo sobre un ejemplo de la narrativa reciente, el *Ladrón de lunas* de Isaac Montero (1998). Geisler adopta para su interpretación de la novela una perspectiva explícitamente bajtiniana, de acuerdo con el asunto de la novela. El protagonista puede considerarse como un ejemplo extremo del proteísmo del pícaro. Después de la Guerra Civil asume, por medio de dos matrimonios simultáneos, dos identidades: la de un obrero de orientación comunista y la de un burgués partidario del régimen de Franco. Así el texto pone en escena, de manera francamente carnavalesca, otra versión del antagonismo de las dos Españas y de las culturas políticas correspondientes. Otro ámbito cultural se introduce en el texto cuando el protagonista, al abandonar a sus dos mujeres, se va al Caribe. Sin embargo, a pesar de esta tendencia a la afirmación de la pluralidad de la cultura española, es decir, hispana –Geisler matiza de este modo su lectura bajtiniana– inscribe Montero en su texto también un anhelo de unidad y de identidad que se refiere tanto a la experiencia individual como a la historia colectiva. El significado trascendental que adquiere el destino histórico colectivo en el pensamiento moderno previene además, por lo menos en parte, la relativización por la risa carnavalesca.

El volumen concluye con una mirada sobre la modernidad o más bien postmodernidad latinoamericana. Con los textos seleccionados para su contribución, Héctor León García añade también una pieza más a la temática de lo popular que constituye el *Leitmotiv* más importante de este tomo. Se trata de «novelas de intérpretes», según la terminología del autor, publicadas entre 1984 y 1990 por el cubano Lisandro Otro, el puertorriqueño Luis Rafael Sánchez y los venezolanos Eduardo Liendo y José Napoleón Oropeza, que narran las vidas y carreras de cantantes populares famosos del Caribe. En cuanto a la forma de estas novelas, León García insiste en la polifonía de las voces que les dota de una textura polifacética de acuerdo con la pluralidad cultural del Caribe. Pero al mismo tiempo se construyen un imaginario colectivo y una memoria común que tienen su fundamento en las canciones populares interpretadas por los protagonistas de estas novelas. Así, las dos funciones de la cultura popular, destacadas en el curso de las contribuciones de este volumen se encuentran reunidas en este caso: la afirmación de una pluralidad que contradice los modelos de unidad social y nacional abogados por las élites y la constitución de una identidad colectiva. Desde una perspectiva poscolonial esta forma del rescate de lo popular se podría explicar por el hecho de que la contracultura popular asume este estatus privilegiado en la medida en que posibilita la relación dialógica con las culturas del primer mundo, de Europa y Norteamérica.

Bibliografía

Anderson, Benedict (1991/2006): *Imagined communities. Reflections on the Origin and Spread of Nationalism.* London: Verso.

Bajtín, Mijaíl (1979a): «La palabra de la novela». En: Mijaíl Bajtín, *Teoría y estética de la novela. Trabajos de investigación.* Traducción de Helena S. Kirúkova y Vicente Cazcarra. Madrid: Taurus, pp. 77-236.

— (1979b): «La formas del tiempo y el cronotopo en la novela». En: Mijaíl Bajtín, *Teoría y estética de la novela. Trabajos de investigación.* Traducción de Helena S. Kirúkova y Vicente Cazcarra. Madrid: Taurus, pp. 237-409.

— (1979c): «Épica y novela (Acerca de la metodología del análisis novelesco)». En: Mijaíl Bajtín, *Teoría y estética de la novela. Trabajos de investigación.* Traducción de Helena S. Kirúkova y Vicente Cazcarra. Madrid: Taurus, pp. 449-485.

— (1987): *La cultura popular en la Edad Media y el Renacimiento. El contexto de François Rabelais.* Madrid: Alianza.

Moretti, Franco (1999): *Atlas of the European novel, 1800-1900.* London: Verso.

Sommer, Doris (1991): *Foundational Fictions. The National Romances of Latin America.* Berkeley: University of California Press.

Estrategias narrativas y socioculturales: *El pastor de Fílida* de Luis Gálvez de Montalvo

Angela Fabris

El pastor de Fílida (Madrid, 1582) del alcarreño Luis Gálvez de Montalvo se ubica claramente en la trayectoria de la novela pastoril española que, hasta aquella época, contaba principalmente con un texto, *Los siete libros de la Diana* de Jorge de Montemayor (Valencia, aprox. 1559) y sus continuaciones, en particular *La Diana enamorada*, de Gaspar Gil Polo (1564). La ubicación de la *Fílida*, de forma clara y reconocida, en el interior de esta línea, reside en el hecho de que personajes, tiempo y espacio, además de su alternancia entre prosa y verso, se pueden tipificar –con diferentes niveles de proximidad– dentro de las convenciones típicas del marco pastoril en su variante ibérica. El mismo título, otorgando preeminencia a un nombre femenino en lugar de a una denominación espacial, evidencia su localización en la órbita del texto de Montemayor, aunque los puntos de contacto con la *Arcadia* de Jacopo Sannazaro hayan sido repetidamente señalados por la crítica. En particular, a propósito de un cierto número de pasajes que dialogan con otros tantos espacios textuales de la *Arcadia*[1] y por el «escaso interés narrativo» –según Julián Arribas Rebollo en las páginas introductorias de su reciente edición de la *Fílida*[2]– que algunos comentarios atribuyen a la influencia del modelo italiano.

Sin embargo, frente a los más de ochenta años que separan la *Arcadia* y su complicada historia editorial –desde finales del siglo XV hasta la edición de Summonte en 1501– respecto a la impresión de la *Fílida*, la vecindad, también cronológica, con el modelo ibérico de Montemayor asegura un diálogo provechoso, marcado por un cierto grado de autonomía, sobre todo si se consideran algunas coordenadas, tales como el tiempo y el espacio, por un lado, y el papel del narrador, por el otro. Coordenadas fructíferas, en particu-

---

[1] Véase, a propósito, el reciente artículo de Martínez San Juan (2001) sobre las relaciones con la *Arcadia* y con *Il Cortigiano*.
[2] Cf. Arribas Rebollo 2006: 20.

lar, frente al panorama ibérico de la novela pastoril del siglo XVI y al ámbito fluido de la época en su orientación hacia la novela moderna.

Otro punto de particular interés –y siempre activo en la dimensión ficticia pastoril– es el perfilamiento, en el interior de la *Fílida*, de los reflejos del ámbito cultural de pertenencia: el universo cortesano. En este sentido, uno de los puntos que ofrecen una mayor cuestionabilidad es el del disfraz bucólico del mundo cortesano que, aunque presente y activo en la novela pastoril y cortesana de la época –pensemos también en *La gitanilla* (1613) de Cervantes, o en *Las fortunas de Diana* (1621) de Lope– en el caso de Gálvez de Montalvo y de sus pastores parece hacerse más fluctuante y transparente, sin producir un pleno traslado a un mundo poético situado en una dimensión imaginaria y atemporal como el espacio arcádico.

El primer paso en esta dirección, pues, será analizar la relación instituida, por parte de la *Fílida*, con el instrumental bucólico en su etapa ibérica. En detalle, el argumento del texto de Gálvez de Montalvo lo componen una serie de casos de amor insertos en un escenario pastoril, donde el punto de partida es la llegada a la ribera del Tajo del joven Mendino, disfraz bajo el cual se esconde don Enrique de Mendoza y Aragón, nieto del cuarto duque del Infantado y dedicatario de la obra, según lo que se declara en la carta proemial. Es decir, uno de los disfraces presentes en el texto –otro sería el del mismo Gálvez de Montalvo, oculto bajo la máscara de Siralvo, el pastor enamorado de Fílida y, en cuanto tal, protagonista del conjunto– que, con otros de la novela, ha sido objeto de análisis como supuestas señales de un proceso de literarización de la vida a partir de rasgos autobiográficos.[3]

Después de la llegada de Mendino al lugar mencionado y del desarrollo de varios casos de amor, el recorrido finaliza con la celebración de un juego de sortija en «un ancho prado»,[4] en el mismo espacio donde todo había comen-

---

[3] La tendencia a interpretar el texto en función de su presunto contenido autobiográfico ha dado vida, a partir de la edición valenciana de Mayáns y Siscar, en 1792, a repetidas tentativas de asegurar una identidad histórica a algunos de sus personajes, identidades que tenían, además, que ser inmediatamente reconocibles para los lectores de la época. Otro punto, en parte relacionado con este carácter autobiográfico, y sobre el cual se ha detenido la crítica, es el de su supuesta calidad de *roman à clef*, del cual, sin embargo, ya se ha perdido la llave (cf. Arribas Rebollo 2006: 25).

[4] Gálvez de Montalvo 2006: 395. A partir de este momento, todas las citas de *El pastor de Fílida* en el cuerpo del texto se referirán a esta edición, con la indicación entre paréntesis de la página pertinente.

zado, a las orillas del Tajo. Es decir, el mismo lugar elegido de forma exclusiva a lo largo de la novela –un único, aunque extenso, perímetro espacial– y su localización en tierra ibérica. Este último punto, anclado a unas referencias toponímicas diseminadas en el conjunto, es un rasgo propio de la literatura bucólica española, común a todos sus autores; con la sola excepción de Lope de Vega y su regreso a la antigua Arcadia. Localización española que, en su interior, se caracteriza por el coexistir de dos tendencias repartidas entre las novelas pastoriles de la época: por un lado, la de Montemayor y Gil Polo que eligen, como eje central, los alrededores de León; por el otro, la preferencia acordada, a partir del modelo de las *Églogas* de Garcilaso, por el paisaje del Tajo, como en el caso de Gálvez de Montalvo y de Cervantes en su *Galatea*.[5]

La situación de la *Fílida* en las orillas del Tajo produce consecuencias tales como el radicarse en el suelo ibérico, un mayor distanciamiento frente al clásico repertorio mitológico, evocado –en su abstracción– sólo en algunas secciones y, finalmente, el perfil de una relación física entre el paisaje y los seres humanos que lo pueblan.

La conexión con el suelo español se hace evidente principalmente en la estratégica mención del Tajo en las líneas iniciales del trazado, al llegar Mendino a sus riberas, ocasión en la cual se compara el río con otros de la geografía ibérica.[6] No es la única referencia toponímica a lo largo de la novela: el Tajo, junto con otros ríos, reaparece frecuentemente en diferentes espacios textuales. En el séptimo y último libro, en particular, se hace mención a la muerte del pastor Sasio que deja «un general sentimiento por cuantas aguas riegan nuestra España, especial en los pastores y hermosas hijas del sagrado Tajo» (390). De esta manera, el perímetro en el cual se inserta la *Fílida* resulta claro. El ataque inicial y la mención en sus páginas finales no admiten dudas sobre el propósito. Y el mismo adjetivo «nuestra», antepuesto a España, hace patente la proximidad y la relación directa de la voz narradora con su patria, el suelo ibérico.[7] Un radicarse, por lo tanto, en un lugar concreto, el mismo en que viven lectores y oyentes.

---

[5] Es una repartición señalada de Wolfgang Matzat en su detallado análisis en torno a la subjetividad en las novelas pastoriles españolas (2008: 30).

[6] En detalle: el Ebro, el Tormes, el Pisuerga y el Guadalquivir (Gálvez de Montalvo 2006: 113-114).

[7] Se trata de un rasgo presente en *La Diana* y sobre el cual B. M. Damiani precisa: «Tal y como hiciera Teócrito, Montemayor se vale del género pastoril para celebrar su patria de ori-

Sin embargo, en un paisaje anclado a unas coordenadas específicas, en el cual se sitúan los elementos básicos de la naturaleza (fuentes, sendas, arroyos, forestas y prados), tampoco faltan algunos símbolos de la clasicidad arcádica; es decir, el templo del dios Pan y el de Diana, con sus elementos pictóricos, o las Siete Maravillas del mundo antiguo, talladas en el pedestal de la estatua de la diosa; símbolos acordes con el proceder típico del molde pastoril. Prueba clara de como –afirma Siles Artés– «en el mundo creado por Gálvez de Montalvo conviven los más puros elementos de la mitología pastoril con otros pertenecientes a la vida real» (Siles Artés 1972: 123). Por ejemplo, en el caso del templo de Diana, el cual, situado en el interior de un escenario concreto (las cercanías del Tajo), se encuentra «en un valle escondido», al que se llega «por una angosta senda, que más de una milla se alargaba» (157). Una distancia real, mensurable, que conduce al tercer rasgo señalado, el bosquejo de una relación directa, empírica, entre ser humano y paisaje. Es el caso –entre muchos– del valle donde se erige el sepulcro de Elisa que «tiene de ancho media milla y una en largo» (157). Es decir, longitud y anchura, medidas que señalan una mayor proximidad respecto a lo real, aunque se trate del camino para ir a la cueva del mago Erión. Distancias, en su menudeo, capaces de transformar el abstracto espacio arcádico en un lugar tendencialmente mensurable, a medida del hombre.

Este tipo de representación, distribuida en la totalidad de la *Fílida*, se relaciona con el séptimo y último libro de *La Diana*, donde –en palabras de Bruno Mario Damiani– «los personajes de Montemayor aluden de forma exacta a una serie de lugares perfectamente identificables»[8], apartándose de la previa «descripción uniforme y monótona del paisaje». Frente al espacio arcádico de los primeros seis libros de *La Diana*, ajeno a criterios de mensurabilidad, la tendencia a ofrecer «datos de medida, proporción y distancia» (Damiani 1983: 421-422), se sitúa en la fase en la cual se asiste a la recupera-

---

gen» (1983: 422). Observación que se puede referir, en un sentido más general, también a la *Fílida*, aunque no al lugar de nacimiento de Gálvez de Montalvo, sino a su patria de elección, la corte de Don Enrique de Mendoza como espacio dotado de valencia socio-política.

[8] Un rasgo que Menéndez Pelayo (1943: 333) reconoce, en forma atenuada, también en algunos sitios de la *Fílida*: «El paisaje es convencional como en todos estos libros, y las riberas del Tajo pueden ser las de cualquier río, pero hay tal cual descripción que parece tomada del natural». Por ejemplo, «el recurrido del valle de los fresnos hacia las fuentes del Obrero», presente en la sexta parte de la novela (Gálvez de Montalvo 2006: 322-323).

ción del espacio urbano. Es decir, en el momento en que se cumple el tránsito desde un mundo tendencialmente idílico hacia un mundo real, articulado alrededor de algunos detalles específicos. En la *Fílida*, por el contrario, ausente cualquier representación directa de la dimensión urbana, la obtención de «datos de medida, proporción y distancia» procede de la misma naturaleza, gratificada ahora, en su relación con lo humano, del frecuente recurso al criterio de la mensurabilidad.

En este sentido, si para Bajtín, uno de los principales logros compositivos de la novela pastoril frente a la caballeresca reside en el «desarrollo estilizado del paisaje», en el caso de estas ficciones, su raigambre en un espacio conocido, accesible y concreto, produce una relación de mayor incidencia respecto al ámbito social al que pertenecen público y autor (cf. Bajtín 1989: 201). Lo aclara un pasaje en el cual el forastero Alfeo, procedente de Mantua, celebra las cualidades de los pastores del Tajo desde una óptica cortesana: «Paréceme que de España lo mejor se recoge en estas selvas» (181). Además, el incremento y la continua presencia de medidas y proporciones en la *Fílida* aseguran una mayor proximidad al ámbito real, por cuanto atañe al escenario pastoril de Gálvez de Montalvo.

Una tendencia que, además de la dimensión espacial, abarca también, en la *Fílida*, el tratamiento de las coordenadas temporales. Renuncia, por ejemplo, a servirse de la técnica tradicional –propia de la novela griega y presente en *La Diana*–, omitiendo el inicio *in medias res* (artificio capaz de asegurar una fuerte carga de suspense), ya que prefiere la cronología lineal para una trama que se desarrolla en el presente durante casi la totalidad del relato. Así, el punto de partida, localizado en la llegada de Mendino y su sucesivo enamoramiento de Elisa, ocupa, en su desarrollo y éxito, toda la primera parte, concluyendo con la muerte de la amada al terminar esta sección. Una supremacía de lo sucedido en el presente que reduce fuertemente la presencia de una desventura amorosa o de una felicidad pasada, propias del esquema pastoril de Montemayor. Efectivamente, en el caso de *La Diana*, respecto a un presente que cuenta con un desarrollo mínimo, el dominio de la acción en pasado se produce a través de una rica vena de historias intercaladas, con distintas trayectorias espacio-temporales.[9]

---

[9] A propósito del tratamiento del tiempo en la novela de Montemayor, se remite a las páginas introductorias de Asunción Rallo en su edición de *La Diana* (Montemayor 2008: 81-91).

En la *Fílida*, en cambio, el proyectar de la atención en el nivel presente determina, lógicamente, un recurso condicionado por los insertos analépticos. Por ejemplo, la desventura amorosa de la serrana Finea, anterior a su conversión en pastora, es algo que se aclara sin dejar espacio a paréntesis retroactivos. Un caso particular, en este ámbito, es el de Alfeo, cuya infeliz trayectoria, anterior a su llegada a la ribera del Tajo, se presenta al lector a través de una técnica mixta: por un lado, con una intervención del narrador, por el otro, con un inserto retrospectivo del mismo personaje. Un paréntesis, sin embargo, muy esquemático y carente de efectiva autonomía frente a la intriga principal.

Este tipo de construcción determina en la *Fílida* una extensión mucho más amplia del «ahora» con respecto a las seis jornadas –así las contabiliza J. Siles Artés (1972: 97 ss.)– que constituyen el tiempo de la acción en presente de *La Diana* de Montemayor o a las tres de *La Diana enamorada* de Gil Polo. Lo atestigua el idilio entre Mendino y Elisa, que se dilata más de tres años, como se deduce del siguiente pasaje, casi al final del primer libro: «Tres veces se vistió el Tajo de verdura y otras tantas se despojó de ella» hasta el momento en el cual «[...] adoleció Elisa de grave enfermedad» (140-141) y murió. Una extensión que, eliminando el discurrir de la trama en días consecutivos, asegura una mayor linealidad al conjunto; por ejemplo, en relación a los cambios de parejas que se producen en verosímiles intervalos de tiempo. Quizá sea ésta una de las razones por la cual en la *Fílida* no se recurre –en los casos de amor infeliz– al agua mágica de Felicia, tan criticada por parte de Cervantes en el famoso escrutinio de la librería del hidalgo manchego.[10]

En todo caso, que la elipsis de tres años, localizada en el primer libro, no supone una excepción en el proceder narrativo de la *Fílida* lo atestigua la presencia de un ulterior, amplio, lapso de tiempo localizado en el quinto libro, en el cual la voz narradora comunica: «Haré una cosa dificultosa para mí, pero fácil para todos, que será pasar en silencio lo que nos queda del florido abril y del rico y deleitoso mayo» (271). Una clara afirmación que remite a una repartición fuertemente asimétrica del tiempo de la historia en los siete libros: tres años en el primero, dos días en total en la segunda, tercera y cuarta sección, tres meses en la quinta, hasta llegar a la sexta (un día y medio) y a

---

[10] El mismo escrutinio en el cual se describe al protagonista de la *Fílida* afirmando: «no es ese pastor [...], sino muy discreto cortesano; guárdese como joya preciosa» (Cervantes 2003: 80).

la séptima y última parte (varias semanas), incluida la fiesta al modo cortesano con la que se cierra la novela. Del vínculo de una trama que se desarrolla en pocos días consecutivos no quedan huellas.

El ritmo impreso a través de estas elipsis y de un uso intenso del presente,[11] sujeto a una clara actitud selectiva del narrador, se demuestra ajeno al tiempo generalmente circular y eternizado del universo arcádico. Ya no se trata del tiempo distinto de cada aventura, en sí mismo destacado e independiente de lo que le precede y le sigue, sino de un tiempo consecuencial, en principio irreversible, a veces empírico. Lo demuestran una serie de alusiones cronológicas diseminadas en el texto que, por ejemplo, califican de breve una comida (166) o un reposo (338); o bien que anuncian la fiesta final «para el cuarto día» (395), hasta llegar a las «horas que los verdaderos amantes se hurtaban de todos» (125); o el «cuarto de hora» exigido por las ninfas para sembrar de aves sus redes (345). Es decir, un tiempo percibido en sus detalles, a medida del hombre y de sus tareas y que, en su finitud (también en las actividades propias de las ninfas), señaliza un parcial cambio de dirección en la trayectoria pastoril ibérica. Efectivamente, la incorporación de tiempos finitos y consecuenciales, por un lado, y el radicarse en un espacio concreto y dotado –para la época– de un perfil socio-político, por otro, aseguran al texto una relación de mayor alcance con el ámbito cortesano. Además, la presencia constante de detalles espaciales empíricos –en el relato de Gálvez de Montalvo– acentúa su aproximación al mundo real, respeto al marco, bastante abstracto, de *La Diana*.

Diferente, en los dos relatos, es también el tratamiento del tiempo. En la novela de Montemayor la aproximación a la esfera real se debe, sobre todo, al aporte sustancial de las historias insertadas –lo subraya Wolfgang Matzat (2008: 30)– mientras, en el texto de Gálvez de Montalvo, lo que cuenta a tal propósito es el *hic et nunc* de la trama.[12] Proceso que limita fuertemente la típica abstracción bucólica a través de técnicas de observación de la realidad, a las cuales se puede añadir la desaparición del elemento mágico cual instrumento para solucionar los casos de amor, sustituido, ahora, por un interme-

---

[11] Por ejemplo, en el infeliz caso de Filardo o en aquel de Pradelio, cuyo triste destino (el destierro) se decide, paso a paso, delante de los ojos del lector (cf. en particular Gálvez de Montalvo 2006: 321).

[12] Para la cuestión del «aquí y ahora» de la intriga en *El pastor de Fílida*, véase Siles Artés (1972: 125).

diario capaz de actuar según criterios de recíproca correspondencia en la condición social. Por otro lado, la inutilidad del poder sobrenatural se revela también en la capacidad de curar a un pastor sin sentido, por parte del mago Erión, atribuida –a través de un «precioso licor»– a la fuerza «que puso Dios en el saber humano» (348). ¡Cuánta distancia, otra vez, del agua mágica de Felicia!

La organización de los elementos diegéticos y la utilización de unas coordenadas, como estrategias narrativas que se configuran entre narrador y narratario, nos conducen a un ulterior elemento esencial en este ámbito: el reconocimiento de la perspectiva narrativa dominante que, tanto en el caso de *El pastor de Fílida* como en el de su antecedente y parcial modelo de referencia, *La Diana*, es una posición heterodiegética, con un narrador que carece de limitaciones en su punto de vista. A propósito de este aspecto en el relato de Montemayor, Wolfgang Matzat subraya justamente la reducida intervención autorial, la renuncia a comentar lo relatado y el disfrutar por parte de la voz narradora, sólo mínimamente, de su omnisciencia (Matzat 2008: 37). Muy distinto, en cambio, el narrador de Gálvez de Montalvo, dispuesto a intervenir en su materia, no sólo recogiendo el hilo del discurso, después, por ejemplo, de un inciso mitológico –«dejémosle y hablemos del presente» (298)– sino también, concediendo información concreta en torno a los personajes, la red de sus relaciones y la gama de sentimientos (en *La Diana* concentrados en los insertos analépticos o en verso). En algunos casos, además, las intervenciones autoriales de la *Fílida* no renuncian a glosar las vicisitudes tratadas. Por ejemplo, en la quinta parte, en la cual se sintetizan los casos amorosos de los pastores (todos víctimas del azar sentimental) con una cierta pátina de ironía:

> Bien poco ha que vimos a Alfeo morir por Andria, a Finea por Orindo, Silvia por Celio, Filardo por Filena, y a Filena y Pradelio amándose tan contentos. Pues mirad del arte que están ahora: Alfeo y Finea se aman, y Andria llora; Silvia y Filardo, amigos; Celio olvidado; Pradelio y Filena combatidos de irreparable tempestad, donde la fe de Filena y la ventura de Pradelio, con el agua a la boca, miserablemente se va anegando (287).

No es la única forma de irrupción autorial presente en *El pastor de Fílida*; a ella se añaden una serie –no numerosa– de preguntas retóricas en torno al amor, al tiempo y a la fortuna, como supuestas señales de una plena confianza en el patrón pastoril. En este sentido, las imprecaciones contra el «gran tirano de la humana libertad» (286), el Amor, o las invocaciones a las «fuerzas del tiempo» (132) y a la Fortuna,[13] son tópicos alegóricos responsables, en el marco pastoril general, de la mudanza del devenir. A veces, sin embargo, en el conjunto de la *Fílida*, se pueden entrever pequeñas señales de distancia frente al clásico horizonte bucólico; por ejemplo, el cambio de los afectos en Filena que deja espacio a una sintomática glosa de la voz narradora que recita: «Pero cansose el amor, como otras veces suele» (132). Una intromisión autorial que Avalle-Arce interpreta como una forma de desorientación conceptual respecto al amor, dada la falta de profundidad y firmeza que sobreentiende (Avalle-Arce 1954: 151). Señal también, a mi parecer, de la erosión del criterio de la fidelidad (el mismo protagonista, Siralvo, antes de enamorarse de Fílida en el Tajo, se había enamorado de Albara en el Henares [218]) y por ello de la cuestionabilidad de la temática amorosa y, sobre todo, de una voz narradora que no se limita, simplemente, a registrar las puestas en escena de los pastores (presente en buena parte de *La Diana*), sino que deja ver una postura distinta. Efectivamente, en la trayectoria pastoril de la *Fílida*, se asiste a una reducida neutralidad por parte del narrador que, con su intromisión en la materia, distribuye una serie de avisos y señales de precaución, como demostración de que, sólo treinta años después de aparecer *La Diana*, la aceptación de las convenciones propias del género de la novela pastoril se ha transformado en algo cuestionable. Lo afirma Soledad Arredondo en su estudio sobre la ironía y la parodia en los libros de pastores, individualizando, en el relato de Gálvez de Montalvo, una serie de desviaciones del molde bucólico. Por ejemplo, el declarar la proveniencia cortesana de Alfeo en el mismo instante en que aparece –«un galán cortesano en hábito de pastor» (144)– como reacción ante la discrepancia que ha producido la aceptación de pastores que hablan como cortesanos, «lo que se admitía y celebraba como consustancial del género» (Arredondo 1987: 349-350). En realidad se trata de una desviación que había aparecido en el segundo libro de la *Diana enamorada*, en el cual, acerca de las agudezas de la protagonista, que parecían provenir de la «avisada corte», se lee:

---

[13] Su presencia se descubre en los insertos en verso, en particular en la elegía de Alfesibeo en memoria de la difunta Elisa (Gálvez de Montalvo 2006: 157-166).

> Mas esto no ha de maravillar tanto los hombres que lo tengan por imposible: pues está claro que es bastante el Amor para hacer hablar a los más simple pastores avisos más encumbrados, mayormente si halla aparejo de entendimiento vivo e ingenio despierto, que en las pastoriles cabañas nunca faltan (Gil Polo 1962: 77).

Un intento de armonizar tendencias de raíz diferente apelando a una forma de conciliación entre el disfraz pastoril y las fórmulas expresivas del microcosmos cortesano. Respeto a *La Diana*, en la cual el reconocimiento del carácter fingido de estos pastores se sitúa estratégicamente en el texto proemial, y frente a un primer grado de desviación en la «Epístola a los lectores» y en la misma intriga de Gil Polo, el narrador de la *Fílida* revela, de forma explícita, el origen cortesano del personaje en el momento mismo de su aparición, destruyendo así la ilusión ficticia y básica del género: que sea un pastor. No se trata de una justificación tardía frente a una falta de coherencia entre lenguaje y hábito; sino, todavía más, de una advertencia previa que revela la inseguridad del narrador y que no se localiza en prólogos o cartas dedicatorias cual instrucción de lectura. Señal indudable de una pérdida de homogeneidad de la materia bucólica y de una confianza minada en el marco pastoril y en sus reglas,[14] de la que el narrador es consciente.

Estos intercolunios de la voz narrativa poseen, a veces, un matiz irónico que acentúa su efecto; por ejemplo, en la muy citada digresión al inicio de la sexta parte:

> Posible cosa será que mientras yo canto las amorosas églogas que sobre las aguas del Tajo resonaron algún curioso me pregunte: entre estos amores y desdenes, lágrimas y canciones, ¿cómo por montes y prados tan poco balan cabras, ladran perros, ahúllan lobos? ¿Dónde pacen las ovejas? ¿A qué hora se ordeñan? ¿Quién les unta la roña? ¿Cómo se regalan las paridas? (321).

Una amplia glosa autorial que deja entrever cómo la materia bucólica queda expuesta a una forma de «ironía patente» y a una clara cuestionabilidad frente a su progresiva formalización (Arredondo 1987: 350). Un aspecto sobre el que se ha pronunciado Riley, cuando señala que una esporádica nota

---

[14] Ya la irrupción autorial, al final de la cuarta parte –«Y sólo yo, fatigado de este cuento, un rato determino descansar; y si hay otro que también lo esté podrá hacer lo mismo» (Gálvez de Montalvo 2006: 270)– invitando el lector al reposo, ha minado la base del esquema ficcional.

de ironía se localiza, a veces, en la novela pastoril española (cita como ejemplos *La Diana* y *La Galatea*) en relación al ocasional reconocimiento, en su interior, de la irrealidad de sus ficciones. En la *Fílida*, prosigue Riley, el género viene constantemente ridiculizado y con eso nos hallamos ya en la dirección que conducirá a *Le Berger extravagant* de Sorel (Riley 1968: 34). Interesante la mención de la subversión irónica a la cual están sometidas las convenciones bucólicas en la novela de Gálvez de Montalvo y la creación de un vinculo entre los dos textos. Es fundamental, sin embargo, tomar en consideración que el margen de cuestionabilidad de la *Fílida* se metamorfosea, en el ejemplo francés, en un sistemático y consciente ataque al género.

De todos modos, en el relato de Gálvez de Montalvo, el careo de la voz narradora con su materia se produce a través de materiales diferentes –una reducida confianza en el poder del amor y de la fortuna, la eliminación del soporte mágico, el derribo de convenciones a través de la ironía o de una gastada confianza en ellas– dejando ver una red de posturas de carácter dubitativo. También al interpelar al lector, calificándolo de «curioso», parece acentuar la cuestionabilidad de unas convenciones pastoriles, como demuestran las justificaciones a propósito de la falta de tareas pastoriles, del lenguaje adoptado y del empleo de cartas y papeles, «cosas tan disusadas entre los silvestres pastores» (321). Estamos siempre en el ámbito de la digresión en el sexto segmento que se antepone justo al último donde, más abiertamente, afloran fragmentos de vida cortesana. Así, la fiesta final, con la que se concluye la novela, será organizada como suele usarse en la ciudad; es decir, un juego de sortija, tan nuevo entre los pastores, en una escenografía teatral: «un ancho prado, que a una parte sin yerba y llano y a otra lleno de altas peñas era sitio para la fiesta principal muy acomodado» (395).

Frente a la detallada descripción de estos juegos de modo cortesano, la dimensión pastoril –también en sus coordenadas espaciales– parece desaparecer. En otros casos, en cambio, se evidencian puntos de contacto o de roce entre mundos distintos: el idealizado universo bucólico, por un lado, y la sociedad cortesana, por el otro. Por ejemplo, cuando el viejo Sileno pide, al volver con Diana, ser liberado «de las venenosas redes de los solícitos lisonjeros y falsos halagüeños» (304). Puntos en los cuales se nota una pérdida de cohesión de la materia respeto al molde pastoril.

En *El pastor de Fílida* la conciencia de la progresiva formalización del esquema pastoril, la atención a la realidad circundante y las técnicas de observación del entorno real, insertas en la novela, abren un diálogo con la hermenéutica del género en el camino del Renacimiento hacia el Barroco. A propósito de lo anterior, Bajtín señala el esbozo, a comienzos del Seiscientos, «no sólo de una actitud creadora mucho más libre con respecto al material, sino de la modificación de sus funciones»; aun advirtiendo que «en la novela pastoril, esa nueva percepción del material y ese nuevo modo de utilización del mismo sólo se encuentran en su fase inicial: su amplitud es demasiado reducida todavía, y las fuerzas históricas de la época no se han agrupado» (Bajtín 1989: 201-202).

Sin embargo, el tardío posicionamiento de *El pastor de Fílida* en la órbita pastoril y la conciencia de la repetición de sus elementos centrípetos, encauzan esta novela en la dirección apuntada por el crítico ruso. Quizá un poco después, ciertamente, a partir de la red de epítetos que califican socialmente a los personajes de la *Fílida*, desde «caudaloso», «cortesano» y «noble» hasta llegar a «rústico» y «serrana», término que precede a todas las apariciones de Finea; un personaje que cobra notable protagonismo en la economía del relato y en el desarrollo de la trama una vez superamos la frontera del primer libro. Señales, pues, de una débil estructura social, normalmente ausente en el universo bucólico, ámbito en el cual todos interactúan como cortesanos disfrazados.

De tal manera, la aplicación del concepto de estrategia, en un sentido más general, se relaciona con una visión dialéctica que viene a enlazar al hombre, su mundo y su discurso.[15] Una visión, fruto de una nueva postura constructiva, en su continuo dubitar, producto del diálogo con sus modelos de referencia y capaz, además, de percibir sutilmente el incierto perfil de nuevas fuerzas históricas. Parece irrumpir, también en este ámbito, otra desviación de la temática del dolor y del lamento propios del género: la aparición de un pastor en la fiesta final cuya exhibición suscita la risa de los presentes; es decir, «un pastor muy flaco, vestido de un largo sayo de buriel, en un rocín que casi se veían los huesos, y [que] a las ancas traía otro pastor en hábito de vieja, ambos con máscaras feísimas» (399).

En una fiesta a la manera cortesana, con nobles que se fingen pastores disfrazados con pieles de animales, el estallido de la risa al desfilar esta figura atípica borra las fronteras entre alto y bajo, ficción y realidad, lágrimas e irri-

---

[15] La referencia es al concepto de estrategia, según la formulación de H. Parret (1980: 252-253).

sión. Una imagen, ésta del pastor flaco y de su escuálido rocín, que conduce ya a los albores de una nueva etapa literaria.

BIBLIOGRAFÍA

ARREDONDO, María Soledad (1987): «Las críticas a los libros de pastores: de la ironía a la parodia». En: *Dicenda. Arcadia. Estudios y textos dedicados a F. López Estrada* 6, pp. 349-358.
ARRIBAS REBOLLO, Julián (2006): «Introducción». En: Luis Gálvez de Montalvo: *El pastor de Fílida*. Edición, introducción y notas de Juan Arribas Rebollo. Valencia: Albatros Ediciones, pp. 17-74.
AVALLE-ARCE, Juan Bautista (1974): *La novela pastoril española*. Madrid: Ediciones Istmo.
BAJTÍN, Mijaíl (1989): *Teoría y estética de la novela*. Madrid: Taurus.
BONILLA CEREZO, Rafael (2010): *La novela culta del siglo XVII*. Sevilla: UNIA.
CERVANTES, Miguel de (2003): *Don Quijote de la Mancha*. Edición revisada, introducción y notas de Martín de Riquer. Barcelona: Planeta.
CORTI, Maria (1968): «Il codice bucolico e l'*Arcadia* di Jacobo Sannazaro». En: *Strumenti critici* 6, pp. 141-167 [Reimpresión en: Maria Corti (1969): *Metodi e fantasmi*. Milano: Feltrinelli, pp. 281-304.]
DAMIANI, Bruno Mario (1984): «Realismo histórico y social de *La Diana* de Jorge de Montemayor». En: Bruno Mario Damiani: *Jorge de Montemayor*. Roma: Bulzoni, pp. 201-226.
GÁLVEZ DE MONTALVO, Luis (1999 [1582]): *El pastor de Fílida*. Estudio y edición a cargo de Miguel Ángel Martínez San Juan. Tesis Doctoral de la Universidad Complutense de Madrid. En: <http://eprints.ucm.es/4041> (01.09.2009)
— (2006 [1582]): *El pastor de Fílida*. Edición, introducción y notas de Julián Arribas Rebollo. Valencia: Albatros Ediciones.
GIL POLO, Gaspar (1962 [1564]): *Diana enamorada*. Prólogo, edición y notas de Rafael Ferreres. Madrid: Castalia.
MARTÍNEZ SAN JUAN, Miguel Ángel (2001): «*L'Arcadia*, *Il Cortigiano* y *El pastor de Fílida*: entre la autobiografía, la intertextualidad y la emulación». En: *Cuadernos de Filología Italiana* 8, pp. 115-131.
MATZAT, Wolfgang (2000): «Frühneuzeitliche Subjektivität und das literarische Imaginäre. Vom Schäferroman zum *Don Quijote*». En: Wolfgang Matzat/Bernhard Teuber (eds.): *Welterfahrung – Selbsterfahrung. Konstitution und Verhandlung von Subjektivität in der spanischen Literatur der frühen Neuzeit*. Tübingen: Niemeyer, pp. 345-361.

— (2001): «Amor y subjetividad en *La Diana* de Montemayor». En: Christoph Strosetzki (ed.): *Actas del V Congreso de la Asociación Internacional Siglo de Oro, Münster 1999*. Madrid/Frankfurt a. M.: Iberoamericana/Vervuert, pp. 892-898.
— (2008): «Subjektivität im spanischen Schäferroman». En: Roger Friedlein/ Gerhard Poppenberg/Annett Volmer (eds.): *Arkadien in den romanischen Literaturen*. Heidelberg: Universitätsverlag Winter, pp. 21-39.
MENÉNDEZ PELAYO, Marcelino (1943): *Orígenes de la novela*. Vol. 2. Santander: CSIC.
MONTEMAYOR, Jorge de, (2008 [1559]): *Los siete libros de la Diana*. Edición de Asunción Rallo. Madrid: Cátedra.
PARRET, Herman (1980): «Les stratégies pragmatiques». En: *Communications* 32, pp. 250-273.
PRIETO, Antonio (1975): *Morfología de la novela*. Barcelona: Planeta.
RILEY, Edward C. (1968): *Cervantes's theory of the novel*. Oxford: Clarendon Press.
SANNAZARO, Jacopo (1990 [1501]): *Arcadia*. A cura di Francesco Erspamer. Milano: Mursia.
SILES ARTÉS, José (1972): *El arte de la novela pastoril*. Valencia: Albatros Ediciones.

Comunidad y sociedad en el *Quijote* y el *Guzmán de Alfarache*

José Manuel Martín Morán

La narrativa del Siglo de Oro sentó las bases de la novela realista moderna con dos grandes modelos destinados a perdurar en los siglos: el realismo objetivo del *Quijote* y el realismo dogmático del *Guzmán de Alfarache*, según la conocida distinción de Blanco Aguinaga (1957: 313); o si se prefiere, en palabras de Sobejano (1977: 718), la novela vital y la novela moral. En verdad, habría que matizar la idea de cambio repentino implícita en el planteamiento anterior, pues ni el realismo es un invento de Cervantes y Alemán, ni la trama de sus novelas se diferencia tanto de las de aventuras que parecen haber tomado como modelo negativo. Algo parecido sostenía Bajtín (2004: 150-154), al comparar al personaje de una novela de aventuras con el de las novelas de Dostoievski, para tratar de comprender su recíproca dependencia del conflicto entre el individuo y las instituciones como fuente del argumento:

> Entre el héroe de una novela de aventuras y el de Dostoievski existe una semejanza formal muy importante para la estructuración de la novela. [...] Un héroe de aventuras es tan inconcluso y no predeterminado por su imagen como un héroe de Dostoievski. [...] En este sentido, el argumento de aventuras es profundamente humano. Todas las instituciones sociales y culturales, los preceptos, los estamentos, clases y relaciones familiares no representan más que situaciones en que puede verse involucrado un hombre eterno e igual a sí mismo. Las tareas que le dicta la eterna naturaleza humana –esto es, la autoconservación, la voluntad de triunfar, el deseo de poseer, el amor sensual– son las que determinan dicho argumento.

Esto es lo que don Quijote y Guzmán tienen en común, entre sí, y entre ellos y Amadís o Persiles: son personajes sin asiento en el propio medio social, que entran en conflicto con el mundo por la satisfacción de sus inquietudes, lo que Bajtín (2004: 150) llama «las tareas que les dicta la eterna naturaleza humana»; con una diferencia fundamental: mientras los segundos afrontan esas tareas desde una casi asepsia caracterial, sin «cualidades sociales típicas o caracterológico-individuales firmes» que hubieran podido limitar el argumento, los primeros lo hacen cargados con todas esas predeterminaciones para ofrecer, a través del desarrollo de la red de relaciones humanas derivantes de ellas, la profundidad «psicológico-social, cotidiana y biográfica» (Bajtín 2004: 152), así como la riqueza de perspectivas características de la novela polifónica.

La acción de los personajes de aventuras se agota en el mundo, en la inmediatez de su repercusión en él y en las sanciones sociales consecuentes; el sentido del relato se circunscribe a la resolución de los conflictos por la acción del protagonista y, eventualmente, a la proyección del esquema diegético en un universo alegórico-simbólico externo. En el caso de don Quijote y Guzmán, para limitarnos a los dos ejemplos de novela polifónica que estamos tratando, el sentido de las acciones del protagonista no está contenido en el esquema diegético de la resolución del conflicto, sino que exige la intervención de un ente externo a la acción para poder ser completado. Los hechos narrados son, pues, el estímulo inicial de un diálogo con una instancia que no participa en los hechos; en el *Quijote* la respuesta viene, en la inmediatez del suceso, del escudero del caballero loco, y en un segundo momento de la instancia narrativa; en otras palabras, para fijar la intención y el sentido festivos de la narración se necesita el contraste entre don Quijote y Sancho Panza, y la intervención paródica o irónica de la voz narrante que la contextualiza. En el caso del *Guzmán*, las acciones de Guzmanillo cobran sentido sólo cuando el Guzmán adulto las analiza desde la nueva perspectiva adquirida en el final del relato de su vida. Los personajes de aventuras proyectan en el mundo sus valores y el relato expone, en plena sintonía, los significados de sus acciones; los personajes de Cervantes y Alemán han de medirse con un mundo que no les reconoce como portavoces únicos, porque ya nadie es detentador del sentido último de las cosas; don Quijote y Guzmán viven en sus carnes lo que Lukács (1971: 107 ss.) ha llamado discontinuidad desarmónica con un mundo demoniaco.

El sentido del relato se ha desplazado desde la composición de la unidad de significado, con la diseminación de los valores compartidos por autor y lector en el protagonista y el mundo representado en el relato, a la apertura de un espacio de diálogo entre visiones del mundo encontradas. Cervantes y Alemán proponen en sus novelas dos diferentes estrategias para la constitución de ese espacio de diálogo que ha de otorgar el sentido último al texto: el autor del *Quijote* parece querer construir una comunidad de intereses con su lector; se diría que busca la complicidad del destinatario con el punto de vista del narrador, a expensas de don Quijote, en la primera parte, y en su defensa, en cierto modo, en la segunda. El autor del *Guzmán*, en cambio, se propone activar la personalidad social del receptor de su novela, los contenidos morales de su estar en sociedad, por medio de los juicios con que el narrador cierra cada episodio de la vida del joven pícaro.

En el presente trabajo pretendo analizar esta doble estrategia dialógica, desde la perspectiva de la sociología, para tratar de comprender las diferencias entre los dos modelos representados por el *Quijote* y el *Guzmán de Alfarache*. Para ello me serviré de los conceptos de *comunidad* («Gemeinschaft») y *sociedad* («Gesellschaft») de Ferdinand Tönnies (1963), uno de los padres de la sociología alemana, hoy bastante olvidado. Los dos conceptos definen las dos grandes modalidades de asociación, a partir de las dos voluntades básicas del ser humano: la voluntad esencial, en la que predomina la pasión, el deseo y la fe, y la voluntad arbitraria, dominada por la capacidad deliberativa, el cálculo y la evaluación crítica. No se trata, aclara Tönnies, de la descripción de dos modelos reales, sino de dos categorías que podemos encontrar en diferentes medidas y combinaciones en todas las agrupaciones humanas. La comunidad se forma por extensión de la familia y se funda en el sentimiento de pertenencia, y la comunión de intereses y bienes; en ella la persona es responsable para con cada uno de los demás individuos y la comunidad en general. La sociedad, en cambio, toma su origen de las relaciones comerciales y se basa en la racionalidad, el intercambio y el contrato entre individuos libres; en ella, la persona antepone su propio interés al de la sociedad. La comunidad es el modelo de asociación humana predominante en la época preindustrial; la sociedad lo es en las ciudades industrializadas modernas.

Primer acercamiento a la dicotomía comunidad/sociedad

A continuación les propongo una primera aplicación de los conceptos, con vistas a calibrar su aplicabilidad a nuestro caso, en la que pruebo a transliterar en fabla sociológica mi jerga bajtiniana y lukacsiana de antes. Tanto don Quijote como Guzmán de Alfarache huyen de la comunidad a la que pertenecen y se enfrentan al mundo, esperando encontrar una asociación humana cualitativamente superior a la que dejan: don Quijote querría realizar la utopía de la Edad de Oro; Guzmán, en un primer momento, querría sustituir su reducida y arruinada familia actual por otra con mayores medios y más elementos, pero poco a poco abandona esa idea y centra su búsqueda en una forma de agregación humana regida por valores superiores, por normas abstractas, un modelo que por fin parece encontrar en la sociedad estatal. El caballero loco va desplazando su sueño comunitario cada vez un poco más allá, como fruto de su temporánea derrota ante el obstáculo que la sociedad le opone en cada aventura. El pícaro adulto, por su parte, convertido ya al espíritu social, relee los modos y astucias comunitarios de su juventud como una forma de resistencia –involuntaria, en muchas ocasiones– a las formas sociales de relación, en su proceso de separación paulatina de los modos de la comunidad. El caso es que, en correspondencia de este doble modelo de estructura diegética que apunta hacia dos objetivos opuestos (la comunidad y la sociedad), ambos autores optan por presentar a sus personajes desde dos perspectivas narrativas opuestas también, aunque con la misma concepción: la homología con el objetivo perseguido. Cervantes ofrece una perspectiva intralocal (Bachtin 1988: 14), dialógica, antiautoritaria, sobre un personaje en agraz, no predeterminado, capaz de revelar su interioridad en diálogo con el otro y por tanto siempre abierto a la confrontación; de esa confrontación ha de nacer un primer embrión de comunidad, que anuncia, en cierto modo, los contenidos y los modos de la comunidad de destino. Alemán, por su parte, propone una visión extralocal (Bachtin 1988: 14), autoritaria, reducida a un monólogo exterior (Micó 2000: 37) entre la voz social del Guzmán adulto, el narrador, y los hechos comunitarios de Guzmanillo, el personaje, con el fin de ir subrayando en cada episodio las infracciones a la moral social del pícaro.

En lo referente a la perspectiva sobre la historia narrada, la posición de los dos autores en sus respectivas declaraciones de principios parece corresponder a la que proponen sobre los protagonistas: Alemán mantiene la necesidad de afirmación de los valores sociales en la sanción final que reciben los hechos del pícaro, mientras que Cervantes parece irse deslizando desde la defensa de la estructura social y sus principios, en el *Quijote* de 1605, hacia una complicidad más o menos manifiesta con los valores comunitarios de su héroe, si no incluso una verdadera comunidad de intenciones, en el *Quijote* de 1615.

Ahondando aún más en la importancia de la dicotomía comunidad/sociedad para comprender las diferencias entre las dos grandes obras, no deja de ser curioso que, en el nivel de la enunciación, del pacto narrativo, los autores parezcan haber elegido un tipo de relación con sus lectores, en cierto sentido, también homólogo al mensaje de sus obras: Cervantes al lector le declara explícitamente su apego a las prácticas de la sociedad, mientras implícitamente va afirmando –lo veremos– los modos de la comunidad en las soluciones propuestas para los episodios, aunque ya también lo hacía en el prefacio a la primera parte; Alemán, en el doble prólogo de la primera parte de su obra, más allá de los tópicos del género prologal, hace propios los planteamientos del fingido autobiógrafo picaresco, y se erige en paladín y maestro de los valores sociales. Cervantes, de algún modo, sugiere, por vía indirecta, la salvación del individuo de la máquina social, por los valores comunitarios; Alemán, por su lado, propone la integración del hombre en la dinámica del progreso social (Cavillac 1994: 17 y passim) –o de la tradición (Moreno Báez 1948: 84-85), que ambas interpretaciones ha merecido–, la cancelación de la memoria comunitaria en aras de la plena adquisición de la identidad social, de la conversión del individuo en persona, en palabras de Assmann (1992: 100).

Lo que he planteado, por tanto, es que la intención expresada por los autores en los prólogos a sus obras (para Cervantes, reafirmación de la sociedad en el nivel explícito del mensaje, pero en el implícito, de la comunidad; y defensa de los valores sociales, para Alemán) modela la esfera actancial de los personajes, en el nivel de la historia, la relación narrador –personaje, en el nivel del relato, y la relación autor– lector en el nivel de la enunciación narrativa. A continuación propongo una escalera móvil argumentativa entre los tres niveles para comprobar lo que acabo de decir.

Comunidad/sociedad en los personajes

Don Quijote se mueve por valores comunitarios. Su declaración de principios, ante unos «embobados y suspensos» cabreros y un Sancho algo distraído por las bellotas avellanadas y el zaque de vino (I, 11)[1], no deja lugar a dudas. Todo el discurso de la Edad de Oro, una «larga arenga que se pudiera muy bien escusar» (I, 11, 123), se centra en la oposición Edad de Oro/Edad de Hierro, en términos que podrían equivaler a los de Tönnies en su defensa de la comunidad frente a la sociedad: concordia entre los miembros, comunión de bienes e intereses, armonía con la naturaleza, autosuficiencia de medios, para la Edad de Oro de don Quijote y la comunidad de Tönnies (1963; Villa-

---

[1] Con la numeración entre paréntesis haré referencia a la parte, el capítulo y la página correspondiente de la edición del *Quijote* del Instituto Cervantes, dirigida por F. Rico, Barcelona: Crítica, 1998.

cañas 1996); y egoísmo, individualismo, contrato, explotación, fraude, engaño, justicia menoscabada, intereses privados, para la Edad de Hierro del don Quijote sociólogo y para la sociedad del Tönnies caballero del ideal.

Don Quijote, en la mencionada escena con los cabreros, no se limita a hablar, sino que pretende escenificar *in situ* una breve muestra de la equiparación social que la caballería andante hará posible con la resurrección de la Edad de Oro:

> —Porque veas, Sancho, el bien que en sí encierra la andante caballería y cuán a pique están los que en cualquiera ministerio della se ejercitan de venir brevemente a ser honrados y estimados del mundo, quiero que aquí a mi lado y en compañía desta buena gente te sientes, y que seas una mesma cosa conmigo, que soy tu amo y natural señor; que comas en mi plato y bebas por donde yo bebiere, porque de la caballería andante se puede decir lo mesmo que del amor se dice: que todas las cosas iguala (I, 11, 119-120).

De tal modo, quiere poner en efecto la comunidad de bienes («que comas en mi plato y bebas por donde yo bebiere»), la concordia y unión orgánica («que seas una mesma cosa conmigo») y la igualdad (la caballería andante […] todas las cosas iguala»). Sancho no aprecia el gesto y responde con un poco de displicencia y un mucho de insolencia:

> —¡Gran merced! —dijo Sancho—; pero sé decir a vuestra merced que como yo tuviese bien de comer, tan bien y mejor me lo comería en pie y a mis solas como sentado a par de un emperador. Y aun, si va a decir verdad, mucho mejor me sabe lo que como en mi rincón sin melindres ni respetos, aunque sea pan y cebolla, que los gallipavos de otras mesas donde me sea forzoso mascar despacio, beber poco, limpiarme a menudo, no estornudar ni toser si me viene gana, ni hacer otras cosas que la soledad y la libertad traen consigo. Ansí que, señor mío, estas honras que vuestra merced quiere darme por ser ministro y adherente de la caballería andante, como lo soy siendo escudero de vuestra merced, conviértalas en otras cosas que me sean de más cómodo y provecho; que estas, aunque las doy por bien recebidas, las renuncio para desde aquí al fin del mundo (I, 11, 120).

El escudero rechaza el don de su amo, entre otras cosas por temor de la etiqueta, que es un modo de conversión del instinto natural en comportamiento comunitario, según Lotman (1975: 71). Él prefiere la soledad y la libertad de expresión —llamemos así a las fisiológicas voces por él invocadas:

«estornudar [y] toser si me viene gana, [y] hacer otras cosas que la soledad y la libertad traen consigo»–, y no desdeñaría que su amo le convirtiera la honra que le propone en «otras cosas que [le] sean de más cómodo y provecho», con evidente alusión a la dimensión crematística de su contrato laboral. Los principios rectores de los que Sancho hace gala aquí son la individualidad, el egoísmo, la ganancia pecuniaria, el contrato laboral; se rige por valores que son propios de la sociedad, según Tönnies (1963: 96-97), y rechaza explícitamente los de la comunidad que su amo le ofrece.

Se perciben aquí los dos modos contrapuestos en que los compañeros de aventuras ven su relación: don Quijote se sabe mentor de un escudero que se ha de convertir en caballero, o en conde, o en gobernador de una ínsula, y Sancho se ve como un criado de un señor errante. El primero comprende el intercambio con el segundo como un don gratuito, sin que quepa establecer equivalencias, ni recurrir a la mediación simbólica del dinero; el segundo, por su parte, lo ve como una transacción laboral, regulada por un contrato social, tácito, que estipula la correspondencia exacta entre el tiempo que él vende a su amo y la paga pertinente. La diatriba, explícita en más de una ocasión, sobre el modo en que han de ser remunerados los servicios de Sancho –si a merced, como don Quijote propone, o con un salario, como Sancho pretende– sintetiza bien a las claras las dos posiciones: el caballero concibe la relación con su escudero según el modelo comunitario medieval, mientras el escudero pretende ser retribuido según el modelo precapitalista, urbano, del salario. Tönnies (1963: 233-234) identifica como rasgos propios respectivamente de la comunidad y de la sociedad esas dos formas de compensación laboral. Pero aquí me permitirán que no me detenga en el análisis de la polémica sobre la retribución a merced o a salario y que remita al curioso lector a mi trabajo sobre el argumento (Martín Morán 2004).

El cuerpo místico

El espíritu de comunidad que don Quijote ve en su relación con Sancho queda muy claro cuando, en el principio de la segunda parte, se sirve de la imagen paulina del cuerpo místico para definirla:

> –Quiero decir –dijo don Quijote– que, cuando la cabeza duele, todos los miembros duelen; y así, siendo yo tu amo y señor, soy tu cabeza, y tú mi parte,

pues eres mi criado; y, por esta razón, el mal que a mí me toca, o tocare, a ti te ha de doler, y a mí el tuyo.

—Así había de ser —dijo Sancho—, pero cuando a mí me manteaban como a miembro, se estaba mi cabeza detrás de las bardas, mirándome volar por los aires, sin sentir dolor alguno; y, pues los miembros están obligados a dolerse del mal de la cabeza, había de estar obligada ella a dolerse dellos (II, 2, 642).

La Iglesia de los primeros cristianos de Pablo es, no cabe duda, un buen ejemplo de comunidad «de regreso», de las que el antropólogo Turner (2003: 16-17) define como comunidad de marginales, es decir, la unión entre aquellos que se sitúan voluntariamente al margen de la sociedad, se desestructuran, para volver a los valores primigenios de la humanidad. La imagen del cuerpo místico de la Iglesia, a la que, por otro lado, don Quijote parecía aludir ya en la cena con los cabreros («quiero que aquí a mi lado y en compañía desta buena gente te sientes, y que seas una mesma cosa conmigo, que soy tu amo y natural señor»), podría corresponder a la definición de la comunidad como unión mística de sus miembros por parte de Tönnies (1963: 58). Pero en este momento, a nosotros, tanto como la visión orgánica de don Quijote, nos interesa la respuesta del escudero, el cual, firme en su interpretación societaria del vínculo, convierte la imagen comunitaria del caballero en una suerte de contrato laboral, con una serie de correspondencias entre las acciones de los contrayentes, y le pide cuentas, como hemos visto, de su acción en la venta de Palomeque. Esa contraposición entre las dos visiones de la relación resulta patente en muchas situaciones del *Quijote*, y explica la polémica y el conflicto entre don Quijote y Sancho; y así, por ejemplo, Sancho Panza aconseja a don Quijote, con criterio economicista muy propio de la sociedad, que se case con Micomicona y se olvide de Dulcinea, porque hay ganancia segura (I, 30); y cuando don Quijote le promete la ínsula, se informa si habrá negros que convertir en esclavos (I, 29), reinterpretando el honor que en la comunidad ideal de don Quijote éste le está haciendo desde la dimensión comercial que, según Tönnies (1963: 96-97), ha dado origen a la sociedad. La misma conversión la encontramos en la transformación del botín, un honor del señor al vasallo, en monedas contantes y sonantes que gastar, como en el caso de la maleta de Sierra Morena (I, 23), o en aperos asnales y bacía de barbero de los que extraer un beneficio, en la batalla por el yelmo de Mambrino (I, 21), uno de los momentos de mayor gloria de don Quijote, desde su perspectiva, etc.

Sancho asimila la visión de su amo

Pero creo que más interesante que el análisis del conflicto entre las dos visiones de la relación amo-escudero en los diferentes episodios de la novela puede ser que nos detengamos a ver la asimilación paulatina por parte de Sancho Panza, convencido asertor de los valores sociales, de los modos comunitarios de su amo.

En la aventura de los batanes Sancho recibe una dura lección, a causa de su risa descompuesta y la parodia rebajante del ardimiento de su amo, cuando repite con tono sarcástico sus palabras de despedida al lanzarse al misterio de los horrísonos ruidos nocturnos. Todo había comenzado con la risa compartida entre los dos viajeros, tras el descubrimiento de la banal causa del estruendo que los había paralizado durante toda una noche:

> Cuatro veces [Sancho] sosegó, y otras tantas volvió a su risa con el mismo ímpetu que primero; de lo cual ya se daba al diablo don Quijote, y más cuando le oyó decir, como por modo de fisga:
> —«Has de saber, ¡oh Sancho amigo!, que yo nací por querer del cielo en esta nuestra edad de hierro para resucitar en ella la dorada, o de oro. Yo soy aquel para quien están guardados los peligros, las hazañas grandes, los valerosos fechos...»
> Y por aquí fue repitiendo todas o las más razones que don Quijote dijo la vez primera que oyeron los temerosos golpes.
> Viendo, pues, don Quijote que Sancho hacía burla dél, se corrió y enojó en tanta manera, que alzó el lanzón y le asentó dos palos, tales, que si como los recibió en las espaldas los recibiera en la cabeza, quedara libre de pagarle el salario, si no fuera a sus herederos (I, 20, 219).

Sancho, evidentemente, con este exceso de confianza da prueba de haber interpretado mal la comunidad que don Quijote le propone, que él cree sociedad, asociación entre iguales. La airada respuesta de don Quijote pone las cosas en su sitio. El escudero no volverá a cometer el mismo error; en la aventura del yelmo de Mambrino,

> Cuando Sancho oyó llamar a la bacía «celada», no pudo tener la risa, mas vínosele a las mientes la cólera de su amo y calló en la mitad della.
> —¿De qué te ríes, Sancho? –dijo don Quijote.
> —Ríome –respondió él– de considerar la gran cabeza que tenía el pagano dueño deste almete, que no semeja sino una bacía de barbero pintiparada (I, 21, 225).

Sancho ha aprendido la lección de los batanes; sabe que en la alianza comunitaria (Tönnies 1963: 242) que le propone don Quijote hay una jerarquía que respetar, aunque su inclinación a la visión social de la relación sufra. Por eso acepta la transformación de los objetos en signos, cuando su amo le pregunta por la causa de su actitud burlona, expulsando el objeto de la risa (la bacía que es celada) del ámbito comunitario restringido de la pareja al comunitario más amplio del mundo caballeresco (la cabeza del pagano dueño de la celada). El sincretismo de las dos visiones cristalizará definitivamente en el neologismo sanchopancesco «baciyelmo», en la pendencia de la venta de Palomeque por la legítima propiedad de lo sustraído al barbero (I, 44), con el que el escudero pretenderá defender sus derechos sobre el botín, aun cuando conceda al rapista la apariencia de bacía del glorioso yelmo de Mambrino; le va en ello la posesión de los aperos asnales de los que está disfrutando en buena fe.

A pequeños pasos, Sancho se va acercando a la inversión de la jerarquía de la relación comunitaria que los une. Aquí asistimos al primero de esos pasos en la trayectoria de la rebeldía; el siguiente será la mentira en su narración de la embajada a Dulcinea (I, 31), en la que, entretanto, va desmontando uno por uno los tópicos petrarquescos sobre la belleza femenina. Avanza aún en el camino hacia la subversión, ya en la segunda parte, cuando convierte a Dulcinea en una burda campesina, con la estratagema de los encantadores (II, 11). Pero el paso definitivo lo dará cuando ponga en tela de juicio la dignidad ducal de la fuerza en el combate de don Quijote –una de las tres dignidades (edad, fuerza y saber) en las que, según Tönnies (1963: 60), se asienta la relación entre el superior y el inferior en la comunidad (Agramonte 1945: 338)–, al derrotarle en buena lid, cuerpo a cuerpo, en defensa de sus posaderas (II, 60). Tras semejante acto de subversión, a don Quijote no le queda más que la dignidad del saber, en una evolución de la relación con su escudero que refleja, de algún modo, el cambio de la segunda parte respecto de la primera: en la segunda los caracteres de los dos amigos han sufrido un desplazamiento en el oxímoron que los define (Socrate 1974: 40 y 49), desde el polo de la locura y la tontería hacia el polo de la inteligencia y la cordura. Aun así, Sancho, movido siempre por el interés y el cariño, aceptará hasta el final la comunidad con su amo, incluso cuando, obligado por las circunstancias, don Quijote le proponga que se conviertan en pastores.

El pícaro y sus amos

Y Guzmán de Alfarache ¿qué tipo de relación mantiene con sus varios amos? Recordemos que su pretensión al salir de casa era, habíamos dicho, la de escapar de una relación comunitaria que sentía como opresora, para tratar de asimilar los modos de la relación social. Escuchemos su justificación del desarraigo:

> [...] Yo fui desgraciado, como habéis oído: quedé solo, sin árbol que me hiciese sombra, los trabajos a cuestas, la carga pesada, las fuerzas flacas, la obligación mucha, la facultad poca. Ved si un mozo como yo, que ya galleaba, fuera justo con tan honradas partes estimarse en algo.
>
> El mejor medio que hallé fue probar la mano para salir de miseria, dejando mi madre y tierra. Hícelo así, y, para no ser conocido, no me quise valer del apellido de mi padre; púseme el Guzmán de mi madre y Alfarache de la heredad adonde tuve mi principio. Con esto, salí a ver mundo, peregrinando por él, encomendándome a Dios y buenas gentes, en quien hice confianza (I, i, 2, 160).[2]

La proyección de su persona a un ámbito colectivo superior al restringido de la familia y la comunidad de origen han de garantizarle, en su opinión, la justa valoración de su ser. En realidad el proceso es lento, y sólo en la segunda parte de la obra llegará a asimilar por entero la dimensión social en su personalidad. Durante toda la primera, a mi ver, no busca sino la sustitución de la familia perdida, por una nueva, con ese síndrome de niño abandonado que, en diferentes trabajos, han propuesto Molho (1984) y Cavillac (1994: 26-41) como clave para entender la obra. En efecto, la dueña de la primera venta (I, i, 3), el ventero de la segunda (I, i, 4) y el arriero (I, i, 8) podrían ser vistos como otras tantas figuras paternas; claro que la comunidad familiar, que el Guzmanillo ansioso de protección y sustento creía haber establecido con ellos, se disuelve bien pronto, a causa del comportamiento de los tres sucedáneos paternos, los cuales en su acercamiento al infante parecen moverse sólo por interés económico, según los peores cánones sociales. Es el Guzmán adulto el que establece la analogía entre los venteros y su madre:

---

[2] Con la numeración entre paréntesis haré referencia, en este orden, a la parte, el libro, el capítulo y la página correspondientes de la edición del *Guzmán de Alfarache* de José María Micó, Madrid: Cátedra, ⁵2000.

> El comer y beber en ventas y posadas, como el que no sabía lo que son venteros y dieran la comida graciosa, o si lo que venden fuera mejor de lo que has oído; la variedad y grandeza de las cosas, aves, animales, montes, bosques, poblados, como si hubieran de traérmelo a la mano. Todo se me figuraba de contento y en cosa no lo hallé, sino en la buena vida. Todo lo fabriqué próspero en mi ayuda: que en cada parte donde llegara estuviera mi madre que me regalara, la moza que me desnudara y trajera la cena a la cama y me atropara la ropa y a la mañana me diera el almuerzo (I, i, 7, 210).

Por otro lado, hay que decir que sus experiencias con los citados fantasmas de la figura comunitaria, si por un lado le hunden en el desengaño, por el otro le ayudan a asimilar los primeros rudimentos de la vida en sociedad. Con el tercer ventero (I, ii, 1), de camino a Madrid, los rudimentos se convierten en una verdadera instrucción al engaño y el fraude.

En Guzmán como en Sancho apreciamos la evolución hacia una mayor integración en el modelo de asociación contrario al de pertenencia. En el pícaro la dirección de su carrera lo lleva al aprendizaje de los modos sociales, con intervalos de constitución de comunidades pasajeras, como en seguida veremos, que no lo apartan de su objetivo final, conseguido con su conversión; el camino de iniciación de Sancho, en cambio, lo conduce a la asimilación de los códigos de comportamiento de la comunidad caballeresca, de los que hará gala, por ejemplo, en el gobierno de la ínsula, sin renunciar a su mentalidad social de búsqueda del provecho propio.

Volviendo a las peripecias del pícaro, encontramos una nueva figura paterna en la del capitán del tercio en que pretende alistarse, el cual, de camino a Barcelona donde se ha de embarcar para Génova (I, ii, 9-10), lo repudia por considerar que no es digno de confianza.

La reconstitución de la familia a la que parecen tender los desmanes de Guzmán hubiera podido verificarse en Génova, en casa de los parientes de su padre (I, iii, 1), pero éstos, a pesar de haberle reconocido como uno de los miembros del grupo restringido, habida cuenta de su apariencia desastrosa y sus malos modos, optan por alejarlo de la casa para siempre, con un escarmiento que le sirva de lección. Un grupo de fantasmas o demonios cogen la sábana de la cama donde descansa Guzmán y lo mantean hasta que queda bien molido. Por la mañana él se encuentra «embarrado», de resultas del fantasmal encuentro; avergonzado, escapa de la casa de sus parientes antes de que éstos descubran el desaguisado. Con la pesada burla coprofílica el malévolo tío del pícaro adolescente lo recluye en la infancia temprana, al ponerle ante el hecho consumado de su incapacidad para controlar los esfínteres. De modo que la ascensión social que Guzmán trataba de conseguir por la catapulta económica de su familia adinerada se rebaja a la constatación de su inadecuación, tanto para la vida familiar, al no haber demostrado su afinidad con los miembros de ella, puesto que no ha ganado el dinero suficiente para ponerse a su altura, como para la vida adulta, puesto que aún está tan apegado a las necesidades infantiles que no puede ni siquiera someter su cuerpo al mínimo autocontrol. El tío genovés pone de manifiesto la inferioridad estructural de Guzmán, en el sentido que da al concepto Turner (2003: 18-20); es decir, lo reconoce como perteneciente a un colectivo ligado aún a los instintos primarios, a las pulsiones bajas, al cuerpo y a la madre. Para Turner, la tensión entre la comunidad y lo que él llama «estructura social» se manifiesta, en algunos pueblos africanos e indios, en las relaciones entre los representantes de la estructura y los inferiores estructurales, en los que los primeros ven un vínculo estrecho con las fuerzas de la naturaleza, con el cuerpo, con la animalidad; son los términos del conflicto que el propio Turner (1988: 120-131; 2003: 20) cree haber identificado, en las sociedades patrilineales, entre los representantes de la línea patrilineal de las familias, estructuralmente funcionales, y los de la línea matrilineal, considerados como inferiores. Curiosamente, en el episodio genovés, Guzmán pide ser admitido en la familia por la vía patrilineal, él, que viene huyendo de su excesivo apego a la fracasada línea matrilineal, para poder contar en la estructura social.

Cofradía de pobres: asociación comunitaria

Perdida la esperanza de acceso al ascensor social de la línea patrilineal de la familia, Guzmán lo intenta mediante su inclusión en diferentes comunidades restringidas; en ellas trata de reconstruir la concordia, la comprensión, la voluntad esencial común que había perdido en la familia, para utilizar el saber adquirido en ellas como instrumento de acceso a formas de colectividad más cercanas a la estructura social superior. La cofradía de los pobres (I, iii, 2-5) le reconoce como miembro de ella y le traspasa todos sus saberes, de los que Guzmán hace buen uso para entrar a servicio del gobernador, la primera vez, y de un paterno cardenal, la segunda. Una forma de comunidad que apunta ya hacia la sociedad, como la asociación comunitaria sobre la base del oficio común, la cofradía (Tönnies 1963: 241-242), le ofrece a Guzmán los instrumentos para entrar en otra forma colectiva diferente, la alianza comunitaria del servicio a un dignitario (Tönnies 1963: 242), que lo acerca aún más a la sociedad de destino. En efecto, en el esquema evolutivo desde la comunidad hasta la sociedad imaginado por Tönnies (1963: 242) la progresión en el ámbito comunitario va de la asociación a la alianza, mientras en el ámbito de las sociedades va de la alianza a la asociación. En la cofradía de mendigos Guzmán ha aprendido a usar su inferioridad estructural, el defecto constitucional que lo había excluido de la línea patrilineal de la familia, como llave de acceso a una forma más evolucionada de comunidad, la asociación comunitaria del servicio a un superior en la jerarquía social; mediante la exposición exuberante de su inferioridad (las lacras corporales que lo vinculan con la animalidad y la tierra, y le impiden subir al nivel abstracto de la colectividad del bien común) suscita la compasión caritativa de sus futuros amos, reclama, por dos veces, la aplicación a su persona del valor que funda la sociedad.

Tras la etapa del servicio a grandes señores, el gobernador, un cardenal, el embajador de Francia, Guzmán vuelve a intentar la vía rápida para la adquisición de su persona social, haciendo valer su supuesta pertenencia a una comunidad restringida, la de la aristocracia española; con el cambio de nombre en Juan de Guzmán (II, ii, 7), pretende aprovechar el prestigio del apellido para obtener un puesto en la sociedad que no merece. A tal efecto, constituye una nueva alianza comunitaria entre señor y criado con su doble Sayavedra (II, i, 7-II, ii, 9), en la que el puesto preeminente, esta vez, lo ocupa él. En realidad, la unión entre los dos pícaros podría corresponder también a la alianza social, la que se establece entre dos individuos libres con un objetivo concreto (Tönnies 1963: 246-8), que, en este caso, se identifica con la explotación de la ingenuidad y la confianza ajenas con fines de lucro.

IMPOSIBILIDAD DE LA CONCORDIA PORQUE HA APRENDIDO MODOS SOCIALES

A su vuelta a España, tras un breve periodo de vida familiar (II, iii, 2-3), en que prueba las mieles de la integración en la añorada comunidad originaria, enviuda y entra a formar parte de la asociación comunitaria de los estudiantes de Alcalá (II, iii, 4), en una suerte de paso atrás en su evolución social. Pero de nuevo la familia lo reclama, obligándole a abandonar sus estudios. La belleza de Gracia y la armonía de su unión familiar le consienten la participación en la alianza social con su suegro, en busca de nuevos horizontes en el comercio. Tras el fracaso del proyecto y la ruina económica suya y de su suegro, opta por constituir una nueva alianza social con un nuevo socio, su mujer, y un nuevo objetivo, la explotación mercantil de las gracias de Gracia (II, iii, 5). Al verse imposibilitado a constituir la pequeña comunidad, la célula originaria de su interrelación social, deja que la membrana de separación entre los valores comunitarios, que deberían sustentar la unión con su esposa, y los valores mercantilistas de la sociedad sea vulnerada por éstos, con lo que el sagrado ámbito de la comunidad mínima en el que Guzmán veía su posible salvación comienza a regirse según los mecanismos del intercambio social. En términos parecidos se representa Guzmán su proyecto:

> Venía yo a mis solas haciendo la cuenta: «Comigo llevo pieza de rey, fruta nueva, fresca y no sobajada: pondréle precio como quisiere. No me puede faltar quien, por suceder en mi lugar, me traiga muy bien ocupado» (II, iii, 5, 444).

Al principio, son las comunidades y los sucedáneos de familia los que no aceptan a Guzmán; luego es él el que no quiere entrar a formar parte de ellos, porque ha descubierto que existen otras formas de asociación que le garantizan un acceso más rápido a la función social. El resultado en cualquiera de las dos relaciones colectivas es la negación de la concordia asociativa para el pícaro, principalmente a causa de su comportamiento inapropiado, pues usa modos de sociedad incluso dentro de la comunidad.

Conversión e integración en el cuerpo místico

Los desmanes antisociales del pícaro podrían verse, en último término, como una interpretación demasiado individualista de las reglas de la convivencia en la colectividad. El fraude, el engaño, el timo, la burla, responden a una estrategia de afirmación del yo o del interés personal, por los canales del intercambio personal en la base del vínculo social. El mensaje del *Guzmán* parece apuntar precisamente hacia la necesidad de inocular unos principios éticos superiores en unas dinámicas de relación grupal que tienden a la deshumanización. Tal es el elevado sentido moral de su definitiva conversión a los valores sociales, con su plena integración en la comunidad en Cristo, por medio de la aceptación de su pertenencia al cuerpo místico; solución tempranamente entrevista por Guzmanillo y sólo en el final aceptada:

> Sí, amigo –me respondía–, a ti te toca y contigo habla, que también eres miembro deste cuerpo místico, igual con todos en sustancia, aunque no en calidad. Lleva tus cargos bien y fielmente; no los vendimies ni cercenes, ni saltees en el camino, pasando de la espuerta a los calzones, a tus escondrijos y falsopetos, lo que no es tuyo. Ni quieras llevar a peso de plata los pasos que mueves y tanto por carga de dos panes como de dos vigas; modérate con todos; al pobre sirve de balde, dándolo a Dios de primicia. No seas deshonesto, glotón, vicioso ni borracho. Ten cuenta con tu conciencia (I, ii, 3, 285).

Podría parecer curioso que el pícaro deba recurrir a valores comunitarios, como los de la pertenencia al cuerpo místico de la Iglesia, para poder asimilar definitivamente los modos de vida de la sociedad. En realidad, como bien explica Turner (1988: 183-184), la estructura social recurre siempre a la vivencia individual de la comunidad y al vigor de sus vínculos y contenidos cuando tiene que revitalizar las formas de cohesión social. Y luego no hemos de olvidar que el primer objetivo de Guzmán, antes de que se dejara deslumbrar por el ascenso social, era el de reconstituir una comunidad mejor que la que dejaba; tras tanta peripecia vital parece haber llegado a la conclusión de que la única sociedad en la que vale la pena actuar es aquella que se funda en los valores morales de la comunidad.

El autor con su lector

Los dos modelos asociativos, comunidad y sociedad, que, como acabamos de ver, pueden ofrecer una nueva falsilla de lectura para las dos obras, están también en la base de la relación con el lector que proponen tanto Cervantes como Alemán en sus prólogos. Alemán, en el suyo, se da como objetivo la formación de individuos sociales, capaces de superar las prácticas desviantes de la cohesión social, con la vuelta al sentido moral de la asociación. Para ello organiza su mensaje en dos diferentes prólogos; en el primero, dirigido al vulgo, expone, según el tópico del género, los vicios de su interlocutor, que son los que destruyen la convivencia social; en el segundo, ofrece al discreto lector unas enseñanzas para vivir en sociedad («a solo el bien común puse la proa» (I, «Al discreto lector», 111]) y le predispone a no desatender la moraleja de su libro («haz como leas lo que leyeres y no te rías de la conseja y se te pase el consejo» [I, «Al discreto lector», 111]). Este segundo prólogo monta el resorte que ha de saltar en la mente del lector a cada elucubración moral del Guzmán adulto, narrador galeote, que le hará reconocer en su voz los ecos de la del prologuista y en el «tú» omnipresente la misma fuerza perlocutiva del «tú» prologal; es decir, de algún modo, el resorte invita a identificar a Alemán con Guzmán, o cuando menos el discurso autorreflexivo del segundo (Ynduráin 1968: 180) con las enseñanzas al discreto lector del primero. Hay perfecta sintonía entre lo que Guzmán dice con lo que Alemán propone en su obra. La cadena de transmisión de los significados no presenta fisura alguna, desde la voz del paratexto a las consideraciones puntuales del narrador en el presente de la enunciación sobre el pasado vicioso del protagonista.

En cambio, en el *Quijote* hallamos, de algún modo, la situación opuesta: el autor manifiesta un gozoso descontrol de la materia narrativa y su mensaje. Y no se recata de ocultarlo, más bien lo declara a la luz del sol, ya incluso desde los márgenes de la narración, con un prólogo que es una carta de dimisión de sus funciones de autor («yo, que, aunque parezco padre, soy padrastro de *Don Quijote* [...]» [I, Prólogo, 10]), abandonadas por entero en manos de un su amigo, y en los numerosos momentos autocríticos del relato («rastrillado, torcido y aspado hilo» [I, 28, 317]), en que desde la distancia de una de sus múltiples encarnaciones manifiesta su despego. Solamente en el final, con don Quijote en punto de muerte, restablecerá su figura autorial, superponiendo las varias máscaras sobre su propia cara, con un deslizamiento de la voz por la espiral de los niveles narrativos desde la posición de don Quijote, a la de Cide Hamete, su pluma, el segundo autor y el prologuista. En esa circunstancia la voz enuncia una doble intención unitaria de todo el texto en cada una de las posiciones enunciativas: el rechazo de la lectura ociosa de los libros de caballerías y la ácida crítica del apócrifo, la cual, por cierto, de ninguna manera podría representar la línea de unión conclusiva de las dos partes del *Quijote*; así pues, incluso en el momento de recogida por inducción de los significados diseminados en el relato, el autor deja que su voz se distraiga con elementos que no deberían corresponder al mensaje social de la obra. A menos que, en realidad, la misma no haya tenido, como pretende, un intento de reafirmación de los valores de la sociedad, o mejor, no en exclusiva, y haya perseguido también la construcción de una comunidad, en defensa, entre otros valores, de los derechos de autor de Cervantes.

Es lo que trataremos de comprobar con el análisis a vuelo de pájaro del prólogo al *Quijote* de 1605.

LOS PRÓLOGOS A LA LUZ DE LA OPOSICIÓN COMUNIDAD/SOCIEDAD

Todo el prólogo del *Quijote* I es una gran preterición; el autor se presenta a sí mismo en estado de afasia, incapaz de condensar el mensaje de su obra; afortunadamente, un anónimo e intruso amigo le ofrece la pauta para la síntesis, que él simplemente transcribe a modo de prólogo, antes de decantar la comicidad de Sancho, y la castidad y valentía de don Quijote. Con su actitud el prologuista escenifica ante el lector, a mi modo de ver, la aversión de Cervantes por el monologismo de la visión extralocal del autor como único depositario del sentido de la obra, mientras comienza a mostrar el tenor dialógico que ha de tener del relato. Hay, pues, como en el *Guzmán*, un anticipo estructural de las técnicas del relato (Socrate 1974: 86; Porqueras Mayo 2003: 125). Tan interesante como ello, para nuestro sesgo de lectura, es el proceso de implicación del lector en la dinámica comunicacional del prólogo: antes de pedirle al lector su complicidad en la aceptación de la preterición, el prologuista le ha privado subrepticiamente de su dimensión social:

> No quiero irme con la corriente del uso, ni suplicarte casi con las lágrimas en los ojos, como otros hacen, lector carísimo, que perdones o disimules las faltas que en este mi hijo vieres, que ni eres su pariente ni su amigo, y tienes tu alma en tu cuerpo y tu libre albedrío como el más pintado, y estás en tu casa, donde eres señor della, como el rey de sus alcabalas, y sabes lo que comúnmente se dice, que «debajo de mi manto, al rey mato» (I, prólogo, 10).

La reducción a la mínima expresión de la persona del lector le atribuye, so capa de acatamiento de su libre albedrío, la función de maestresala de las primicias que el autor le ofrece y poco más. Lo hace, con la evocación de su corporalidad «estás en tu casa [...]», «esta prefación que vas leyendo [...]». En apariencia el prólogo exalta la autodeterminación y capacidad de *degustación* del lector; en realidad, al lector se le priva de la facultad de crítica, o se reduce a su mínima expresión –relativa al aspecto formal de la novela, por ejemplo–, pues simultáneamente se le está diciendo que no hay autoridad alguna en el libro que se le propone, pues no contiene grandes verdades, ni citas de autores importantes, ni mensaje transcendente; se le está diciendo, en definitiva, que no hay nada que criticar; a no ser que el lector decida que se ha de criticar el objetivo de procurar placer con la lectura, o la recomendación de no darse a lecturas perniciosas, que son, por cierto, las únicas aspiraciones declaradas por el prologuista. En suma, el autor parece proponer al lector una relación de tipo comunitario, basada, más que en el uso de la razón, en el sentimiento y la concordia en torno al uso y el goce de unos bienes comunes (Tönnies 1963: 62-66), identificables con la invención y el pasatiempo que se encierran en su libro.

La garantía de la aceptación por parte del lector viene de la estructura en doble vínculo (Watzlawick 1971: 191-226) de la propuesta del autor, el cual, por un lado, le invita de palabra a la crítica, mientras con los hechos, al escamotearle el objeto del juicio, excluye la posibilidad de que lo pueda ejercitar. Es la misma actitud de don Quijote con Sancho, cuando, ante los cabreros –lo veíamos antes–, le dice al escudero que se siente a su lado y coma de su plato, como prueba de la anulación de los individuos en la persona comunitaria que ellos forman; pero, ante la negativa del escudero, le obliga a sentarse, construyendo así el doble vínculo del ofrecer y el obligar a la vez, del autodespojo de palabra de la dignidad ducal de Tönnies (1963: 60), mientras de hecho la sigue ejercitando.

En el prólogo a la segunda parte, la comunidad creada en el de la primera entre el autor y el lector se refuerza con la entrada en escena de Avellaneda. Cervantes vuelve a usar la preterición –condensado retórico de la relación de doble vínculo, que por un lado niega que se vaya a decir algo, mientras en efecto se está diciendo– para reafirmar el espíritu comunitario con el lector en defensa del mismo bien común de hace 10 años:

> ¡Válame Dios, y con cuánta gana debes de estar esperando ahora, lector ilustre o quier plebeyo, este prólogo, creyendo hallar en él venganzas, riñas y vituperios del autor del segundo Don Quijote, digo, de aquel que dicen que se engendró en Tordesillas y nació en Tarragona! Pues en verdad que no te he de dar este contento, que, puesto que los agravios despiertan la cólera en los más humildes pechos, en el mío ha de padecer excepción esta regla. Quisieras tú que lo diera del asno, del mentecato y del atrevido, pero no me pasa por el pensamiento: castíguele su pecado, con su pan se lo coma y allá se lo haya (II, Prólogo, 617).

El lector es un allegado del autor que comparte con él un sentimiento y una posición ética respecto a la cuestión del apócrifo, en defensa del bien común, del que gozan conjuntamente: el *Quijote* original. Ahora el autor lleva su osadía a solicitar del lector su participación activa contra el falsario, abusando de la familiaridad que le otorga la comunión de espíritus:

> Si, por ventura, llegares a conocerle, dile de mi parte que no me tengo por agraviado: que bien sé lo que son tentaciones del demonio [...]

Y repite aún tres veces la promoción del lector a la función de embajador del autor:

> Y si este cuento no le cuadrare, dirásle, lector amigo, éste, que también es de loco y de perro [...]
> Dile también que de la amenaza que me hace, que me ha de quitar la ganancia con su libro, no se me da un ardite [...]
> Y no le digas más, ni yo quiero decirte más a ti, sino advertirte que consideres que esta segunda parte de Don Quijote que te ofrezco es cortada del mismo artífice y del mesmo paño que la primera (II, Prólogo, 619-621).

La diferencia entre la posición del lector y la del autor no está en la condena del apócrifo, sino en el daño económico por su acción, que para el primero no existe y para el segundo sí. Cervantes, desde luego, no parece preocuparse por las consecuencias crematísticas del agravio: ahí están sus mecenas que sabrán compensarle del mejor modo posible:

> Viva el gran conde de Lemos, cuya cristiandad y liberalidad, bien conocida, contra todos los golpes de mi corta fortuna me tiene en pie, y vívame la suma caridad del ilustrísimo de Toledo, don Bernardo de Sandoval y Rojas, y siquiera no haya emprentas en el mundo (II, Prólogo, 620).

El Manco de Lepanto parece rechazar el valor de cambio que Avellaneda atribuye al libro («quéjese de mi trabajo por la ganancia que le quito de su segunda parte» [Fernández de Avellaneda, Prólogo, 196]), y propone, en su lugar, el valor de uso –dos de los parámetros con los que Tönnies (1963: 72-86) distingue la sociedad de la comunidad (Villacañas 2001: 26-28)– por medio del entretenimiento y el ocio constructivo que al lector le ha de procurar «esta segunda parte de *Don Quijote* [...] cortada del mismo artífice y del mesmo paño que la primera» (II, Prólogo, 621). De modo que, se mire por donde se mire, en los dos prólogos de su obra Cervantes parece proponerle al lector una especie de apostilla al pacto narrativo canónico que prevé la constitución de una comunidad de intereses que los defienda a ambos de los agravios de la mentalidad social.

Alemán, en cambio, en análoga situación, es decir, teniendo que afrontar en el prólogo a la segunda parte de su *Guzmán de Alfarache* la existencia del apócrifo, toma por otro derrotero. No pide ayuda al lector, ni trata de ganárselo con estrategias comunicativas o nuevas modalidades de pacto narrativo, sino que echa mano de la razón y el análisis, instrumentos de la asociación societaria, según Tönnies (1963: 86-88). Opta, por tanto, por analizar literariamente el texto de Juan Martí, reconociéndole, sin empacho, los méritos:

> Verdaderamente habré de confesarle a mi concurrente –sea quien dice, o diga quien sea– su mucha erudición, florido ingenio, profunda ciencia, grande donaire, curso en las letras humanas y divinas, y ser sus discursos de calidad que le quedo invidioso y holgara fueran míos (II, Letor, 20-21).

Claro que no deja de subrayar un par de defectos de no pequeño bulto: la incongruencia que supone no haber justificado con un adecuado periodo de estudio en Alcalá el saber del Guzmán adulto:

> [...] sacarlo de Alcalá tan distraído y mal sumulista, fue cortar el hilo a la tela de lo que con su vida en esta historia se pretende, que sólo es descubrir como atalaya toda suerte de vicios [...] (II, Letor, 22).

y no haber vuelto a llevar a Génova al Guzmán mozo para que pudiera vengarse de sus parientes:

> la obligación que tuvo de volverlo a Génova, para vengar la injuria, de que dejó amenazados a sus deudos, en el último capítulo de la primera parte, libro primero (II, Letor, 22).

No se lamenta, pues, Alemán del atentado al bien común de la comunidad lectora cometido por Martí, como por su parte hacía Cervantes con Avellaneda (hay que decir que la calidad literaria de los dos apócrifos es muy distinta); se lamenta del agravio que ha hecho a los valores sociales de la razón, el análisis, y la cohesión y la unidad de la argumentación.

Tratamiento de la figura del lector en Cervantes y en Alemán

Por otra parte, parece sintomático de la diferente visión de la comunicación literaria en los dos autores y, de reflejo, de la finalidad que persiguen, el tratamiento que reservan a la figura del lector, ya patente en los cuatro prólogos analizados, pero aún más explícita en el curso del relato. El narrador del *Guzmán de Alfarache* solicita de su lector que se ponga en su lugar, le pide comprensión, lo amonesta sobre lo que podría suceder si se comportara como el pícaro, lo recrimina por lo que está pensando o diciendo (Cavillac 2001). Se diría que la misión del narrador alemaniano no fuera otra que la de activar la persona social del lector, con todas sus funciones, para inculcarle mejor la enseñanza que pretende. La actitud de Cervantes no podía ser más opuesta a la de Alemán; basta observar los adjetivos que dedica al lector en las dos partes del *Quijote* («desocupado», «carísimo», «suave», «lector ilustre, o quier plebeyo», «amigo») para darse cuenta de que lo que el autor busca es la benevolencia y la complicidad del destinatario, con el objetivo de perfeccionar la comunidad propuesta en los prólogos.

La comunidad implícita entre autor y lector en el texto

El mismo modelo de relación de doble vínculo, sobre la que hemos visto que se asienta la comunidad entre Cervantes y el lector, lo podemos encontrar, a mi entender, en algunos curiosos fenómenos comunicativos injertos en el tejido textual del *Quijote*, que paso a analizar.

Don Quijote se ha quedado solo en Sierra Morena y está cavilando sobre cómo podrá imitar a Orlando en su penitencia, habida cuenta de que Dulcinea nunca ha «cometido vileza», como Angélica, con ningún Medoro, y dice el caballero:

> –Mi Dulcinea del Toboso osaré yo jurar que no ha visto en todos los días de su vida moro alguno, ansí como él es, en su mismo traje, y que se está hoy como la madre que la parió (I, 26, 291).

Don Quijote quiere decir «como la madre la parió»»; al introducir un 'que' de más en un lapsus motivado, tal vez, por la analogía fonética con la expresión coloquial de amplio uso «como la madre que la parió», transforma la virginidad de Dulcinea en facilidad de costumbres eróticas.

La misma fórmula la había usado la duquesa, remedando, probablemente, el lenguaje de Sancho Panza:

—Créame Sancho que la villana brincadora era y es Dulcinea del Toboso, que está encantada como la madre que la parió [...] (II, 33, 909).

Sancho Panza, en efecto, la usa en la carta a su mujer:

El sabio Merlín ha echado mano de mí para el desencanto de Dulcinea del Toboso, que por allá se llama Aldonza Lorenzo: con tres mil y trecientos azotes, menos cinco, que me he de dar, quedará desencantada como la madre que la parió (II, 36, 931).

Pero también la usa el propio narrador, con fines irónicos para con el código caballeresco:

[...] Amparar doncellas, de aquellas que andaban con sus azotes y palafrenes, y con toda su virginidad a cuestas, de monte en monte y de valle en valle; que, si no era que algún follón, o algún villano de hacha y capellina, o algún descomunal gigante las forzaba, doncella hubo en los pasados tiempos que, al cabo de ochenta años, que en todos ellos no durmió un día debajo de tejado, y se fue tan entera a la sepultura como la madre que la había parido (I, 9, 107).

Ahora bien, descartada la posibilidad de que se trate de una errata, dado que es fórmula que recurre, como acabamos de ver, otras tres veces en el libro —de las cuales una en el mismo chiste que aquí—, y como no podemos suponer que don Quijote haya querido faltarle al respeto a su dama, habremos de considerar la susodicha expresión como un guiño del autor al lector. En otras palabras: parece evidente que, en este punto, al eje comunicacional «don Quijote-don Quijote» que subyace en la reproducción paródica indirecta de las reflexiones del loco hidalgo sobre la caballería andante y sobre la condición doncellil de sus inmediatas beneficiarias, a ese eje de la comunicación se le superpone otro distinto, el eje «autor-lector», con la finalidad pragmática evidente en el emisor de mover a risa al interlocutor, en esa búsqueda de complicidad que ya hemos encontrado en los dos prólogos.

Otro chiste involuntario de don Quijote, que no provoca reacción alguna en los presentes, es el que hace cuando justifica su exención de la venganza del asesino del cuerpo muerto:

–Desa suerte –dijo don Quijote–, quitado me ha Nuestro Señor del trabajo que había de tomar en vengar su muerte si otro alguno le hubiera muerto; pero, habiéndole muerto quien le mató, no hay sino callar y encoger los hombros, porque lo mesmo hiciera si a mí mismo me matara (I, 19, 189).

Otros personajes hacen chistes voluntarios sin obtener reacción de los presentes. El ventero que ordena caballero a don Quijote le presenta su currículum delictivo en jerga caballeresca:

Él ansimesmo, en los años de su mocedad, se había dado a aquel honroso ejercicio, andando por diversas partes del mundo, buscando sus aventuras, sin que hubiese dejado los Percheles de Málaga, Islas de Riarán, Compás de Sevilla, Azoguejo de Segovia, la Olivera de Valencia, Rondilla de Granada, Playa de Sanlúcar, Potro de Córdoba y las Ventillas de Toledo y otras diversas partes, donde había ejercitado la ligereza de sus pies, sutileza de sus manos, haciendo muchos tuertos, recuestando muchas viudas, deshaciendo algunas doncellas y engañando a algunos pupilos y, finalmente, dándose a conocer por cuantas audiencias y tribunales hay casi en toda España; y que, a lo último, se había venido a recoger a aquel su castillo, donde vivía con su hacienda y con las ajenas, recogiendo en él a todos los caballeros andantes, de cualquiera calidad y condición que fuesen, solo por la mucha afición que les tenía y porque partiesen con él de sus haberes, en pago de su buen deseo (I, 3, 55-56).

Los dos personajes están solos. Sin público que pueda compartir con el pícaro ventero la risa *ad excludendum* en una comunidad improvisada y sin esperanzas de que sea el propio don Quijote el que aprecie su paródico gracejo, parece evidente que el único interlocutor posible de sus palabras ha de ser el lector, el cual escucha divertido la voz distorsionada de Cervantes, agazapado en las profundidades de los más íntimos niveles del relato.

Dorotea atribuye a don Quijote un «valeroso e invenerable brazo» (I, 37, 437), y Sansón Carrasco hace de él, por antonomasia, «el favor de las viudas y el arrimo de las casadas» (II, 7, 683), sin que ninguno de las dos irreverentes apreciaciones suscite comentario alguno en los demás personajes. Y en el final unos chicos se refieren así, sin más ni más, a los dos asendereados amigos con estas palabras:

–Venid, mochachos, y veréis el asno de Sancho Panza más galán que Mingo, y la bestia de don Quijote más flaca hoy que el primer día (II, 73, 1128).

Reclama la mujer de Palomeque lo que ha prestado al cura y el barbero para sus disfraces caballerescos:

> –Para mi santiguada que no se ha aún de aprovechar más de mi rabo para su barba, y que me ha de volver mi cola, que anda lo de mi marido por esos suelos, que es vergüenza: digo, el peine, que solía yo colgar de mi buena cola (I, 32, 368).

Sin necesidad de ser un experto erotólogo del Siglo de Oro, se puede apreciar un evidente doble sentido en términos como «rabo», «barba», «peine», «lo de [su] marido [...] que solía [ella] colgar de [su] buena cola».

La falta de reacción de los presentes, en todos los casos reseñados, hace evidente la superposición a la intención del personaje de una intención del autor, el cual se apropia de las palabras de su creatura para poner un ladrillo más en la casa comunitaria que está construyendo con el lector.

PERSONAJES QUE DEFIENDEN LOS INTERESES DE CERVANTES

La intención perlocutiva del autor resulta aún más patente cuando los personajes en cuestión, siempre sin reacción de los demás, defienden involuntariamente su autoría. El caballero del Verde Gabán exclama, cuando don Quijote le dice que se ha publicado un libro que cuenta sus aventuras:

> –¡Bendito sea el cielo!, que con esa historia que vuesa merced dice que está impresa de sus altas y verdaderas caballerías se habrán puesto en olvido las innumerables de los fingidos caballeros andantes, de que estaba lleno el mundo, tan en daño de las buenas costumbres y tan en perjuicio y descrédito de las buenas historias (II, 16, 753).

Don Diego de Miranda no podía saber que la intención del autor del tal libro era la de poner en olvido los libros de caballerías. Hay, pues, elementos para pensar que aquí es Cervantes quien habla por su boca, para recordar al lector la finalidad de la obra que tiene entre manos, según lo que él mismo declaraba en el prólogo de 1605.

Don Quijote, hablando de los mecenas, comenta:

> –Un príncipe conozco yo que puede suplir la falta de los demás, con tantas ventajas que, si me atreviere a decirlas, quizá despertara la invidia en más de cuatro generosos pechos (II, 24, 763).

La alusión al conde de Lemos ha sido notada por varios comentaristas. El narrador no aclara de qué modo un hidalgo de aldea podía haber conocido al mecenas de que habla; a menos que el caballero loco no se haya convertido aquí en portavoz del agradecido autor.

Don Quijote, con el libro de Avellaneda en las manos, en la imprenta de Barcelona, sale en defensa de los derechos de autor de Cervantes (II, 59), sin considerar el tratamiento que le había propinado en la primera parte y el hecho de que, al fin y al cabo, su interés como héroe caballeresco le debería empujar a defender la polifonía de autores: cuantas más voces, más fama. Y en punto de muerte, su último pensamiento va a Avellaneda a quien pide perdón, por mediación de sus albaceas, por «la ocasión que sin yo pensarlo le di de haber escrito tantos y tan grandes disparates» (II, 74, 1221).

Altisidora en la narración de su ficticio descenso a los infiernos cuenta el partido de tenis de los diablos con raquetas de fuego y libros en lugar de pelotas, en que la peor parte la lleva el de Avellaneda (II, 70, 1112). Tampoco en esta ocasión parece cuadrar con el personaje su conocimiento de la obra del falsario o su interés en denigrarlo, máxime si se tiene en cuenta que la visión de marras está presentada como una ficción. No se comprende el interés que la despechada doncella podría tener en ofrecer a don Quijote, su cruel objeto de amor, un elemento para reivindicar su autenticidad frente al apócrifo. A ella ni le va, ni le viene, la diatriba de don Quijote con su imitador tordesillesco y tanto menos la de Cervantes con Avellaneda.

En estos casos la comunidad autor-lector, fundada en el prólogo de 1605 y reforzada con mayores vínculos en el de 1615, acoge en su seno a los personajes del Manco de Lepanto, los cuales manifiestan curiosamente un mismo sentir con el autor y el lector. La intención del autor en estas intrusiones suyas en la voz de los personajes no es tanto la de activar la capacidad de juicio del lector, como la de crear un vínculo con él, compartiendo los mismos bienes y la misma posición. Son mensajes en los que la función locutiva aparece ofuscada por la preponderancia de la función perlocutiva. Lo importante es ir plantando en el territorio del relato los ganchos de amarre de la jaima del clan.

La comunidad y la dificultad de poner punto final

La preponderancia en el relato de los valores comunitarios sobre los sociales podemos constatarla en la dimensión implícita del mismo, con la sanción que merecen los comportamientos de los personajes. Dice Lotman (1975: 135-141) que los finales modelizan los relatos, en el sentido de que, una vez concluida la parábola diegética y encerrados en ella los significados que el autor ha querido transmitir, el texto queda conformado como signo semiótico que propone al lector un modelo del mundo con el que confrontarse. En el *Quijote*, algunas historias secundarias quedan sin solución y eso conlleva que el comportamiento antisocial de algunos personajes no reciba la sanción social modelizante que un final estructural le hubiera proporcionado. Es el caso de Ginés de Pasamonte, malhechor liberado por don Quijote en la aventura de los galeotes (I, 22), el cual, reconvertido en «titerero» ambulante (II, 25), se vuelve a cruzar impunemente en el camino del manchego; o de Roque Guinart (II, 60), salteador de caminos y asesino ocasional, que goza de plena libertad en la campiña de su Cataluña natal; o de los moriscos Ricote (II, 54) y Ana Félix (II, 63), los cuales infringen el decreto de expulsión, por recuperar su tesoro escondido, el padre, y por amores, la hija; y, si se me apura, de Zoraida, la bella mora enamorada del cautivo, la cual sisa a su padre los caudales y lo condena a muerte casi cierta por la pena de su traición (I, 41). En la mayoría de estos casos, la ausencia de sanción social para el delito se acompaña de la declarada o implícita admiración del narrador por los protagonistas del mismo: tanto el narrador como don Quijote no consiguen reprimir su fascinación ante el carisma del bandolero catalán; Ricote es vecino y amigo de Sancho y es tratado por él con gran camaradería; y Zoraida, la novia de un compañero de armas de ese «tal de Saavedra» aparece pintada poco menos que como una mártir de la fe católica. En definitiva, o implícita o explícitamente, el narrador da su aprobación de los actos de infracción a la ley social o a la norma ética consensuada cometidos por los personajes en busca de reparación de los agravios que la sociedad, los hombres o el destino han hecho con ellos.

Para entender el porqué, hemos de escarbar en el humus de esa simpatía implícita en el discurso acerca de los personajes cimarrones. Todos ellos parecen encarnar los mismos valores compartidos por la comunidad de lectores, la cual bien podía aceptar a un forajido convicto y confeso como Ginés de Pasamonte, si encarnaba la astucia, la socarronería y la tradición épico-caballeresca de Maese Pedro; a un bandolero como Roque Guinart, con tal de que fuera caballeroso y generoso con los pobres y los débiles; a una mora conversa, si había sido catequizada nada menos que por la Virgen María; y a un par de moriscos contumaces, como los dos Ricotes, si manifestaban su incondicional amor por la patria y la lengua españolas. La sanción positiva del relato parece justificada por la sintonía de estos personajes con el sentir del cristiano viejo; el desplazamiento del énfasis de la norma social a la exaltación de la identidad de casta permite la glorificación de los personajes marginales. El narrador refuerza la identidad de su público tocando la cuerda sensible de lo telúrico, en vez de lo social; de la casta y la tierra, en lugar de la razón y lo nacional; de la comunidad, y no de la sociedad.

Defensa oficial del punto de vista de la sociedad

En otros momentos del relato el punto de vista de la sociedad resalta sobre cualquier otro planteamiento. He aquí el principal, a mi modo de ver.

La discusión sobre preceptiva literaria entre el canónigo de Toledo y el cura Pero Pérez, con intervenciones puntuales de don Quijote respecto a la credibilidad de los libros de caballerías, se concluye con el rechazo de la lectura ociosa que proponen los tales libros y la reivindicación de la lectura provechosa de los que ayudan a cultivar adecuadamente el ocio. Como colofón el cura da su arbitrio:

> –Todos estos inconvenientes [la representación de "cosas en perjuicio de algunos reyes y en deshonra de algunos linajes"] cesarían, y aun otros muchos más que no digo, con que hubiese en la Corte una persona inteligente y discreta que examinase todas las comedias antes que se representasen; no sólo aquellas que se hiciesen en la Corte, sino todas las que se quisiesen representar en España; sin la cual aprobación, sello y firma ninguna justicia en su lugar dejase representar comedia alguna [...] Y si se diese cargo a otro, o a este mismo, que examinase los libros de caballerías que de nuevo se compusiesen, sin duda podrían salir algunos con la perfección que vuestra merced ha dicho (I, 48, 526).

La figura del censor de comedias no es una petición original de Pero Pérez; quien más, quien menos, todos los preceptistas del periodo abogaban por semejante institución; el Pinciano (III, 273), por ejemplo, había pedido un «comisario que viera todas las representaciones antes que salieran en plaza pública». El cura se erige en paladín de la sociedad contra la perniciosa influencia de los libros de caballerías, que alejan a los hombres de la instrucción que acrecienta las virtudes. Por otro lado, en sus palabras el cura parece hacerse eco de la intención expresada por el autor en el prólogo, cuando dice, por boca de su amigo, que su libro «no mira a más que a deshacer la autoridad y cabida que en el mundo y en el vulgo tienen los libros de caballerías» (I, Prólogo, 18). El prologuista primero y el cura después defienden los intereses de la sociedad frente a las tentaciones populistas de ciertos géneros literarios centrados en la creación de una comunidad de intereses con sus receptores.

Relación de doble vínculo entre el autor y el lector

De palabra, el *Quijote* apunta a la defensa de la sociedad y a la formación de buenos ciudadanos, con el instrumento de la lectura provechosa. De hecho, en el tratamiento que da a ciertos personajes y ciertas historias, en la dinámica comunicacional con el lector, explícita en el prólogo e implícita en los puntos del relato en que he constatado la superposición de un eje comunicativo tácito al eje expreso, la prioridad de la obra es la constitución y el refuerzo de los principios de la comunidad formada por Cervantes y sus lectores. Así pues, no parece desproporcionado decir que, a nivel general, la dinámica semiótica del *Quijote* retoma el modelo del doble vínculo ya propuesto en el prólogo: el autor, por boca del narrador y los personajes portavoces de sus convicciones, propone un mensaje al lector que choca con lo que hace en el control efectivo de la materia narrativa y en la comunicación subliminal. En efecto, se cumplen aquí los requisitos del doble vínculo identificados por los citados teóricos de la pragmática de la comunicación y antes aún por Bateson (1977), el iniciador de la ecología de la mente: 1) existe una relación complementaria, dominante-dominado; 2) en la que el primero, el autor, enuncia un mensaje imperativo al que el segundo, el lector, no puede replicar: «respeta la sociedad y lee de forma provechosa para que seas un buen ciudadano»; 3) un segundo mensaje, a otro nivel, el de los hechos, choca frontalmente con el primero, proponiendo casi una aporía: «los valores que triunfan son los de la comunidad»; 4) el emisor del mensaje impide que el receptor se sustraiga al esquema comunicando sobre él: «con este mi mensaje quedas entretenido e informado sobre la verdad escrita en los anales de la Mancha de la mentira de esta historia que tiene por autor a un morisco aljamiado, mentiroso como todos ellos». La última paradoja, ella misma un doble vínculo, cierra el lazo doble en torno al entendimiento del lector.

Conclusión

Volviendo por un momento a la cuestión inicial de los dos modelos de novela realista moderna que representan el *Quijote* y el *Guzmán*, si confrontamos las dos propuestas de pacto narrativo sobre la que se asientan ambos, podemos percibir la dimensión de la diferencia, precisamente en función del recurso a uno u otro modelo de asociación humana. Alemán, para vencer la probable incredulidad del lector, revigoriza los hechos narrados con la fuerza de verdad de la autobiografía, apoyada en la verdad moral de las reflexiones al arrimo de los hechos; reflexiones que apuntan todas al refuerzo de los valores de la sociedad. Para que el pacto narrativo tenga eficacia, se garantiza la transmisión del mensaje del prólogo al relato, con la reiteración de la misma estructura comunicativa, un yo autorial y un tú que implica en primera persona al lector, y la hace aflorar continuamente en el relato en el continuo diálogo de tonos perentorios con el lector.

Cervantes, por su parte, propone un pacto narrativo basado en la seducción del lector y la construcción de una comunidad restringida entre autor y lector, en defensa de los valores de la sociedad. En la realidad de los hechos, ya desde el prólogo, hemos visto que lo que propone es una relación de doble vínculo que afirma aún más la dinámica de la comunidad. Es más, en el relato el doble vínculo se hace aún más fuerte, cuando expone claramente los valores sociales a defender y con los hechos avala los valores de la comunidad, ulteriormente reafirmada en el razonamiento metaliterario del final, donde cierra la comunidad formada entre el autor, el lector y el texto, excluyendo a Avellaneda, en cierto sentido, la voz de la sociedad.

Tanto la novela de Cervantes como la de Alemán cuentan la epopeya de la muerte de la comunidad, de la concordia y la voluntad esencial que no necesita la razón para percibir al vecino o al compañero de viaje. Pero el espíritu comunitario aún pervive en los rescoldos de la intimidad del hombre y lo empuja a resistir al individualismo, y la separación de intereses y espíritus impuesta por la sociedad. El proceso de inurbación, tan intenso a finales del siglo XVI, impone el cambio de mentalidad, la transformación del hombre en persona. Cervantes y Alemán supieron captar el drama interior del inmigrante que se traslada desde el campo a la ciudad; Cervantes puso el énfasis en la dimensión comunitaria, contando el mito del hombre desarraigado en busca de la comunidad perfecta; Alemán, en cambio, ofrece al lector un instrumento para superar el conflicto, con la parábola del hombre que se despoja de los modos comunitarios para asimilar los códigos sociales.

BIBLIOGRAFÍA

AGRAMONTE, Roberto (1945): «Voluntad esencial y voluntad racional en la sociología de F. Tonnies». En: *Revista Mexicana de Sociología* 7, 3, pp. 331-343,
ALEMÁN, Mateo (2000 [1599, 1604]): *Guzmán de Alfarache*. Edición de José María Micó, Madrid: Cátedra.
ASSMANN, Jan (1997): *La memoria culturale. Scrittura, ricordo e identità politica nelle grandi civiltà antiche*. Torino: Einaudi. [*Das kulturelle Gedächtnis. Schrift, Erinnerung und politische Identität in frühen Hochkulturen*, 1992.]
BACHTIN, Michail (1988): *L'autore e l'eroe. Teoria letteraria e scienze umane*. Torino: Einaudi. [*Estetika slovesnogo tvorcestva*, 1979.]
BAJTÍN, Mijaíl (2004): *Problemas de la poética de Dostoievski*. México: Fondo de Cultura Económica. [*Problemy poetiki Dostoievskogo*, 1979.]
BATESON, Gregory/HALEY, Don D./JACKSON, Jay/WEAKLAND, John H. (1977): «Verso una teoria della schizofrenia». En: Bateson/Jackson/Weakland: *Verso una ecologia della mente*. Milano: Adelphi, pp. 244-274. [«Toward a Theory of Schizophrenia». En: Bateson, Gregory, *Steps to an Ecology of Mind*, 1972.]
BLANCO AGUINAGA, Carlos (1957): «Cervantes y la picaresca. Notas sobre dos tipos de realismo». En: *Nueva Revista de Filología Hispánica* 11, pp. 313-342.
CAVILLAC, Michel (1994): *Pícaros y mercaderes en el 'Guzmán de Alfarache'*. Granada: Universidad de Granada.
— (2001): «El diálogo del narrador con el narratario en el *Guzmán de Alfarache* de Mateo Alemán». En: *Criticón* 81-82, pp. 317-330.
CERVANTES, Miguel de (1998 [1605, 1615]): *Don Quijote de la Mancha*. Edición de Francisco Rico. Barcelona: Crítica.
FERNÁNDEZ DE AVELLANEDA, Alonso (2000 [1614]): *El ingenioso hidalgo don Quijote de la Mancha*. Edición de Luis Gómez Canseco. Madrid: Biblioteca Nueva.
LÓPEZ PINCIANO, Alonso (1973 [1596]): *Philosophia Antigua Poética*. Edición de Alfredo Carballo Picazo. Madrid: CSIC.
LOTMAN, Jurij M./USPENSKIJ, Boris (1975): *Tipologia della cultura*. Milano: Bompiani. [*Stati po tipologii kultury*, 1970.]
LUKÁCS, György (1971): *Teoría de la novela*. Barcelona: Edhasa. [*Theorie des Romans*, 1920.]
MARTÍN MORÁN, José Manuel (2004): «El salario de Sancho Panza: trasfondo político-literario de una reivindicación sindical». En: Ignacio Arellano/Marc Vitse (coords.): *Modelos de vida en la España del Siglo de Oro*. Tomo I. Madrid/Frankfurt a. M.: Iberoamericana/Vervuert, pp. 367-394.
MICÓ, José María (2000): «Introducción». En: Mateo Alemán, *Guzmán de Alfarache*. Edición de José María Micó. Madrid: Cátedra, pp. 15-99.

MOLHO, Maurice (1984): «Le roman familial du pícaro». En: Frauke Gewecke (ed.): *Estudios de literatura española y francesa. Siglos XVI y XVII. Homenaje a Horst Baader*. Frankfurt a. M./Barcelona: Hogar del Libro, pp. 141-148.

— (1987): «Introduction». En: Maurice Molho (ed.): *Romans picaresque espagnols*. Paris: Gallimard, pp. I-CLVIII.

MORENO BÁEZ, Enrique (1948): *Lección y sentido del «Guzmán de Alfarache»*. Madrid: CSIC.

PORQUERAS MAYO, Alberto (2003): «Los prólogos de Cervantes». En: Alberto Porqueras Mayo: *Estudios sobre Cervantes y la Edad de oro*. Alcalá de Henares: Centro de Estudios Cervantinos, pp. 113-125.

SOBEJANO, Gonzalo (1977): «De Alemán a Cervantes: monólogo y diálogo». En: *Homenaje al Profesor Muñoz Cortés*. Murcia: Universidad de Murcia, pp. 713-729.

SOCRATE, Mario (1974): *Prologhi al «Don Chisciotte»*. Venezia/Padova: Marsilio.

TÖNNIES, Ferdinand (1963): *Comunità e società*. Milano: Edizioni di Comunità. [*Gemeinschaft und Gesellschaft. Abhandlung des Communismus und des Socialismus als empirischer Culturformen*, 1887.]

TURNER, Victor (1988): *El proceso ritual*. Madrid: Taurus. [*The Ritual Process: Structure and Anti-Structure*, 1969.]

— (2003): *Simboli e momenti della comunità. Saggio di antropologia culturale*. Brescia: Morcelliana. [*Passages, Margins, and Poverty: Religious Symbols of Communitas*, 1974.]

VILLACAÑAS, José L. (1996): «Tönnies versus Weber». En: Francisco Cortés Rodas/Alfonso Monsalve Solórzano (eds.): *Liberalismo y comunitarismo. Derechos humanos y democracia*. Valencia: Alfons el Magnànim, pp. 19-54.

WATZLAWICK, Paul/HELMICK BEAVIN, Janet/JACKSON, Don D. (1971): *Pragmatica della comunicazione umana. Studio dei modelli interattivi delle patologie e dei paradossi*. Roma: Astrolabio. [*Pragmatics of Human Communication*, 1967.]

YNDURÁIN, Francisco (1968): «La novela desde la segunda persona». En: Francisco Ynduráin: *Prosa novelesca actual*. Madrid: Universidad Internacional Menéndez Pelayo, pp. 157-182.

«TENED... QUE NO SOY *ECCE-HOMO*»: *EL BUSCÓN*, EL INCONSCIENTE POLÍTICO Y LA NUDA VIDA

Robert Folger

1. Introducción

En pocos textos de la literatura española es tan evidente como en *El Buscón* de Francisco de Quevedo el anclaje de la literatura en general, y de la novela en particular, en la historia socioeconómica. Es un texto sumamente inquietante: la novela moviliza los recursos novelescos para la evocación de la pluralidad cultural de la sociedad española del Barroco, sobre todo de la cultura 'popular', con el fin de combatir esa pluralidad, presumiblemente en aras de la ideología de las élites. Quevedo evoca un mundo grotesco, carnavalizado, tratando de imponer su voz autoritaria para suprimir o desacreditar las trazas de la polifonía que es,[1] según Mijaíl Bajtín, propia de la novela, en particular de la novela de vagabundeo (Bajtín 1986: 200 s.) como la denomina el crítico ruso. Es lícito reformular estas aseveraciones en interrogantes.

Una mirada a las tendencias generales en los estudios sobre *El Buscón* demuestra que el texto ha suscitado interpretaciones sorprendentemente divergentes. La crítica española, en primer lugar, ha visto en *El Buscón* una obra en la que el joven autor hace alarde de su ingenio (Lázaro Carreter 1978). Esta corriente en los estudios quevedescos no niega que se plasmen los conflictos sociales de la época y la actitud elitista y aristócrata de Quevedo en la obra, pero relega el fondo histórico a un mero contexto, enfatizando la calidad de *El Buscón* como espléndido artefacto estético, y prueba de la virtuosidad del autor que se ejerce en un género entonces en boga.[2] En la crítica

---

[1] Bajtín elabora su concepto de la polifonía en su *Problems of Dostoevsky's Poetics* (Bakhtin 1984a). Según Edward H. Friedman, la «llave discursiva» de la novela picaresca es la «naturaleza dialógica» del género, que es el producto de la tensión, típica de la autobiografía, entre el pícaro-narrador y el pícaro-protagonista (Friedman 1992: 219).

[2] Como observa Mariscal, la composición del texto no se puede separar de la situación económica del autor y de las exigencias del mercado; Quevedo como 'escritor profesional' «sought to cash in on fashion by hurriedly composing manuscripts» (Mariscal 1991: 106).

anglosajona hay una tendencia marcada de leer *El Buscón*, en palabras de José Carlos Vela Bueno, como «ejercicio escritural de principios contrarreformistas, por tanto, como una obra acorde a la moral oficial de la España de comienzos del siglo XVII» (1994: 1).[3] Unos pocos críticos, como el mencionado Vela Bueno y Genaro Taléns, mantienen que la obra, repudiada por el mismo autor, es una meditación, sutil y radical a la vez, sobre la cultura y la sociedad españolas del Barroco, meditación que revela la profunda crisis que padece tal cultura.

Aunque estos tres acercamientos coinciden en reconocer que *El Buscón* refleja una pluralidad cultural crítica y conflictiva queda claro que se trata de posiciones irreconciliables; o quizá no. Estoy convencido de que existe una categoría hermenéutica que es capaz de englobar el aspecto fundamentalmente estético del texto, la postura reaccionaria-elitista del autor, y el impulso crítico e incluso utópico de *El Buscón*. Me refiero al *inconsciente político* como lo ha formulado Fredric Jameson. En su influyente *The Political Unconscious: Narrative as a Socially Symbolic Act* del año 1981 –libro más actual que nunca– desarrolla un *discours de la méthode* para el análisis de textos literarios como alegorías políticas que resuelven, de manera temporal, inquietudes y conflictos sociales y culturales y eso –es preciso destacarlo– independientemente de la intención del autor de codificar su texto como alegoría o no. Otra advertencia preliminar necesaria es que Jameson no ve en los textos literarios meramente reflejos de una realidad social, ni mucho menos de una base económica en el sentido estrecho de la palabra, sino como intervenciones en la historia: «[T]he literary work or cultural object, as though for the first time, brings into being that very situation to which it is also, at one and the same time, a reaction» (1981: 67).[4] Por eso habla de una «*ideology of the form,* that is, the determinate contradiction of the specific messages emitted by varied sign systems which coexist in a given artistic process as well as in its general social formation» (1981: 84; la bastardilla es de Jameson). Según Jameson las contradicciones ideológicas y sociales se articulan en tres niveles que corresponden a tres horizontes exegéticos: el horizonte textual, el horizonte social y el horizonte del modo de producción (Jameson 1981: 80-

---

[3] Un representante de esta posición es Alexander A. Parker (1967).

[4] Jameson relaciona y elabora aquí la «causa ausente» de Althusser y lo Real de Lacan; los dos se relacionan con el concepto que Jameson tiene de la Historia como horizonte al que no podemos acceder directamente sino solamente mediante sus efectos (Jameson 1981: 67).

99). Veremos que las 'contradicciones' en las interpretaciones de la obra de Quevedo son el efecto de una falta de conciencia de la pluralidad ideológica del texto.⁵

En el presente ensayo sostengo que, en el nivel textual, Quevedo evoca el conflicto social entre la 'nobleza antigua' y los subalternos cuyas aspiraciones el autor percibe como amenaza, ofreciendo una solución que simplemente consiste en denigrar, en un acto de ventrilocuismo, estas aspiraciones. A este nivel se refieren los críticos que enfatizan la ideología reaccionaria del autor. Veremos que en el nivel social *El Buscón* formula la consciencia de clase de Quevedo y de sus congéneres. El vehículo de esta formulación es el *ideologema* («ideologeme») en sus dos aspectos de pseudo-idea y protonarrativa: Pienso que la pseudo-idea es la noción de la 'limpieza de sangre', a saber, el peligro de contaminación y que la protonarrativa es el vagabundeante «hombre infame».⁶ Como este ideologema no opone simplemente el mundo 'popular' al mundo de las 'élites' sino que pone en tela de juicio el tejido social de la época en general, corresponde a las lecturas de los críticos que atisban un potencial crítico-utópico en el texto. El tercer nivel del modo de producción es el que más me interesa. Es el más fundamental, de más impacto político, y, por tanto, el más elusivo. El análisis de la razón fundamental política del texto se relaciona, irónicamente, con los críticos que proponen lecturas despolitizadas del *Buscón*. Según Jameson, el acto estético es en sí ideológico, y lo que hace un artefacto literario inteligible en relación al 'modo de producción' es el género literario. Veremos cómo la carnavalización del mundo, en *El Buscón* y en otros textos del género de la novela picaresca barroca, no es de ningún modo accidental. En la novela picaresca, lo grotesco y lo carnavalesco no equivalen, como mantiene Bajtín, a una celebración de la pluralidad cultural y de la polifonía social, sino que, por el contrario, producen el carnaval como estado de excepción permanente y ubicuo. *El Buscón* demuestra, mejor que otras novelas picarescas, que el pícaro es el *homo sacer* como lo ha descrito el filósofo italiano Giorgio Agamben. El pícaro, Pablos en particular, es el

---

⁵ Mi lectura matiza también el juicio de los que ven, como Francisco Rico (1973), una falta de unidad y consideran injustificada la presencia de V. M. en la obra.

⁶ Me refiero al 'hombre infame' de Michel Foucault (1977). Según Vela Bueno, no podemos descartar la «posibilidad de que en *El Buscón* se estén cruzando contradictoriamente diversos ideologemas provenientes de la formación ideológica del siglo XVII» (Vela Bueno 1994: 184). Uno de los propósitos del presente estudio es resolver estas contradicciones en el nivel del análisis del inconsciente político.

doble del soberano. En la novela picaresca observamos la producción más fundamental del antiguo régimen, la producción de la soberanía a base de la exclusión inclusiva de la nuda vida. Esta producción está esencialmente relacionada con la esfera colonial, lugar de la enunciación de la autobiografía del pícaro Pablos.

2. «ALWAYS HISTORICIZE!»[7]

Quien más ha contribuido a aclarar el desarrollo y los conflictos socioeconómicos y culturales de la sociedad española de los llamados 'Siglos de Oro' es, sin duda, Antonio Maravall.[8] No hay Barroco sin Renacimiento. Para Maravall, el Renacimiento y el Barroco son las dos caras de una moneda, integrantes de un ciclo socioeconómico que se plasma en las actitudes culturales contemporáneas. A partir del reino de Isabel y Fernando observamos, en el siglo XVI, una acumulación de cambios en España, en los ámbitos de la demografía, de la expansión territorial, de la tecnología, y de la economía en general. Estos cambios abren nuevos horizontes de posibilidades, más o menos realizables, para todos los sectores de la sociedad. Según Maravall, una coyuntura histórica menos favorable –otra vez, debido a una gama amplia de factores– produce, en toda Europa, pero de manera más pronunciada entre las élites antiguas españolas y los advenedizos recién ennoblecidos, la impresión de que el orden colapsaría si no se montara resistencia. En otras palabras, la movilidad social del siglo anterior se identifica ahora como razón fundamental de la crisis. En palabras de Henry Kamen,

> [...] what seems to have concerned people most was the mobility of the poor, the rising tide of beggary and vagrancy, which threatened to make poverty spill out of its old restricted channels and flood over so as to threaten the security of the upper class.[9]

---

[7] Se trata, desde luego, del famoso íncipit programático de Jameson de su *The Political Unconscious* (Jameson 1981: 9).

[8] En lo que sigue me refiero al artículo «From Renaissance to Baroque: The Diphasic Schema of a Social Crisis» (1986) que es, en muchos aspectos, una síntesis de los trabajos más importantes de Maravall.

[9] Citado en Maravall (1986: 18).

La movilidad ya no se percibe como motor del progreso sino como *mutabilitas* en el sentido medieval: señal y razón de la decadencia y del derrumbamiento del orden, causados por la libertad excesiva concedida en el siglo anterior.

Maravall señala que esta percepción no refleja adecuadamente ni las razones de la crisis, ni la situación de la nobleza como clase; se trata de una observación importante para comprender el funcionamiento del ideologema que voy a discutir a continuación. Maravall ve en el intento de reestablecer el orden y de eliminar el individualismo y la movilidad social el rasgo distintivo del Barroco como época: «The response to this, tending to resecure the collapsing order, defines the formation of Baroque culture» (Maravall 1986: 23). De ahí que interprete la novela picaresca como reflejo de esta obsesión de la élite nobiliaria (Maravall 1986: 39). *El Buscón* ilustra esta tesis perfectamente. El origen bajo y converso del protagonista no es el problema en sí. La novela incluso modela la convivencia, casi simbiótica, entre las clases subalternas y la nobleza. Pablos enternece al joven noble Diego Coronel por su servilismo, abriéndosele posibilidades de escaparse de la vergüenza relacionada con su familia infame:

> [D]eterminé de no volver más a la escuela ni a casa de mis padres, sino de quedarme a servir a don Diego o, por mejor decir, en su compañía, y esto con gran gusto de sus padres, por el que daba mi amistad al niño (Quevedo 1989: 98).

En esta etapa de la vida de Pablos, el episodio de la usurpación, involuntaria, del papel de Rey de Gallos es premonitorio de los efectos desastrosos de las aspiraciones desordenadas. El pecado original de Pablos es que rechaza el servicio a los nobles, persiguiendo sus pretensiones de ascender a la aristocracia:

> [D]íjome [sc. Don Diego] que me acomodaría con otro caballero amigo suyo, para que le sirviese. Yo, en esto, riéndome, le dije: —«Señor, ya soy otro, y otros mis pensamientos; más alto pico, y más autoridad me importa tener» (Quevedo 1989: 149).

A partir de este momento todos sus intentos de escalar la jerarquía social tienen resultados cada vez más humillantes y sangrientos, culminando en el castigo brutal que recibe como consecuencia de su estafa para contraer matrimonio con una prima de Don Diego.

Esta trama cumple todos los requisitos que Jameson postula en cuanto a la manifestación del inconsciente político al nivel del texto (Jameson 1981: 60-72). Quevedo evoca la inquietud de su clase sobre la movilidad de las clases subalternas y el peligro que esta movilidad presenta para la nobleza. Se trata a la vez, según Jameson, de una realización de deseo (*Wunscherfüllung*), que ofrece una 'solución' imaginada de un problema real: «the individual narrative, the individual formal structure, is to be grasped as the imaginary resolution of a real contradicition» (1981: 62). Tenemos, por un lado, los fracasos repetidos de Pablos a menudo debidos, al parecer, al azar. Precisamente la falta de explicaciones razonables para la frustración de sus aspiraciones 'perversas' sugiere la intervención de la providencia divina, una especie de autopoesis del sistema nobiliario que se presenta como sistema natural. Por otra parte, el mismo Pablos renuncia, finalmente, a sus aspiraciones. Se aleja de la corte, se integra al hampa de Sevilla, en vez de introducirse, mediante un matrimonio fraudulento, en la aristocracia, establece una relación conyugal con una «ninfa» (Quevedo 1989: 290), la Grajal, conformándose con las expectativas que la sociedad ofrece a un hombre de su origen. La pareja picaresca se auto-extirpa del cuerpo político español, al mudarse a las Indias. La 'solución' que *El Buscón* ofrece al conflicto social es doble. No sólo el pícaro renuncia a sus pretensiones, sino que, como segundo aspecto del *Wunscherfüllung* el burlador ya no es peligroso porque es claramente visible como pícaro; de ahí que un motivo recurrente en la novela sean las cicatrices que caracterizan e identifican a los rufianes.[10] En este sentido resulta significativo que no leamos nada sobre las aspiraciones de Pablos a ennoblecerse después de que le hagan la «cara de dos pedazos» (1989: 255) y se quede con «doce puntos en la cara» (1989: 261): «ni podía seguir a los amigos, ni tratar casamiento, ni estar en la corte, ni ir fuera» (1989: 255). Por fin, *El Buscón*, la novela misma, es performativa en el sentido de que alerta a los lectores de Quevedo, miembros de la élite como él, de los peligros de la *mutabilitas*.

---

[10] Enrique Fernández ve en las cicatrices de los pícaros «advertencias a quienes las contemplan» (Fernández 2001: 175).

3. El ideologema picaresco

> The ideologeme is an amphibious formation, whose essential structural characteristic may be described as its possibility to manifest itself as a pseudoidea – a conceptual or belief system, an abstract value, an opinion or prejudice – or as protonarrative, a kind of ultimate class fantasy about the 'collective characters' which are the classes in opposition (Jameson 1981: 87).

La pseudoidea ideologemática que se manifiesta en *El Buscón* es la idea de la «limpieza de sangre». Ya conocemos la protonarrativa: la movilidad de las clases subalternas y su afán de usurpar los rangos de la nobleza. Como señala Edward H. Friedman

> *El Buscón* is not about change but about the absence of change. The pretensions of the protagonist threaten the very heart of baroque culture: its deterministic view of social status. For Pablos to succeed, society would have to modify its operating premises (Friedman 1996: 187-88).

Estamos, sin embargo, en otro nivel de análisis porque la novela no solamente actualiza un conflicto social y lo «resuelve» sino que articula la conciencia de clase del autor frente a las clases opuestas.[11] Hay que destacar que desde esta perspectiva el conflicto no es simplemente un conflicto entre la nobleza y las clases bajas. El ideologema de la 'limpieza de sangre' se explica porque manifiesta de la manera más drástica posible el problema de la movilidad. A pesar de las aspiraciones de conversión de la Iglesia católica, la apostasía religiosa es un fanal de la movilidad ilegítima social, porque en la concepción estática premoderna la religión es una coordenada clave para la fijación del sujeto. Aunque estoy de acuerdo con los críticos que mantienen que el origen converso de Pablos,[12] y de una serie de personajes de la novela, es un factor sin importancia para el desarrollo de la trama, no cabe duda de que se trata de una isotopía marcada del texto, indicio del inconsciente polí-

---

[11] Sobre la ideología nobiliaria del siglo XVIII, véase George Mariscal (1991: 1-98).

[12] Véase, por ejemplo, Yndurain (1989: 50). En relación con la ideología nobiliaria de la época en general, George Mariscal apunta que «[b]y the sixteenth century, [...] the ideology of the blood was already residual in Spanish culture» (Mariscal 1991: 37). Mariscal ve en la categoría de la 'raza' una de los parámetros principales de los 'sujetos contradictorios' del siglo XVII.

tico al nivel social.¹³ Es un mecanismo para resemantizar una realidad política en términos de deficiencia moral.

El ideologema 'limpieza de sangre' tiene otra función esencial: deslinda la clase social de Quevedo, y esta clase no se define simplemente frente a y en conflicto con los subalternos. Se ha observado que los miembros de la nobleza, tal como aparecen en la novela, «no salen muy bien parados» (Vela Bueno 1994: 186). La figura clave al respecto es naturalmente Don Diego Coronel. Aunque el narrador expresa repetidamente el respeto y el amor que Pablos le tiene a su antiguo amo –hecho que podría provocar sospechas en sí– este sujeto no es un noble auténtico, aunque goza de los privilegios de la nobleza. Hasta su experiencia traumática en las novatadas en Alcalá de Henares, Diego no se describe como individuo que supere al futuro pícaro en virtud. Diego es el responsable de la travesura de Ponce de Aguirre. En Alcalá se escapa de los 'ritos de iniciación' por su condición social. La experiencia del abandono social convence a Pablos de que debe 'arrimarse' a los malos. Por esta razón, Taléns y Vela Bueno mantienen que Quevedo reconoce que el condicionamiento socioeconómico es responsable de la conversión de Pablos y del destino fausto del aristócrata.¹⁴ No obstante, esto no significa que Quevedo propague un relativismo social, sino todo lo contrario. Pablos está condenado desde el comienzo porque, como dice: «Siempre tuve pensamientos de caballero desde chiquito, nunca me apliqué a uno ni a otro» (Quevedo 1989: 86). Por otro lado, los lectores de la época reconocerían en Diego Coronel a un noble adinerado de raigambre conversa.¹⁵ Por tanto, aunque Quevedo no se atreve a condenar al noble (Friedmann 1996: 201), la manera en que lo caracteriza es sutilmente crítica. Pablos es atacado por dos hombres que lo confunden con Diego a quien quieren «cintarearlo por una mujercilla» (1989: 254). El castigo que Diego imagina para su 'amigo' Pablos es más digno de un rufián que de un caballero. El personaje complementario de Don Diego es Don Toribio, hombre de rancio abolengo nobiliario pero

---

[13] Julio Vélez-Sainz ve en *El Buscón* «una reconstrucción alegórica y carnavalesca de la expulsión judía» (Vélez-Sainz 2007: 233). Según Vélez-Sainz, en esta «sublimación» de una lucha de clases, el personaje carnavalesco es un medio para simbolizar y «neutralizar un trauma colectivo» (Veléz- Sainz 2007: 239).

[14] Véanse Taléns (1975: 94-95) y Vela Bueno (1994: 186).

[15] Vela Bueno ve «el binomio Pablos/Diego Coronel como punto neurálgico» de la novela (Vela Bueno 1994: 184).

empobrecido y convertido en pícaro que acaba en la cárcel, víctima de los peores sujetos de la sociedad. Su caso demuestra que la nobleza de sangre no asegura el estado social, que la cara opuesta amenazadora de la protonarrativa de la movilidad subalterna es la caída de los privilegiados. Por tanto, el ideologema expresa una conciencia de clase que nos presenta las preocupaciones de una aristocracia amenazada no tanto por los pobres sino por los que son capaces de convertirse en miembros de las élites por su poder económico. En este sentido *El Buscón* nos presenta una sociedad en crisis general, proyectando una utopía de otra sociedad en la que la verdadera nobleza, la riqueza y el poder coincidan –en la clase a la que pertenecía Quevedo–.

No es necesario dedicar muchas palabras al aspecto protonarrativo del ideologema, a saber, la movilidad de las clases subalternas. Es obvio que se trata de un núcleo narrativo capaz de generar tramas picarescas. La protonarrativa se plasma por primera vez en la literatura española en la anónima *Vida de Lazarillo de Tormes, y de sus fortunas y adversidades*. Es significativo, y apoyo de la tesis de Maravall, que en pleno Renacimiento el protagonista nacido en la nada genealógica, social, económica y territorial puede lograr el ascenso social, por modesto que sea.[16] En el Barroco, de manera emblemática en la novela de Quevedo, la protonarrativa muta, asociándose a otras 'pseudoideas'. El pícaro del siglo XVII ya no celebra su «oficio real» (*Lazarillo* 1987: 128) como modesto pregonero sino que se caracteriza por su afán de usurpar los rangos de la nobleza. En este sentido, la picaresca experimenta una transformación profunda desde la celebración de la movilidad en la primera mitad del siglo XVI hasta convertirse en el siglo XVII, como sugiere Enrique Fernández, en una «disciplina» (Fernández 2001: 174), a saber, en el castigo y la ciencia foucaultianos, que inscriben/extraen la violencia y la 'verdad' en/del cuerpo del marginado para inmovilizarlo. Sin embargo, veremos que, a pesar del la transformación del ideologema, en el nivel de la forma, del género, hay una continuidad fundamental, desde la óptica del inconsciente político.

---

[16] Aunque la mayoría de los críticos piensa que la «cumbre de toda buena fortuna» (*Lazarillo* 1987: 135) significa o una ruindad moral o un auto-engaño, nadie cuestiona que haya medrado económica y socialmente. En mi *Picaresque and Bureaucracy: Lazarillo de Tormes* (Folger 2009b) reseño la literatura especializada; desde mi punto de vista, la *Vida* de Lázaro es la historia de un suceso espectacular, tanto del protagonista como *social climber* como del *self-fashioning* del pícaro.

4. "History is what hurts"[17]

El horizonte fundamental que postula Jameson es el del modo de producción. Dentro de este ámbito, que no es accesible mediante un simple análisis histórico-contextual, el texto no constituye un mero reflejo de la realidad socioeconómica. Según Jameson, el modo de producción deja sus huellas en *the ideology of form*. Explica que se trata de una

> [...] determinate contradiction of the specific messages emitted by the varied sign systems which coexist in a given artistic process as well as in its general social formation. What must now be stressed is that at this level 'form' is apprehended as content. The study of the ideology of form is no doubt grounded on a technical and formalistic analysis in the narrower sense, even though, unlike much traditional formal analysis, it seeks to reveal the active presence within the text of a number of discontinuous and heterogeneous formal processes. But at the level of analysis in question here, a dialectical reversal has taken place in which it has become possible to grasp such formal processes as sedimented content in their own right, as carrying the ideological messages of their own, distinct from the ostensible or manifest content of the works [...] (Jameson 1981: 98-99).

La «ideología de la forma» de la novela picaresca, y de *El Buscón* en particular, se relaciona con el modo más fundamental de la producción, o sea, la del espacio político. Mi idea principal es describir las contradicciones, las discontinuidades y los «procesos formales heterogéneos» no en términos de una dialéctica, sino como productos de *exceptiones* en el sentido de Giorgio Agamben. Veremos que el proceso que se sedimenta en la novela es una crisis de la relación entre la soberanía y la 'nuda vida'.

Salta a la vista que el género de la novela picaresca en general,[18] y *El Buscón* en particular, tienen vínculos con el concepto del carnaval expuesto por Mijaíl Bajtín en su influyente libro sobre *Rabelais y su mundo*. Según, Bajtín el Renacimiento es la época histórica en la cual la cultura popular 'del mercado' se universaliza, penetrando en la esfera de la cultura oficial y de la 'alta literatura'.[19] El crí-

---

[17] Se trata de otro eslogan conocido de Jameson (1981: 102).
[18] Véase, por ejemplo, Julio Vélez-Sainz (2007).
[19] Jesús García Varela (1994: 277-84) describe el papel de la tradición carnavalesca en el desarrollo «del discurso del marginado» en la literatura áurea.

tico ruso postula la existencia de dos esferas culturales opuestas de la cultura medieval que se manifiestan en concepciones opuestas de la fiesta:

> [T]he official, ecclesiastical face was turned to the past and sanctioned the existing order, but the face of the people of the marketplace looked into the future and laughed, attending the funeral of the past and present. The marketplace feast opposed the protective, timeless stability, the unchanging established order and ideology, and stressed the element of change and renewal (Bakhtin 1984b: 81).[20]

La manifestación emblemática de la contracultura popular es el carnaval; su rasgo más destacado es el «realismo grotesco» que celebra el cuerpo grotesco colectivo. En la degradación del cuerpo mediante el énfasis en el «estrato bajo del cuerpo» («lower bodily stratum») la colectividad celebra, finalmente, el crecimiento, la fertilidad y la sobreabundancia del ciclo natural. En el siglo XVII Bajtín observa una paulatina «decadencia» del realismo grotesco que transforma la risa universal carnavalesca en la risa burlona de lo satírico y

> a process of gradual narrowing down of the ritual, spectacle, and carnival forms of folk culture, which became small and trivial. On the one hand the state encroached upon festive life and turned it into a parade; on the other hand festivities were brought into the home and became part of the family's private life (Bakhtin 1984b: 33).[21]

Con el famoso episodio del joven Pablos como Rey de Gallos, Quevedo pone en escena «el tiempo de las Carnestolendas» (Quevedo 1989: 94) como

---

[20] Como Michael Holquist señala, es necesario ver el carnaval bajtiniano en el contexto más amplio de los fundamentos filosóficos de su «dialogismo» (Holquist 2004: 14-66). En su libro sobre Rabelais, Bajtín traza unas imágenes idealizadas y monolíticas de la Edad Media y del Renacimiento que los investigadores de las décadas posteriores (Bajtín elaboró sus ideas fundamentales en los años 30 del siglo pasado) han corregido. Sigue siendo válida y útil, sin embargo, la relación que establece entre el cuerpo grotesco, el carnaval y sus raíces en la 'cultura popular', a saber, los marginados. Wlad Godzich y Nicholas Spadaccini discuten la relación entre la cultura popular y la literatura españolas del Siglo de Oro, con resultados considerablemente menos halagüeños que Bajtín: «the novel is [...] at once the most adequate expression of the ideological role of the state and its most obvious challenger» (Godzich/Spadaccini 1986: 61).

[21] Bajtín esboza una historia del carnaval en el capítulo dos, titulado «Rabelais and the History of Laughter» (Bakhtin 1984a: 59-144).

parte del mundo popular (Iffland 1982: 83-89). Pablos, enmascarado con «galas» (Quevedo 1989: 95), monta un grotesco caballo «que parecía caballete de tejado» (Quevedo 1989: 95). Cuando llegan a la plaza, lugar emblemático de la cultura popular, según Batjín, el rocín se come un repollo, las verduleras lo bombardean con legumbres (eco de la tradición carnavalesca de tirar estiércol; Bakhtin: 1984b: 147), caballo y jinete caen en un charco de excrementos (referencia al «estrato corporal bajo»), y el rey queda profundamente degradado. La escena es una sinécdoque de un mundo profundamente carnavalizado en *El Buscón*. «In a sense», observa Iffland, «this is simply the initiation of a carnival through which Pablos's entire career will move» (Iffland 1982: 83).

El ambiente de la novela es esencialmente el mundo popular que irrumpe en el mundo de las clases altas. La comicidad del texto, la risa, se nutre de profanaciones, y del énfasis en lo grotesco, sobre todo en el cuerpo grotesco y las funciones 'bajas' del cuerpo como las deyecciones corporales o la alimentación, y, finalmente, de la degradación y humillación de Pablos. A medida que avanza la narración observamos cómo la voz autorial se apodera,[22] en actos de un violento ventrilocuismo, cada vez más intrusa, de la voz 'autobiográfica', pero nunca logra borrar enteramente la *vox populi*.[23] Según Jameson

> [...] the cultural monuments and masterworks that have survived tend necessarily to perpetuate only a single voice in this class dialogue, the voice of a hegemonic class, they cannot be properly assigned their relational place in a dialogical system without the restoration or artificial reconstruction of the voice to which they were initially opposed, a voice for the most part stifled and reduced to silence, marginalized, its own utterances scattered to the winds, or reappropriated in their turn by the hegemonic culture (Jameson 1981: 71).

El 'dialogismo' de *El Buscón* presenta una anomalía tanto en el sentido de Jameson, ya que la voz del sujeto subalterno es bien audible sin «restauración artificial», como en el sentido de Bajtín. Por tanto, se trata de un 'dialogismo'

---

[22] Friedman (1996) enfatiza el empeño del autor de frustrar las aspiraciones del protagonista, asociándolo con la ideología de las élites; véase también Domingo Ynduráin (1989: 34-37).

[23] Bajtín mantiene que la monoglosia es siempre relativa porque una voz nunca es «a single language: in it there are always survivals of the past and a potential for otherlanguagedness [...]» (Bakhtin 1981: 43). Sin embargo, la presencia del *homo sacer* y su oscilación con el soberano/autor en el texto demuestra se trata de una heteroglosia fundamental.

claramente antagónico y opresor.[24] Parece lícito hablar de yuxtaposición u oscilación del discurso oficial y de los discursos populares, a pesar del intento de Quevedo de denigrar a su protagonista.[25] Desde luego, Bajtín no calificaría ni *El Buscón* ni la novela picaresca española del siglo XVII en general como manifestaciones del espíritu renacentista, sino como pruebas de la 'difamación' del carnaval.[26] No obstante, veremos que el realismo grotesco de *El Buscón*, con la importancia que da al mundo al revés (Bakhtin 1984b: 11) y a la degradación corporal y mental del protagonista, son fundamentales para entender la economía narrativa de la novela de Quevedo y la evolución genérica de la novela picaresca en la primera mitad del siglo XVII.

Llama la atención que la subversión de la jerarquía social y cultural, el mundo al revés, tenga una constelación muy particular en el texto. Hemos visto que esta subversión del orden es el aspecto fundamental del ideologema de la obra, como núcleo narrativo y pseudo-idea. El móvil de la narración son los intentos repetidos de Pablos de escalar en la jerarquía social, lo cual se presenta, desde la perspectiva de la pseudo-idea, como subversión. El episodio carnavalesco del Rey de Gallos demuestra que a Pablos no se le permite ascender de ninguna manera. El mundo al revés nunca se convierte en realidad, ni siquiera temporalmente. La *raison d'être* del texto es suprimir el impulso subversivo de lo carnavalesco popular. Sin embargo, no es suficiente describir la arquitectura discursiva de *El Buscón* como antagonismo de clase. Hay que ir más allá del funcionamiento del ideologema para acceder el inconsciente político que fue inaccesible al mismo autor.

Son tres los aspectos de lo carnavalesco en Quevedo que merecen atención especial: la ubicuidad, o mejor dicho el desbordamiento (*Entgrenzung*) (temporal y espacial) del carnaval, la forma particular de la presentación del cuerpo 'grotesco', y la interferencia entre la voz del pícaro y la voz autoritativa, a saber, la muy peculiar forma del dialogismo en la obra. Aunque a Bajtín

---

[24] Jameson se refiere explícitamente a Bajtín, enfatizando que «the normal form of the dialogical is essentially an *antagonistic* one [...]» (1981: 70; la bastardilla es de Jameson).

[25] Bajtín observa que las imágenes grotescas tienen un potencial subversivo intrínseco que es capaz de subvertir la intención del autor (Bakhtin 1984b: 103-04).

[26] Éste es precisamente el argumento de Felipe A. Lapuente quien, no obstante, atestigua una «enorme raigambre bajtiniana» (Lapuente 2000: 225) en la novela. Bajtín ve ya en la parodia de Cervantes las señales de una «peculiar crisis or splitting» del «material bodily principle» (Bakhtin 1984b: 22).

le interesa el carnaval no solamente como fenómeno histórico concreto sino también como modo de expresión de la heteroglosia de la sociedad, no puede negarse que el carnaval es un fenómeno que se produce en un tiempo y espacio limitados y que la heteroglosia carnavalesca tiene igualmente sus limitaciones. Bajtín postula la existencia de una cultura popular, un mundo alternativo, que tiene como su espacio 'la plaza' en la que se manifiesta el carnaval. Aunque sugiere que esta cultura es subversiva, admite que siempre ha sido sancionada por las autoridades porque el carnaval no niega la cultura oficial, proponiendo un orden alternativo, sino que permite la suspensión temporal del orden, y, por lo tanto, la expresión de tensiones sociales. Por eso, esta suspensión del orden contribuye a fortalecer el status quo de las estructuras del poder (García-Varela 1994: 280-82).

En otras palabras, un *estado de excepción* fundamenta el orden. En esta constelación paradójica, he aquí, *in nuce*, la idea fundamental de un influyente estudio de Giorgio Agamben: *Homo Sacer: El poder soberano y la nuda vida*.[27] La razón fundamental de la constitución de la sociedad y de la esfera política es hacer posible 'la buena vida', *bios*, en la *polis* (Agamben 1998: 7). En este proceso se excluye la vida 'en sí', la nuda vida, denominada en griego *zo?*. No obstante, no se trata simplemente de una eliminación porque la *zo?* es modelo del *bios*. Agamben usa el término latino de la *exceptio*, derivado del antiguo Derecho Romano, para describir esta exclusión inclusiva.[28] El aspecto inclusivo radica en el hecho de que lo excluido mantiene una relación inclusiva con el orden.

La figura gemela de la *exceptio* de la nuda vida es la *exceptio* de la soberanía; las dos juntas son fundamentales en la génesis de lo político.[29] Elaborando unas ideas del alemán Carl Schmitt, Agamben define la soberanía como el poder de declarar el estado de excepción; a saber, no simplemente de destruir el orden sino la paradójica prerrogativa de suspender el orden, sancionada por el orden. Con su poder de *decidir* sobre el estado de excepción, el soberano mismo es una *exceptio*, fuera del orden, y a la vez, incluido. En el momen-

---

[27] El original italiano apareció en el año 1995 con el título *Homo sacer: Il potere soverano e la nuda vita*. A continuación, uso la traducción inglesa, *Homo sacer: Sovereign Power and Bare Life* (1995).

[28] Agamben describe la noción con detalle en las páginas 17-25 (1998).

[29] Huelga decir que Agamben no se refiere a un determinado proceso histórico sino a los fundamentos epistemológicos de la *polis* occidental.

to primordial de la génesis de lo político los individuos *abandonan* su derecho a ejercer violencia (*homo homini lupus*, en la famosa dicción de Hobbes), el estado natural, otorgándolo al soberano "who is the only one to preserve its natural *ius contra omnes*" (Agamben 1998: 35). Este derecho de violencia absoluta e impune estalla precisamente en el estado de excepción en el cual el *bios* es suspendido (re-)convirtiéndose en la nuda vida.

> The state of nature and the state of exception are nothing but two sides of a single topological process in which what was presupposed as external (the state of nature) now reappears [...] in the inside (as the state of exception) and the sovereign power is the very impossibility of distinguishing between outside and inside, nature and exception, physis and nomos (Agamben 1998: 37).

Agamben mantiene que la relación de la excepción que ata la soberanía y la nuda vida es el *Bann* del Derecho Germánico, el destierro, en el cual el desterrado no es simplemente excluido de la comunidad sino que la ley le a*ban*dona.

> The relation of exception is a relation of ban. He who has been banned is not, in fact, simply set outside the law and made indifferent to it but rather abandoned by it, that is, exposed and threatened on the threshold in which life and law, outside and inside, become indistinguishable. It is literally not possible to say whether the one who has been banned is outside or inside the juridical order (Agamben 1998: 28-29).

El desterrado no es un delincuente que sufre las consecuencias de sus acciones según las leyes, sino que, en su caso, la vida nuda está expuesta a la violencia de todos. Por tanto la *polis* se fundamenta en la exclusión inclusiva de la nuda vida; es un estado en el cual los individuos 'abandonan' su poder al soberano y a la decisión soberana de ejercer este poder, que significa que la ley abandona al *bios*. 'Normalmente' el soberano y la nuda vida habitan una zona liminar en el estado de la doble *exceptio*. Sin embargo, se revela que la *polis* se erige sobre la violencia soberana y la nuda vida como objeto de esta violencia. En otras palabras, la soberanía es capaz de producir la nuda vida, y la nuda vida a disposición del poder produce al cabo la soberanía.

Agamben ve en la figura del *homo sacer*, una destacable categoría del Derecho Romano arcaico, la encarnación de la nuda vida como producto de la *exceptio* soberana.

> *The sovereign sphere is the sphere in which it is permitted to kill without committing homicide and without celebrating a sacrifice and sacred life –that is, life that may be killed but not sacrificed– is the life that has been captured in this sphere.* [...]
> The life caught in the sovereign ban is the life that is originally sacred –that is, that may be killed but not sacrificed, in this sense, the production of bare life in the orginary activity of sovereignty (Agamben 1998: 83; la bastardilla es de Agamben).

El *homo sacer* no es sujeto ni del derecho humano ni del derecho divino (como la ofrenda) sino objeto de la violencia soberana, es la nuda vida.

> At the two extreme limits of the order, the sovereign and *homo sacer* present two symetrical figures that have the same structure and are correlative: the sovereign is the one with respect to whom all men are potentially homines sacri, and homo sacer is the one with respect to whom all men act as sovereigns (Agamben 1998: 84).

Desde una perspectiva histórica, a Agamben le interesa, ante todo, la Edad Moderna, o sea, las sociedades posteriores a la Ilustración porque la democracia moderna se presenta originalmente como reivindicación y liberación de la *zo?* y el intento de encontrar «the bios of zo?» (Agamben 1998: 9). Resulta que a medida que la nuda vida migra desde el margen al centro de la *polis*, el estado de excepción se convierte en condición ubicua. Este proceso se manifiesta, en el siglo XX, en los campos de concentración, y hoy en los Guantánamos de las democracias y los campos de refugiados. Hay que destacar, sin embargo, que Agamben soslaya que la estructura de la soberanía experimentó cambios profundos desde la Antigüedad grecolatina hasta finales del siglo XVIII. Los siglos XVI y XVII son una época en la cual se producen en toda la Europa, y en España, a partir del reino de los Reyes Católicos, cambios fundamentales en la configuración de la soberanía. El rey ya no es *primus inter pares* sino príncipe, si no absoluto sí soberano: el que decide sobre la 'excepción' (de los judíos, de los moriscos, de los herejes). Es significativo que sea la misma época en la cual los márgenes de la sociedad crecen. Los marginados, los pobres, los no-productivos de las clases bajas, los que pertenecen a minorías religiosas o las mujeres que no se atienen a los códigos de la moral oficial experimentan la violencia de la soberanía.[30] Tampoco es

---

[30] Giancarlo Maiorino ha relacionado la génesis de la novela picaresca con la 'ampliación' de los márgenes en el Renacimiento español (2003). Véanse al respecto también Juan Carlos Rodríguez (1994) y Francisco J. Sánchez (2003).

una coincidencia que en el siglo XVI aparezca el pícaro como figura literaria. En una expresión ampliamente aceptada por la crítica, Claudio Guillén ha denominado el pícaro como «half-outsider» (Guillén 1971: 80). Expresa el hecho de que el pícaro sea un ser liminar que se caracteriza por la lógica de la exclusión inclusiva. El pícaro no es simplemente un delincuente que desafía el orden sino, por el contrario, intenta, desesperadamente integrarse en la sociedad como hombre respetado. Por consiguiente, el pícaro no es, incluso cuando viola la ley, propiamente ajusticiado. Cuando se integra en la sociedad como Lázaro, o cuando sufre las penas de la ley, como Guzmán de Alfarache, deja de ser pícaro. Aunque la procedencia conversa del pícaro no tiene, en la mayoría de las obras picarescas, importancia en cuanto a la trama, el estatus de converso es significativo porque lo estigmatiza como *homo sacer*, parte de la comunidad cristiana, y, a la vez, inevitablemente excluido. El pícaro es la manifestación de la nuda vida en el imaginario colectivo. Por eso es el objeto de la violencia colectiva y de sufrimientos extremados; por eso es un ser huérfano y nómada, abandonado por la ley y la sociedad. Ninguna obra del género picaresco demuestra con mayor claridad que *El Buscón* de Quevedo la cualidad del pícaro como *homo sacer*, y como doble del soberano.

En *El Buscón*, el pícaro Pablos no pertenece simplemente a las capas bajas de la sociedad. Desde el comienzo niega su genealogía y rechaza las ofertas de su tío de reintegrarse en la familia, pero nunca se escapa de sus orígenes bajos. Como criado de Don Diego se arrima a los buenos pero nunca se integra. Asiste a la universidad pero no es estudiante. Incluso en los momentos en los que es en mayor medida parte de un grupo queda al mismo tiempo fuera, como, por ejemplo, en la cárcel, donde se separa de su pandilla, intimando con el carcelero. Cuando logra integrarse, por ejemplo, como autor de comedias, se aleja sin razón obvia. La razón es que el pícaro es el *homo sacer*, y, como tal, está fuera y dentro del orden.

Por tanto Pablos tiene una relación de abandonamiento y excepción con respecto a la sociedad. Es sumamente adecuado, por tanto, que el pícaro habite un mundo carnavalizado. Hemos visto que el carnaval en su forma medieval no es, como sugiere Bajtín, simplemente una expresión de la vitalidad del pueblo, sino una suspensión temporal otorgada por las autoridades. La ley 'abandona' al pueblo por un tiempo limitado. El énfasis en el «lower bodily stratum» (Bajtín), la violencia corporal no es tan inocente o incluso subversiva como sugiere el crítico ruso. Lo que Batjín interpreta como expresión colectiva del cuerpo popular que enfatiza el poder de recreación y regeneración, el cuerpo grotesco, es en sí una figura de indecisión, situada en la zona liminar donde habita la vida nuda.

Bajtín ve en la exageración de la forma del cuerpo, la anulación de los límites del cuerpo individual; las funciones corporales, por su parte, formarían parte de un ciclo de regeneración que presupone la destrucción como condición del crecimiento colectivo.[31] Sin embargo, en primer lugar, el cuerpo grotesco es, sobre todo, una manifestación de la 'vida en sí', la nuda vida que mantiene una relación de *exceptio* con el orden (excluido, pero objeto del poder). Cuando la *zoē* estalla en el mundo social es necesariamente exagerada o grotesca porque, como depósito de la fuerza regenerativa, exagera la vida como principio procreativo; como cuerpo que sufre la violencia no sancionada, la *zoē* exagera el cuerpo como objeto de la soberanía. De ahí que no solamente el cuerpo exuberante rabelaisiano como lo describe Bajtín sea grotesco sino también el cuerpo demacrado, torturado y mutilado.[32]

No cabe duda de que en *El Buscón*, el énfasis carnavalesco en el cuerpo grotesco no se refiere al cuerpo rabelaisiano, que es el modelo de Bajtín, sino al cuerpo extenuado, la nuda vida.[33] La razón por la cual los críticos no han prestado suficiente atención al sufrimiento corporal es que Quevedo camufla el cuerpo maltratado con su ingenioso juego verbal.[34] Siguiendo la lógica descrita por Elaine Scarry en *The Body in Pain*, el dolor del cuerpo maltratado le roba al sujeto la voz, convirtiéndola en el discurso del poder (Scarry 1985: 17-59). Si sustraemos el disfraz de la verbosidad vemos unas descripciones de actos de suma violencia contra la nuda vida. Es significativo que estos actos se produzcan en relación con lo que Louis Althusser ha llamado 'aparatos del

---

[31] James Iffland discute teorías sobre lo grotesco. Su conclusión, muy apropiada para mi tesis que el pícaro es el *homo sacer*, es que la explicación psicológica de la producción grotesca es el deseo de un «aggressive 'defacing' activity of the artist, from his desire to turn his target into a distorted version of itself» (1978: 54). Iffland analiza el papel de la imagen grotesca en *El Buscón* en el cap. VII (Iffland 1982: 76-140); otro estudio importante con respecto a lo grotesco, aunque descuidando algo la novela picaresca es de Ilse Nolting-Hauff (1968).

[32] En su ya clásico *The Body in Pain*, Elaine Scarry demuestra cómo la pérdida de mundo de la víctima de la tortura implica el 'crecimiento' (grotesco) del cuerpo (Scarry 1985: 17-59). La relación que Scarry establece entre la aniquilación sistemática de la humanidad y la autorización de regímenes absolutos es, en muchos sentidos, complementaria con la oposición binaria agambiana de *homo sacer* y *soberano*.

[33] Con razón habla Vela Buena de «muñecos esperpénticos» (Vela Buena 1994: 198).

[34] Véase Friedman, quien también apunta que, detrás del ingenio verbal trasluce «the simple humanity of the pícaro» (1996: 196).

Estado': la escuela, la universidad, la cárcel.[35] El pupilaje del licenciado Cabra es en sí un espacio de excepción y de indecisión entre vida y muerte. «Señor», Pablos le pregunta a su amo, «¿Sabéis de cierto que estamos vivos? Porque yo imagino que, en la pendencia de las berceras, nos mataron, y que somos ánimas que estamos en el Purgatorio» (Quevedo 1989: 108). En la descripción de la vida en la escuela el autor hace alarde de su ingeniosidad, pero la realidad es aterradora, culminando en la muerte de un alumno:

> Murió el pobre mozo, enterrámosle muy pobremente, por ser forastero, y quedamos todos asombrados. [...] Despedímonos de los compañeros, que nos seguían con los deseos y con los ojos, haciendo las lástimas que hace el que queda en Argel, viendo venir rescatados por la Trinidad sus compañeros (Quevedo 1989: 108).

El forastero sin nombre, a quien se asocia con 'campos de detención', es la primera víctima del pupilaje, y en el curso de la novela no es la única.[36] Cuando los 'caballeros de rapiña' ingresan en la cárcel de Madrid, el narrador nos da una descripción de los prisioneros, expuestos no a la risa libertadora carnavalesca, sino a la risa sardónica de la sociedad frente a la nuda vida.

> Dejo de contar la risa tan grande que, en la cárcel y por las calles, había con nosotros; porque como nos traían atados y a empellones, unos sin capa y otros con ellas arrastrando, eran de ver unos cuerpos pías remendados, y otros aloques de tinto y blanco. A cuál, por asirle de alguna parte segura, por estar todo tan manido le agarraba el corchete de las puras carnes, y aun no hallaba de qué asir, según los tenía roídos la hambre. Otros iban dejando a los corchetes en las manos los pedazos de ropillas y gregüescos; al quitar la soga en que venían ensartados, se salían pegados los andrajos (Quevedo 1989: 223-24).

---

[35] Althusser (1995) diferencia entre aparatos represivos y aparatos ideológicos que llevan ('interpelan') al sujeto a identificarse con las imágenes sancionadas por las autoridades. La novela de Quevedo sugiere que la 'materia prima' de los aparatos del Estado –tanto de la violencia y del castigo institucionalizados como de la educación– es la nuda vida.

[36] No sería ningún problema prolongar la lista de referencias a la vida nuda maltratada, desde la sugerencia de automutilación y antropofagia («mozo medio espíritu y tan flaco, con un plato de carne en las manos, que parecía que la había quitado de sí mismo» (Quevedo 1989: 105)) hasta las 'violaciones' con unos enemas (véase Iffland 1982: 89-96).

No solamente en esta ocasión, vemos cómo la ropa, marcador no solamente del estatus social sino de la humanidad[37], se desintegra, exponiendo las 'puras carnes' del pícaro. La cárcel es un lugar infernal.[38] Los rufianes en el calabozo, descritos como la escoria de la sociedad, atacan a los recién llegados.

> Los buenos caballeros que vieron el negocio de revuelta, se apretaron de manera las carnes ayunas –cenadas, comidas y almorzadas de sarna y piojos–, que cupieron todos en un resquicio de la tarima. Estaban como liendres en cabellos o chinches en cama. Sonaban los golpes en la tabla; callaban los dichos. Los bellacos que vieron que no se quejaban, dejaron el dar azotes, y empezaron a tirar ladrillos, piedras y cascote que tenían recogido. Allí fue ella, que uno le halló el cogote a don Toribio, y le levantó una pantorrilla en él de dos dedos. Comenzó a dar voces que le mataban. Los bellacos, porque no se oyesen sus aullidos, cantaban todos juntos y hacían ruido de prisiones. El, por esconderse, asió de los otros para meterse debajo. Allí fue ver cómo, con la fuerza que hacían, les sonaban los güesos como tablillas de San Lázaro. Acabaron su vida las ropillas; no quedaba andrajo en pie. Menudeaban tanto las piedras y cascotes, que, dentro de poco tiempo, tenía el dicho don Toribio más golpes en la cabeza que una ropilla abierta (Quevedo 1989: 227).

El hecho de que el mismo hermanito de Pablos muriera a los siete años en la cárcel a causa de la tortura indica que es probable que los pícaros nunca salgan del calabozo. En muchas otras ocasiones el mismo Pablos es víctima de la violencia, como cuando le desfiguran la cara y le rompen las piernas en la emboscada maquinada por Diego Coronel. Como resultado del desbordamiento carnavalesco en la novela, estos actos pueden ocurrir, y ocurren, en cualquier lugar y en cualquier momento. En la calles de Castilla vemos grupos de delincuentes desnudos azotados por el verdugo; la carne de los ajusticiados se usa en pasteles (Iffland 1982: 118-19), y el cuerpo del padre de

---

[37] Peter von Moos aclara que, en la Edad Media, la vestimenta, era 'otra piel' (Moos 2004: 135), y como las comedias del Siglo de Oro indican (sobre todo las de capa y espada), también en el siglo XVII la ropa se consideraba como factor integral del sujeto; véase también Folger (2009a: 62-71).

[38] No olvidemos el castigo del hermano de Pablos, niño de siete años: «Murió el angelico de unos azotes que le dieron en la cárcel» (Quevedo 1989: 83). Comenta Maravall: «[T]he growing necessities of physical repression give rise to a new role for the jail; instead of being merely a place to retain the prisoner temporarily, it is converted into a place of punishment [...] other times it is like a torture chamber» (Maravall 1986: 35).

Pablos se echa en los caminos, «hecho cuartos» (Quevedo 1989: 180) –en lugar de su hijo pícaro–.[39] Es el *corps morcelé* en el sentido de Lacan como cuerpo ya no incorporado en el orden simbólico (Lacan 1953: 13), el cuerpo hecho pedazos del *homo sacer*, aniquilado por el poder soberano. Por razones obvias el narrador pícaro autodiegético no puede ser 'la vida que se mata' sino que la aniquilación impune de la vida nuda se ejerce en su propia carne.

El *homo sacer* es congénito con el poder soberano. El pícaro está inextricablemente ligado a la soberanía. Un indicio de esta conexión es el episodio del Rey de Gallos, en el cual el futuro pícaro y el soberano coinciden simbólicamente, resultando en la humillación del sujeto subalterno y, ex negativo, en el enaltecimiento del soberano. La relación entre la soberanía y la nuda vida se plasma sobre todo en la forma específica del dialogismo en la obra, en la 'cohabitación' del discurso del sujeto subalterno y del discurso autoritativo. Mucho se ha comentado sobre la imposición de la voz autorial en la autobiografía. Este fenómeno se hace particularmente visible a partir del nacimiento del pícaro propiamente dicho. Hemos visto que hasta las novatadas de Alcalá Pablos es un joven que, como criado de Don Diego, conoce y reconoce 'su lugar' en la sociedad. La experiencia de suma humillación, que casi le cuesta la vida, o, en otras palabras, la experiencia de su propia existencia como nuda vida,[40] es para Pablos una iniciación: «Propuse de hacer nueva vida» (Quevedo 1989: 132). La intrusión de la nuda vida en la universidad, un aparato ideológico del Estado, produce el sujeto delincuente. Más importante, la delincuencia del *homo sacer* se convierte en fundamento del orden social camuflado como orden moral. Después del episodio Pablos reformula las diferencias socioeconómicas en términos de valor personal: «Era de notar ver a mi amo tan quieto y religioso, y a mi tan travieso, que el uno exageraba al otro o la virtud o el vicio» (Quevedo 1989: 134). No se trata simplemente de una imposición de la voz de Quevedo sino de una relación 'dialógica' entre el discurso del subalterno y el discurso oficial, indicando que la monoglosia que Bajtín asocia con los discursos oficiales es meramente un efecto secundario

---

[39] Como Lapuente señala «el caballo en que su padre viaja es el asno en el que iban los sentenciados; 'Pablos-rey de gallos' prefigura la imagen del sentenciado montado en un asno y azotado por el verdugo» (Lapuente 2000: 218), y, hay que añadir, ejecutado.

[40] Maurice Molho comenta al respecto: «aquí ve degradarse al hombre hasta el punto de aparecer bajo la cosificante imagen de un organismo, o más bien de un autómata fisiológico [...]» (Molho 1972: 137).

de una voz 'plural' que presupone la copresencia del soberano y del *homo sacer*. La *vida* del pícaro, en su doble sentido de existencia y 'autobiografía', es el vehículo para la producción de la soberanía.

En este sentido es sumamente significativo el hecho, casi ignorado por los críticos,[41] de que el lugar de la enunciación del relato de la vida de Pablos sean las Indias. Para pasar a las Indias se necesitaba una licencia del Consejo de Indias.[42] La pieza clave para conseguir esta licencia era una relación autobiográfica, una probanza, en la cual el solicitante se presentaba como sujeto modélico (virtuoso y de sangre limpia) de su majestad el rey. Obviamente, Pablos, el pícaro, cuya vida escandalosa es el tema de *El Buscón*, forja este documento autobiográfico de forma fraudulenta,[43] pero el aspecto crucial es que sus manipulaciones no son realmente una excepción. Una vida modélica es necesariamente una ficción; nadie es el perfecto 'servidor de su majestad' y la veracidad de las ejecutorias de la época es harto conocida. Por tanto, el procedimiento de licenciar pasajeros a las Indias produce sujetos picarescos:[44] hombres y mujeres que fingen identidades y biografías con el fin de conseguir movilidad, tanto espacial como socioeconómica. En este sentido la vida-texto picaresca tiene una relación especular con la vida vivida picaresca. Luego, la narración de Pablos no cumple «el proceso de su salida del mundo de la picaresca» (Taléns 1975: 77), como mantiene Taléns. Al contrario, con el pasaje a las Indias el pícaro se integra formalmente en los aparatos del Estado; la emigración coincide con la inclusión en el régimen colonial. Cabe preguntarse a qué alude Pablos cuando nos dice que se han frustrado sus espe-

---

[41] Basándose en la observación de que se exigía de los futuros pasajeros a las Indias «un informe sobre la pureza de sangre» Taléns (1975: 98) cree que se trata meramente de un 'intento', finalmente inane del pícaro. Sin embargo, el trabajo de Bernhard Siegert (2005) demuestra la intrínseca ficcionalidad del proceso burocrático, y, además, el texto mismo de Quevedo no da ninguna indicación de que Pablos no haya emigrado.

[42] Siegert (2005) describe el proceso, relacionándolo con la emergencia del discurso literario propiamente dicho. Con respecto a la burocracia colonial como aparato interpelativo (en el sentido de Althusser), véanse mi artículo «Alonso Borregán writes himself» (Folger 2005) y mi libro *Writing as Poaching* (de próxima aparición).

[43] Vale notar que la *Vida del Buscón* tiene semejanzas significativas con las masas de documentos autobiográficos escritos en la época colonial (relaciones de méritos y servicios). En *Picaresque and Bureaucracy* (Folger 2009b) mantengo que la matriz fundamental de la *Vida* de Lázaro es el aparato burocrático que exigía de los hombres humildes la producción de relatos autobiográficos.

[44] Ésta es la tesis central de Siegert (2005).

ranzas: «Y fueme peor, como v. m. verá en la segunda parte, pues nunca mejora su estado quien muda solamente de lugar, y no de vida y costumbres» (Quevedo 1989: 292). Para el lector es difícil imaginarse en qué sentido su vida como víctima de la humillación y de suma violencia se haya exacerbado. Parece que no ha abandonado la vida picaresca, que sigue siendo la nuda vida. El pícaro, sujeto liminar, se ha trasladado a la colonia, a un territorio y una esfera económicos que están, como parte de la Corona, a la vez dentro y fuera de la misma: Se trata de otra *exceptio* agambiana.

> Schmitt shows how the link between localization and ordering constitutive of the *nomos* of the earth always implies a zone that is excluded from law and that takes the shape of a 'free and juridically empty space' in which sovereign power no longer knows the limits fixed by the *nomos* as the territorial order. In the classical epoch of the *ius publicum Europaeum*, this zone corresponded to the New World, which was identified with the state of nature in which everything is possible (Agamben 1998: 36).

Considero que esta aseveración de Agamben simplifica indebidamente la historia de la colonización, porque en los procesos del descubrimiento, de la conquista y de la 'pacificación' de las colonias la Corona se esforzó por llenar el «espacio jurídicamente vacío» con una avalancha de leyes, pragmáticas y ordenanzas. Sin embargo, no se puede negar que estas leyes se originaron en la decisión soberana, no limitada por el *nomos* que restringía el soberano en la metrópolis. Las colonias fueron un mundo liminar en el cual el *nomos* producía necesariamente *exceptiones*. Con la emigración de Pablos, el pícaro, figura emblemática de producción de la nuda vida, se asocia a un sistema económico que se basa fundamentalmente en la explotación de la nuda vida, en las plantaciones del Caribe, las encomiendas de México y las minas de Potosí.

En este sentido, en el *Buscón* de Quevedo, el modo de producción que Jameson postula como nivel fundamental, o, según la perspectiva, más general, del análisis literario, es el régimen colonial, que consume la vida nuda y requiere la movilidad de los sujetos del soberano, tanto geográficamente como en su aspiración de ascenso social. Creo, sin embargo, que es posible establecer una relación con una forma de producción que es incluso más básica que la producción económica colonial: el aspecto clave de la economía, particularmente de la economía capitalista, es la reproducción de los recursos y de los medios de producción. Como ha apuntado Althusser, existe otro nivel de reproducción, el ideológico, que reproduce los sujetos que establecen una relación imaginaria con sus verdaderas condiciones de vida. Por fin, es necesaria la reproducción de la soberanía, y, por tanto, de la nuda vida, que es la presuposición para la dicotomía entre el sujeto subyugado y el *Sujeto* absoluto de las identificaciones ideológicas. En otras palabras existe una relación especular entre el sujeto (el pícaro, la nuda vida) y el Sujeto (el soberano).[45]

Resulta significativo que la forma de *El Buscón* tenga rasgos reminiscentes de las cartas que miles de españoles en las Indias escribían en la época colonial a su soberano. La novela picaresca como género establece fundamentalmente un diálogo entre el sujeto infame, el pícaro, y V. M., Vuestra Merced, el soberano. Ya Lázaro, el pregonero, no escribe, como la gran mayoría de los críticos postula, a un acusador o inquisidor; como funcionario real manda una especie de *relación de méritos y servicios* al soberano.[46] En *El Buscón* vemos que la voz del pícaro no es auténtica sino que se funde con o deriva de la voz de la autoridad. Al mismo tiempo, la voz autoritativa emana de la voz picaresca. En términos agambianos, observamos la coincidencia y la mutua dependencia de la nuda vida y de la soberanía. Creo que una de las deficiencias de Agamben es que asume una continuidad esencial en la historia de 'la ley' desde la Antigüedad grecorromana hasta el presente. En el Renacimiento y en el Barroco el 'estado de excepción', como núcleo de la soberanía, tiene una configuración que difiere de la época grecorromana o de la moderna. La excepción es menos excepcional.[47] La ley no es el principio uniforme y la excepción no es meramente una potencialidad que crea 'campos' donde sufre la nuda vida. Se trata de en un sistema casuístico en el que la excepción institucionalizada de la ley hace irrumpir la soberanía en la vida cotidiana. Por lo tanto, el complemento necesario de la producción de la soberanía es la producción del pícaro. Si la novela picaresca al nivel del ideologema resuelve conflictos sociales, al nivel de la reproducción de la soberanía, perpetúa una pluralidad cultural antagónica.

---

[45] Althusser habla de un «assujettissement au Sujet» (Althusser 1995: 310), una identificación del sujeto con un Sujeto absoluto único en el proceso interpelativo.

[46] Véase Folger (2009b: particularmente pp. 143-154).

[47] Relativo al sistema legal fundamentalmente casuístico de la época, véase Víctor Tau Anzoátegui (1992).

A MODO DE CONCLUSIÓN

La primera edición de *El Buscón* se publicó en 1626, posiblemente sin la autorización de Quevedo.[48] Quevedo nunca reclamó la autoría de la *Vida* de Pablos; incluso intentó disimular su paternidad, al no incluir el texto en el *Index* de sus obras (Ynduráin 1989: 57). Por un lado, parece apropiado que *El Buscón* sea un texto huérfano, porque la autoría del texto es del soberano, álter ego del narrador. Por otro lado, el artefacto textual no se puede separar del sujeto histórico Francisco de Quevedo, tal como lo representan las huellas de su vida y los textos que ha escrito. En tal sentido actúa como representante de una élite nobiliaria opuesta al 'vulgo', que hace escarnio de la desesperada ambición por transformar *zoē* en *bios*, castigando al desafortunado pícaro Pablos. Sin embargo, la posición del sujeto Quevedo no se puede simplemente situar en la esfera de la autoridad y del *establishment*. Analizando la poesía lírica de Quevedo, George Mariscal ha descrito a Quevedo como un «sujeto contradictorio» que es el producto de una negociación de discursos hegemónicos y discursos marginalizados.[49] Sobre todo en sus poemas picarescos vemos una fascinación por la vida del hampa que expresan, según Mariscal, cierta «simpatía» (1991: 134) por una libertad que los discursos oficiales negaban a los miembros de las élites. El análisis de *El Buscón* sugiere, sin embargo, que la «irresistible seducción que la vida picaresca ejercía sobre jóvenes de la buena sociedad» tiene otro fundamento.[50] Varios críticos han notado que Don Toribio, el caballero de rancio abolengo convertido en pícaro que desaparece en el calabozo infernal de Madrid, puede interpretarse como álter ego del autor. Según Vela Bueno, se lleva

> a la ficción el conflicto entre la ideología señorial de Quevedo y sus conciencia de no pertenecer a la élite nobiliaria a la que, como Pablos y Toribio, intentó acceder sin lograrlo. Así la contrariedad que el texto genera entre una puesta en crisis de la sociedad señorial y una afirmación de la misma, se resuelve a través de la identificación entre Pablos y Quevedo vía Don Toribio (Vela Bueno 1994: 188).

---

[48] La edición se llevó a cabo en Zaragoza costeada por Roberto Duport (Ynduráin 1989: 55). La fecha exacta de composición se desconoce, aunque es probable que se escribiera en la primera década del siglo.

[49] Sobre el «interplay of differing subject-positions» e interpelaciones que producen la agencialidad del sujeto, véase Paul Smith (1988: xxxiv).

[50] Véase también Fernando Lázaro Carreter (1978: 94).

Aunque Quevedo se hace portavoz del orden y de la soberanía, las calamidades en su biografía, las persecuciones y los problemas económicos que sufría, sugieren que la identificación con el pícaro no es simplemente debido a una fascinación por la «libertad picaresca». La *zoē*, la nuda vida, es el modelo del *bios*, de la buena vida; de ahí la «simpatía», que es, más bien, la expresión del deseo de la buena vida, y al mismo tiempo la expresión del hecho de que también Francisco de Quevedo fue –a veces de facto, siempre potencialmente– el *homo sacer*. El soberano y el *homo sacer* son imágenes gemelas que habitan el margen 'excepcional' de la sociedad; en el proceso interpelativo el *Sujet* althusseriano y el sujeto 'sujetado' (el pícaro) quedan superpuestos, dando una matiz más lúgubre a la *romanost* («novelidad») de Bajtín (1981). La *Vida del Buscón* y la Vida de Quevedo se sitúan en la misma zona liminar donde la soberanía se erige sobre la nuda vida.[51]

BIBLIOGRAFÍA

AGAMBEN, Giorgio (1998): *Homo sacer: Sovereign Power and Bare Life*. Traducido por Daniel Heller-Rozan. Stanford: Stanford University Press.
ALTHUSSER, Louis (1995): «Idéologie et appareils idéologiques d'État (notes pour une recherche)». En: *Sur la réproduction*. Paris: Presses Universitaires de France, pp. 269-314.
BAKHTIN, Mikhail (1981): «From the Prehistory of Novelistic Discourse». En: *The Dialogic Imagination*. Traducción de Caryl Emerson y Michael Holquist. Austin: University of Texas Press, pp. 41-83.
— (1984a): *Problems of Dostoevsky's Poetics*. Edición y traducción de Caryl Emerson. Theory and History of Literature 8. Minneapolis: University of Minnesota Press.
— (1984b): *Rabelais and His World*. Traducción de Hélène Iswolsky. Bloomington: Indiana University Press.
BAJTÍN, Mijaíl (1986): *Formas del tiempo y del cronotopo en la novela*. La Habana: Arte y Cultura.
BATAILLON, Marcel (1969): *Pícaros y picaresca*. Madrid: Taurus.
FOLGER, Robert (2005): «Alonso Borregán writes himself: the colonial subject and the writing of history in *relaciones de méritos y servicios*». En: Robert Folger/Wulf Oesterreicher (eds.): *Talleres de la memoria – reivindicaciones y autoridad en la his-*

---

[51] En este sentido Quevedo no es simplemente un satírico, como sugiere Bajtín, que se sitúa por encima de los objetos de su escarnio (Bakhtin 1984: 12).

toriografía indiana de los siglos XVI y XVII. P & A 5. Münster/Hamburg/London: LITVerlag, pp. 267-293.
— (2009a): *Escape from the Prison of Love: Caloric Identities and Writing Subjects in Fifteenth-Century Spain*. North Carolina Studies in the Romance Languages and Literatures 292. Chapel Hill: University of North Carolina Press.
— (2009b): *Picaresque and Bureaucracy:* Lazarillo de Tormes. Newark: Juan de la Cuesta.
FERNÁNDEZ, Enrique: (2001): «La disección de cadáveres y la novela picaresca como introspección en el XVI y XVII». En: *Bulletin of Hispanic Studies* 78, pp. 171-82.
FOUCAULT, Michel (1977): «La vie des hommes infâmes». En: *Cahiers du Chemin* 29, pp. 12-29.
FRIEDMAN, Edward H. (1992): «Narcissus's Echo: *La vida del Buscón* and the Question of Authority in the Baroque». En: *Indiana Journal of Hispanic Literatures* 1, pp. 213-60.
— (1996): «Trials of Discourse: Narrative Space in Quevedo's *Buscón*». En: Giancarlo Maiorino (ed.): *The Picaresque: Tradition and Displacement*. Minneapolis: University of Minnesota Press, pp. 183-225.
GARCÍA-VARELA, Jesús (1994): «Factores constitutivos del discurso del marginado en la literatura del Siglo de Oro». En: *Thesaurus* (Boletín del Instituto Caro y Cuervo) 49, pp. 275-92.
GODZICH, Wlad/SPADACCINI, Nicholas (1986): «Popular culture and Spanish Literary History». En: Wlad Godzich/Nicholas Spadaccini (eds.): *Literature among Discourses: The Spanish Golden Age*. Minneapolis: University of Minnesota Press, pp. 41-61.
GUILLÉN, Claudio (1971): «Toward a Definition of the Picaresque». En: Claudio Guillén: *Literature as System: Essays Toward the Theory of Literary History*. Princeton: Princeton University Press, pp. 71-106.
HOLQUIST, Michael (?2004): *Dialogism: Bakhtin and His World*. London/New York: Routledge.
IFFLAND, James (1978-1982): *Quevedo and the Grotesque*. 2 vols. London: Tamesis Books.
JAMESON, Fredric (1981): *The Political Unconscious*. London/New York: Routledge.
LACAN, Jacques (1953): «Some Reflections on the Ego». En: *International Journal of Psychoanalysis* 34, pp. 11-17.
LAPUENTE, Felipe A. (2000): «Bajtín y Quevedo». En: Fernando Burgos (ed.): *Studies in Honor of Myron Lichtblau*. Newark: Juan de la Cuesta, pp. 215-27.
Lazarillo de Tormes (1987 [1554]). Edición de Francisco Rico. Madrid: Cátedra.
LÁZARO CARRETER, Fernando (1977): *Estilo barroco y personalidad creadora: Góngora, Quevedo, Lope de Vega*. Madrid: Cátedra,
— (1978): «Originalidad del *Buscón*». En: Gonzalo Sobejano (ed.): *Francisco de Quevedo*. Madrid: Taurus, pp. 185-202.

MAIORINO, Giancarlo (2003): *At the Margins of the Renaissance: Lazarillo de Tormes and the Picaresque Art of Survival*. University Park: The University of Pennsylvania Press.

MARAVALL, José Antonio (1986): «From the Renaissance to the Baroque: The Diphasic Schema of Social Crisis». Traducción de Terry Cochran. En: Wlad Godzich/Nicholas Spadaccini (eds.): *Literature among Discourses: The Spanish Golden Age*. Minneapolis: University of Minnesota Press, pp. 3-40.

MARISCAL, George (1991): *Contradictory Subjects: Quevedo, Cervantes, and Seventeenth Century Spanish Culture*. Ithaca: Cornell University Press,.

MOLHO, Maurice (1972): *Introducción al pensamiento picaresco*. Traducción de A. Gález-Piñero y Pidal. Salamanca: Anaya.

MOOS, Peter von (2004): «Das mittelalterliche Kleid als Identitätssymbol und Identifikationsmittel». En: Peter von Moos (ed.): *Unverwechselbarkeit: Persönliche Identität und Identifikation in der vormodernen Gesellschaft*. Norm und Struktur: Studien zum sozialen Wandel in Mittelalter und Früher Neuzeit 23. Köln/Weimar/Wien: Böhlau, pp. 123-46.

NOLTING-HAUFF, Ilse (1968): *Vision, Satire und Pointe in Quevedos* Sueños. Beihefte zu Poetica 3. München: Fink.

PARKER, Alexander A. (1967): *Literature and the Delinquent: The Picaresque Novel in Spain and Europe 1599-1753*. Edinburgh: Edinburgh University Press.

QUEVEDO, Francisco de (1989 [1626]): *El Buscón*. Edición de Domingo Ynduráin. Texto fijado por Fernando Lázaro Carreter. Madrid: Cátedra.

RICO, Francisco (1973): *La novela picaresca y el punto de vista*. Barcelona: Seix Barral.

RODRÍGUEZ, Juan Carlos (1994): *La literatura del pobre*. Granada: Comares.

SÁNCHEZ, Francisco J. (2003): *An Early Bourgeois Literature in Golden Age Spain: Lazarillo de Tormes, Guzmán de Alfarache and Baltasar Gracián*. North Carolina Studies in the Romance Languages and Literatures 277. Chapel Hill: University of North Carolina Press.

SCARRY, Elaine (1985): *The Body in Pain: The Making and Unmaking of the World*. New York/Oxford: Oxford University Press.

SIEGERT, Bernhard (2005): «*Pasajeros a Indias*: Biographical Writing between the Old World and the New». En: Robert Folger/Wulf Oesterreicher (eds.): *Talleres de la memoria - reivindicaciones y autoridad en la historiografía indiana de los siglos XVI y XVII*. P & A 5. Münster: LITVerlag, pp. 295-306.

SMITH, Paul (1988): *Discerning the Subject*. Theory and History of Literature 55. Minneapolis: University of Minnesota Press.

TALÉNS, Jenaro (1975): «La *Vida del Buscón*, novela política». En: *Novela picaresca y práctica de la transgresión*. Madrid: Júcar, pp. 43-106.

TAU ANZOÁTEGUI, Víctor (1992): *Causismo y sistema: indagación sobre el espíritu del Derecho Indiano*. Buenos Aires: Instituto de Investigaciones de Historia del Derecho.

Vela Bueno, José Carlos (1994): «Cronotopo y discurso en *El Buscón*». En: *Journal of Hispanic Philology* 19, pp. 183-200.

Vélez-Sainz, Julio (2007): «¿Amputación o ungimiento?: Soluciones a la contaminación religiosa en el *Buscón* y el *Quijote* (1615)». En: *Modern Language Notes* 122, pp. 233-250.

Ynduráin, Domingo (1989): «Introducción». En: Francisco de Quevedo: *El Buscón*. Edición de Domingo Ynduráin. Texto fijado por Fernando Lázaro Carreter. 10ª ed. Madrid: Cátedra, 13-73.

La fuerza subversiva de la *Historia del famoso predicador Fray Gerundio de Campazas, alias Zotes* (1758) de José Francisco de Isla[1]: el debate metatextual sobre la poeticidad de la novela

Inke Gunia

1. Introducción

Relacionados con la *Historia del famoso predicador Fray Gerundio de Campazas, alias Zotes* de José Francisco de Isla se ha publicado una serie de trabajos de investigación que han contribuido a poner al descubierto capas de la transcendencia textual de esta obra, para hablar en términos de Gérard Genette (²1993), y explicarlas en su contexto cultural. Es así como se han podido elaborar las relaciones intertextuales entre *El ingenioso hidalgo don Quijote de la Mancha* (1605/1615), de Miguel de Cervantes, y el *Fray Gerundio* (cf. Polt 1979; Fuente Fernández 1982; Chen Sham 1994; Rodríguez Cepeda 1995), se han podido describir los préstamos de esta obra de Isla para con *The History of the Adventures of Joseph Andrews* (1742), *The History of Tom Jones, a Foundling* (1749), de Henry Fielding y *The Life and Opinions of Tristram Shandy Gentleman* (1760-1767) (cf. Polt 1979), de Laurence Sterne, y el género de la novela picaresca española (cf. Sebold 1960; Chen Sham 2008) e interpretarlos con referencia a la cultura de la risa y la heteroglosia bajtinianas (cf. Zavala 1987; Smith 1995). Asimismo, el texto de Isla ha sido leído como una antinovela de formación de personaje que niega el aprovechamiento y la utilidad (cf. Chen Sham 2008.)

Ahora bien, las siguientes reflexiones toman como punto de partida el tercer tipo de transtextualidad genettiana, o sea, la metatextualidad. Se quiere demostrar que, por medio de comentarios explícitos e implícitos, el *Fray Gerundio* reproduce el debate contemporáneo sobre el carácter de poeticidad

---

[1] El presente trabajo se basa en la edición preparada por Enrique Rodríguez Cepeda para la editorial Cátedra (Letras Hispánicas 402). Los números de página se refieren a esta edición, la cual, además, abarca las dos partes de la obra y añade todos los preliminares y cartas de las ediciones antiguas del siglo XVIII. Para facilitar la lectura se abreviará el título de la obra con *Fray Gerundio*.

de la prosa narrativa ficcional y defiende una posición marginalizada respecto al código poético oficial de la época. Este debate no se limitaba al discurso poetológico, sino que transportaba también determinadas visiones de la realidad fáctica social de aquellos tiempos. Para poder entrar en la materia y entender la fuerza subversiva inherente a estos comentarios metatextuales se comenzará con un resumen de la difícil génesis editorial y la recepción de la obra.

2. EL CONTEXTO

El 21 de febrero[2] de 1758 se publicó con 1.500 ejemplares la primera parte del *Fray Gerundio* en la imprenta de Gabriel Ramírez en Madrid. Como autor de la obra figura Francisco Lobón de Salazar, de cuya identidad dice el subtítulo del libro que era «Presbytero, Beneficiado de Preste en las Villas de Aguilar, y de Villagarcia de Campos, Cura en la Parroquial de San Pedro de esta, y Opositór à Cathedras en la Universidad de la Ciudad de Valladolid» (82). Según lo que sabemos de la verdadera autoría del libro, este Lobón es el autor ficticio de la obra.

La venta del libro se agotó en tres días. Sólo unas semanas más tarde, el 14 de marzo de 1758 se dictó la prohibición del *Fray Gerundio* e intervino el Consejo Supremo de la Inquisición con un proceso de acusación: se suspendía la impresión de una segunda parte y la reimpresión de la primera. Su verdadero autor, el jesuita José Francisco de Isla (1703-1781) en aquel entonces no era un desconocido entre los letrados. Estaba en contacto, por ejemplo, con Agustín Montiano y Luyando, uno de los representantes de la élite de la erudición española de entonces (Rodríguez Cepeda 1995: 18), protegido de Blas Antonio de Nasarre y de Patiño. Isla sabía que se trataba de una obra controvertida, y ya que no le estaba permitido por la Compañía de Jesús publicar obras ni bajo su propio nombre, ni bajo pseudónimo «en los casos que aquéllas [las obras, I. G.] pudieran implicar [...] desdoro o inconveniencias de cualquier tipo para la Compañía» eligió a un párroco de San Pedro de Villagarcía de Campos, hermano de un jesuita, para que éste firmara la auto-

---

[2] Álvarez Barrientos (1991: 82) habla del 22 de febrero y Rodríguez Cepeda (1995: 19) menciona el mes de enero.

ría.³ Además, el «Prólogo» tiene la forma de un discurso apologético. Allí, el autor subraya que la publicación de tal libro no fue una tarea muy fácil y que implicaba mucho valor: «¿De dónde te ha venido de repente el caudal de literatura, de juicio, de crítica, de noticias y de sal que se necesita para un empeño tan arduo? [...] ¡Un capellán de San Luis, un cura de la iglesia de San Pedro de Villagarcía, un Lobón metido a reformador del púlpito en España! [...] Ese mismo Lobón [...] es el que se atreve a una empresa como ésta» (230 s.). En fin, la lectura del libro fue condenada por contener «proposiciones sediciosas, malsonantes, *piarum aurium offensiuas*, injuriosas gravemente a las sagradas religiones y predicadores del Santo Evangelio, con irreverencia y abuso de la Santa Escritura y porque el medio de que se vale el autor es muy impropio y ajeno del que usaron los Santos Padres para reprender los abusos de la predicación» (Jurado 1992: 45).

Debía de ser obra de un jesuita, así razonaban algunos intelectuales, pues el libro se publicó en un momento políticamente difícil para los miembros de esta orden. Bajo el gobierno de Felipe V y parte del de Fernando VI los confesionarios regios fueron ocupados por jesuitas y éstos desempeñaban también el oficio de inquisidor general. Sin embargo, en julio de 1754, cayó el secretario de Hacienda, el marqués de Ensenada⁴, y con éste su asociado, el jesuita Rávago, que hasta entonces había ocupado el confesionario regio. A Rávago le sucedió en el confesionario regio y como inquisidor general el antijesuita Manuel Quintano y Bonifaz. En agosto de 1759 murió Fernando VI y Carlos III asumió el poder. En este primer año de su gobierno, el nuevo rey condenó el libro de Isla, con la explicación de que «se burla de los frailes» (20). Las cartas que Isla escribió al inquisidor general Manuel Quintano para evitar la suspensión no tuvieron éxito. El 4 de mayo de 1760 la obra fue prohibida e incluida en el *Índice de los libros prohibidos* (Álvarez Barrientos 1992: 82). Los jesuitas, en aquellos años, poco antes de su expulsión en 1767, concitaron el odio de muchos: de los ilustrados que criticaron su dependencia de Roma y su relación con la Inquisición; de los universitarios, por la relación de los jesuitas con los colegiales (favorecidos éstos con respecto al acceso a posiciones del poder en la alta administración pública); de los agustinos y

---

³ Para la compleja historia del problema de la autoría véase Jurado (1992: 38 ss.).
⁴ Ensenada llegó a ser víctima de una crisis política originada por el tratado hispano-portugués de límites de 1750 que implicaba un canje territorial y el éxodo de las misiones jesuíticas (cf. J. Lynch 1989: 158 s.).

dominicos, por la laxitud moral de los jesuitas en las controversias con los jansenistas; y, por lo general, por su gran influencia en la enseñanza y su poderosa obra misionera en América.

El tema principal que trata el *Fray Gerundio,* o sea, la crítica a los malos predicadores, no era nuevo como tema de debate entre los religiosos. Aparte de que el propio Isla lo había tratado ya en 1729, en una obra inédita, *Crisis de pecadores,* cuatro años más tarde, en 1733, el ilustrado Gregorio Mayans y Siscar (1699-1781), en su libro *El orador cristiano,* abogó por la necesidad de una reforma de la predicación. Mayans se autocaracterizaba de heredero de los novatores, era humanista y fervoroso defensor de una historiografía basada en fuentes verídicas. Según algunos críticos, Mayans desempeñó un papel importante en la recepción del *Fray Gerundio* de Isla y su prohibición (Rodríguez Cepeda 1995: 32-37). En realidad, los dos eruditos luchaban por ideas muy parecidas. Es así como, en el *Fray Gerundio,* aparte de la práctica de la predicación, también se tematiza la práctica de la historiografía de basarse en lo que entonces se llamaban los «Falsos Cronicones».[5] Sin embargo, ni Isla ni Mayans respetaban el trabajo del otro. Cuando el protector de Isla, don Miguel de Medina, poco antes de la impresión del libro, le había propuesto preguntarle a don Gregorio Mayans para que escribiera un elogio de ella, Isla rechazó esta idea con vehemencia, denigrando fuertemente al autor del *Orador cristiano* (Rodríguez Cepeda 1995: 36). Isla tampoco estaba de acuerdo con el elogio que recibió la obra de Mayans en las «Cartas» que formuló don Miguel de Medina al comienzo de la obra y trató de persuadirle de que borrara estos comentarios positivos.[6] Lo que se sabe con certeza es que Gregorio Mayans conocía al verdadero autor del *Fray Gerundio* y llegó a conocer la primera parte del libro muy poco después de estar a la venta. A Mayans le disgustó el *Fray Gerundio,* pues, a diferencia del *Orador cristiano,* que –según su opinión– era un trabajo serio y se publicó como estudio científico[7], Isla eligió

---

[5] Ejemplos del texto se comentarán más adelante. En 1742 Mayans editó la *Censura de historias fabulosas,* manuscrito de Nicolás Antonio. En esta obra habla sobre el cambio metodológico en la historiografía a favor de una documentación a base de fuentes comprobables (p. XV). Para el debate sobre los métodos en la historiografía, véase Mestre Sanchís (1996: 816).

[6] Cf. la nota del editor Rodríguez Cepeda en Isla (1995: 186]), ver también Jurado (1992).

[7] Cf. Rodríguez Cepeda 1995: 32: «[...] es libro que se prohibirá sin género de dudas; y que es prueba de la ignorancia i depravación de quantos le estiman. En lo que toca a mí, yo no hago caso de locos. Es imposible que las religiones degen de perseguir este libro [...] Su autor,

para su obra un género literario menospreciado entre los que definían el concepto de poesía en aquel entonces. «Si Isla hubiera sido amigo de Mayans y lo hubiera respetado, la novela del jesuita no hubiera sufrido la aventura editorial más secreta de la literatura española», así opina E. Rodríguez Cepeda (1995: 36). Pero, ¿cómo pudo haber influido Mayans en la recepción de la obra de Isla? Esto no lo explica el crítico claramente. En aquel entonces, Mayans ya era *persona non grata* en la Corte, había dimitido el puesto del bibliotecario real y vivía retirado en su casa solariega de Oliva (Mestre 1972: XXX). ¿Cómo pudo haber contribuido Mayans a la prohibición del *Fray Gerundio*? Aquí Rodríguez Cepeda menciona el poder del qué dirán de los literatos (Rodríguez Cepeda 1995: 36).

A pesar de las o, quizás, debido a estas invectivas, el *Fray Gerundio* alcanzó un enorme éxito. La segunda parte corrió manuscrita entre los eruditos. Existen también testimonios de esta recepción. Es así como el padre jesuita Juan Andrés, en la versión española de su historia literaria *Origen, progresos y estado actual de toda la literatura* (1784-1806)[8] le dedica al libro de Isla bastante espacio. Al hablar del género de los romances, y después de haber comentado, por ejemplo, el *Quijote* cervantino, romances pastoriles como *La Diana* de Montemayor, el *Guzmán de Alfarache* de Alemán, o el *Buscón* de Quevedo, menciona el *Fray Gerundio*: «á todos ha superado el español Isla, el qual en estos ultimos tiempos ha encontrado el verdadero gusto de semejantes romances, y en su célebre *Historia del famoso Fray Gerundio* de Campazas, de la qual solo tenemos dos tomos, y deberian ser algunos mas, baxo el nombre del Cura Párroco Lobon ha intentado la ardua empresa de desterrar de los sagrados pulpitos á los predicadores indignos de ocuparlos.» Elogia la imaginación y la «hermosura de estilo», la trama «bien ideada» y las «pinturas tan vivas y expresivas, tantos diálogos tan verdaderos y naturales [...] nos dan en su historia de Fray Gerundio un romance clásico y magistral». Lo que censura es la superficialidad en la erudición, hubiera esperado una crítica y un didactismo más sutiles como mecanismos de control de lo que llama la

---

el padre Isla, no ha leído los libros bueno originales, su obra no tiene invención i el estilo ni es puro, ni elegante, i solamente el diablo ha puesto el sainete de la sátira para que agrade» (cf. Mestre Sanchís 1968: 86, nota 137). La disputa entre Isla y Mayans se trata también en Mestre (1972: 209-212; 1976: 115-117). Véase también Oleachea (1981).

[8] La *editio princeps* la publicó Juan Andrés en italiano (1782-1798) durante su exilio en Italia. La versión española la preparó su hermano menor, Carlos Andrés, en España.

«fecunda fantasia» de Isla: «entonces la historia de Fray Gerundio hubiera sido una obra de mayor utilidad y de mas verdadera instruccion, y en todas partes y en todos tiempos hubiera gustado mas á los cultos lectores» (Andrés 1784-1806: t. IV, 499-500).⁹

3. Los paratextos

En la dedicatoria «Al público Poderosísimo señor» el álter ego de Isla, o sea, Lobón de Salazar, habla francamente del poder del público dando veladamente al término «público» aquel sentido político que iba a mostrar la expresión «opinión pública» hacia finales del siglo XVIII en España. El autor subraya que el término «público» abarca a «todos los hombres»: «Lo cierto es que, una vez que usted mande, resuelva, decrete y determine alguna cosa, es preciso que todos le obedezcan; porque, como usted es todos y todos son usted, es necesario que todos hagan aquello que todos quieren hacer. No se me señalará otro legislador más respetado». Y más adelante, al hablar de las posibilidades del monarca para proteger o prohibir a un autor y su obra añade: «Desengañémonos: sólo usted [el 'Público', I. G.] tiene este gran poder, porque sólo usted en este particular (hablo de tejas abajo) puede todo cuanto quiere. Quiera El Público que nadie chiste contra una obra: ninguno chistará. Quiera El Público que todos la celebren interior y exteriormente: todos la celebrarán» (130 s.). J. Jurado, en su edición crítica del *Fray Gerundio* (Isla 1758/1992: 75, nota), menciona el dato de que una serie de altas dignidades (entre ellas la reina doña Bárbara de Braganza, el inquisidor general José

---

⁹ Para una reconstrucción más detallada de la recepción de la obra de Isla en el siglo XVIII y comienzos del XIX véase Álvarez Barrientos (1991: 84). Éste informa también del prólogo firmado por otro ilustrado, el dramaturgo Leandro Fernández de Moratín (1760-1828) para una nueva edición de la obra, que no se realizó. En este prólogo Moratín tiene palabras de elogio para el *Fray Gerundio* que es igual al *Quijote* cervantino y presenta la exitosa unión entre una «sólida instrucción teológica», el «ingenio» y el «chiste». Además, aparte de reconstruir la compleja génesis editorial del libro y afirmar las controversias que causó y el éxito clandestino de la obra: «Pudieran formarse algunos volúmenes, reuniendo en ellos los dictámenes favorables que dieron varios eruditos» (cf. Fernández de Moratín 1868: 200-210, aquí pp. 201, 203). Asimismo, Juan Pablo Forner (1756-1797) critica la obra en sus *Exequias de la lengua castellana* (escritas probablemente en 1788) por su estilo bufonesco y el lenguaje grosero, pero elogia lo burlesco y gracioso (1967: 51).

Manuel Quintano, el arzobispo de Zaragoza Francisco de Añoa y Busto) se negaron a recibir una dedicatoria del autor del *Fray Gerundio*, ya que este acto, esto es, dedicar el libro al público, puede ser interpretado como gesto ofensivo.[10] En el siguiente «Prólogo con morrión» –título igualmente provocador– se repite esta intención de dirigirse a un público más amplio, pues allí el autor se imagina objeciones, preguntas, dudas que su obra podría provocar en tres diferentes tipos de lectores e inventa diálogos con «un labrador de pestorejo, hombre sano y que sabe leer casi de corrida» (195). Éste quiere saber si el protagonista es un ser ficcional o no, por qué lleva el título del «fray» en vez del de «padre» o «don», y le reprocha el carácter denigrante del nombre «Gerundio» para un hombre de la Iglesia. Luego se dirige a un lector «discreto» (195) con quien aclara temas poetológicos, como la forma del poema épico, el héroe épico como modelo, la falta de verosimilitud y el uso de la sátira para corregir vicios. Finalmente, aparece un «reverendo padre», el cual le confronta con la crítica de que el libro se burla de la Sagrada Escritura (215).[11]

El tema de la predicación practicada en un estilo que hace poco accesibles los contenidos para la congregación no era nuevo, como hemos visto al referirnos brevemente al conflicto entre Isla y Mayans. En otra «Carta» antepuesta a la narración de la historia de Fray Gerundio, el bibliotecario mayor, don Juan Manuel de Santander, subraya que la novedad del *Fray Gerundio* está en la «inimitable historia de su ideado héroe» y añade: «puede vuestra merced lisonjearse de haber descubierto un nuevo rumbo de grandes esperanzas en su admirable, utilísima historia, cuya publicación debe vuestra merced no retardar un instante» (164). Este «nuevo rumbo», según mi opinión, consiste en hacer uso del género de la novela para esta temática y sus fines didácticos y con ello romper el círculo elitista de los lectores, lo cual en aquella época significaba un acto de provocación.

En su «Prólogo con morrión» Lobón se esfuerza por clasificar genéricamente su obra. Insiste en el carácter «imaginario» del protagonista de su historia: «Aunque el héroe de ella se supone que fue predicador y de misa, desengáñate, lector mío, que dijo tantas como sermones predicó. Yo le concebí, yo le parí, yo le ordené, yo le despaché el título de predicador, para todo lo cual

---

[10] Creo que se ofrece todavía otra lectura entre líneas, según la cual pueden interpretarse estas líneas como referencia a un grupo social particular, minoritario, unido por los mismos intereses e investido de un gran poder en relación con la aceptación de libros, opiniones, etc.

[11] Iris M. Zavala (1987) y Susan Smith (1995) han investigado esta polifonía.

tengo la misma autoridad y el mismo poder que para hacerle obispo y papa» (189).[12] En el subsiguiente 'diálogo' con los lectores potenciales subraya que si bien se trata de un protagonista «imaginario», lo presenta según el precepto de la verosimilitud y propone dos denominaciones genéricas para su obra, la de la «novela útil» y la del «poema épico instructivo»: «Mira, hermano, *Fray Gerundio de Campazas*, con este nombre y apellido, ni le hay ni le ha habido ni es verisímil que jamás le haiga. Pero predicadores Gerundios, con *fray* y sin él, con *don* y sin *don*, con capilla y con bonete, en fin, vestidos de largo de todos colores y de todas figuras, los ha habido, los hay y los habrá como así, si Dios no lo remedia [...] Pues, ¿qué hice yo? No más que lo que hacen los artífices de novelas útiles y de poemas épicos instructivos. Propónense un héroe, o verdadero o fingido para hacerle un perfecto modelo, o de las armas, o de las letras, o de la política, o de las virtudes morales, que de las evangélicas hartos tenemos, si los queremos imitar» (190). Según las palabras de Lobón, los dos géneros, además de la *narratio*, comparten el rasgo de la imitación según el postulado de la verosimilitud y sus protagonistas así como las historias narradas tienen carácter modélico. Esta referencia al carácter modélico podría leerse como correspondiente al concepto de la imitación universal según la poética de Luzán (1737/1974: lib. I, cap. V). En cuanto a la función de los dos géneros, destaca la utilidad. Lo que los diferencia, sin embargo, es el valor poetológico que se les adscribía según el concepto dominante del *buen gusto* en aquellos tiempos. El propio prologuista toma en consideración esta circunstancia cuando comenta: «a lo más, más es una desdichada novela, y que dista tanto del poema épico como la tierra del cielo» (194).

El «poema épico», como ya explica el nombre, en los escritos poetológicos de la época tiene su lugar específico entre los géneros poéticos. Es así como en el *Diccionario de Autoridades* la voz «poema» ofrece dos significados; uno

---

[12] Esta intención la comunicó el propio Isla en una de sus cartas a don Miguel de Medina, fechada el 3 de julio de 1757, o sea, cuando Isla todavía se hallaba en la fase de redacción de su obra. En el contexto de la crítica formulada por Medina respecto al nombre del protagonista (Fray Gerundio), Isla defiende la necesidad de no cambiarlo porque se trata de un nombre que «no es usado y consiguientem.^{te} quita desde luego la ilusión á los Letores». Según mis interpretaciones, se refiere aquí a la ilusión de tomar la historia narrada como no-ficcional. Añade Isla: «Esta ilusion siempre era menester desvanecersela desde el mismo prologo, donde es preciso darle razon del verdadero fin de la obra, previnindole que aunque nunca huvo en el mundo hombre tan extravagante, ay muchos en él, que mas o menos son originales de estas o de aquellas extravagancias suyas» (cf. Fernández 1957: 175).

«riguroso», como dice el autor del artículo, «qualquier obra, en verso ù prosa, en que se imita à la naturaleza» y otro «comun» reservado para referirse al género del poema épico o heroico.[13] En el diccionario de Terreros y Pando (1786-1788) los autores reservan la voz «poema» para el género del poema épico que reúne los rasgos del verso, de la prosa, de la longitud y de los pensamientos elevados. En cambio, a la novela (de hecho, debería decirse «los géneros de la prosa narrativa de ficción», por la inseguridad terminológica de *novela* o *cuento* en este lapso examinado), en la primera mitad del siglo XVIII, no se adscribía el rasgo de poeticidad porque no gozaba de gran estima entre los intelectuales, y esta situación no cambió hasta la segunda mitad del siglo.[14] En realidad, los géneros de la prosa narrativa de ficción habían perdido su atractivo hacia finales del siglo XVII, porque, primero, era la lírica la que seguía gozando de la gloria de la época de gran prosperidad poética cuando predominaban las escrituras, los contenidos y objetivos culteranos y conceptistas. No era solamente la libertad del discurso de la prosa narrativa de ficción y su cercanía a la oralidad lo que se condenaba. Por su tradición caballeresca las novelas se relacionaban con lo fantástico y de ahí, con un género distanciado de la verosimilitud; por su tradición picaresca, se adscribían a la novela contenidos inmorales[15], considerados demasiado cerca de la realidad fáctica (este último aspecto correspondería al concepto de la imitación particular, según Luzán 1737/1974: lib. I, cap. V).[16] Los autores del *Diccionario de Autoridades* definen la «novela» como una historia fingida basada en la mentira[17], dotándola también de un juicio de valor negativo. «Ficción» y

---

[13] Bajo los lemas «épico» y «epopeya» se encuentran las siguientes acepciones:
«EPICO, CA. adj. En su primer significado vale verso heróico, y propriamente el que se llama Hexámetro: y assi en nuestra Lengua esta palabra suena lo mismo que Poesía heróica»; «EPOPEYA. s. f. Poema heróico, verso heróico» (*Diccionario de Autoridades* 1732: s. v.).

[14] Es por eso que lo que hoy denominamos «novela» aparece en los tratados de retórica (véase, por ejemplo, Mayans 1984: 258, y su definición de «narración fingida» a diferencia de la «narración verdadera»).

[15] Véase, por ejemplo, la opinión de Mayans al respecto: «El último género de perniciosas novelas es el que, con pretexto de cautelar de la vida pícara, la enseña. De cuya composición tenemos en España tanto número de ejemplos que sería cosa ociosa citar algunos» (Mayans 1737: apartado 21).

[16] Véase también Álvarez Barrientos (1991: 11-15) y Gunia (2008: caps. 1.4 e 2.4).

[17] «NOVELA. [...] Historia fingida y texida de los casos que comunmente suceden, ò son verisímiles. Lat. *Fabella scitè consicta* [...] se toma assimismo por ficcion ò mentira en qualquier materia. Lat. *Fabella*» (*Diccionario de Autoridades* 1734: s.v.).

«fingir» en este diccionario aparecen como sinónimos de «mentira»[18]. En la poética de Luzán (1737) la novela sólo aparece al margen, en el capítulo que trata de la verosimilitud (Luzán 1974: lib. II, cap. IX). Luzán la relaciona con lo que llama la «imitación popular», la cual se sirve de imágenes inverosímiles porque representan opiniones contrarias a la verdad histórica. La «verosimilitud popular», al contrario de la «noble», se presenta como una técnica empleada para dirigirse hacia el «vulgo». Luzán, siguiendo la poética aristotélica, diferencia entre «ficción» y «mentira». Esta última, la mentira, según el preceptista, engaña sin encerrar alguna verdad, mientras que la ficción sólo miente aparentemente o, dicho, en otras palabras, el texto ficcional, a pesar de contener elementos fingidos, que no son verdades, se diferencia de la mentira porque la mentira presenta un estado de cosas como hecho verídico con la intención de velarle al receptor el carácter fingido del estado de cosas.[19] A principios de siglo se abrió una controversia entre los que querían reanudar con cierta tradición poetológica del Barroco y su gusto por la libertad del ingenio y de la agudeza, por los géneros híbridos en el teatro, y los que seguían el clasicismo de Luzán y, defendían cierto concepto de poesía que no admite los géneros de la prosa narrativa ficcional y guarda la pureza de los

---

[18] «FICCION. [...] Simulacion con que se pretende encubrir la verdad, ò hacer creer lo que no es cierto.» «FINGIR. [...] Dissimular cuidadosamente alguna cosa para que nos e perciba su verdadera naturaleza, ó se juzgue contraria de lo que es. [...] Se toma tambien por contrahacer alguna cosa dandole la semejanza de lo que no es» (1732). «MENTIRA [...] Expressión externa hecha por palabras ó acciones, contraria à lo que interiormente se siente. [...] Mentira es obra contraria à la virtud de la verdad, que es una mui honrada de las allegadas à la Justicia [...] Se llama tambien la errata ó equivocación que se hace en los escritos, ó en los impressos». «MENTIROSAMENTE [...] Fingidamente, con falsedád, engaño y cautéla» (1734).

[19] «En lo cual no puede haber duda, si se advierte la distinción que hay entre la ficción y la mentira, como la advirtieron el Muratori y el doctísimo marqués Juan José Orsia, según un agudo pensamiento de San Agustín, que dice que la mentira tiene por blanco el engañar y hacer creer lo falso, pero la ficción, aunque en la apariencia es mentira, se refiere indirectamente a alguna verdad que en sí encierra y esconde: *Quod scriptum est de domino, finxit se longius ire non ad mendacium pertinet; sed quando id fingimus, quod nihil significat, tunc est mendacium. Quum autem fictio nostra refertur ad aliquam significationem, non est mendacium, sed aliqua figura veritatis. Alioquin omnia, quae a sapientibus et sanctis viris, vel etiam ab ipso domino figurate dicta sunt, mendacia deputarentur, quia secundum usitatum intellectum non subsistit veritas in talibus dictis... Ficta sunt ergo esta [sic! = ista] ad rem quandam significandam... Fictio igitur, quae ad aliquam veritatem refertur, figura est, quae non refertur mendacium est*, etc.» (Luzán 1737: 147, lib. II, cap. VIII).

géneros, y con ello representa una visión aristocrática del orden social jerárquico-estamental.

El prólogo, de hecho, ya tematiza la compleja estructura del discurso narrativo de la historia de Fray Gerundio en un dato interesante que –según mis pesquisas– hasta ahora no ha sido estudiado por la crítica. Con el título «Prólogo con morrión» Isla hace referencia a uno de los prólogos que San Jerónimo (Eusebio Sifronio Jerónimo ¿347?-420) puso al Libro de los Reyes («Incipit prologus Sancti Hieronymi in Libro Regum», i. e. «Liber Samuhelis» y «Liber Malachim») de su traducción del hebreo al latín vulgar de la Biblia, es decir, en la versión que se ha llamado *Vulgata*[20]. Allí, Jerónimo empieza con la enumeración de lo que considera los 22 libros canónicos del Antiguo Testamento. Luego, menciona la organización tripartita de los libros en la Biblia hebraica y clasifica los títulos de los libros según las partes. Agrega que convendría llamar el presente texto un *galeatum principium* a todos los libros traducidos por él del hebreo al latín, pues sirve para explicar lo que se halla fuera de los escritos, o sea, entre lo «apócrifo»: «Hic prologous Scripturarum quasi galeatum principium omnibus libris, quos de hebraeo vertimus in latinum, convenire potest, ut scire valeamus, quicquid extra hos est, inter apocrifa seponendum» (*Biblia Sacra Iuxta Vulgatam Versionem* [4]1994: 365). Este comentario es de interés para la interpretación del «Prólogo con morrión» del Padre Isla y la narración de la historia del *Fray Gerundio*. Si entendemos la palabra «apócrifa» según el uso católico del idioma, o sea, refiriéndose a escritos cuya inspiración divina no es segura, que transportan rasgos fabulosos, fantásticos supuestos, fingidos, podemos aplicar el comentario de Jerónimo al debate que Isla tematiza en su obra sobre el concepto de la imitación y la verosimilitud de su historia. Jerónimo sigue con una defensa común contra los críticos en forma de un tratamiento directo del lector, tal como lo inserta también Isla en su «Prólogo con morrión»: «Quae cum ita se habeant, obsecro te lector, ne laborem meum reprehensionem aestimes antiquorum» (*Biblia Sacra Iuxta Vulgatam Versionem* [4]1994: 365). Asimismo, el autor de la *Vulgata* subraya la fidelidad de su traducción: «quamquam mihi

---

[20] En lo siguiente me baso en la edición de la *Vulgata* publicada por la Sociedad Bíblica Alemana (Deutsche Bibelgesellschaft), en Stuttgart. Reconstruye el texto original que publicó San Jerónimo hace 1600 años, mediante la comparación crítica de los manuscritos importantes. Incluye además todos los prólogos de San Jerónimo a los diferentes libros (*Biblia Sacra Iuxta Vulgatam Versiones* [4]1994: 364-366).

omnino conscius non sim mutasse me quippiam de hebraica veritate» (*Biblia Sacra Iuxta Vulgatam Versionem* ⁴1994: 365), y sugiere a los que dudan de ésta que la cotejen con los códices griegos y latinos o pregunten a los hebreos de su confianza: «Certe si incredulus es, lege graecos codices et latinos et confer cum his opusculis, et ubicumque inter se videris discrepare, interroga quemlibet Hebraeorum cui magis accomodare debeas fidem, et si nostra firmaverit, puto quod eum non aestimes coniectorem, ut in eodem loco mecum similiter divinarit» (*Biblia Sacra Iuxta Vulgatam Versionem* ⁴1994: 365 s.). Todavía hay otro rasgo que tiene en común el prólogo de Lobón con el de San Jerónimo, y es la insistencia en la autoría de su obra, el *Fray Gerundio*:

> Lege ergo primum Samuhel et Malchim meum; meum, inquam, meum: quicquid enim crebrius vertendo et emendando sollicitius et didicimus et tenemus, nostrum est (*Biblia Sacra Iuxta Vulgatam Versionem* ⁴1994: 365).
>
> Yo le concebí [al protagonista Fray Gerundio, I. G.], yo le parí, yo le ordené, yo le despaché el título de predicador, para todo lo cual tengo la misma autoridad y el mismo poder que para hacerle obispo y papa (189).

Resulta que Isla, al hacer citar indirectamente el prólogo de San Jerónimo, motiva una comparación de su trabajo con la labor del traductor de la *Vulgata*. Esta última también se basa en documentos históricos traducidos. La obra de Lobón –así lo sugiere la referencia intertextual al prólogo de San Jerónimo– ateniéndose más a lo factual, sigue rigurosamente el postulado de la verosimilitud.

4. El texto

El tema del tipo de imitación y con ello la clasificación genérica de la obra tiene carácter de *Leitmotiv* en el *Fray Gerundio*, pues aparece en todos los planos de la configuración textual. Mas, lo que salta a la vista es que estas declaraciones del autor ficticio en el prólogo respecto al carácter ficcional, si bien verosímil, de su historia, según el concepto de la imitación universal, se oponen al título de la obra: «Historia del famoso predicador [...]» que –según su primera acepción en el *Diccionario de la Real Academia Española*[21]– implica el

---

[21] «HISTORIA [...] Relación hecha con arte: descripción de las cosas como ellas fueron por una narración continuada y verdadera de los sucessos mas memorables y las acciones mas

rasgo de la facticidad y particularidad, y es este rasgo de lo históricamente fáctico y particular el cual, la voz del narrador de la obra –que, también es identificada con el autor ficticio, o sea, con Lobón de Salazar[22]– subraya también continuamente: «Y por cuanto la mayor parte de los historiadores, que dejaron escritas a la posteridad las cosas de nuestro fray Gerundio, convienen en que [...] en el discurso de esta verdadera historia» (242), «en el discurso de esta puntual historia» (272), etc. En el primer capítulo, el narrador presenta el lugar de nacimiento del protagonista. Cierto es que la selección de un lugar históricamente fáctico, es decir, Campazas, las referencias a fuentes históricas verídicas o la descripción minuciosa del interior de la casa del protagonista sugieren autenticidad, producen un 'efecto de lo real' y, así parecen tener como modelo el concepto de la imitación particular. Sin embargo, este relato está presentado en tono irónico-burlesco, de modo que, apenas construido este efecto de lo real, ya es destruido: «Campazas es un lugar de que no hizo mención Tolomeo en sus cartas geográficas, porque verisímilmente no tuvo noticia de él, y es que se fundó como mil y doscientos años después de la muerte de este insigne geógrafo, como consta de un instrumento antiguo que se conserva en el famoso archivo de Cotanes» (235). Aquí, el discurso del narrador exagera demasiado el aspecto de las fuentes verídicas, de modo que implica su propia negación, es decir, que el lector ante estas circunstancias debe preguntarse si el autor y narrador realmente obran de buena fe. John H. R. Polt (Polt 1979: 371-386) ya señaló el empleo hiperbólico de comentarios como éstos con los cuales el narrador quiere subrayar su tratamiento concienzudo de los documentos históricos. Junto con los anacronismos en cuanto al tiempo de lo narrado se invierte el intencionado efecto de autentificar lo narrado y reduce al absurdo la posición de los historiógrafos que combaten los ya mencionados «falsos cronicones». De modo que a nivel de la instancia del autor implícito esta discrepancia entre lo que afirma Lobón de Salazar como autor ficticio en el prólogo (lo narrado es pura ficción, pero correspondiente a las leyes de la verosimilitud) y lo que dice el título o pre-

---

célebres». En la segunda acepción de la palabra aparece la referencia a la trama: «Significa tambien fabula ò enredo» (1734: s.v.).

[22] En el último capítulo Lobón de Salazar explícitamente es identificado con el narrador (905 s.): después del descubrimiento por parte del caballero inglés, el autor-narrador comenta: «Pero, recobrados los espíritus y dándome una palmadita en la frente, me acordé que todo esto ya lo había dicho yo en mi prólogo, protestando que yo era el padre, la madre, el hacedor y el criador de fray Gerundio».

senta Lobón como narrador de la vida del protagonista Gerundio (lo narrado es una verdad históricamente fáctica) se disuelve en la intención de convencer al lector (implícito) de la ficcionalidad del *Fray Gerundio*.

Al nivel intraficcional esta discrepancia por el carácter verosímil o factual de la historia se agrava al final de la obra. Con el capítulo IV del libro VI de la segunda parte se interrumpe de repente la narración, lo cual anuncia también el título de este capítulo: «Interrúmpese la obra por el más extraño suceso que acaeció al autor, y de que quizo no se encontrara ejemplar en los anales» (895). El narrador vuelve a destacar el carácter factual de la historia y su doble función, la de divertir y enseñar, fiel al concepto horaciano:

> Aquí, aquí era donde lográbamos los documentos más copiosos, las más preciosas memorias y los instrumentos, no sólo más abundantes, sino también, a nuestro parecer, los más puntuales, los más exactos y los más fidedignos para divertir, entretener, embelesar, y, en cuanto nos fuese posible, instruir sin especial trabajo nuestro a los lectores; cuando el suceso más extraño, el acaecimiento más singular, y el más exótico, triste, melancólico, funesto y cipresino accidente que podía caber en la humana imaginación, nos obligó a cortar los vuelos a la pluma, a parar el caballo en medio de la carrera (895).

Lo que anuncia el narrador en complicados ringorrangos, para aumentar el efecto del *suspense*, deja resumirse en pocas palabras. Los «manuscritos, documentos, memorias, instrumentos [...] papeles, cartas, inscripciones, medallas» (896) en que ha basado su relato de la vida de Fray Gerundio, los encontró en diversos archivos. Sin embargo, todo el material estaba escrito en lenguas extranjeras (griego, hebreo, caldeo, siriaco, armenio, copto, arábigo, persa) (897), lenguas que no sabe manejar don Lobón de Salazar. Por casualidad, pasó por su casa un viajero, un moro que se presentó como coepíscopo armenio del Gran Cairo con el nombre de Ibrahim Abusemblat (900). Éste, a cambio de hospedaje y unas limosnas para los católicos del Monte Líbano, le tradujo todo el material al español, de modo que Don Lobón, por fin, pudo realizar su proyecto de «formar la historia» de Fray Gerundio (896). Al concluir la segunda parte del libro, otro viajero pasó por su casa. Esta vez se trataba de un caballero inglés, protestante, un catedrático de lenguas orientales en la Universidad de Oxford. Éste leyó el manuscrito y descubrió que, al contrario de lo que había supuesto Lobón protagonista y narrador, la traducción de los documentos y testimonios en los que se basa la historia de Fray Gerundio no se atiene fiel a los originales en griego y hebreo, pues, combina elementos históricamente fácticos con lo que sacó de su «fantasía» (904): «él engañó a vuestra merced, pero graciosísimamente, en todo o en casi todo lo que dijo que contenían esos legajos de papeles» (904). De especial interés son las palabras del inglés al revelar su descubrimiento:

> –Señor cura, tengo que dar a vuestra merced mil enhorabuenas y mil pésames. Aquéllas, porque ha escrito vuestra merced una obra que en su línea dudo que tenga consonante; yo a lo menos no se le hallo en todo lo que he leído, y no ha sido poco. Éstos, porque creyendo vuestra merced de buena fe que ha trabajado una historia exacta verdadera, puntual y fiel (calidades que, cuanto es de su parte de vuestra merced, verdaderamente la asisten), ha gastado el calor intelectual, en disponer la relación más falsa, más embustera, más fingida y más infiel que podía caber en humana fantasía (901 s.).

La oración subordinada entre paréntesis es algo difícil de entender. Del verbo «asistir» en este contexto se actualizan los dos significados «estar presente» y «socorrer, favorecer, ayudar».[23] El pronombre personal «la» se refiere a «historia», de modo que las mencionadas calidades como exactitud, verdad, puntualidad y fidelidad, según esta acepción, son presentadas como calidades inherentes a esta «historia», según la convicción de Lobón-narrador. Pero, a pesar de sus venerables intenciones, ha producido «la relación más falsa, más embustera, más fingida y más infiel que podía caber en humana fantasía». En otras palabras, el producto del trabajo narrativo de Lobón es un «embuste», según el diccionario de la Real Academia Española (1732: s. v.), una «Mentira disfrazada con artificio, para engañar y enredar». Sin embargo, habría que corregir que, si bien el producto es una mentira, el propio Lobón no tenía la intención de velar la verdad, pues, no sabía que parte del material del que se sirvió para componer la narración había sido trabajado por otro autor, cuyo nombre ya señala sus turbias intenciones, «Abusemblat»[24]. El inglés, que aquí representa la opinión poetológica oficial, propone o llamar el texto «novela» o cambiar el título en: «Historia que pudo ser del famoso predicador fray Gerundio de Campazas», porque «Nada tiene de historia, porque toda ella es

---

[23] Cf. el *Diccionario de la Real Academia* en su segunda impresión corregida y aumentada de 1770.

[24] En el *Diccionario de la Real Academia* en su primera edición (1726) se lee lo siguiente bajo la entrada «abusar»: «Usar mal de alguna cosa. Viene del verbo Latino *Abuti*.»

una pura ficción» (903). Al llamarla «novela», así deja inferirse de las palabras del extranjero, se identifica como mentira.

Sin embargo, ¿se puede confiar en lo que dice el inglés?, pues, Lobón añade que se trata de un protestante: «salvo la religión protestante que profesaba, en lo demás parecía hombre de honor, de bondad, de penetración, de gran juicio y de honradísimos y muy caballerosos respetos, sobresaliendo singularmente en él una vasta y comprehensiva erudición en casi todas las facultades» (901). Teniendo en cuenta la actitud de los católicos españoles de la época frente al protestantismo, pongo en duda la seriedad y sinceridad del inglés, a diferencia de Klaus-Dieter Ertler (2003: 113) quien lo ve como «emblema de la ilustración y referencia seria al carácter científico». Asimismo, tomando en consideración la historia española, también es lícito preguntarse si dijo la verdad el moro. ¿Hay que creer a este coépiscopo con nombre expresivo –cuya procedencia absurda revela el inglés (903)– que dice haber traducido correctamente una historia verdadera? ¿O hay que creer al inglés que dice que el producto del trabajo de Abusemblat es una mentira? A nivel intraficcional las preguntas quedan abiertas. Sea lo que sea, ante las revelaciones, Lobón, primero, reacciona con «atontamiento», pero, pronto se da cuenta que «todo esto ya lo había dicho yo en mi prólogo, protestando que yo era el padre, la madre, el hacedor y el criador de fray Gerundio» y no cambia el título.

5. Conclusiones

A nivel intraficcional el autor del «Prólogo con morrión» empieza a presentar la historia de Fray Gerundio como historia ficcional, compuesta sobre la base de las reglas de la verosimilitud y propone clasificarla o como «novela útil» o como «poema épico instructivo». Empieza a tratar como sinónimos dos géneros poéticos que, según las normas poetológicas del tiempo compartían la *narratio* y la ficcionalidad, pero se diferenciaban en cuanto al valor poetológico que se les adscribía según el concepto dominante del *buen gusto*. A diferencia del poema épico, la novela –por su tradición caballeresca y picaresca– gozaba de un juicio de valor negativo, o por su distancia del postulado de la verosimilitud –en el caso de los libros de caballerías– o por acercarse demasiado a la realidad fáctica –en el caso de la picaresca–. Más adelante, el prologuista parece decidirse por el género de la novela para clasificar su obra, y hace saber que conoce muy bien la diferencia entre «novela» y «poema épico» cuando dice: «aunque digas que esta obra, a lo más, más es una desdichada novela, y que dista tanto del poema épico como la tierra del cielo» (194). No obstante los comentarios del autor ficticio, el narrador a lo largo de la trama subraya explícitamente el carácter no-ficcional de lo narrado. Mas, el empleo hiperbólico de estos comentarios, a nivel del autor implícito, lleva al absurdo esta lectura. Culmina esta estrategia al final de la narración con el descubrimiento del inglés protestante según el cual la narración de la vida del Fray Gerundio «es pura ficción» porque la traducción del coepíscopo del Gran Cairo no se atiene fiel a los documentos. Lobón, al final, sólo adopta en parte el consejo del inglés de denominar el producto «novela» y cambiarle el título en «Historia 'que pudo ser' del famoso predicador Fray Gerundio de Campazas» (903). No modifica el título y señala a lo dicho en su «Prólogo con morrión». En otras palabras, el autor ficticio insiste en el carácter ficcional de su obra. Le da igual si los lectores la clasifican como novela: «a lo más, más es una desdichada novela». A nivel de la instancia del autor implícito el fuerte tono irónico-burlesco garantiza que el lector ponga en duda la veracidad de las declaraciones tanto del moro como del inglés transformando la mentira en ficción. Las novelas picarescas y el *Quijote* cervantino que figuran como modelos del *Fray Gerundio* a nivel de la trama y del discurso narrativo apoyan esta ironía y la intención ficcional de la obra.[25] En fin, la cuestión del carácter de poeticidad de la prosa narrativa ficcional es tematizada en todos los niveles de la obra. El *Fray Gerundio*, aparte del tema de la predicación, se atreve a defender el género de la novela[26] como vehículo para una distribución amplia de su mensaje didáctico en un momento en que todavía no se había impuesto la idea de relacionar el programa de la Ilustración con la prosa narrativa de ficción.

---

[25] Me refiero al artificio de basar la narración en documentos históricos en lengua extranjera, de introducir a un traductor que transformó este material en una narración, otra vez trabajada por un autor ficticio, Lobón de Salazar.

[26] D. Briesemeister (1986: 179) también apoya esta interpretación cuando dice: «La sátira de Isla se sirve de la vestimenta novelesca para, entre otras cosas, denunciar este empleo inadecuado del término 'novela' [i.e. como género que transmite mentiras, I.G.]». La traducción es mía.

Bibliografía

Álvarez Barrientos, Joaquín (1991): *La novela del siglo XVIII*. Madrid: Júcar (Historia de la Literatura Española, 28).
Biblia Sacra Iuxta Vulgatam Versionem (⁴1994). Adiuvantibus B. Fischer I. Gribomont, H. F. D. Sparks, W. Thiele. Recensuit et breve apparatu critico instruxit Robertus Weber. Editionem quartam emendatam cum sociis B. Fischer, H. I. Friede, H. F. D. Sparks, W. Thiele. Praeparavit Roger Gryson. Stuttgart: Deutsche Bibelgesellschaft.
Briesemeister, Dietrich (1986): «José Francisco de Isla – Historia del famoso predicador fray Gerundio de Campazas, alias Zotes». En: Volker Roloff/Harald Wentzlaff-Eggebert (eds.): *Der spanische Roman vom Mittelalter bis zur Gegenwart*. Düsseldorf: Schwann-Bagel, pp. 171-192.
Chen Sham, Jorge (1994): «El intertexto cervantino en un texto dieciochesco español: el *Fray Gerundio de campazas*». En: *Kañina* 18, 2, pp. 85-94.
— (2008): «La estructura negativa en el *Fray Gerundio de Campazas*: la involución del personaje y la tradición picaresca». En: *Dieciocho* 31, 1, pp. 147-168.
Diccionario de la lengua castellana compuesto por la Real Academia Española (1770). Segunda impresión corregida y aumentada. Vol. 1. Madrid: Joachín Ibarra.
Diccionario de la lengua castellana, en que se explica el verdadero sentido de las voces, su naturaleza y calidad, con las phrases o modos de hablar, los proverbios o refranes, y otras cosas convenientes al uso de la lengua [...] (1726). Compuesto por la Real Academia Española. Vol. 3. Madrid: Imprenta de Francisco de Hierro.
Diccionario de la lengua castellana, en que se explica el verdadero sentido de las voces, su naturaleza y calidad, con las phrases o modos de hablar, los proverbios o refranes, y otras cosas convenientes al uso de la lengua [...] (1732). Compuesto por la Real Academia Española. Vol. 3. Madrid: Imprenta de la Real Academia Española por la viuda de Francisco de Hierro.
Diccionario de la lengua castellana, en que se explica el verdadero sentido de las voces, su naturaleza y calidad, con las phrases o modos de hablar, los proverbios o refranes, y otras cosas convenientes al uso de la lengua [...] (1734). Compuesto por la Real Academia Española. Vol. 4. Madrid: Imprenta de la Real Academia Española por los herederos de Francisco de Hierro.
Ertler, Klaus-Dieter (2003): *Kleine Geschichte der spanischen Aufklärungsliteratur*. Tübingen: Narr.
Fernández De Moratín, Leandro (1868): «Prólogo para una nueva edición de *Fray Gerundio*». En: Leandro Fernández de Moratín: *Obras póstumas*, Vol. 3. Madrid: Rivadeneyra, pp. 200-210.
Fernández, Luis (ed.) (1957): *Cartas inéditas del Padre Isla*. Introducción y edición por el P. Luis Fernández, S. I. Madrid: Editorial Razón y Fe.

FORNER, Juan Pablo (1967): *Exequias de la lengua castellana*. Edición de P. Sainz Rodríguez. Madrid: Espasa-Calpe.

FUENTE FERNÁNDEZ, Francisco Javier (1982): «Estructuras paralelas entre *Fray Gerundio de Campazas alias Zotes* de J. F. de Isla y *Don Quijote de la Mancha* de M. de Cervantes». En: *Tierras de León* 42, pp. 111-126.

GENETTE, Gérard (^{2}1993 [1982]): *Palimpseste. Die Literatur auf zweiter Stufe*. Frankfurt a. M.: Suhrkamp.

GUNIA, Inke (2008): *De la poesía a la literatura. El cambio de los conceptos en la formación del campo literario español del siglo XVIII y principios del XIX*. Madrid/Frankfurt a. M.: Iberoamericana/Vervuert.

ISLA, José Francisco de (1992 [1758]): *Historia del famoso predicador Fray Gerundio de Campazas alias Zotes*. Edición crítica de José Jurado. Madrid: Gredos.

— (1995 [1758]): *Historia del famoso predicador Fray Gerundio de Campazas alias Zotes*. Edición de Enrique Rodríguez Cepeda. Madrid: Cátedra.

JURADO, José (1992): «Introducción». En: José Francisco de Isla: *Historia del famoso predicador Fray Gerundio de Campazas alias Zotes*. Edición crítica de José Jurado. Madrid: Gredos, pp. 7-69.

LUZÁN, Ignacio de (1974 [1737 y 1789]): *La poética o reglas de la poesía en general y de sus principales especies*. (Ediciones de 1737 y 1789). Con *Las memorias de la vida de don Ignacio de Luzán escritas por su hijo*. Introducción y notas por Isabel M. Cid de Sirgado. Madrid: Cátedra.

LYNCH, John (1989): *Bourbon Spain 1700-1808*. Oxford: Blackwell.

MAYANS Y SISCAR, Gregorio (1737): *Vida de Miguel de Cervantes Saavedra*. London: J. y R. Jonson.

— (1984 [1757]): «Rhetorica». En: Gregorio Mayans y Siscar: *Obras completas*. Edición de Antonio Mestre Sanchís. Vol. 3. Oliva: Ayuntamiento de Oliva/Diputación de Valencia/Consellería de Cultura, E. C., pp. 1-653.

— (ed.) (1999 [1742]): *Censura de historias fabulosas, obra posthuma de Nicolás Antonio: van añadidas algunas cartas del mismo autor, i de otros eruditos*. Impresión facsimilar de la edición valenciana. Madrid: Visor Libros.

MESTRE SANCHÍS, Antonio (1968): *Ilustración y reforma de la Iglesia. Pensamiento político-religioso de don Gregorio Mayans y Siscar (1699-1781)*. Valencia: Artes Gráficas Soler.

— (1972): «Prólogo». En: Gregorio Mayans y Siscar: *Vida de Miguel de Cervantes Saavedra*. Edición, prólogo y notas de Antonio Mestre. Madrid: Espasa-Calpe (= Clásicos Castellanos, 172), pp. VII-XCIII.

— (1996): «Historiografía». En: Francisco Aguilar Piñal (ed.): *Historia literaria de España en el siglo XVIII*. Madrid: Trotta/CSIC, pp. 815-882.

MESTRE, Antonio (1976): *Despotismo e Ilustración en España*. Barcelona: Ariel.

OLEACHEA, Rafael (1981): «Perfil sicológico del escritor J.F. de Isla». En: *Boletín del Centro de Estudios del Siglo XVIII* 9, pp. 3-26.

POLT, John R. (1979): «The Ironic Narrator in the Novel: Isla». En: *Studies in Eighteenth-Century Culture* 9, pp. 371-386.

RODRÍGUEZ CEPEDA, Enrique (1995): «Introducción», en: José Francisco de Isla: *Fray Gerundio de Campazas, alias Zotes*. Edición de Enrique Rodríguez Cepeda. Madrid: Cátedra, pp. 12-125.

SEBOLD, Russell P. (1960): «Introducción», en: José Francisco de Isla: *Fray Gerundio de Campazas, alias Zotes*, 2 vols., Madrid: Espasa-Calpe.

SMITH, Susan (1995): «El morrión del padre Isla: La dedicatoria y el prólogo de Fray Gerundio». En: *Dieciocho* 18, 1, pp. 91-102.

TERREROS Y PANDO, Estevan (1786-1788): *Diccionario castellano, con las voces de ciencias y artes, y sus correspondientes en las tres lenguas, Francesa, Latina, é Italiana* […]. Edición facsímil. Presentación de Manuel Alvar. Madrid: Editorial Arco Libros 1987.

ZAVALA, Iris (1987): *Lecturas y lectores del discurso narrativo dieciochesco*. Amsterdam: Rodopi.

LA GAVIOTA: UNA LECTURA A CONTRAPELO

Horst Weich

La Gaviota parece ser una novela monológica. La voz narrativa omnipresente se establece como centro ideológico que sabe muy bien distinguir lo bueno de lo malo, lo verdadero de lo falso. El hecho de ser una voz masculina subraya su autoridad; con sus constantes comentarios controla el universo semántico y propaga sus normas que se configuran principalmente en una tríada: sigue el topos literario ya antiguo del menosprecio de corte y alabanza de aldea, obedece al topos patriarcal del ángel del hogar y defiende una tradicional España castiza, católica, monárquica y conservadora frente a una moderna España liberal, democrática y progresista. El vigor de esta voz extradiegética está reforzado, por un lado, por una serie de personajes intradiegéticos que son sus aliados y propagan las mismas normas, y por otro lado por la autora extratextual e histórica que se precia de ser «hija del Papa y fiel vasallo del Trono y del Altar» y a la cual la crítica del siglo XX le atribuye un claro favor por lo «castizo, tradicional, permanente»[1], así como una «hostilidad visceral contra la 'impía' Ilustración francesa, [la] reivindicación nacionalista del pasado imperial hispánico y [la] mitificación del pueblo español, todavía no 'contaminado' por el laicismo liberal» (Sánchez Llama 2000: 98).[2] No es de extrañar, pues, que don Francisco de Asís –el marido de Isabel II– alabara en una carta a la autora Cecilia Böhl von Faber los «cuadros fieles de nuestro carácter y de nuestras costumbres nacionales» que ella suele pintar animados por «hermosos sentimientos religiosos y monárquicos» (cit. según Estébanez

---

[1] Así, Sánchez Llama (2000: 98), resumiendo a Iris Zavala, que destaca el carácter polémico y reaccionario de la novela: «Fernán Caballero representa la ley y el orden: la literatura comprometida con el Trono y el Altar. Su obra surge como una especie de polémica novelesca contra los excesos de demócratas y progresistas» (Zavala 1971: 124). «Fernán Caballero representa la reacción tradicionalista y monárquica. Casi no hay novela, cuadro de costumbres o artículo en que no ataque la ilustración, el liberalismo, el progresismo, la democracia» (126).

[2] Cf. también Klibbe (1973: 57): «the selection of material is [...] subjected to her ideological beliefs: traditional, monarchical, Catholic, conformist».

2008: 48) y que, a partir de 1856, se le otorgara a la autora necesitada el derecho a vivir en el Alcázar de Sevilla, privilegio vitalicio que acabó con la Gloriosa del 68. Por lo menos tuvo doña Cecilia la satisfacción de saludar la Restauración borbónica antes de extinguirse en 1877.

Si fuera así, *La Gaviota* sería una mera novela de tesis y de propaganda retrógrada. Mi propósito es demostrar que esta monologicidad manifiesta está sutil y constantemente cuestionada, contradicha y quebrada dando paso así a una pluralidad de voces ideológicas que abren el texto pretendidamente cerrado hacia una sorprendente dialogicidad que obra en dirección a una deconstrucción de las dicotomías. Mientras los manuales siguen perpetuando la visión monológica de la novela[3], ya surgió en los últimos años –a partir de los años 80, sin duda debido al interés teórico por la polifonía bajtiniana y la deconstrucción derridiana– una visión más diferenciada. En un breve artículo, Olson se vio «llevado a la conclusión de que el texto mismo –a pesar de cuanto hubiera deseado la autora– pone en tela de juicio la solidez y coherencia de los valores que, por otra parte, con tanta insistencia se empeña en afirmar» (Olson 1986: 375). De ello resulta un juego entre «reacción» y «subversión» que Olson demuestra sumariamente –sin recurrir a los útiles conceptos de Bajtín o la construcción hermenéutica del autor implícito– en cuanto a la subversión de los valores espirituales por la fuerza de la naturaleza y al cuestionamiento de los 'valores eternos' por la conciencia de la relatividad de las palabras y, por ende, del mundo/de los mundos a los que se refieren. Es Susan Kirkpatrick (1991) quien ha subrayado más detenidamente la fundamental dialogicidad de la novela que atribuye a las contradicciones biográficas de la autora –su incómodo *double bind* de hija que quiere cumplir a la vez con las exigencias de la madre (protofeminista) y del padre (conservador y patriarcal)– y cuyas consecuencias demuestra sobre todo en el tratamiento del género (*gender*) en la novela. Siguiendo a estos dos críticos, Herrero (1996) demuestra en una lectura freudiana la coexistencia de dos discursos contradictorios en la novela, uno consciente y conservador y otro inconsciente y subversivo.

Sigo las huellas de Olson y, sobre todo, de Kirkpatrick. Propongo, pues, a mi vez una lectura a contrapelo que se resiste a la autoridad del narrador y se

---

[3] Cf. por ejemplo Rubio Cremades, que resume las posiciones tradicionales de la crítica sin cuestionarlas (2001: 43 ss.).

opone a sus normas. El concepto de lectura a contrapelo tiene su lugar metodológico dentro de la estética e historia de la recepción, así como dentro de la teoría feminista en cuanto a la revisión del canon masculino. Hans Robert Jauß, por ejemplo, propone leer las obras clásicas conscientemente contra las lecturas establecidas, para devolverles su potencial estético provocador, perdido a lo largo del paso del tiempo: «ihre [der sogenannten Meisterwerke] selbstverständlich gewordene schöne Form und ihr scheinbar fragloser 'ewiger Sinn' bringen sie rezeptionsästhetisch in die gefährliche Nähe der widerstandslos überzeugenden und genießbaren 'kulinarischen' Kunst, so daß es der besonderen Anstrengung bedarf, sie 'gegen den Strich' der eingewöhnten Erfahrung zu lesen, um ihres Kunstcharakters wieder ansichtig zu werden» (Jauß 1974: 178). En la teoría literaria feminista es la mujer lectora real quien rechaza el canon masculino y se resiste a la identificación con la ideología propuesta.[4] Mi lectura no reside tanto en la resistencia del lector advertido real, en una dialogicidad externa y situada en la práctica y pragmática de la lectura, sino que se enfoca en la dialogicidad interna, producida por la estructura misma del texto. Esta dialogicidad es efecto de la estrategia del texto –del autor implícito– porque la posición del narrador y sus aliados se ve constantemente contrariada y subvertida. Me concentro en dos puntos: la historia narrada y la concepción de la protagonista. El casi eterno problema de España que resulta del hecho de que hay, por lo menos, dos, merece una investigación propia.

1. Menosprecio de corte y alabanza de aldea: el *sujet* de restitución

La «novela original de costumbres españolas», publicada como folletín en 1849 en *El Heraldo* bajo el seudónimo de Fernán Caballero[5], cuenta una historia contemporánea –la acción se desarrolla entre 1836 y 1848– bastante sencilla: María Santaló, también llamada Marisalada, una mujer joven y de

---

[4] Cf. el lema «Gegen-den-Strich-Lesen» de Doris Feldmann y Sabine Schülting en Nünning (2001: 215).

[5] El texto tiene problemas ecdóticos. Cecilia Böhl von Faber escribió el manuscrito original en francés. José Joaquín de Mora lo tradujo para la publicación en su revista *El Heraldo*. La autora revisó el texto a su vez para la publicación en libro en 1861 (cf. Estébanez 2008: 111 s.).

baja extracción –es hija de un comerciante catalán fracasado y venido a menos para ser pescador en Andalucía–, está dotada por la naturaleza con una voz extraordinaria; vive casada con el médico alemán Federico Stein en Villamar, una aldea ficticia andaluza, situada a orillas del mar. Cuando se le ofrece la ocasión, deja su pueblo para seguir una brillante carrera de cantante de ópera en Sevilla y en Madrid. Su ascensión profesional se paga con la caída moral; enamoradísima del torero Pepe Vera comete adulterio, lo que provoca varios desastres: el marido decepcionado se retira a las Indias donde muere pronto de la fiebre amarilla, el torero se mata en una corrida de toros y María, a raíz de una enfermedad grave, pierde su voz extraordinaria y se ve obligada a volver a su pueblo. El argumento es, pues, el fracaso de una ambición y la imposibilidad de mudar de vida, simbolizado ya en el apodo de la protagonista, «la Gaviota», apodo que le es conferido por el joven Momo, el personaje burlador de la novela: «Porque tiene las piernas muy largas [...]; porque tanto vive en el agua como en la tierra; porque canta y grita, y salta de roca en roca» (79 s).[6] María es así el prototipo de la *donna mobile*, fantasma masculino en la literatura del siglo XIX; gracias a su voz, sube volando, pero, igual que a Tristana le amputarán la pierna demasiado 'larga', se le cortan las alas y tiene que volver para siempre a su tierra marítima: «Gaviota fuiste, Gaviota eres y Gaviota serás», comenta Momo al final (319), subrayando así la fatalidad de la Gaviota que está destinada a quedar irrevocablemente pegada a su roca natal.

Explicado con la teoría espacio-semántica de Yuri Lotman, precisado por Mahler (1998), se trata claramente de un *sujet* de restitución: Marisalada sale de su lugar A, entra en un mundo nuevo B con lo cual disturba el orden establecido, sufre la sanción merecida y está obligada a volver a su lugar –con lo que el orden temporalmente sacudido es finalmente restablecido–. Lo que se castiga, y según el narrador, a buen derecho, son la movilidad y la ambición de Marisalada. La historia ilustra así el conocido proverbio español de rancio abolengo: «La mujer honrada, la pierna quebrada y en casa».

Marisalada escucha la voz seductora del duque de Almansa –accidentalmente llegado a Villamar después de una caída de caballo–: «Entre los dos [Marisalada y su marido] poseéis cuanto es necesario para abrirse camino en el mundo. ¿Y queréis permanecer enterrados en la oscuridad y el olvido? [...]

---

[6] La novela se cita según la edición de Carmen Bravo-Villasante (1979), con la mera indicación de página entre paréntesis.

Señora [...], a vuestra edad y con esas dotes, ¿podéis decidiros a quedaros para siempre apegada a vuestra roca, como esas ruinas?» (165). Las oposiciones están claramente puestas: mundo cerrado vs. mundo abierto, inmovilidad vs. movilidad, sepultura/muerte vs. progresión/vida, oscuridad vs. luz, aldea vs. ciudad. Quedarse sería un desperdicio de su talento: «En cuanto a su voz —dijo el duque—, es demasiado buena para perderse en estas soledades» (166). Marisalada está contenta: «Nos iremos, nos iremos. [...] La suerte me llama y me brinda coronas» (166). Pero es la única en el afán de salir y ver mundo. Todos los otros personajes del espacio A están en contra del proyecto y tratan de disuadir a Marisalada. La que más autoridad tiene es la «buena tía María» (167), abuela bondadosa y suave en el trato, pero a la vez dotada de la fuerza patriarcal de una Bernarda Alba. Ella advierte: «Algún día [...] se ha de arrepentir» (167). Se oponen igualmente Don Modesto, el veterano de 1805 y guardador caduco del fuerte de San Cristóbal, y fray Gabriel, el hermano lego, víctima de la desamortización de Mendizábal. Doña Rosa —Rosa Mística—, la maestra de la *amiga*, la escuela del pueblo, y experta en el catequismo, vitupera a Marisalada por tener «en su corazón el demonio del orgullo», y tiene compasión de Stein: «¡Qué lástima que no se quede en el lugar! Y se quedaría si no fuera por esa loca de Gaviota, como le dice muy bien Momo» (172). Stein, por su lado, y fiel a la semántica de su apellido ('piedra'), «no podía arrancarse de un sitio en que había vivido tan tranquilo y feliz» (172). Pero no queda otro remedio: a pesar de que «se han empeñado ustedes en aguarme el gusto de ir a la ciudad» (171), Marisalada se impone («Ella lo quiere», lamenta Stein, 167). Tanto Stein como el padre de Marisalada, Pedro Santaló, tienen presentimientos funestos: «Si no vuelvo —respondió [Stein]— será porque habré muerto» (171). «El pobre padre tenía los brazos extendidos hacia su hija. —¡No la veré más!— gritó sofocado, dejando caer el rostro en las gradas de la cruz» (172). Y en efecto, la historia posterior demuestra que Marisalada, ya alegremente «cabalgando al lado del duque» (172), no cumplirá con su deber ni conyugal ni filial: el marido engañado morirá en las Indias, el padre abandonado morirá solo mientras su hija egoísta está cantando en la ópera de Madrid.

Está claro que la «loca» de Marisalada se sale con la suya en contra de los numerosos consejos y advertencias razonables. Se subraya así «la frontera» (Lotman 1988: 281) que separa los dos mundos; el hecho de salir de Villamar representa, en efecto, el «acontecimiento» en el sentido de Lotman (1988: 283), el «elemento revolucionario» (1988: 291) que será justamente castigado. Esta ideología de menosprecio de corte y alabanza de aldea, este aprecio a quedarse 'arraigado en su rincón tranquilo', están estructuralmente reforzados por una *mise en abyme* –un cuento dentro del cuento– que está estrechamente ligada a la metafórica aviaria con la función de (re-)codificación proléptica monológica. Hay una clara analogía entre la 'gaviota' Marisalada y el Medio-Pollito, protagonista móvil de un cuento intercalado. El paralelismo es patente: el dolorido padre Santaló «[o]yó los magníficos proyectos de su hija, sin censurarlos ni aplaudirlos, y sus promesas de volver a la choza sin exigirlas ni rechazarlas. Consideraba a su hija como el ave a su polluelo cuando se esfuerza por salir del nido, al cual no ha de volver jamás. El buen padre lloraba hacia dentro, si es lícito decirlo así» (167). La «Gaviota» quiere independizarse, emanciparse, volar con sus propias alas; pero este deseo fracasará, como ya había advertido anteriormente «la buena tía María» que, en una escena costumbrista, les cuenta a sus nietos un cuento didáctico, el cuento del «Medio-Pollito» (108-113). Éste dice a su madre: «El campo me fastidia. Me he propuesto ir a la corte» (108). La madre trata de disuadirle: «¿quién te ha metido en la cabeza semejante desatino? Tu padre no salió jamás de su tierra, y ha sido la honra de su casta. ¿Dónde encontrarás un corral como el que tienes? ¿Dónde un montón de estiércol más hermoso? ¿Un alimento más sano y abundante, un gallinero tan abrigado cerca del andén, una familia que más te quiera?» (109). Pero es inútil: «me marcho» (109). Como tiene «el gusto de desobedecer» (111), no presta, en el camino, ayuda ni a un arroyuelo que está «detenido por algunas ramas» (110) ni al viento abatido por la «canícula» (110) ni a una «chispa diminuta» (111) en peligro de extinguirse. Además, contra el consejo de su madre, canta «delante de una iglesia que le dijeron que era la de San Pedro [...] no más que por hacer rabiar al santo» (111). Como, llegado a la corte, no le dejan entrar, «penetró por una puerta trasera» (112) que lleva a la cocina del palacio. Inmediatamente, «uno de los galopines [...] le torció el pescuezo en un abrir y cerrar de ojos» (112). El agua, sin piedad, lo escalda para desplumarlo, el fuego «le abrasó hasta ponerle como un carbón» (112) y el viento «depositó a Medio-Pollito en lo alto de un campanario. San Pedro extendió la mano y lo clavó de firme. Desde entonces ocupa aquel puesto, negro, flaco, desplumado, azotado por la lluvia y empujado por el viento [...]. Ya no se llama Medio-Pollito, sino veleta» dice la buena anciana y concluye con la moraleja: «sépanse ustedes que allí está pagando sus culpas y pecados, su desobediencia, su orgullo y su maldad» (113).

Las analogías son evidentes. Tanto el Medio-Pollito como el «polluelo» Gaviota cantan, y supuestamente para provocar. Los respectivos 'héroes-actuantes' (en el sentido de Lotman 1988: 293) representan la suma de todos los males morales –desobediencia, orgullo, maldad– y su deseo de dejar el estercolero casero contra el grado de los bienpensantes es una insensatez que se castiga por consiguiente; se les fija agresivamente en su sitio una vez para todas, imposibilitando así el menor intento de movilidad. Con esto se perfilan las estrategias narrativas para producir monologicidad: tanto la inmensa mayoría de los personajes intradiegéticos como el transcurso de la historia con su díade de transgresión y sanción como el comentario moralizador de la autoridad intradiegética –la buena tía María– así como de la autoridad extradiegética –el narrador– le echan la culpa a Marisalada por su desatinado anhelo de abrirse camino hacia otro mundo. La recodificación del mismo sentido en distintos niveles narrativos tiende claramente hacia esta univocidad monológica.[7]

2. Lectura a contrapelo

Pero esta monologicidad abrumadora se ve contrariada. Volvamos al ejemplo del Medio-Pollito, protagonista de la historia hipodiegética. A pesar de parecer muy malo («perverso» y «malvado» lo llama la narradora intradiegética, 111), tiene la simpatía de una oyente intradiegética, la nieta Paca que, en vez de regocijarse como Momo de que «un bribón [llevara] el castigo merecido», llora abundantemente por él (113). La dialogicidad entra también en cuanto a la motivación del deseo de Medio-Pollito de dejar su estercolero. No es por puro gusto de desobediencia ni por mera curiosidad de «ver al rey y a la reina» (108); es que Medio-Pollito no está completo: es «un pollo deforme y estropeado», un «aborto» que «[n]o tenía más que un ojo, un ala y una pata» (108). Con esto, con sus pretensiones de sabio que habla latín y, hay que reconocerlo, con la ilusión de ser «el fénix de su casta» (108) es el constante objeto de burlas y de risas en el corral, es decir: por un lado no se siente a

---

[7] Yáñez (1996) propone ya un interesante análisis del espacio semántico de la novela y propaga a su vez el cuento del Medio-Pollito como *mise en abyme*. Como se interesa por cuestiones estéticas –el paso narratológico del cuento a la novela– pasa por alto el lado ideológico, destacando el carácter didáctico –y por ende reaccionario– del cuento.

gusto en su lugar, ni siquiera está propiamente en su lugar, y por otro lado, al marcharse, tiene la esperanza de que «encuentre un cirujano diestro, que me ponga los miembros que me faltan» (109). La salida transgresora se perfila así como búsqueda de un lugar propio y como legítimo deseo de completarse, de recuperar su integralidad. En este intento fracasa; sea porque en efecto tenga algunas deficiencias morales, sea porque ya de antemano estuviese condenado al fracaso.

El cuento didáctico y moral está, pues, ya dialogizado en sí en el momento en que no se oyen sólo las voces concordantes (hipo- e intradiegéticas) de la madre y de la narradora, sino en cuanto se escuche la propia voz (discrepante) del protagonista. Algo parecido pasa en la escena patética de despedida entre padre e hija, como ya presentamos más arriba. Las descalificaciones sobre Marisalada son proyecciones ajenas proferidas desde posiciones en sí cuestionables. Véase la vituperación de Doña Rosa: «Rosa Mística estaba en su ventana cuando los viajeros atravesaron la plaza del pueblo. // –Dios me perdone! –exclamó al ver a Marisalada cabalgando al lado del duque–. ¡Ni siquiera me saluda, ni siquiera me mira! ¡Vaya si ha soplado ya en su corazón el demonio del orgullo! Apuesto –añadió, asomando la cabeza a la reja– que tampoco saluda al señor cura, que está en los porches de la iglesia. Sí, pero es porque le da ejemplo el duque» (172). Lo que habla en Doña Rosa son la envidia, el egoísmo, la voz ajena del catequismo y la insinuación infundada. Se cree tan importante que no repara en que Marisalada tenga otra cosa que hacer que mirar a todos los que estén espiando desde sus ventanas. Es una beata, como indica ya su apodo, que recuerda (como estrategia maliciosa del autor implícito) el narrador, Rosa Mística. Y cuando Rosa habla de Marisalada como «esa loca de Gaviota» (172), no es su propio parecer, sino que repite simplemente lo que opina Momo, que es, a su vez, un loco carnavalesco que no siempre dice la verdad. Rosa siente simplemente una vez más la falta de respeto de Marisalada hacia ella; una falta de respeto que ya padeció en la única mañana en la que la tuvo como alumna de su *amiga*. Fracasó su intento de «domeñar el genio soberbio de María y sus hábitos bravíos» (128). La «buena mujer» no consigue «adoctrinarla [a la indómita criatura] en las obligaciones propias de su sexo» (128), «la *bravía* hija del pescador» con sus «burlas» y «rebeldías» (129) lleva la victoria sobre la maestra que en seguida la echa de la escuela. Está claro, pues, que la visión de Rosa sobre Marisalada no es nada neutra, es la visión de una mujer profundamente ofendida y herida en su amor propio. De manera parecida, la fiabilidad de la voz de tía María es cuestionada por la incongruencia arriba aludida, que consiste en que una mujer propague las normas masculinas del patriarcado, argumentando así contra los intereses femeninos. Una sutil dialogicidad se ve en el repetidísimo calificativo «la buena tía María», «la buena anciana»: detrás de la voz conforme del narrador se adivina la voz discordante del autor implícito que cuestiona esta bondad; señal de posible quiebra irónica es precisamente la constante repetición de esta cualidad crucial. Don Modesto y fray Gabriel son relictos de un tiempo más que pasado y no les queda más que el recuerdo del buen viejo tiempo del absolutismo bajo Fernando VII. Los dos viven arraigados, inmóviles, en el pasado; el mismo gusto por la inmovilidad caracteriza a Stein, que lleva la gravitación fijadora ya en su apellido.

Si todos los personajes situados en A resultan así desmentidos en su fiabilidad porque sus consejos no son altruistas y su disuasión está motivada por intereses propios, hay que ver lo que pasa con el duque. Éste está presentado claramente como seductor diabólico que tienta a Marisalada; seducido a su vez por su voz (¿es de «sirena» o de «ángel»?, 164) se le nota una clara atracción sexual hacia la joven, apetito que se simboliza en la tópica caída del caballo: el duque no domina sus instintos y cae, como el príncipe en *El médico de su honra* calderoniano, en la tentación del adulterio. Por esto, Rosa Mística lo pone como ejemplo malo. Representa la movilidad, el antídoto al estancamiento. Ve muy bien lo que hay en Villamar: «ruinas» (165). Lo que puede parecer una opinión estratégica para apoyar su persuasión se ve, de manera sorprendente, confirmado al final del capítulo. Vemos con los ojos de Stein cómo los tres se alejan progresivamente de Villamar: «Después, la gran masa del convento pareció poco a poco hundirse en la tierra. Al fin, de todo aquel tranquilo rincón del mundo no percibió más que las ruinas del fuerte» (172 s). Para el mismo Stein no hay más que ruinas en el mundo A, la impresión de sepultura, que formulaba el duque al inicio, se ve así confirmada.

Así que Marisalada, que tampoco está a gusto en A, aprovecha la ocasión de ver mundo. Por ello, el narrador y sus aliados la tachan de orgullosa, ambiciosa y mala. Esta visión parece confirmada por la voz de la autora misma que en una carta subraya: «esa horrible *Gaviota* y el ordinario Pepe Vera los he trazado de mala gana y con coraje y porque era preciso» (cit. según Kirkpatrick 1991: 253). Esta visión peyorativa la suele repetir la crítica literaria, sirva de ejemplo Manfred Tietz: «Fernán Caballero hat in María Santaló eine extrem negative Titelheldin gestaltet, während sie in den Romanen *Elia* und

Clemencia weibliche Idealbilder entworfen hat» (Tietz 1986: 204). Incluso el apodo, la Gaviota, está dado con mala intención. Pero hay otro apodo, Marisalada, que desmiente está negatividad: es una María que tiene sal, es graciosa tanto en lo que dice como en lo que hace; «salada connota ingenio, gracia y brío» (Kirkpatrick 191: 254). El apodo es de la buena tía María: «no la llama más que Marisalada, por sus graciosas travesuras, y por la gracia con que canta y baila, y remeda a los pájaros» (80). Con esto, entra ya bastante ambigüedad en la caracterización de la protagonista.[8]

Marisalada es una mujer fuerte entre hetero- y autonomía. Ya al inicio afirma claramente su autonomía: «¿Quién me gobierna a mí?» (101). Pero en A no es libre, como se ve en el proyecto de su casamiento que persigue tenazmente la buena tía María. Ésta quiere que Stein se quede en Villamar; para fijarlo, utiliza a Marisalada. En una conversación bien preparada la quiere persuadir de las ventajas de ser casada. Como Marisalada expresa claramente: «Yo no quiero casarme» (139), le ofrece la alternativa: «¿acaso te quieres meter monja?» (139). Como Marisalada vuelve a decir que no, la buena anciana formula el imperturbable orden patriarcal del mundo: «La mujer, hija mía, o es de Dios o del hombre; si no, no cumple con su vocación, ni con la de arriba, ni con la de abajo.» Y advierte a la joven de salir de esta regla: «A mí, Mariquita, no me gusta nada de lo que salga de lo regular; en particular a las mujeres les está tan mal no hacer lo que hacen las demás, que si fuese hombre le había de huir a una mujer así como a un toro bravo» (139). Marisalada, finalmente, cumple con su «vocación» y obedece a tía María, pero claramente contra su voluntad. En una escena paralela, Stein, a orillas del mar, le pide la mano, previendo ya un futuro de inalterable felicidad:

> [...] tú me querrás siempre, ¿no es verdad, María? María [...] no tenía ganas de responder; pero como tampoco podía dejar de hacerlo, escribió en la arena con la varita, con que distraía su ocio, la palabra '¡Siempre!' Stein tomó el fastidio por modestia, y prosiguió conmovido: –[...] tú serás la sirena de la atracción, pero no en la perfidia. ¿No es verdad, María, que nunca serás ingrata? –'¡Nunca!' –escribió María en la arena; y las olas se divertían en borrar las palabras que escribía María, como para parodiar el poder de los días, olas del tiempo, que van borran-

---

[8] Ya un fino lector contemporáneo, Juan Valera, a pesar de ser muy crítico con Fernán Caballero al lamentar el empalagoso «sermoneo» de la voz narrativa, destacó la ambivalencia y la discrepancia del personaje de Marisalada (cf. Rubio Cremades 2001: 54 s).

do en el corazón, cual ellas en la arena, lo que se asegura tener grabado en él para siempre (148).

María está en un típico dilema comunicativo. La situación (aburrida y a la vez oprimente) requiere que esté de acuerdo con lo que el hombre propone; pero no lo está, y tampoco puede expresarlo libremente. Una salida clásica de tal apuro es el desvanecimiento de la mujer. Aquí, Marisalada recurre a la comunicación no-verbal (rechaza expresamente decir el «te quiero» pedido: «se me anuda la garganta para decirle a un hombre que le quiero», 148), escribiendo su promesa de fidelidad eterna en la arena –con lo cual la desmiente al mismo tiempo–. Stein que no se entera de nada, que no sabe leer las señales no verbales, y sinceras, de María («tomó el fastidio por modestia») cree obstinadamente en «nuestro amor puro y santo» (149), y cuando Marisalada, la «bella esquiva», le impide tocarla, poetiza el rechazo, estilizándose como amante petrarquista: «¿No es acaso, como dice uno de vuestros antiguos y divinos poetas, la mayor de las felicidades, la de *obedecer amando*?» (149). El ingenuo, bueno e insulso de Stein se convierte aquí en un Quijote del amor; la estrategia del texto señala claramente que la boda inminente es una insensatez.

El amor pasión, pues, no existe en A; pero sí, en B. Es verdad que sólo existe como doble cliché del melodrama romántico-folletinesco: el amor de Marisalada hacia el hombre singular, el torero Pepe Vera, y la naturaleza del amor como pasión anárquica y destructiva. Pero es un amor entre dos seres excepcionales y sorprendentemente simétrico en la medida en que Marisalada no se deja subyugar por el amado, a pesar de estar fascinada por las «miradas terribles de Pepe [...], como fascinan al ave [!] las de la serpiente» (279). Pepe Vera intenta varias veces imponerse: «Si quieres que hagamos buenas migas, se han de hacer las cosas a mi voluntad» (280), pero Marisalada resiste: «–No puede ser –respondió fríamente María» (281). Los dos sienten una mutua atracción animal, desaprobada por el narrador: «Aquellos toscos y brutales amores parecían más bien de tigres que de seres humanos. ¡Y tales son, sin embargo, los que la literatura moderna suele atribuir a distinguidos caballeros y damas elegantes!» (281). Pero es el tipo de pasión que necesita Marisalada: «María amaba a aquel hombre joven y hermoso, a quien veía tan sereno delante de la muerte. Gozando en un amor que la subyugaba, que la hacía temblar, que le arrancaba las lágrimas, porque ese amor brutal y tiránico era, en cambio, profundo, apasionado y exclusivo, y era el amor que ella necesitaba, como ciertos hombres de tosca organización, en lugar de licores dulces y vinos delicados, necesitan de las bebidas alcohólicas para embriagarse» (300).[9] Por la comparación, Marisalada se masculiniza; la relación con el garrido torero es todo lo contrario de la insulsez con el médico alemán. El narrador subraya la violencia y sobre todo la simetría de la relación: «aquellas dos naturalezas se sondearon recíprocamente, y conocieron que eran del mismo temple y fuerza». Se enfrentan en una «lucha» entre seres absolutamente iguales: «Por mutuo instinto [...], cada cual renunció el triunfo» (281). Esta escena de celos injustificados se presenta, pues, casi como una corrida de toros, la bravía de la 'gaviota' es, como predijo ya la buena tía María, la de «un toro bravo». Ni siquiera el torero, «con fuerza brutal» (279), es capaz de «domeñarla»; ella sigue indómita.[10] Si sucumbe –y con esto Marisalada, que sale de lo regular, vuelve a las costumbres de su sexo– es por puro amor. Por amor le concede finalmente a Pepe el favor de cantar en una fiesta, a pesar de tener la voz en peligro, después de lo cual contrae una pulmonía y pierde para siempre su órgano extraordinario. Lo que le queda es una «voz de pollo ronco» (318), como le dice su segundo marido, el barbero y cantante aficionado Ramón Pérez. El amor pasión trae consigo su perdición.

Así que la mujer fuerte es débil por amor. Éste es uno de sus defectos. El otro es: ser mujer. Como Kirkpatrick observó muy finamente (1991: 249 ss.), Marisalada tiene dos cualidades esenciales: es rebelde (frente a las autoridades seculares y religiosas) y es, por el don natural de la voz extraordinaria, un genio-artista; con estas dos cualidades tiene todo lo que caracteriza al héroe romántico. La transgresión de Marisalada es, pues, el atribuirse una semántica masculina, el penetrar en territorio reservado al hombre. Lo que le está permitido al hombre, no es lícito para ella. Por eso es castigada, tiene que volver al mundo A donde está fijada, de una vez para todas, en segundas nupcias con el fígaro del lugar, que desde siempre la cortejara en vano. Esto significa que a Marisalada ni siquiera se le concede el fin típico del héroe

---

[9] Ya Klibbe vio el lado apasionado e irracional de Marisalada, que con Pepe Vera «comes alive as a woman» (1973: 78), con lo que confirma otra vez su recaída en el papel tradicional de la mujer.

[10] La relación entre Marisalada y Pepe Vera está presentada así metafóricamente como una corrida de toros, con igual fuerza entre el ?toro' Marisalada y el torero. Frente a esta relación conflictiva, pero simétrica, el marido Stein se destaca una vez más por su incapacidad: en el inicio de la novela sufre el ataque de un toro; indefenso, es salvado por su perro Treu que se sacrifica por él (53 s). Stein se perfila así, desde el inicio, como hombre poco hombre.

romántico: la muerte trágica a la vez que triunfante. Marisalada sobrevive y llega a ser lo que nunca quiso ser: esposa y madre, el ángel del hogar[11]; la «indómita» criatura termina domesticada, fijada en el lugar que prevé para ella el patriarcado: la casa.[12] Es curioso que sólo después de 'ser castrada', de perder con su voz el órgano de su autonomía masculina, cumpla con su función biológica de mujer: tiene dos críos. El matrimonio con Stein no había sido fértil.[13]

Si Marisalada es la mujer romántica transgresora y rebelde a todo lo regular, la mujer modelo de la novela –según el punto de vista del narrador– es la duquesa de Almansa:

> Leía poco y jamás tomó en sus manos una novela. Ignoraba enteramente los efectos dramáticos de las grandes pasiones. No había aprendido ni en los libros ni en el teatro el gran interés que se ha dado al adulterio, que, por consiguiente, no dejaba de ser a sus ojos una abominación como lo era el asesinato. Jamás habría llegado a creer, si se lo hubieran dicho, que estaba levantado en el mundo un estandarte bajo el cual se proclama la emancipación de la mujer. [...] Hija afectuosa y sumisa, amiga generosa y segura, madre tierna y abnegada, esposa exclusivamente consagrada a su marido, la duquesa de Almansa era el tipo de la mujer que Dios ama, que la poesía dibuja en sus cantos, que la sociedad venera y admira, y en cuyo lugar se quieren hoy ensalzar *esas amazonas* que han perdido el bello y suave instinto femenino (258 s.).[14]

A pesar de ser de la alta aristocracia andaluza, la duquesa representa curiosamente las normas burguesas del XIX con su ideal del «ángel del hogar». Se retrata aquí la mujer ideal en su triple función de abnegada servidora (hija, esposa y madre) del macho. Su relación con el duque –matrimonio de conveniencia, es de suponer– se parece a la de Marisalada con Stein y es todo lo opuesto al amor pasión hacia el torero. El narrador expresa claramente su

---

[11] Para este *topos* burgués del siglo XIX, cf. Aldaraca (1982 y 1991) y Jagoe (1998a: sobre todo 28 ss.).

[12] Así cumple por fin con la «misión» de la mujer decimonónica: «el matrimonio, la maternidad y la domesticidad» (Jagoe 1998a: 24).

[13] Posiblemente nunca fue consumado, como supone ya Klibbe (1973: 77), lo que corrobora su inutilidad como hombre.

[14] El texto de 1861 suaviza la invectiva más cruda que reza el original de 1849: «quiere ensalzar el destemple de algunas insensatas, cotorronas plagadas de vicios, y marimachos deshonra de su sexo» (Caballero 2008: 395).

odio hacia las mujeres que, siguiendo el «estandarte de la emancipación», pierden su feminidad para convertirse en hombres: «amazonas» que automutilan el cuerpo femenino para obrar como hombres o monstruosos «marimachos» que disturban el orden binario del patriarcado.[15]

Marisalada termina también como ángel del hogar. Se le cortan las alas a la transgresora, pierde su lado masculino, se integra al orden patriarcal. Esto es el sentido monológico del *sujet* de restitución. Las culturas suelen imaginarse perturbaciones del orden establecido para poder así castigar o eliminar a los perturbadores y para restablecer el orden inicial; la función es confirmar el orden por una sacudida temporaria. Pero en *La Gaviota*, al igual que, por ejemplo, en las *Novelas ejemplares* de Cervantes, este *sujet* es a su vez dialogizado: la vuelta al orden descubre su desorden fundamental. Así que Marisalada, al final, si es ángel del hogar, no es más que una parodia –cruel y cómica a la vez– de este ideal: su relación conflictiva, de riña eterna, con el fígaro es una parodia de las «luchas» apasionadas con el torero, y el fígaro mismo es una parodia de cantante de ópera y un 'afrancesado' grotesco.

Así se perfila la labor deconstructiva de la estrategia del texto en dos campos fundamentales del imaginario decimonónico: cuestiona en el mismo momento de su formación el mito del ángel del hogar –propaga la 'dulzura' del hogar doméstico y demuestra, al mismo tiempo, su infierno– y desestabiliza la oposición entre centro y periferia, ciudad y aldea, una oposición central en la novela realista y naturalista a lo largo del siglo XIX. Ésta también suele contar *sujets* de restitución, con particular interés ideológico. Los conservadores valoran la vuelta de un hijo pródigo, perdido en un mundo ciudadano falso, a su lugar 'natural'. Así, en *Peñas arriba*, de José María de Pereda, el huérfano madrileño vuelve al solar familiar en el Norte de España para sustituir a su tío en la función de *pater familias* y patriarca de un pequeño feudo. El joven en peligro de 'degeneración' se regenera en la lejanía del monte y estabiliza así un mundo tradicional y conservador. *Sujets* parecidos cuenta en

---

[15] Con esta idea de la incompatibilidad entre feminidad y saber se reproduce el discurso masculino de la época que sólo ve peligros en la educación de la mujer: «la creación de marisabidillas, que terminaría con los encantos de la mujer y llevaría a la creación de mujeres andróginas y viriloides; el peligro para la moral de la mujer [...]; y, en último caso, el hecho de que la mujer burguesa, una vez educada, querría trabajar como el hombre y competir con él en las profesiones liberales y en la política, quitándole trabajo y dejando abandonados casa, marido e hijos, tema favorito de muchas caricaturas satíricas en todas partes de Europa» (Jagoe 1998b: 123).

Portugal Júlio Dinis; los protagonistas de sus novelas *As Pupilas do Sr. Reitor* y *A Morgadinha dos Canaviais* son ciudadanos solteros, enfermizos, poco viriles que vuelven al campo donde están las raíces de su familia, recobran la salud, la masculinidad y se casan. Algo parecido cuenta todavía la suiza Johanna Spyri en su conocida novela *Heidi*: la robusta niña de los Alpes es desplazada a la gran ciudad, Frankfurt, lugar insano; allí cura a Clara, pero enferma a su vez y sólo recobra la salud al ser restituida a su lugar propio. Los autores progresistas, al contrario, valoran la ciudad y denuncian el conservadurismo ahogador del campo. En *Doña Perfecta*, de Benito Pérez Galdós, por ejemplo, el joven ingeniero madrileño José Rey, liberal y krausista, es percibido como intruso perturbador del orden establecido en «Orbajosa»; éste se restituye por la eliminación brutal del intruso. La posición ideológica del autor está patente: el orden restablecido es un orden falso y destructor que merece a su vez ser atropellado y suprimido. *La Gaviota* se basa en las mismas oposiciones, pero sin tomar, finalmente, posición ideológica clara al deconstruir sistemáticamente las valorizaciones. Sin decidirse, articula más bien las aporías que lleva consigo la construcción dicotómica de los sexos y las contradicciones que vive la mujer despierta en el siglo XIX, contradicciones que, 20 años más tarde, formula muy claramente una de las figuras de proa del incipiente feminismo español, Concepción Arenal, en su ensayo *La mujer del porvenir* (1869).[16] Como emblema de esta aporía puede figurar el «montón de estiércol» del corral natalicio de Medio-Pollito: a pesar de ser el «más hermoso», no deja de ser «estiércol».

Conclusión

Espero haber demostrado la dialogicidad interna de este texto supuestamente monológico. Resulta estructuralmente de la fricción entre los niveles narrativos y de la pluralidad de voces conflictivas. Es el resultado del autor implícito que escenifica precisamente estas incongruencias. *La Gaviota* es una novela que, al alabar la aldea, muestra la vida reducida e incompleta que ofrece, y que al condenar la mujer libre y en vías de emancipación la erige en ícono de una

---

[16] Algunos extractos de este ensayo se pueden leer en Jagoe/Blanco/Enríquez de Salamanca (1998: 473-476).

modernización de la sociedad, una sociedad que con su inmovilidad se opone obstinadamente a toda modernización. Sin entrar en psicoanálisis, se puede constatar con Kirkpatrick que estas contradicciones las llevaba en sí la misma autora Cecilia Böhl von Faber: mujer cultísima, cosmopolita y 'afrancesada' por educación, inventa un narrador masculino que condena la lectura, defiende el casticismo y propaga el antiliberalismo –en *El Heraldo*, una revista de conocido tinte liberal–. Ella misma es autora, pero con mala conciencia, porque quiere ser hija obediente y se dice convencida, con su padre, de que «[l]a pluma, como la espada, se hizo para la fuerte mano del hombre» (así en 1857 en una carta a Hartzenbusch, Kirkpatrick 1991: 229).[17] Con el antipático personaje-espejo Marisalada que se inventa, doña Cecilia exorciza su propia cualidad de artista, su lado 'masculino', y sin embargo no deja de translucir una profunda simpatía con su rebelde criatura.

Bibliografía

Aldaraca, Bridget (1982): «*El ángel del hogar*. The Cult of Domesticity in Nineteenth-Century Spain». En: Gabriela Mora/Karin S. Van Hooft (eds.): *Theory and Practice of Feminist Literary Criticism*. Ypsilanti: Bilingual Review Press, pp. 62-87.
— (1991): El ángel del hogar. *Galdós and the Ideology of Domesticity in Spain*. Chapel Hill: U. N. C. Department of Romance Philology.
Blanco, Alda (1998): «La conciencia feminista: Textos». En: Catherine Jagoe/Alda Blanco/Cristina Enríquez de Salamanca: *La mujer en los discursos de género. Textos y contextos en el siglo XIX*. Barcelona: Icaria, pp. 473-535.
Caballero, Fernán [= Cecilia Böhl von Faber] (1979 [1849]): *La Gaviota*. Edición de Carmen Bravo-Villasante. Madrid: Castalia.
— (^{4}2008 [1849]): *La Gaviota*. Edición de Demetrio Estébanez. Madrid: Cátedra.

---

[17] Con esto reafirma la ideología patriarcal del XIX que prevé para la mujer educación moral sin instrucción intelectual: «El uso constante en el discurso burgués de la imagen de la pluma versus la aguja para simbolizar las esferas propias del hombre y de la mujer queda plasmado en los programas de estudio femenino durante este periodo, en los cuales las 'labores propias de su sexo' ocupan un lugar privilegiado a costa del saber intelectual» (Jagoe 1998b: 110). Aun cuando los hombres liberales, progresistas propagan «el ideal krausista de la esposa culta», la instrucción de la mujer no debe servirle para penetrar en la «esfera pública y masculina»; sirve más bien a su vez para confinarla en casa y fijarla en «la función esencial de la madre como primera educadora de los niños» (Jagoe 1998b: 119 y 127).

Estébanez, Demetrio (2008): «Introducción». En: Fernán Caballero: *La Gaviota*. Edición de Demetrio Estébanez. Madrid: Cátedra, pp. 11-112.

Herrero, Javier (1996): «The Castrated Bull: Gender in *La Gaviota*». En: *Revista Canadiense de Estudios Hispánicos* 21, pp. 155-165.

Jagoe, Catherine (1998a): «La misión de la mujer». En: Catherine Jagoe/Alda Blanco/Cristina Enríquez de Salamanca: *La mujer en los discursos de género. Textos y contextos en el siglo XIX*. Barcelona: Icaria, pp. 21-53.

— (1998b): «La enseñanza femenina en la España decimonónica». En: Catherine Jagoe/Alda Blanco/Cristina Enríquez de Salamanca: *La mujer en los discursos de género. Textos y contextos en el siglo XIX*. Barcelona: Icaria, pp. 105-145.

Jagoe, Catherine/Blanco, Alda/Enríquez de Salamanca, Cristina (1998): *La mujer en los discursos de género. Textos y contextos en el siglo XIX*. Barcelona: Icaria.

Jauß, Hans Robert (^{5}1974): *Literaturgeschichte als Provokation*. Frankfurt a. M.: Suhrkamp.

Kirkpatrick, Susan (1991): «Negación del yo: Cecilia Böhl y *La Gaviota*». En: Susan Kirkpatrick: *Las Románticas. Escritoras y subjetividad en España, 1835-1850*. Madrid: Cátedra, pp. 227-258.

Klibbe, Lawrence H. (1973): *Fernán Caballero*. New York: Twayne Publishers.

Lotman, Yuri M. (1988): *Estructura del texto artístico*. Traducción de Victoriano Imbert. Madrid: Istmo.

Mahler, Andreas (1998): «Welt Modell Theater – Sujetbildung und Sujetwandel im englischen Drama der frühen Neuzeit». En: *Poetica* 30, pp. 1-45.

Nünning, Ansgar, ed. (^{2}2001): *Metzler Lexikon Literatur- und Kulturtheorie. Ansätze – Personen – Grundbegriffe*. Stuttgart/Weimar: Metzler.

Olson, Raúl R. (1986): «Reacción y subversión en *La Gaviota* de Fernán Caballero». En: *Actas del VIII Congreso de la Asociación Internacional de Hispanistas*, vol. 2, Madrid: Istmo, pp. 375-381.

Rubio Cremades, Enrique (2001): *Panorama crítico de la novela realista-naturalista española*. Madrid: Castalia.

Sánchez Llama, Íñigo (2000): *Galería de escritoras isabelinas. La prensa periódica entre 1833 y 1895*. Madrid: Cátedra.

Tietz, Manfred (1986): «Fernán Caballero, *La Gaviota*». En: Volker Roloff, Harald Wentzlaff-Eggebert (eds.): *Der spanische Roman. Vom Mittelalter bis zur Gegenwart*. Düsseldorf: Bagel, pp. 193-214.

Yáñez, María Paz (1996): «El relato autorreferencial. Fernán Caballero: del cuento a la novela». En: María Paz Yáñez: *Siguiendo los hilos. Estudio de la configuración discursiva en algunas novelas españolas del siglo XIX*. Bern: Lang, pp. 113-138.

Zavala, Iris (1971): *Ideología y política en la novela española del siglo XIX*. Salamanca: Anaya.

Desprivatizando el *Werther*:
reescritura, ironía y alegoría nacional en *Sab* de Gertrudis Gómez de Avellaneda

Stephan Leopold

I

Según la consagrada tesis desarrollada por Georg Lukcács en *Der historische Roman*, después de consolidarse la burguesía como clase dominante en 1848, la literatura burguesa da la espalda a su devenir histórico y se dedica cada vez más al espacio privado y a la psicología individual del personaje (Lukács 1965: 208 ss.). Este argumento ha sido revisado en los últimos años por Albrecht Korschorke, quien propone que la escisión entre lo público y lo privado se da ya mucho antes, a saber, con la diferenciación de una erótica de índole aristocrática y pública y el ideal de la interioridad tal como se hace palpable en la literatura de la sensibilidad, que Koschorke considera con cierto derecho como burguesa (Koschorke 1999: 15-35). Desde esta perspectiva la literatura burguesa estaría impregnada desde un principio por una fuerte tendencia a rehusar lo público, favoreciendo al mismo tiempo un individualismo que se gratifica con emociones privadas y de preferencia amorosas. Algunos años antes de Koschorke, el insigne marxista norteamericano Fredric Jameson ya había hecho hincapié en esta tendencia, postulando que la segregación de lo privado y lo político tal como se da *grosso modo* en la cultura de occidente, se debe al surgimiento del capitalismo como forma económica dominante. Según Jameson, que parte de la parábola hegeliana del señor y del siervo (*Herr/Knecht-Parabel*), la cultura occidental, cuanto más se establece su predominio económico sobre el resto del mundo, más pierde la necesidad de llegar a una «true materialistic consciousness» de su situación y por consiguiente es cada vez más «doomed to a luxury of a placeless freedom in which any consciousness of his own situation flees like a dream». Las culturas dominadas por Occidente, en cambio, sí tienen la necesidad de tomar conciencia de su situación material, y es por eso que, según Jameson, en aquellos países que sufrieron una fase colonial, la diferenciación entre lo privado y lo público no se da, ya que allí siempre existe una inversión libidinal («libidinal investment») en lo público y lo político. Esto implica, en última instancia, que la literatura de los países (post-)coloniales, por muy privado y erótico que pueda parecer su contenido, inevitablemente funciona como alegoría política (Jameson 1986: 69, 85).

En mi artículo quiero examinar esta última tesis al contrastar *Sab* (1841) de Gertrudis Gómez de Avellaneda con su intertexto dominante, que es *Die Leiden des jungen Werther* (1774) de Goethe. Mi hipótesis sería aquí que en el caso de Goethe la división de lo político y de lo privado ya se articula en el deseo imaginario del protagonista por el vedado objeto doméstico, mientras que en *Sab* el amor –desplazado a lo largo de los ejes de *race* y *class*– es el medio que transporta una alegoría compleja sobre una Cuba poliétnica y todavía colonial que se halla a medio camino entre el latifundismo criollo y el capitalismo mercantil de proveniencia inglesa. Comparto en cierta medida la tesis de Koschorke, aunque dudo que la literatura de la sensibilidad sea por antonomasia despolitizada. Creo más bien que la sensibilidad, tal como la vemos surgir en *La Nouvelle Héloïse* de Rousseau, sí es altamente política en su primer momento, ya que contiene en sí una naciente conciencia de clase (*Klassenbewusstsein*). El conflicto de clases no desaparece del todo en el texto de Goethe. Me parece, no obstante, que en el caso del *Werther* estamos ante un cambio de acento paradigmático que va a ser constitutivo para la literatura romántica en Occidente. El libro de Avellaneda, en cambio, parece a primera vista una historia de amor completamente privada. Pero la retórica romántica y altamente sentimental engaña: es una superficie prestada que sirve como medio de conciencia situacional («situational consciousness» en palabras de Jameson [1986: 85]) que explora las latencias y posibilidades de una identidad comunitaria que carece de correlato político.

II

Comienzo con algunas breves consideraciones acerca del *Werther*. La primera novela de Goethe, como es sabido, se basa en *La Nouvelle Héloïse* de Rousseau[1], con la cual comparte la imposibilidad de realización del deseo. Las diferencias entre las dos novelas, sin embargo, saltan a la vista. Mientras que el libro de Rousseau es una novela epistolar *sui generis*, el texto de Goethe nos da

---

[1] Cf. al respecto el artículo substancial de Jauß (1984).

solamente las cartas del personaje epónimo. La intersubjetividad tan importante para la novela epistolar, queda así truncada y, salvo en una excepción que comentaré más abajo, el lector comparte la perspectiva de Werther y en consecuencia no podrá distinguir entre la fantasía subjetiva del protagonista y la situación objetiva de los otros personajes.[2] Durante mucho tiempo no sabemos, pues, lo que Lotte piensa en realidad de Werther, ni conocemos a su marido bajo otra forma que aquélla que nos da un narrador autodiegético y enajenado. En Rousseau las cartas de Julie y de Saint-Preux nos ofrecen un juego complejo de alusiones y disimulaciones, en Goethe estamos en gran parte ante un texto monológico.[3]

Esta cuestión pragmática tiene importantes implicaciones semánticas. La correspondencia entre el plebeyo Saint-Preux y la aristócrata Julie d'Étange, al ser diálogo amoroso entre dos desiguales al nivel de clase, contiene en sí un momento dialéctico, cuyo fin sería la suspensión de la división de clases en el matrimonio. En el *Werther* este conflicto de clases es omitido, y la perspectiva unilateral de Werther imposibilita además todo momento dialéctico. Así que podemos constatar que en vez de apuntar a la superación (*Aufhebung*) de dos fuerzas antitéticas en una síntesis, la perspectiva autodiegética y monológica borra al otro como entidad objetiva y lo suplanta por una imagen fantasmática interiorizada en el sujeto de la enunciación. No quiero decir que el conflicto entre fantasma amoroso y ente real no exista en *La Nouvelle Héloïse*: sí existe y además desempeña un papel importantísimo en la segunda mitad de la novela (los libros IV a VI), donde Saint-Preux tiene que tomar conciencia de que la Julie del pasado, su amante, ya no es la Julie actual, la esposa de M. de Wolmar. Dice M. de Wolmar acerca de la situación:

> Ce n'est pas de Julie de Wolmar qu'il est amoureux, c'est de Julie d'Étange; il ne me hait point comme le possesseur de la personne qu'il aime, mais comme le ravisseur de celle qu'il a aimée. La femme d'un autre n'est point sa maîtresse, la mère de deux enfants n'est plus son ancienne écolière. Il est vrai qu'elle lui ressemble beaucoup et qu'elle lui en rappelle souvent le souvenir. Il l'aime dans le temps passé: voilà le vrai mot de l'énigme. Otez-lui la mémoire, il n'aura plus d'amour (Rousseau 1964: 509).

---

[2] Acerca de la participación del lector en la ilusión del narrador autodiegético véase Haverkamp (1982).

[3] Utilizo el término en el sentido de Bachtin (1979: 166 ss.).

Rousseau nos presenta el conflicto entre fantasma («le souvenir») y ente real («la mère de deux enfants») en un marco intersubjetivo entre tres personajes que culminará en la famosa escena en el bosquete (IV, 12), donde M. de Wolmar repite la *Urszene* amorosa entre Julie y Saint-Preux, estableciéndose así como un tercero que representa la ley y, por así decirlo, el *Realitätsprinzip*.[4] En Goethe, en cambio, el conflicto queda suspendido en un sujeto que se encierra cada vez más en la representación fantasmática del vedado objeto doméstico. Es muy significativo en este contexto una aportación del editor ficticio de las cartas («Der Herausgeber an den Leser») que nos revela unas palabras claves de Lotte sobre Werther:

> Fühlen Sie nicht, daß Sie sich betrügen, sich mit Willen zugrunde richten! Warum denn mich, Werther? just mich, das Eigentum eines anderen? just das? Ich fürchte, es ist nur die Unmöglichkeit mich zu besitzen, die Ihnen diesen Wunsch so reizend macht (Goethe 1973: 136).

El pasaje ya muy al final de la novela no sólo es importante por ser enunciado por una instancia narrativa mucho más fiable que el narrador autodiegético, sino también porque hace hincapié en la perspectiva selectiva de Werther, que había suprimido la amonestación de Lotte en su correspondencia. Por su función, las palabras de Lotte son parecidas a la intervención de M. de Wolmar, pues confrontan a Werther tanto con el carácter fantasmático de su deseo como con el *Realitätsprinzip*. Lotte supone acertadamente que Werther la ama justamente por ser inaccesible y así, de hecho, no la ama a ella («Warum denn mich, Werther?»), sino a un fantasma erótico producido por el autoengaño. Es más: este autoengaño no es accidental al deseo amoroso de Werther, sino el resultado de una decisión voluntaria de autodestrucción

---

[4] En la escena inicial (I, 14) la presencia e intermediación de la prima Claire hace posible que Julie olvide sus obligaciones frente a su padre y se abandone a Saint-Preux en un abrazo que inaugura la pasión desenfrenada entre los dos amantes. En la repetición puesta en escena por M. de Wolmar (IV, 12) este último toma la posición de Claire, pero a diferencia de ésta se interpone entre los antiguos amantes como personificación de la ley simbólica. Así, la pasión que en el primer momento se realizó fuera de la ley simbólica en una díada narcisista y, por decir así, antisocial, en la repetición se transforma en una estructura triangular cuyo fin será el aplazamiento de la pasión adúltera en la amistad sentimental entre los tres protagonistas. Acerca de la problemática de este *brain-washing* y el fracaso de la utopía de Clarens cf. Matzat (2007).

(«sich mit Willen zugrunde richten»). Así que el amor de Werther no es transitivo en el sentido de que se abre hacia el otro, sino propiamente intransitivo y narcisista. Dice Werther acerca de la representación fantasmática de Lotte:

> Wie mich die Gestalt verfolgt! Wachend und träumend füllt sie meine ganze Seele! Hier, wenn ich die Augen schließe, hier in meiner Stirne, wo die innere Sehkraft sich vereinigt, stehn ihre schwarzen Augen. Hier! Ich kann es nicht ausdrücken. Mache ich meine Augen zu; so sind sie da; wie ein Meer, wie ein Abgrund ruhen sie vor mir, in mir, füllen die Sinne meiner Stirn (Goethe 1974: 123).

Estamos aquí ante una subjetividad constituida por el fantasma.[5] Al ser propiamente incomunicable y omnipresente a la vez, el fantasma («die Gestalt») se convierte en una entidad cuasi transcendental que llena toda el alma de Werther («Wachend und träumend füllt sie meine ganze Seele!»). El gesto de cerrar los ojos («wenn ich die Augen schließe») es altamente significativo en este contexto, ya que Werther, de hecho, cierra los ojos al mundo exterior y no quiere ver otra cosa que estos ojos fantasmáticos, los cuales, «wie ein Abgrund», contienen ya en sí el sublime abismo de la muerte. Es por esto que no creo que el suicidio de Werther sea el final trágico de un individuo rechazado por una sociedad utilitarista que desconoce el verdadero amor. Me parece más bien que, al suicidarse, Werther afirma un yo inaccesible que necesita el incomunicable y abismal fantasma para su constitución. En este sentido leo también la última carta que Werther escribe a Lotte:

> Es ist beschlossen, Lotte, ich will sterben, und das schreibe ich ohne romantische Überspanntheit, gelassen, an dem Morgen des Tages, an dem ich dich zum letzten Male sehen werde. Wenn du dieses liesest, meine Beste, deckt schon das kühle Grab die erstarrten Reste des Unruhigen, des Unglücklichen [...]. So sei es! – Wenn du hinaufsteigest auf den Berg, an einem schönen Sommerabende, dann erinnere dich meiner, wie ich so oft ins Tal hinaufkam, und dann blicke

---

[5] Esta forma de subjetividad tiene una larga tradición en la lírica meridional de los trovadores a los petrarquistas. Tiene como base etiológica la fijación neurótica en un objeto inaccesible que se articula en una aguda melancolía (*amor hereos*). Se hace subjetividad propiamente dicha mediante la unión de fantasma y deseo en la palabra poética. Véase al respecto el estudio fundamental de Agamben (1977: 72 ss.). Para la persistencia de esta forma de subjetividad en la época moderna, cf. Leopold (2009: 364 ss.).

nach dem Kirchhofe hinüber nach meinem Grabe, wie der Wind das hohe Gras im Scheine der sinkenden Sonne hin und herwiegt (Goethe 1973: 138).

Werther se abandona aquí a una fantasía póstuma, en la cual será el centro de la mirada de Lotte: desde la cima de la montaña donde antes había estado con Werther, Lotte debe acordarse de Werther y mirar hacia el valle donde la tumba de éste quedará iluminada por los últimos rayos del sol. Esta fantasía póstuma, que es al mismo tiempo un ruego y una instrucción de cómo Lotte debe recordar a Werther, se basa en un triple desplazamiento: el recuerdo del Werther vivo evocado en la cima de la montaña debe hacer que la mirada de Lotte se dirija hacia la tumba de Werther y esta tumba tiene que aparecer a su vez bajo el signo del sol crepuscular. De esta manera el Werther recordado e inaccesible en la tumba se confunde con el sol crepuscular, lo cual hace que la relación metonímica entre tumba y sol se entienda también como relación metafórica. A causa de la contigüidad entre tumba y sol crepuscular, Werther se transforma, pues, en el astro rey y así se constituye finalmente como una entidad transcendental, tal como la conocemos de los muchos ocasos metafísicos que pueblan el mundo pictórico de Caspar David Friedrich.

Desde esta perspectiva, el personaje de Werther, que se declara explícitamente no romántico («ohne jede romantische Überspanntheit»), es romántico en el sentido de Carl Schmitt. Afirma el jurista *maudit* en su temprano libro *Politische Romantik*:

> Die Romantik ist subjektivierter Occasionalismus, weil ihr eine occasionelle Beziehung zur Welt wesentlich ist, statt Gottes aber nunmehr das romantische Subjekt die zentrale Stelle einnimmt und aus der Welt und allem, was in ihr geschieht, einen bloßen Anlaß macht (Schmitt 199: 19).

El término «ocasionalismo» proviene de la filosofía de Nicolas Malebranche (1638-1715), quien defiende la tesis herética de que el mundo es en sí mera *ocasio* de la omnipotencia de Dios. En el ocasionalismo romántico, tal como Schmitt lo desarrolla a partir de Malebranche, Dios como instancia absoluta queda suplantado por el sujeto romántico, para el cual el mundo sólo sirve de ocasión para la constitución de su propia subjetividad absoluta. Desde mi punto de vista, este ocasionalismo romántico es el rasgo central del *Werther*. Lo podemos percibir claramente en la estructura fantasmática que constituye la subjetividad narcisista de Werther, la cual llega, como quien dice, a su apoteosis en la fantasía póstuma, donde el yo sublime que se transforma en sol es el centro de la mirada del otro. No niego en absoluto que la novela también tiene un contenido político –sobre todo en la primera parte, donde Werther cuenta a su amigo Wilhelm la experiencia frustrante que hace en los rancios círculos aristocráticos de la ciudad de D.–. No creo, sin embargo, que este momento político sea decisivo para la novela. Werther rechaza su situación en D. desde el primer momento, así que la experiencia frustrante narrada por él funciona ante todo como un correlato exterior para la interiorización radical en la que se entretiene más tarde. Al nivel de la historia, la experiencia en D. tiene, pues, la misma función que tiene el fantasma al nivel del personaje: sirve de ocasión para la constitución del sublime sujeto privado.[6]

Interrumpo aquí mi lectura del *Werther*. He partido de la hipótesis de que en el *Werther* se da una diferenciación entre lo político y lo privado sintomática para el desarrollo de la literatura burguesa, y creo que el ocasionalismo del personaje tal como de la novela misma son indicios suficientemente claros de esta escisión. Por estas mismas razones dudo de que la postura de Werther sea revolucionaria. Me parece más bien que el deseo del vedado objeto doméstico es el punto cero de este solipsimo que Lukács diagnostica en la literatura burguesa después de 1848. La novela de Gómez de Avellaneda, a la que me voy a dedicar en las páginas que siguen, es una novela abiertamente romántica. Publicada en 1841, *Sab* encaja perfectamente en el momento histórico indicado por Lukács, pero, como espero demostrar, el texto corrobora en casi todo la tesis de Jameson.

III

Tal como *Die Leiden des jungen Werther*, *Sab* es la historia de un triángulo amoroso. El personaje epónimo ama a una mujer llamada Carlota, la cual

---

[6] Véase en este contexto el estudio de Lukács (1964: 53 ss.), quien interpreta la novela de Goethe como una alegoría política de la Alemania semifeudal bajo el Antiguo Régimen. En su lectura, desde luego muy sugestiva, el filósofo húngaro analiza una serie de episodios que documentan, a su modo de ver, las limitaciones de una sociedad utilitarista e inmovilizada en convenciones que van en contra de la ideología del amor sentimental en la que se basa la burguesía. Estas observaciones son muy justas. No obstante, Lukács, que considera el *Werther* como la cumbre de las tendencias subjetivistas de la segunda mitad del siglo XVIII, pasa por alto la estructura monológica de la novela y no presta atención a la dimensión fantasmática de la percepción del protagonista.

aspira al matrimonio con Enrique Otway, un hombre considerado de bien. Sab, mientras tanto, no deja de amar a Carlota, y al casarse ésta, muere de una especie de apoplejía brusca. A diferencia de Werther, Sab nunca se declara y por lo tanto Carlota ignora el inmenso amor que había inspirado en su amante, hasta que, años después de la muerte de éste, le entregan la carta que había escrito en la hora de su muerte. En este momento Carlota ya está desengañada de su marido, quien en lugar del amante romántico con el que había soñado ha resultado un mercantilista pragmático cuyos intereses son menos amorosos que económicos. Ahora bien: al leer la carta de Sab, Carlota se da cuenta de que este último hubiera sido su amante ideal. Triste y melancólica, visita el humilde sepulcro de Sab en Cubitas, que cumple ahora una función análoga a la que le había destinado Werther a su propia tumba: convierte a Sab en un ente cuasi transcendental y por ende radicalmente inaccesible. Es por esto, podemos deducir, que la melancolía de Carlota aumenta hasta que finalmente vuelve a casa y parte de Cuba con su marido.

Como se ve, *Sab* es una transposición hipertextual del *Werther* que también tiene alguna deuda importante con el hipotexto de éste. La carta que recibe Carlota de su amante muerto nos remite al final de *La Nouvelle Héloïse* (VI, 12), donde Saint-Preux, que estaba ya dispuesto a abandonar su amor fantasmático, recibe la última carta de Julie. En ésta, Julie, que ya ha muerto, le confiesa a Saint-Preux que si hubiera vivido un día más tal vez habría cometido adulterio con él. La combinación de este final con la estructura general del *Werther* tiene un efecto interesante para nosotros, ya que así tenemos la reacción de Carlota –una reacción que en el *Werther* queda sólo brevemente aludida por el editor ficticio de las cartas del suicida: «Von Albertens Bestürzung, von Lottens Jammer laßt mich schweigen» (Goethe 1973: 166). No sabemos con exactitud cuáles serían las emociones de Lotte después del primer momento de choque, y así la estructura solipsista de la novela no se abre a una revaloración objetiva. En *Sab* tenemos las dos cosas, el solipsismo del personaje epónimo y la revaloración de él por parte de los otros personajes. Es más: a diferencia de *La Nouvelle Héloïse* y del *Werther*, *Sab* no es una novela epistolar, sino un texto narrado por una instancia omnisciente, lo cual implica una doble focalización: la focalización del personaje y del narrador. Esto tiene consecuencias importantes para la estructura afectiva de la novela, ya que las informaciones que no se comunican al nivel de los personajes, se comunican entre el narrador y el lector. El lector sabe, pues, más que los personajes, y esto produce, a menudo, el efecto irónico.

La ironía, tal como la entendemos aquí con Warning (1999: 155 s.), es una triple comunicación que tiene como base la solidarización ficticia («Scheinsolidarisierung») del narrador con un personaje y una solidarización verdadera entre el narrador y el lector que va a costa del personaje. En *Sab*, el personaje con quien el narrador mantiene una solidarización ficticia es Carlota. Descrita casi siempre con superlativos, Carlota es objeto de una ironía que apunta ante todo a su romanticismo, el cual, a su vez, se caracteriza por una relación irónica frente al mundo. Esta 'ironía romántica' –un termino acuñado de una manera positiva por Friedrich Schlegel[7]– fue criticada en la época sobre todo por Hegel. En la introducción a las *Vorlesungen über die Ästhetik*, Hegel rechaza la ironía romántica entre otras cosas por negar la realidad externa a favor de una subjetivad narcisista que se gratifica en el gozo de sí mismo y crea así una realidad vana que no corresponde a la realidad de las cosas:

> Was ist, ist nur durch das Ich, und was durch mich ist, kann ich ebensosehr auch wieder vernichten. — Wenn nun bei diesen ganz leeren Formen, welche die aus der Absolutheit des abstrakten Ich ihren Ursprung nehmen, stehengeblieben wird, so ist nichts *an und für sich* und in sich wertvoll zu betrachten, sondern nur als durch die Subjektivität des Ich hervorgebracht. Dann aber kann auch das Ich Herr und Meister über alles bleiben, und in keiner Sphäre […] gibt es etwas, das nicht durch Ich erst zu setzen wäre und deshalb von Ich ebensosehr könnte zunichte gemacht werden. Dadurch ist alles Anundfürsichseiende nur ein *Schein*, nicht seiner Selbst wegen und durch sich selbst wahrhaft und wirklich, sondern ein bloßes *Scheinen* durch das Ich, in dessen Gewalt und Willkür es zu freiem Schalten bleibt (Hegel 1970a: 93 s.).

La ironía romántica, tal como la critica Hegel, la encontramos desde el primer momento en Carlota. Vive ella en un mundo ideal creado por su propia subjetividad, un mundo vano que es «bloßes Scheinen durch das Ich, in dessen Gewalt und Willkür es zu freiem Schalten bleibt»:

---

[7] El concepto, de suma importancia para la comprensión del movimiento romántico en Alemania, se entendió ante todo como una postura estética que favorece la autorreferencialidad y autorreflexividad en el arte y que se basa, por lo tanto, en el artista como punto de referencia. Es ironía por ser una postura que celebra lo ficticio a sabiendas de que el arte no llega a ser la verdad transcendental. Cf. al respecto el estudio fundamental de Strohschneider-Kohrs (1977: 7-88).

> Carlota amó a Enrique, o mejor diremos amó en Enrique el objeto ideal que la pintaba su imaginación, cuando vagando por los bosques [...] se embriagaba de perfumes, de luz brillante, de dulces brisas: de todos aquellos bienes reales, tan próximos al idealismo, que la naturaleza joven y superabundante de vida prodiga al hombre bajo aquel ardiente cielo. Enrique era hermoso e insinuante: Carlota descendió a su alma para adornarle con los más brillantes colores de su fantasía: ¿qué más necesitaba? (Gómez de Avellaneda 2004: 122).

Mientras Carlota ama en Enrique «el objeto ideal» y piensa que basta que lo adorne conforme a su voluntad «con los más brillantes colores de su fantasía», el lector sabe que el joven de descendencia británica, lejos de ser un objeto ideal, es ante todo un hombre de negocios que busca una novia con una dote que le ayude a ampliar su campo de acción. Esta discrepancia entre ser y parecer la podemos ya percibir en el pasaje citado, el cual, aunque a primera vista solidario con Carlota, está lleno de señales de ironía: la sustitución de «amó a» en «amó en» insinúa el carácter narcisista de Carlota y cuando se habla de «bienes reales, tan próximos al idealismo» se entiende que la creadora de su propio «objeto ideal» es de hecho ciega para la condición real de Enrique. Finalmente la pregunta «¿qué más necesitaba?» solo es retórica desde la perspectiva de Carlota; desde la perspectiva del narrador es altamente irónica, ya que indica que sí hace falta algo más que la fantasía para que un hombre como Enrique se convierta en «objeto ideal».

El lector, sin embargo, no es el único que se da cuenta de los verdaderos intereses de los Otway. También los parientes de Carlota sospechan una motivación pecuniaria, ya que, al hacerse público el noviazgo, le niegan a Carlota una herencia considerable. Habiendo perdido su rédito económico, Carlota pierde valor ante los ojos del padre de Enrique, quien quiere convencer a su hijo de que rompa con ella y se busque un partido más prometedor. Carlota mientras tanto se encierra en su amor ideal, y a cada insinuación de que Enrique tal vez no corresponda con este ideal, amenaza a su familia con su muerte inminente. Dice a su prima Teresa, que la quiere prevenir diplomáticamente contra su posible desgracia:

> Si Enrique fuese pérfido, ingrato..., entonces todo habría concluido...; yo no sería ya desgraciada. No son los más terribles aquellos males a los que hay certeza de no poder sobrevivir (Gómez de Avellaneda 2004: 198).

Los paralelos con el personaje de Werther saltan aquí a la vista. Igual que éste, Carlota se empeña en un amor fantasmático y prefiere la muerte a la pérdida de su sueño romántico. Sus intenciones –de esto no deja duda el narrador– son exclusivamente egoístas. Carlota, la hija de un latifundista criollo, que a causa de su extrema belleza siempre ha sido mimada, es la encarnación del amor propio e, igual que en el caso del Werther, el mundo exterior solo le sirve de ocasión para la construcción de su propio yo sublime. A diferencia del *Werther*, en *Sab* esta postura –como ya lo hemos visto– no es afirmada, sino desenmascarada por parte del narrador irónico. Los personajes, sin embargo, hacen todo para que Carlota pueda seguir con su idea fantasmática del amor ideal. Aun a sabiendas del carácter utilitarista de Otway, no se atreven a desengañar a Carlota, ya que temen que ésta no vaya a sobrevivir el choque.

Si comparamos a Carlota con la Lotte de Goethe, también surgen algunos paralelos evidentes. Tal como esta última, Carlota es huérfana de madre, tiene hermanos menores y se casa con un hombre pragmático y de temperamento racional. Pero a diferencia de Lotte, que se casa con Albert por una promesa que había dado a su madre ya moribunda, Carlota se casa con Enrique a pesar de la resistencia de sus parientes. Es más: cuando mira a su «objeto ideal» olvida inclusive a su madre:

[L]os penetrantes recuerdos de una madre querida se desvanecieron a la presencia de un amante adorado. Junto a Enrique nada ve más que a él. El universo entero es para ella aquel reducido espacio donde mira a su amante [...] (Gómez de Avellaneda 2004:198).

Se percibe en este pasaje la ironía del narrador que no sólo realza una vez más la vanidad del amor de Carlota, sino que también deja en evidencia que este amor vano hace desvanecer en ella toda relación afectiva con entes que no sean su «objeto ideal». Allí donde Lotte nunca olvida sus deberes hacia su familia, Carlota se abandona a un trance narcisista que solo busca su autosatisfacción.

Si Carlota es una especie de antítesis de la Lotte de Goethe, el personaje de Sab es un Werther al revés. Es un amante silencioso que en vez de importunar a su amada hace posible que ésta pueda casarse finalmente con su «objeto ideal». Sab es perfectamente conciente de que Enrique está a punto de abandonar a Carlota porque ella ha dejado de ser económicamente redituable. Estando en esta situación gana, milagrosamente, el gordo de la lotería y cambia su billete por el de Carlota. Al enterarse de la inesperada riqueza de Carlota, Enrique, como ya era de esperar, no vacila un momento en casarse con ella. Sab, en cambio, se retira al latifundio de Cubitas, y después de haber terminado la carta ya mencionada, muere en un estado convulsivo. A Carlota esta muerte repentina e inesperada la preocupa ante todo porque la interpreta como un mal augurio para su matrimonio. Al haberse consumado éste, sin embargo, Carlota ya tiene olvidado al recién difunto. Las palabras: «¡Ya soy tuya!» «¡Ya eres mía!» (Gómez de Avellaneda 2004: 255), que insinúan la unión física de Carlota con su «objeto ideal», indican claramente que en el «reducido espacio» del espejismo narcisista no hay sitio para «recuerdos penetrantes».

Como hemos visto, la semántica de los personajes de Sab y Carlota es diametralmente opuesta a la de Werther y de Lotte. Mientras que Lotte es racional y altruista, Carlota es idealista y egoísta, y donde Werther se deja llevar por un amor fantasmático y antisocial, Sab, con su sacrificio, hace posible que se cumpla el sacramento del matrimonio que –según Julie en *La Nouvelle Héloïse*– es el núcleo de toda sociedad. Ahora bien: si Sab ama tan fervorosamente a Carlota y, además, pudo haber sido su verdadero «objeto ideal», ¿por qué no se declara? ¿Por qué prefiere un silencio doloroso y un sufrimiento pasivo a la osadía, cuando ésta todavía es posible? ¿Por qué, finalmente, está Sab tan convencido de que Carlota no podrá quererlo nunca? Lo sabemos desde el principio: Sab es mulato y, además, esclavo del padre de Carlota. Esta constelación hace de Sab un ejemplo casi perfecto de aquel fenómeno que Frantz Fanon en *Peau noir, masques blancs* ha descrito como un complejo de inferioridad acompañado de un deseo hacia quien se considera superior. Sab está obsesionado por la blancura de Carlota, y la fetichiza justamente por no ser blanco él. Además, Carlota es el objeto vedado por antonomasia, ya que, como refiere Fanon, en la sociedades esclavistas «le nègre coupable d'avoir couché avec une Blanche est châtré […] [et] fait tabou par ses congénères» (Fanon 1952: 58). Pero la prohibición de poseer a Carlota no sólo depende de factores exteriores, sino que forma ya parte integral de la personalidad neurótica de Sab. Lo vemos claramente, cuando Teresa –un personaje que he omitido hasta aquí– se muestra dispuesta a amar a Sab. Teresa, una huérfana y pariente de Carlota, que será más tarde la primera destinataria de la carta póstuma de Sab, es en casi todo la antítesis de Carlota: carece de atractivo físico, pero es capaz de una profunda compasión por el sufrimiento del otro. Sab, sin embargo, es incapaz de aceptar el amor de Teresa, que se ofrece a huir con él a la isla de Haití ya liberada de la esclavitud, y hasta intenta disuadirla con frases como: «Ninguna mujer puede amarme, ninguna querrá unir su suerte a un pobre mulato» (Gómez de Avellaneda 2004: 220), y: «¡Yo soy indigno de ti!» (Gómez de Avellaneda 2004: 221). Al no poder escapar de su fijación por el inaccesible objeto blanco, Sab rehúsa la posibilidad de una vida en libertad con el accesible objeto suplementario que sería Teresa.

De ahí que la posición de Sab, por mucho que se parezca a la de Werther, sea también radicalmente diferente de ésta. En el caso de Werther, Lotte es un objeto imposible por ser ya de otro; en el caso de Sab, Carlota es un objeto imposible porque pertenece a otra especie de seres humanos. Esta analogía con diferencia se ve también al nivel del fantasma. En los dos casos el fantasma le sirve al personaje para la construcción de un yo sublime que se aniquila en una muerte romántica. Pero a diferencia de Werther, Sab carece de las características necesarias para constituirse en un personaje sublime y romántico. Como esclavo mulato se sabe excluido del registro romántico al que, no obstante, aspira. Dice en su carta póstuma al respecto:

> ¡Cuántas veces las novelas que leía Carlota referían el insensato amor que un vasallo concebía por su soberana, o un hombre oscuro por alguna ilustre y orgullosa señora!..... Entonces escuchaba yo con una violenta palpitación, y mis ojos devoraban el libro: pero, ¡ay!, aquel vasallo o aquel plebeyo eran libres, y sus rostros no tenían la señal de reprobación. La gloria les abría las puertas de la fortuna, y el valor y la ambición venían en auxilio del amor. ¿Pero qué podía el esclavo a quien el destino no abría ninguna senda, a quien el mundo no concedía ningún derecho? Su color era el sello de una fatalidad eterna, una sentencia de muerte moral (Gómez de Avellaneda 2004: 267).

Estamos aquí ante la situación hegeliana del señor y el siervo (Hegel 1970b: 145-155): a Carlota la literatura romántica le permite la constitución de su subjetividad despegada de la realidad, y en esto se parece otra vez a Werther, el cual para los mismos fines se sirve da la traducción de Ossian. A Sab, en cambio, la literatura romántica le enseña su verdadero estatus en el mundo. Si traducimos esta yuxtaposición en los términos de Jameson antes expuestos, deberíamos constatar que para Sab el imposible amor romántico le conduce a una «true materialistic consciousness» de su situación, mientras que para Carlota y Werther este amor es una fijación privada donde «any consciousness of [her and] his situation flees like a dream». Recordamos en este contexto la frase de Lotte antes comentada: «Fühlen Sie nicht, daß Sie sich betrügen!» (Goethe 1973: 136). En el caso de Carlota este autoengaño es tal vez más significativo, pues por mucho que rehúse una «true materialistic consciousness» de su situación, ya no está en la posición privilegiada del señor hegeliano. Aunque hija de un latifundista criollo, la joven pierde a lo largo de la narración todo su valor como bien económico, y sólo por el milagro de la lotería puede mantener su sueño e inconciencia.

Ahora bien: si Sab, al cambiar su billete de lotería por el de Carlota, hace posible que esta última siga manteniendo su inconciencia, esta misma inconciencia será la condición para que Carlota se desengañe por su cuenta y sí llegue a una «true materialistic consciousness» de su situación. La toma de conciencia no tarda mucho en producirse, ya que poco tiempo después de la noche de bodas la joven esposa se da cuenta de que su marido se ha apropiado de todo su dinero y que no tiene la menor intención de utilizar parte de éste para ayudar a sus cuñados menores de edad y totalmente arruinados. Esta conciencia situacional, sin embargo, ya no le sirve para nada a Carlota. Al despertar de su sueño romántico, ha perdido toda posibilidad de *agency*. De ahí que la joven criolla caiga en una melancolía aguda. No sólo ha perdido su «objeto ideal» sino al mismo tiempo su estatus social. Las palabras «¡Ya soy tuya!» suspiradas por Carlota en el embeleso erótico revelan ahora toda su amarga ironía: a partir de ahora la hija de una de las primeras familias del país formará para siempre parte de una familia de mercaderes, para los cuales Cuba ha sido sólo el inicio de un expansionismo económico que no tiene patria. La Carlota señorial que el día de la boda había rechazado con violencia la idea de Enrique de que Teresa, quien se interna en un monasterio al enterarse de la muerte de Sab, pudiera haber amado «¡A un esclavo!» (Gómez de Avellaneda 2004: 251), esta misma Carlota, se encuentra ahora en la posición del siervo y se da cuenta de que como tal, de hecho, no la aman.

Desde este punto de vista, el cambio de billete de lotería efectuado por Sab contiene en sí un momento dialéctico: la Carlota inconciente y señorial toma conciencia de su verdadera posición en el mundo y asimismo se convierte en la antítesis de su antiguo ser ficticio. La función dialéctica de Sab, sin embargo, no se agota en este primer movimiento de inversión. Un segundo movimiento se inicia cuando Teresa, poco antes de morir en el monasterio, pide que se le entregue a Carlota la carta póstuma de Sab. Esta carta, aunque dirigida en primer lugar a Teresa, siempre había tenido como destinataria implícita a Carlota y así, para tomar prestada la célebre frase de Lacan de su «Séminaire sur *La lettre volée*», se comprueba «qu'une lettre arrive toujours à destination» (Lacan 1966: 41). La analogía con Lacan no es gratuita aquí, ya que el psicoanalista francés interpreta la carta robada en el cuento de Poe («The Purloined Letter») como un medio que encierra, transporta y produce el deseo. De ahí el famoso juego con el doble sentido de la frase 'llegar a la posesión de una carta': «A tomber en possession d'une lettre, –admirable ambiguïté du langage,– c'est son sens qui les possède» (Lacan 1966: 30). Esta posesión que ejerce la carta sobre el destinatario, Wolfgang Matzat la demostró hace tiempo en *La princesse de Clèves* de Madame de La Fayette, donde una carta –aparentemente sin destinatario– causa el deseo y la pasión en todo personaje que 'llega a su posesión'. La carta póstuma de Sab funciona de una manera parecida. No sólo le revela a Carlota que el esclavo antes rechazado como imposible objeto de amor («¡A un esclavo!») hubiera sido su verdadero «objeto ideal», sino que también le impone este «objeto ideal» como un objeto de amor inaccesible para siempre. La carta que contiene el deseo de Sab de hecho toma posesión de Carlota y de ahí que al final de la novela se encuentre en la misma posición en la que se hallaba Sab al principio: ama a un objeto que nunca tendrá.

Pero no se acaba aquí la lección que contiene la carta. Lo importante, a mi ver, es la simetría que se produce entre los dos imposibles amantes. Esta simetría es la segunda «true materialist consciousness» que debe obtener Carlota, ya que le enseña que ella, la criolla, y Sab, el esclavo mulato, son dos caras de la misma moneda. Para el lector, esta revelación no llega tan de improviso. A diferencia del propio mulato, sabe desde el principio de la novela que éste es el fruto de una unión asimétrica entre una princesa congolesa y el hermano difunto del padre de Carlota. Este saber implica dos cosas: por una parte nos remite, metonímicamente, al inicio de la situación colonial, que es a su vez una unión asimétrica entre señor y siervo, por otra parte nos revela que Sab y Carlota son de hecho primos. El ocultamiento del nexo genealógico por parte del padre de Carlota se puede leer en este contexto como la mala conciencia del señor y, por consiguiente, como lo reprimido en la situación colonial. Esta represión queda aún más de manifiesto si tenemos en cuenta que Carlota, que al principio de la novela se muestra perfectamente conciente de que Sab es «de la misma sangre que sus amos» (Gómez de Avellaneda 2004: 128), parece olvidar este parentesco en el transcurso de su noviazgo y llega finalmente a considerar a su primo como un mero esclavo indigno de amor. En Carlota este olvido es sintomático de su falsa conciencia señoril. Al nivel de la acción, sin embargo, tanto el olvido de Carlota como el ocultamiento por parte de su padre tiene una función dialéctica: sólo por ser desconocido o reprimido el nexo genealógico por parte de los protagonistas, se puede mantener entre ellos la clara asimetría entre señor y siervo, y sólo en base a esta asimetría se puede desencadenar un proceso que llegará a su fin cuando Carlota se reconoce en Sab.

La ironía de este proceso es doble: primero, porque Carlota llega a tomar conciencia de algo que sabía desde el principio, segundo porque esta conciencia llega tarde. Para una lectura política de la novela, no obstante, este proceso es de primera importancia. El sueño romántico de Carlota se puede leer en este sentido como el síntoma de toda una clase de criollos esclavistas que, al cerrar los ojos a los nuevos tiempos, no sólo pierde las bases económicas para mantener su forma de vida privilegiada y anacrónica, sino que también pierde las riendas de su propio país.[8] El personaje de Sab, en cambio, representa la Cuba material, la cual, al ser el producto de la asimetría entre señor y siervo, queda reprimida por parte de los criollos. Esta represión de lo verdaderamente propio (el mulato), la inclinación 'romántica' hacia lo ajeno considerado propio (el blanco del norte) y la tardía superación dialéctica de esta antítesis por parte de Carlota le revelan al lector criollo de la época dos cosas que tocan el escándalo: en primer lugar, le enseñan que para la prosperidad del país los señores y los siervos deben reconocerse como «de la misma sangre»; en segundo lugar, le muestran las consecuencias que pueden derivar del rechazo de este reconocimiento: ni los señores ni los siervos se salvarán, y en vez de la 'romántica' situación colonial se establecerá un imperialismo capitalista para el cual Cuba solo sería otro campo de explotación. La primera opción sería didáctica. La adopta Doris Sommer, que interpreta el final disfórico de la novela como un final feliz no realizado que queda aplazado hasta que en un futuro todavía utópico las diferencias sean superadas (Sommer 1991: 50, 135 ss.). La segunda opción es profética y se realizará con todo vigor en el año 1898, cuando los Estados Unidos toman la isla y la convierten en un protectorado que durará hasta la Revolución de 1959.

---

[8] Para la relación alegórica entre Cuba y Carlota véase Sommer (1991: 134). Para la evidente aversión de Gómez de Avellaneda contra el intervencionismo inglés, Sommer (1991: 132 ss.).

Bibliografía

AGAMBEN, Giorgio (1977): *Stanze. La parola e il fantasma nella cultura occidentale.* Milano: Einaudi.
BACHTIN, Michail (1979): *Die Ästhetik des Romans.* Edición de R. Grübel. Frankfurt a. M.: Suhrkamp.
FANON, Frantz (1952): *Peau noir, masques blancs.* Paris: Seuil.
GOETHE, Johann Wolfgang von (1973): *Die Leiden des jungen Werthers.* Frankfurt a. M.: Insel.
GÓMEZ DE AVELLANEDA, Gertrudis (^{5}2004): *Sab.* Edición de J. Servera. Madrid: Cátedra.
HAVERKAMP, Anselm (1982): «Illusion und Empathie. Die Struktur 'teilnehmender Lektüre' in den Leiden Werthers». En: E. Lämmert (ed.): *Erzählforschung. Ein Symposion.* Stuttgart: Metzler, pp. 243-268.
HEGEL, Georg Wilhelm Friedrich (1970a): *Ästhetik I.* En: *Werke in zwanzig Bänden.* Edición de E. Moldenhauer y K. M. Michel. Frankfurt a. M.: Suhrkamp, vol. XIII.
— (1970b): *Phänomenologie des Geistes.* En: *Werke in zwanzig Bänden.* Edición de E. Moldenhauer y K. M. Michel. Frankfurt a. M.: Suhrkamp, vol. III.
JAMESON, Fredric (1986): «Third-World Literature in the Era of Multinational Capitalism». En: *Social Text* 15, pp. 65-88.
JAUß, Hans Robert (1984): «Rousseaus *Nouvelle Héloïse* und Goethes *Werther* im Horizontwandel zwischen französischer Aufklärung und deutschem Idealismus». En: Hans Robert Jauß: *Ästhetische Erfahrung und literarische Hermeneutik.* Frankfurt a. M.: Suhrkamp, pp. 585-653.
KIRKPATRICK, Susan (1991): *Las románticas. Escritoras y subjetividad en España, 1835-1850.* Madrid: Cátedra.
KOSCHORKE, Albrecht (1999): *Körperströme und Schriftverkehr. Mediologie des 18. Jahrhunderts.* München: Fink.
LACAN, Jacques (1966): «Le séminaire sur *La lettre volée*». En: Jacques Lacan: *Écrits.* Paris: Seuil, vol. 1, pp. 11-44.
LEOPOLD, Stephan (2009): *Die Erotik der Petrarkisten. Poetik, Körperlichkeit und Subjektivität in romanischer Lyrik Früher Neuzeit.* München: Fink.
LUKÁCS, Georg (1964): «Die Leiden des jungen Werther». En: *Werke* Vol. 7: *Deutsche Literatur in zwei Jahrhunderten.* Berlin/Neuwied: Luchterhand 1964, pp. 53-68.
LUKÁCS, Georg (1965): *Der historische Roman.* En: *Werke* Vol. 6: *Probleme des Realismus III.* Berlin/Neuwied: Luchterhand.
MATZAT, Wolfgang (1985): «Affektrepräsentation im klassischen Diskurs: *La Princesse de Clèves*». En: Fritz Nies/Karlheinz Stierle (eds.): *Die französische Klassik* (Romanistisches Kolloquium, Bd. 3). München: Fink, pp. 231-266.

— (2007): «Erinnern und Vergessen in Rousseaus *Nouvelle Héloïse*». En: Roland Galle/Helmut. Pfeifer (eds.): *Aufklärung*. München: Fink, pp. 355-374.

ROUSSEAU, Jean-Jacques (1964): *Julie, ou la Nouvelle Héloïse*. En: *Œuvres complètes*. Edición de B. Gagnebien y M. Raymond. Paris: Gallimard (Bibliothéque de la Pléiade), pp. 1-794.

SCHMITT, Carl (1989 [1919]): *Politische Romantik*. Berlin: Duncker & Humblot.

STROHSCHNEIDER-KOHRS, Ingrid (^{2}1977): *Die romantische Ironie in Theorie und Gestaltung*. Tübingen: Niemeyer.

SOMMER, Doris (1991): *Foundational Fictions. The National Romances of Latin America*. Berkeley: University of California Press.

WARNING, Rainer (1999): «Der ironische Schein: Flaubert und die Ordnung der Diskurse». En: Rainer Warning: *Die Phantasie der Realisten*. München: Fink, pp. 150-184.

De Pérez Reverte a Pérez Galdós y Goya: una retrospectiva sobre el mito del Dos de Mayo

Hans-Jörg Neuschäfer

A finales de 2007 lanzó Alfaguara *Un día de cólera* de Arturo Pérez Reverte, para con este *bestseller* (los libros de Reverte lo son *siempre*) festejar debidamente los doscientos años del Dos de Mayo. En el prólogo, afirma el autor, tan redondamente: «Con las licencias mínimas que la *novela* justifica, estas páginas pretenden devolver la vida a quienes, durante doscientos años, sólo han sido personajes anónimos en grabados y lienzos contemporáneos o escueta relación de víctimas en los documentos oficiales» (Pérez Reverte 2007: 2). ¡Como si no hubiesen existido ni Goya ni Galdós, con los que había nacido el mito popular de aquella gesta! ¡Y como si se le debería agradecer únicamente a don Arturo que por fin podamos hacernos una imagen viva de aquel acontecimiento que, en efecto, tenía graves consecuencias no sólo para España sino para toda Europa e incluso para los movimientos independistas en Hispanoamérica.

Vale la pena, pues, reconsiderar a Galdós y releer la tercera entrega de la primera serie de sus *Episodios Nacionales*, aparecida en 1873 bajo el título de *El 19 de marzo y el dos de mayo*, aunque sea tan solo para poder constatar que no le va a la zaga de su habilísimo colega de hoy y que éste, en el fondo, no ha añadido nada substancialmente nuevo a lo que aquél ya había relatado. Hasta en sus intenciones coinciden los dos: ambos quieren popularizar mediante una ilustrativa narración novelesca lo que, necesariamente, reducen los historiadores a términos abstractos.

Sin embargo, y como siempre, son más interesantes las diferencias. Cada uno utiliza procedimientos, típicos en su época, para captar el interés de un público lo más amplio posible: Pérez Reverte usa los de la comunicación electrónica; Galdós, los del folletín. Pero mientras Reverte se sirve de una estética al uso general, Galdós se arriesgó a adaptar de manera inusitada y para fines serios y hasta didácticos una estética que en su tiempo parecía destinada exclusivamente a un género menor y de pura distracción. Y mientras Reverte no hace más que reafirmar un mito desde hace mucho tiempo establecido, Galdós es uno de los que, con Goya, lo ha realmente creado. Por esta razón me parece justo invertir la acostumbrada perspectiva 'progresista' que supone superado lo anterior por lo posterior, para, en cierta manera, ir a contrapelo y 'salvar' lo antiguo, es decir hacerle justicia contra la fanfarronería del *bestselerismo* moderno. Comienzo, pues, con Pérez Reverte.

Reverte procede como un moderno reportero de guerra, oficio que –como se sabe– ha ejercido realmente antes de hacerse escritor. Hace como si se encontrara in situ, hablando en vivo en presencia de una *cámara*, para luego, en un *estudio*, hacer el *montaje* de una colaboración televisiva. Basta echar un vistazo a las secuencias casi fílmicas en el primer capítulo de su libro, que comienza así:

> Siete de la mañana y ocho grados en los termómetros de Madrid, escala Réaumur. [...] Llovió por la noche y aún quedan charcos en la Plaza bajo las ruedas de tres carruajes de camino, vacíos, que acaban de situarse ante la Puerta del Príncipe (Pérez Reverte 2007: 13).

Aún reina la calma ante el Palacio Real donde pocas horas después se incendiará la cólera del pueblo madrileño, cuando los últimos miembros de la familia real van a ser trasladados, en estos mismos carruajes, a su internamiento bajo custodia francesa.

Próximo escenario: la Puerta del Sol, el otro foco de la rebelión que está a punto de estallar. Dos oficiales españoles comentan la creciente agitación entre el pueblo, los primeros roces con soldados franceses y la actitud titubeante del mando español.

De nuevo cambio a otra *location*, esta vez francesa: nos encontramos en la vivienda madrileña de un joven oficial francés que, al afeitarse, piensa intensamente en su lectura de la noche anterior: *Les Aventures du dernier Abencérage* de Chateaubriand. No se le quita de la cabeza una frase leída en este libro, una frase que está en contradicción con el menosprecio de lo español profesado por su generalísimo, el emperador Napoleón. La frase que le ocupa dice: «Su venganza [la del Español] es terrible cuando se le traiciona». Tan absorto en sus pensamientos está el oficial que no se da cuenta de que se ha dado un corte. Luego ve la mancha de sangre en la toalla con la que se seca, lo que comenta nuestro reportero Pérez Reverte con una frase *very cool* que cierra el primer capítulo: «Es la primera sangre que se derrama el 2 de mayo de 1808». También hace constar que éste es el día en el que comienza a invertirse la historia española y europea y que los lectores pueden decir que, gracias a su novela, serán como quien dice testigos presenciales de ello.[1]

Después de este primer capítulo introductorio se pasa al dramático reportaje en vivo de los acontecimientos con todo su heroísmo popular y patriótico hasta el *showdown* del fusilamiento de los rehenes en la madrugada del día tres, *showdown* visiblemente inspirado en el lienzo de Francisco Goya que ya también había inspirado el final de la novela galdosiana.

Galdós, sin embargo, procede de otra manera que Pérez Reverte, sobre todo en su manera de popularizar el evento. Lo comentaré, en lo que sigue, en cuatro pasos: 1. La estructura de la novela. 2. Galdós y su visión del pueblo. 3. La poética del folletín y la relación entre la historia 'pequeña' o privada y la Historia 'grande' o pública. 4. Galdós y Goya.

1.

Galdós retrocede y adelanta en la historia española mucho más que Pérez Reverte. Si Pérez Reverte ofrece al lector como quien dice fotografías instantáneas, Galdós le hace ver las raíces y las consecuencias de los acontecimientos. Hay que tener en cuenta que su novela sobre el Dos de Mayo es ya la tercera continuación en un proceso narrativo que comienza con *Trafalgar* y seguirá con varias entregas más sobre la Guerra de la Independencia. Además, la novela que nos ocupa consta ella misma de dos partes históricamente distantes aunque entrelazadas. Con la primera parte, «El 19 de marzo», continúa Galdós la novela anterior, *La corte de Carlos IV*, en la que se habla de las intrigas entre el rey actual y el rey futuro, el príncipe Fernando VII, intrigas que culminan, el 19 de marzo, con el motín de Aranjuez, que, lejos de ser un levantamiento popular, fue provocado 'desde arriba' e instigado por el propio Fernando, para Galdós la bestia negra de la historia española del siglo XIX. En el transcurso de este acontecimiento no sólo pierde su poder y casi su vida Manuel Godoy, hasta entonces primer ministro y antagonista de Fernando.

---

[1] Para el Bicentenario del Dos de Mayo véanse ahora los artículos de varios autores reunidos por W. L. Bernecker en *Hispanorama* 121 (2008), pp.11-37. Menciono especialmente a R. Karscher: «Von Pérez Galdós zu Pérez Reverte», donde el autor adopta la perspectiva inversa a la mía (considerando primero lo antiguo, luego lo moderno), pero también con ciertas reservas hacia la obra de Reverte.

El motín favorece y acelera también la invasión de España por el ejército francés, ya que Napoleón cree debilitada la monarquía española hasta tal punto que piensa tener ganada la partida antes de comenzarla. En este sentido el 19 de marzo es considerado por Galdós como el prólogo del Dos de Mayo que ocupa la segunda parte de su novela.

2.

Más importante aún es la diferencia en la manera de enfocar los acontecimientos. Galdós no pretende ser objetivo, como lo pretende ser Pérez Reverte.[2] Galdós nos presenta su narración en gran parte desde el punto de vista subjetivo de un "yo" –el del narrador Gabriel Araceli, al que el lector conoce ya de los episodios anteriores. Gabriel es –y esto subraya la intención popularizante de Galdós– de origen humilde. Es un simple operario en una imprenta madrileña, tiene 17 años y poca experiencia de la vida. No se interesa por la política y por pura casualidad se ve envuelto en el motín de Aranjuez, limitándose a ser un observador distanciado. Y es que los domingos, gracias a marchas forzadas y aprovechando el transporte barato y lento de un carro de buey, se traslada de Madrid a Aranjuez para visitar allí a su bella, inocente, huérfana y aún más joven novia Inés (16 años) que vive en casa de su tutor don Celestino, sacerdote y persona buenísima aunque demasiado ingenua. Aquí comienza, con todos los ingredientes del folletín, la parte privada de la historia, la historia con minúscula, que, por el momento, dejamos aparcada para volver más adelante a su función y significado.

Nos centramos primero en la Historia con mayúscula con la que Gabriel se ve confrontado de imprevisto durante sus visitas a Aranjuez. El hecho de que Gabriel sea un desprevenido es importante para la estrategia narrativa de Galdós, ya que a los lectores, a través de sus observaciones, no se les facilita un saber oficial desde arriba, ningún *Herrschaftswissen* pues, sino la impresión limitada pero inmediata y progresivamente preocupada de un personaje de a pie.

Las impresiones que recibe Gabriel proceden de la servidumbre de palacio así como de algún personaje de aspecto más bien dudoso, con los que se tro-

---

[2] Sobre la técnica narrativa de Galdós véase Stenzel/Wolfzettel (2003). Sobre su situación dentro de la novela histórica: Regalado García (1966).

pieza en sus paseos y en las tascas populares. No entra en ellas por ser amigo de tabernas, sino porque don Celestino, fiel seguidor del rey y del primer ministro Godoy, le ha pedido rondar por las calles y hacerse una idea de la situación que le preocupa. Y no es para menos, pues lo que el joven Gabriel llega a saber, le asusta también a don Celestino: Fernando, a base de conceder barra libre en las tabernas y de algún donativo en metálico, ha sabido mover al populacho no solamente de Aranjuez, sino también de Madrid y de Toledo. Gabriel va siendo testigo de un ambiente cada vez más alcoholizado y agresivo en el que la turbamulta se deja llevar hasta la destrucción del mobiliario de Godoy y casi, casi a su linchamiento. Los 'líderes' de este movimiento popular, sin embargo, son figuras más bien ridículas. Pujitos, por ejemplo, del que dice Galdós que es «una figura sacada de un sainete de don Ramón de la Cruz» (Pérez Galdós 2008: 60), se las da de gran orador que, desde la altura de un tonel de vino, instiga a los comensales a sentirse todopoderosos. Entre el gentío que le escucha se encuentra también –asimismo dicho con la típica ironía galdosiana– «alguna Venus salida de la jabonosa espuma del Manzanares» (Pérez Galdós 2008: 60), es decir alguna lavandera que limpia la ropa de sus señores a la orilla del grandioso río madrileño. La ignorancia de Pujitos, que no sabe leer ni escribir, se nota en el estilo de su discurso, que es presentado como parodia de un discurso político:

> *Jeñores: Denque los güenos españoles* [...] *vimos quese Menistro de los dimonios tenía vendío el reino a Napolión, risolvimos ir en ca el palacio* [...] *esombre nos ha robao, nos ha perdío, y esta noche nos ha de dar cuenta de too, y hamos de ecirle al Rey que le mande a presillo y que nos ponga al príncipe Fernando* [...] (Pérez Galdós 2008: 61; bastardilla en el original).

El carácter paródico es subrayado también por las indicaciones de «señales de asentimiento» o «fuertes gritos y patadas», como si se tratara del protocolo de una sesión parlamentaria en la que Pujitos actúa como un Castelar de bolsillo.

Hay que insistir un poco en este pasaje ya que en él se expresa claramente la intención didáctica de Galdós y la posición bastante ambivalente del autor respecto al 'pueblo'. Galdós, visiblemente, trata aquí de devaluar el motín de Aranjuez, incluso de rebajarlo al nivel de farsa y hasta de esperpento.[3] Tam-

---

[3] Sobre la visión esperpéntica de Galdós, más pronunciada aún en la última serie de los *Episodios*, véase Caudet (2007).

bién vemos cómo Galdós combina en él la perspectiva de Gabriel, la de un personaje joven e inexperimentado que vive la actualidad de los acontecimientos, con la de un Gabriel entrado en años que comenta las cosas desde la distancia escéptica de su memoria ya un tanto desengañada. Y naturalmente se encuentra detrás del viejo Gabriel el mismo Galdós y la visión de la historia de España que éste tiene en el momento de escribir la novela, es decir a principios de los años 70 del siglo XIX. Esta visión puede resumirse en dos términos: En primer lugar le importa a Galdós desprestigiar la figura de Fernando VII. En segundo lugar rebaja en esta primera parte la imagen del pueblo. Incluso se burla de él porque se hace pasar por 'revolucionario' sin tener objetivos verdaderamente válidos y auténticos.

Sin embargo, en la segunda parte de la novela –en "El dos de mayo"– cambia la posición del autor. Aquí, donde está en juego la existencia y el orgullo de la nación, donde se trata, pues, de motivos nobles, ve Galdós (igual que Pérez Reverte) solamente 'españoles' que, sin distinción de clases, luchan como un solo hombre y conservan su dignidad hasta en la hora de la muerte. Incluso vemos cómo algunas figuras, dudosas en la primera parte, son elevadas ahora hacia la altura luminosa del martirio patriótico. De pronto el pueblo deja de ser una 'masa' en parte despreciable y se convierte, después de haber sido provocado por el enemigo común, en el verdadero protagonista de la historia, cada uno de ellos a pesar de su naturaleza en el fondo inofensiva.

En el transcurso de los acontecimientos que transforman una falsa rebelión en una verdadera y justificada, cambia también la posición de Gabriel que, para el lector, sigue siendo el que trasmite la actualidad, ahora la actualidad madrileña entre los días dos y tres de mayo. Si Gabriel, en la primera parte del episodio, se encontraba aún distanciado hacia el acontecer de la Historia 'grande', se ve ahora, como todos, envuelto en ella. Y cada vez más, en la medida en la que su pequeña historia privada –el amor hacia Inés– se acerca a y se mezcla con la historia grande con la que, al final, se funde por completo.

De qué manera se lleva a cabo esta unión entre la pequeña y la grande historia, cómo Galdós se sirve, para lograrla, de las técnicas del *roman feuilleton*, y cuál es la función o el sentido de tal recurso, lo veremos en el párrafo siguiente.

3.

En primer lugar hay que fijarse en la construcción del ciclo galdosiano[4] que consta de 46 novelas históricas a las que el autor llama 'episodios' como si se tratase de los capítulos de una larguísima novela por entregas o de un *roman feuilleton* en el que se va narrando y al mismo tiempo interpretando la historia de España desde el principio hasta el final del siglo XIX. En el caso del *roman feuilleton* al estilo francés se trataba de episodios cortos que aparecían, aunque con interrupciones, de día en día durante varios meses en un periódico.[5] En el caso de la obra galdosiana los episodios son más largos, tan largos cada uno como una novela corta, y van saliendo de año en año durante decenios. Y aunque cada episodio se puede considerar hasta cierto punto una unidad narrativa autosuficiente, tiene su función también en relación con los otros episodios y finalmente como parte del conjunto entero. He aquí el parentesco estructural entre los *Episodios Nacionales* y la novela por entregas. En ambos casos se trata de proporcionar un conjunto narrativo en pequeñas porciones, separadas entre sí por un lapso de tiempo en el que no se puede seguir leyendo o, dicho de otra manera: en el que se tiene que tener paciencia hasta poder saber más. Es, por consiguiente, importante repartir la información narrativa de manera que el lector no pierda el interés durante los intervalos y espere con impaciencia la continuación.

Uno de los trucos para conseguirlo, quizás el más importante, consiste en colocar al final de cada episodio un golpe de efecto para mantener el interés hasta la próxima entrega. En *Le comte de Montecristo* de Alexandre Dumas, por ejemplo, se interrumpe la espectacular huída de Edmond Dantès con un «la suite au prochain numéro» en el justo momento en el que el protagonista, encerrado en un saco para cadáveres, es arrojado desde lo alto del Château d'If a las profundidades del mar Mediterráneo y en el que el ansioso lector quiere saber en qué va a terminar esto. Al final del episodio galdosiano que nos ocupa aquí pasa algo análogo. Con la diferencia de que el golpe de efecto, ya que tiene que recordarse durante más tiempo, ha de ser más espectacular todavía. Pues bien: en la madrugada del 3 de mayo y al querer liberar a Inés de entre los rehenes de los franceses, es detenido Gabriel y fusilado en el

---

[4] Sobre la construcción de los *Episodios* sigue siendo válido el estudio clásico de Hinterhäuser (1961).

[5] Sobre el *roman feuilleton* véase Neuschäfer (1987).

acto. Final espectacular y misterioso a la vez. Espectacular porque el fusilado no es otro que el mismo narrador de la historia. Y misterioso porque antes de caer 'muerto' describe su propia agonía con todo lujo de detalles. ¿Cómo es esto posible? se pregunta el lector –y tiene que esperar la respuesta hasta el principio del episodio siguiente, titulado *Bailén*. Sólo entonces se encontrará con un Gabriel 'resucitado' que, después de la matanza, aunque gravemente herido, había sido descubierto aún con vida.

En segundo lugar tenemos que fijarnos en lo que podría llamarse la 'poética' del *roman feuilleton*, sobre todo en su tendencia al maniqueísmo, a la lucha entre buenos y malos, al hiperbolismo y al melodrama. En juego está muchas veces la integridad física o el renombre moral de un ser vulnerable e indefenso que, en el caso del episodio galdosiano, es la angelical Inés, la inocencia perseguida por antonomasia. Pero al igual que Fleur de Marie en *Les mystères de Paris* (visiblemente el modelo de Inés) es una pobre huérfana solo en apariencia. En realidad (pero ella no lo sabe) es heredera de un título de nobleza y de una considerable fortuna, circunstancia de la que, como siempre en los folletines, se enteran los malos antes que los buenos. Los personajes más peligrosos en Galdós son don Mauro Requejo y su hermana Restituta, de los que ya los nombres no presagian nada bueno: *nomen est omen*. Son hipócritas, taimados, ávidos de lucro y, al mismo tiempo, rácanos. Además de engañadores de huérfanas, lo más abyecto en el *roman feuilleton*, son parientes lejanos de Inés, a la que, hasta ahora, han tratado siempre con desprecio. Pero después de enterarse de que no es pobre, hacen como si siempre la hubieran querido, y se empeñan en apartarla de su tutor, el bueno de don Celestino, para llevársela a su casa de Madrid donde, desde el primer día, la tratan mal y más o menos la encierran. Al mismo tiempo el asqueroso Requejo la acosa y persigue con peticiones de matrimonio.

Al leer Gabriel en un periódico una oferta de trabajo en el negocio de los Requejo, se emplea de incógnito como mozo de carga para estar cerca de su novia y liberarla cuanto antes. Los Requejo, casi como personajes balzacianos (lo que a veces es lo mismo que personajes de folletín) llevan en apariencia sólo una pequeña tienda de barrio, mientras que, en realidad, ganan mucho dinero como usureros y también (a pesar de hacerse pasar hipócritamente por buenos patriotas) como abastecedores de las tropas francesas estacionadas en Madrid.

Después de haber superado toda clase de obstáculos logra Gabriel liberar a Inés. Es el dos de mayo, fecha en la que coinciden, pues, la historia pequeña y la historia grande, la liberación privada y la liberación nacional (o por lo menos el comienzo de ella, narrada detalladamente también por Galdós). Pero aún falta la tragedia del día tres en la que rápidamente se ven envueltos los amantes que ahora, ya plenamente, van a formar parte de la historia grande. Inés, apenas liberada de los Requejo, cae en manos de los franceses. Se la acusa falsamente haber participado en la lucha, y como muchos otros rehenes inocentes espera ser fusilada en la madrugada del día tres después de haberse sofocado la resistencia popular por un ejército francés que finalmente cuenta con 20.000 hombres, una superioridad aplastante.

Gabriel, por su parte, se lanza en busca de Inés, metiéndose en el lío de los pelotones de ejecución que se van formando, sin importarle que con ello peligre su propia vida. Finalmente la descubre, en el último momento –como es usual en la literatura popular– cuando está a punto de ser fusilada. De nuevo logra liberarla, pero a costa de ser detenido él y ejecutado en el acto, muriendo, como un Cristo, para salvarla a ella: más melodramático y folletinesco imposible. En el nivel de la estrategia narrativa incluso supera Galdós a los folletinistas franceses, pues en su novela es el mismo narrador el que se convierte en protagonista y víctima de las circunstancias 'grandes', ese narrador que al principio se mostraba aún tan distanciado de ellas. Sólo el hecho de que es capaz de narrar tan detalladamente su propia agonía señala a los lectores avispados que debe haber sobrevivido a la ejecución, aunque, incluso éstos mismos, como lectores sumergidos en la ficción, sigan temiendo lo peor.

Historia grande e historia pequeña se entrelazan, pues, en Galdós. Pero ¿por qué y con qué fin? En primer lugar, naturalmente, aprovecha el autor poética y técnica del *roman feuilleton* para llegar a un público lo más amplio y popular posible. Pero su popularización no se limita a la técnica. Más importante aún es que con la popularización del discurso narrativo el pueblo llega a tener también el protagonismo en la acción de la novela. Es ésta otra superación del clásico modelo folletinesco. Pensemos, por ejemplo, en *Les mystères de Paris* de Eugène Sue, donde 'los de abajo' tienen que ser liberados, casi diría redimidos desde arriba, por un solo hombre, mejor dicho un superhombre, el gran duque Rodolphe de Gerolstein. Asimismo, Edmond Dantès, en Dumas, actúa desde arriba y de manera paternalista después de haberse provisto de esa inmensa fortuna que le convierte en conde de Montecristo. En Galdós, las cosas han cambiado completamente. Gabriel ya no es 'un enviado' desde arriba, en última instancia desde la mismísima divina providencia. Gabriel viene desde abajo y forma él mismo parte del pueblo. No es un hombre extraordinario y ni siquiera es hombre especialmente valiente; es un joven hasta tímido, un chico 'normal', que, convertido en héroe contra su voluntad, se ve envuelto en algo que en principio hubiera querido evitar. Y se ve envuelto, como cualquier otro hijo de vecino, por circunstancias que de pronto le hacen ver que en estos días de mayo está en juego algo que le importa mucho. El empleo de la técnica folletinesca abre, pues, al fin y al cabo también la posibilidad de narrar la historia del pueblo español y no solamente la de sus reyes y potentados; y de narrarla no para encomiar lo 'nacional' sino para juzgarlo críticamente. No cabe duda de que los autores españoles que hoy en día, después de cien años de regímenes restaurativos o dictatoriales pueden volver a considerar, sin las trabas de la censura y con ojos críticos, la historia de su propio país, han tenido un gran predecesor en la persona de don Benito Pérez Galdós. Y en cuanto a Pérez Reverte, un servidor no tiene inconveniente en reconocer que, normalmente, lee sus cosas con gusto. Pero su *Días de cólera* no llega a hacer sombra al Episodio galdosiano.

4.

Para terminar echemos aún un vistazo a Goya en cuyo lienzo sobre los fusilamientos del 3 de mayo se inspira tan visiblemente Galdós al escribir el final de su novela (y Pérez Reverte también). Goya era el primero en levantar el pueblo al rango de protagonista y mártir. Mediante la luz de la linterna que se encuentra justo en el medio de su composición logra iluminar las caras de los rehenes, sobre todo la de un hombre que podríamos llamar 'el Cristo de la camisa blanca'. Los franceses, en cambio, venidos a España como portadores de *lumière*, o sea de 'ilustración', están en la sombra y dan la espalda. Distintamente se ven sólo los cañones de sus fusiles, de manera que no parecen personas con alma y vida sino una compacta y anónima masa adiestrada para matar. Ya la pintura de Goya tiene una estructura temporal, pues describe el martirio de los rehenes en tres tiempos: a la izquierda –pasado– yacen los cadáveres de los que habían sido liquidados 'antes'; en el medio se encuentran –presente– los que van a morir 'ahora', y a la derecha viene la cola interminable de los que les tocará la misma suerte próximamente. No es de asombrar que esta impresionante 'historia pintada' de los fusilamientos durante el tres de mayo se haya convertido rápidamente en un mito popular generalmente aceptado y en un símbolo de la resistencia popular y, más adelante, también en el punto culminante de la narrativa histórica. Si Galdós supo añadir aún algo a la pintura de Goya es precisamente la idea de convertir al 'Cristo de la camisa blanca' en el narrador de su novela.

BIBLIOGRAFÍA

BERNECKER, Walther L. (2008): «Dossier sobre 'El dos de mayo'». En: *Hispanorama* 121, pp. 11-37.

CAUDET, Francisco (2007): «Introducción». En: Benito Pérez Galdós: *Episodios Nacionales. Quinta serie*. Edición de Francisco Caudet. Madrid: Cátedra, pp. 9-176.

HINTERHÄUSER, Hans (1961): *Die Episodios Nacionales von Benito Pérez Galdós*. Hamburg: de Gruyter. [Traducción española (1963): *Los Episodios Nacionales de Benito Pérez Galdós*. Madrid: Gredos.]

NEUSCHÄFER, Hans J./FRITZ EL AHMAD, Dorothee/WALTER, Klaus P. (1987): *Der französische Feuilletonroman. Die Entstehung der Serienliteratur im Medium der Tageszeitung*. Darmstadt: Wissenschaftliche Buchgesellschaft.

PÉREZ GALDÓS, Benito (2008 [1873]): *El 19 de marzo y el 2 de mayo*. Madrid: Alianza.

PÉREZ REVERTE, Arturo (2007): *Un día de cólera*. Madrid: Alfaguara.

REGALADO GARCÍA, Antonio (1966): *Benito Pérez Galdós y la novela histórica española: 1868-1912*. Madrid: Ínsula.

STENZEL, Hartmut/WOLFZETTEL, Friedrich (eds.) (2003): *Estrategias narrativas y construcciones de una 'realidad': Lecturas de las Novelas contemporáneas de Galdós y otras novelas de la época*. Las Palmas de Gran Canaria: Cabildo Insular.

El sueño de un liberal:
Imágenes grotescas en las primeras novelas de Pérez Galdós

Kian-Harald Karimi

> *There is a great deal of unmapped country within us which would have to be taken into account in an explanation of our gusts and storms.*
> George Eliot

I. Dos radicales de antaño

En los siglos XIX y XX España está bajo el signo de una profunda división en dos bandos hostiles, resultantes de la crisis de la monarquía absolutista. En este contexto, no se enfrentan como en una democracia dos partidos políticos opuestos, sino dos enemigos donde cada uno a su modo plantea la organización del sistema político excluyendo el otro lado: absolutismo o monarquía constitucional son considerados desde el comienzo de la Guerra de Independencia contra la Francia napoleónica como alternativas históricas, que obligan a cada sujeto a tomar partido. El monarca absolutista deja de ser un legislador susceptible de ser aceptado como un moderador simbólico por todos sus súbditos. En ese marco histórico de un discurso de guerra, como lo analiza Michel Foucault (1997), nace un orden binario que no conoce un sujeto pasivo o absolutamente neutral, una observación que incluye también a los intelectuales y los escritores del siglo XIX.

Los literatos de la Restauración en particular se transforman en la percepción de sus lectores en ideólogos; unos, como Alarcón o Pereda, en verdaderos apologistas y defensores de la Iglesia, otros en cambio, como Pérez Galdós o Clarín, en representantes de posturas anticlericales. Un público de republicanos pequeñoburgueses, trabajadores anarquistas e intelectuales laicos elevó a Galdós a la categoría de un ícono de sus aspiraciones políticas (Karimi 2007: 23 s.). Sobre todo sus textos tempranos, recepcionados como novelas de tesis por la historiografía literaria, privilegiaban una lectura decididamente política, sugerida por el autor mismo según sus objetivos pedagógicos de tinte ilustrada. A la luz de este contexto histórico, el autor se arriesga a convertirse en el máximo intérprete de su propia obra, lo que insinúa un cierto biografismo por mucho tiempo común en las letras decimonónicas. Así, Manuel de Montolíu (1929: 825 s.) destaca «su doctrinarismo anticlerical [...] que pocas veces le abandona», mientras Hurtado y de la Serna (1932: 959) detecta un antagonismo en la estructura de las figuras galdosianas: «uno simpático, que representa el progreso, la luz, el agrado (el ingeniero joven); otro, antipático, símbolo del obscurantismo, tal como lo entiende Galdós (el sacerdote)».

Con buena razón una historiografía más reciente llega a la conclusión de «[que] sus compromisos políticos [...] contribuyeron a la denigración de su obra por parte de personas en el fondo ajenas a la problemática literaria» (Aullón de Haro 1981: 498). Incluso Cernuda (1993: 504-507), impresionado por la Guerra Civil, afirma en su poema *Díptico Español* (1962) que «no ésa, mas aquélla es hoy tu tierra,/ La que Galdós a conocer te diese,/ Como él tolerante de lealtad contraria,/ Según la tradición generosa de Cervantes», distinguiendo «la España obscena y deprimente/ En la que regentea hoy la canalla/ Sino esta España viva y siempre noble/ Que Galdós en sus libros ha creado». Teniendo en cuenta la postura republicana y anticlerical del autor, su obra se prestaba fácilmente para formas de propaganda basadas en maniqueísmos ideológicos que clasificaban la historia según aquellos tópicos ingenuos de 'reacción' y 'progreso'. Mientras las novelas galdosianas casi perdieron el derecho nacional en la España franquista (Servén Díez 2002), la recepción de algunas novelas de tesis y algunos *Episodios Nacionales* en la Unión Soviética fue considerable, puesto que sirvieron de modelo en la lucha contra enemigos interiores (el clero considerado anacrónico, los capitalistas y burgueses) y exteriores (invasores extranjeros). Tanto la selección como su presentación en los años treinta del siglo pasado no ocultaron los objetivos ideológicos de los editores de entonces dejando poco lugar para matices complicados (Chamberlin 1982).

Partiendo de esas premisas la crítica no consideró adecuado hasta los años setenta hablar de una pluralidad cultural en sus novelas. Es conocido que la pluralidad de perspectivas y discursos presupone que un texto constituye un sistema de lenguas que se iluminan unas a otras de manera dialógica, relativizando mutuamente sus verdades. ¿Pero cómo sería esto posible si las dos Españas parecen estar enfrentadas como dos peñones inmóviles que ya no tienen una lengua en común? Si el lenguaje literario de estos textos tiene el potencial de leer en las violencias del presente las injusticias del futuro, ¿cómo podría pues encontrar otras articulaciones diferentes a anatemas e interrogatorios inquisitoriales? Aquella estructura semiótica reclamada por la crítica de los últimos treinta años para las novelas tardías de Galdós, sobre todo para textos tan emblemáticos como *Realidad* y *La incógnita*, se advierte también en sus textos de juventud.

En los escenarios revolucionarios de 1804 y 1820 se reflejan acontecimientos contemporáneos de Galdós, es decir, la Gloriosa de 1868 y el levantamiento de la Comuna de París dos años después. La primera narrativa galdosiana, *La Fontana de Oro*, editada en 1870, sitúa su acción en el trienio liberal (1820-1823), del que pretende ofrecernos una crónica política. Se nos muestra cómo en las reuniones de los liberales, que tienen su sede en el célebre café que da título a la obra, se infiltran partidarios de la monarquía, pagados por el propio Fernando VII, que sobornan a algunos liberales para hacer que cunda la confusión y se propicie la vuelta al absolutismo. El agente fundamental de estas turbias intrigas es el viejo fanático don Elías Orejón.

La segunda novela *El audaz*, publicada en 1871, lleva el subtítulo de *Historia de un radical de antaño*. En la crítica se destacan dos motivos principales que transcienden la veracidad histórica de la novela: «el retrato de una sociedad en sus últimos años, el Antiguo Régimen o que está a punto de convertirse en tal», y «la presentación de un héroe, de un carácter, el revolucionario con misión, un casi alucinado» (Ynduráin 1970: 20). El protagonista, Martín Muriel, es un liberal exaltado, volteriano, que defiende apasionadamente los principios de la Revolución Francesa. A nuestros ojos aparece hoy como un hombre excesivamente impulsivo y radical. Sus lecturas y sus resentimientos personales le incitan a la acción desbocada. Cuando la Inquisición detiene a su amigo Leonardo, un librepensador, se venga de la nobleza al raptar a Susana, la condesa de Cerezuelo, a quien desprecia por rencor y narcisismo. Entre radicales y reaccionarios, Muriel se rebela en Toledo contra Godoy y los reyes, proclamándose dictador mientras su amante aristocrática se lanza al Tajo. Su desmesura lo predestina al fracaso y a la pérdida total de la razón. Como afirma la crítica (Regalado García 1966: 165-166), en Lázaro y en Martín Muriel el autor «nos ha dado las dos modalidades de tipo revolucionario que le disgustaban, la de la retórica vacía y la de la acción violenta».

Los revolucionarios, tanto Lázaro como Martín Muriel, actúan a su modo, movidos por motivos egoístas, si bien el narrador omnisciente se coloca en su perspectiva histórica. Mientras Lázaro busca perfilarse como caudillo político y orador carismático, Muriel no sólo intenta destacarse de la masa anónima. También busca tomar venganza de la sociedad aristocrática que, cuál un Julien Sorel, le excluye como plebeyo de formar parte de ella. Si Lázaro se limita a discursos revolucionarios, Muriel se define sobre todo como hombre de acción. Aunque ambos fracasan en sus intenciones, uno se desfoga en el sentido hegeliano para terminar viviendo en una provincia, fundando una familia burguesa y cultivando su propio jardín (Hegel 1970, 14: 218 s.); el otro, una 'naturaleza problemática' (Goethe), cae víctima del furor revolucionario, repudiando a su amante aristocrática e identificándose con el incorruptible Robespierre.[1] Además, ambos revolucionarios están tan poseídos por su propia imaginación, que toda su vida se convierte en alucinaciones y visiones. Como corresponde a su nombre, Lázaro logra despertar de sus ensoñaciones políticas, para someterse a una acción moderada. Pero Martín, «el antecedente de Pepe Rey, de una rabiosa sinceridad, falto de prudencia y muy idealista» (Bravo-Villasante 1998: 51), se exalta en un delirio tal que confunde su propia locura con la de una revolución mal comprendida por un pueblo que continúa siguiendo sus viejos ídolos.

II. El papel de las imágenes grotescas en las dos novelas

Ambos héroes se presentan como abuelos todavía soñadores de aquella clase de intelectuales modernos como León Roch o Teodoro Golfín. Mientras aquellos tecnócratas burgueses marcan la ascensión de la burguesía a un poder capaz de aliarse con la revolución epistemológica de su siglo, estos últimos pertenecen todavía a la fase idealista de esta misma clase vinculada, desde la perspectiva del autor implícito, al idealismo filosófico de Krause y de Hegel. En consonancia con el carácter revelador del cristianismo este discurso teológico y político dominante en la *Gloriosa* tiende a una constante ilustración del mundo en la que las partes invisibles y desconocidas pierden su dominio.[2] En el fondo, este afán de la transparencia de lo real se debe a la

---

[1] Cf. Karimi (2004), donde se describe cómo las personas inadaptadas marcan el sentido filosófico de la novela moderna en los moldes de Flaubert desviándose así de las aportaciones de Hegel que no reconoce tal potencial en el arte literario de su tiempo.

[2] Cf. Sanz del Río (1860: 6): «Cuanto más sean conocidas, mejor determinadas y más fielmente guardadas estas relaciones, tanto más plenamente realizará nuestra humanidad su destino en el tiempo y en esta tierra, tanto más conservará y mejorará sus relaciones con la

identificación del ser con lo ideal presente. Postulando proporciones humanas, esbozadas en la definición ya clásica de Winckelmann (1969) acerca de lo apolíneo, este concepto adoptado por Galdós suele traducir la configuración de la materia por el espíritu (Pérez Galdós 1990; Sánchez-Llama 2005). Si la luz se expande paulatinamente en todas las zonas hasta ahora oscurecidas por la ignorancia recreando mapas de la realidad donde los objetos se representan en todos sus detalles, los efectos no obstante pueden ser sumamente diversos.

En vez de evidenciar formas claras e inequívocas, la luz excesiva relacionada con las posturas y miradas radicales de nuestros héroes recuerda más bien al carácter del arte literario, que según un aforismo kafkaiano no es nada más que un estar deslumbrado por la verdad. Si sólo la luz proyectada sobre una mueca de espanto que retrocede es verdadera[3], esta verdad se sitúa de preferencia en las imágenes grotescas, que tienen el lugar propicio en el mundo onírico donde la soberanía y la acción de los individuos están subvertidas. Aquellas partes oscuras de la realidad ligada a lo cotidiano (los sueños, diurnos, nocturnos y pesadillas) no se limitan a identificarse a personajes retrógrados y reaccionarios. Incluyen también a nuestros protagonistas que personifican en sí tanto la radicalidad como la inseguridad de la burguesía en vísperas de la revolución. En este contexto no nace una época científica sin mitos donde reina la luz y la transparencia, sino un museo imaginario donde todos los artefactos compuestos y presentados en un sólo lugar crean nuevas sensaciones en la mente de los sujetos practicando la metafísica, lo que se manifiesta frecuentemente en la obra de Galdós (Gold 1988). En nuestras novelas, los revolucionarios combaten los mitos tradicionales sin darse cuenta de que están creando nuevas imágenes de acuerdo con las fantasmagorías de la Revolución Francesa, que tienen también sus efectos en el pensamiento de los contemporáneos (Montes Huidobro 1980).

En este papel extenso y destacado de los sueños se perfila un cambio epistemológico que se ha producido con el Romanticismo literario y el Idealismo filosófico. Descubriendo para sí los aspectos emocionales e irracionales de los mismos, aquellos movimientos culturales han preparado un campo fértil, en

---

naturaleza y el espíritu en el mundo, tanto más interior vivirá, y nosotros con ella, en Dios y en el orden divino, como parte de la ciudad universal».

[3] Cf. Kafka (1980: 69): «Unsere Kunst ist ein von der Wahrheit Geblendet-Sein: Das Licht auf dem zurückweichenden Fratzengesicht ist wahr, sonst nichts».

el que las coordenadas empiezan a inaugurar de manera decisiva el discurso de lo inconsciente, incluso el psicoanálisis de Freud (Ellenberger 1985). Así, los sueños y alucinaciones de nuestros héroes se asemejan a aquella imaginación que, en palabras de Jean Paul (1975: 47), no son nada más que hojas sueltas o fragmentos eidéticos del mundo real, «zugeflogne Abblätterungen von der wirklichen Welt». Producen una apariencia que es aún más profunda y duradera que la realidad misma constituyendo aquella pluralidad que puede transcender la mera antinomia entre liberales y absolutistas. En ese aspecto las fases activa y pasiva de la vida son inseparables. Los sueños, según Friedrich Schleiermacher (1862: 349), no son nada más que recuerdos de actividades psíquicas en el dormir que en mayor o menor medida también se encuentran en la vigilia, «Erinnerungen an psychische Thätigkeiten im Schlaf, die man noch mehr oder weniger findet beim Erwachen».

En ese conjunto la crítica ha destacado el estatus de los numerosos sueños en las novelas de Galdós:[4] no constituyen escapes de la realidad, sino su punto de fuga, en el sentido simbólico tal como fuera propuesto por Freud (1999: 2-3) en su importante estudio sobre la interpretación de los sueños (Schraibman 1960).[5] A pesar de sus perspectivas divergentes tanto Galdós como Freud «revelan la concepción (del sueño) como texto descifrable, y por

---

[4] Cf. Gullón (1987: 164-65): «Los sueños de los personajes Galdosianos son más imaginativos que fantásticos; por lo general mantienen comunicación con la realidad, con los sucesos acontecidos en la vigilia. El personaje dormido sigue comunicando por subterráneos canales con las preocupaciones de su existir y esas preocupaciones influyen en el sueño. A la vez, los sueños y cuanto pertenece a ese mundo se proyectan sobre la vida, de doble manera, que tanto se refiere al comportamiento inmediato de la persona, como a una influencia más remota ejercida sobre los sentimientos y, por consecuencia, sobre actos ulteriores inspirados por las emociones. Para Galdós, soñar no es separarse de la vida, sino entrar en ella por otra puerta, a través de cámaras sombrías, un instante iluminadas por el rayo de luz del soñador. A través de esas cámaras y galerías del alma, llega el novelista a iluminaciones esenciales».

[5] Cf. Laplanche/Pontalis (1996: 519). Tenemos que tener en cuenta que el trabajo del sueño (*Traumarbeit*), es decir, el conjunto de las operaciones que transforman los materiales del sueño (estímulos corporales, restos diurnos, pensamientos del sueño) en un producto, el sueño manifiesto, no es de carácter poético en sí. Pero aquí se trata de sueños que forman parte de un texto ficcional, lo que subraya la analogía entre el sueño y la poesía. El propio Freud (1999, 7: 214) establece la tesis de que todo niño que juega se conduce como un poeta, creándose un mundo propio, o, más exactamente, situando las cosas de su mundo en un orden nuevo, grato para él. El poeta hace lo mismo que el niño que juega, incluso el adulto que cae en sueños diurnos: al contrario de los profanos que se avergüenzan de sus sueños, crea un mundo fantástico manifiesto en una obra de arte.

lógico, mensaje importante» (López-Baralt 1992: 135), coincidiendo en el carácter de su dimensión lingüística. El sueño como poesía maravillosa cumple también en los textos aquí expuestos la función de transferir y poetizar en un conjunto de jeroglíficos un material psíquico que resulta peligroso para las convenciones sociales. De esa forma se sustrae el contenido simbólico de los sueños a la censura de la conciencia. Qué elementos oníricos manifiestos puedan ser constituyentes de pensamientos latentes, implica el carácter fragmentario del sueño (Freud 1999: 2-3: 283 s.). Lo grotesco como forma híbrida de lo manifiesto y de lo latente suele establecerse en objetos parciales, cuerpos desmembrados, órganos sobredimensionados o elementos desligados de su conjunto. Como veremos, lo grotesco se manifiesta tanto en el sentido de Wolfgang Kayser (1964) en su cualidad demónica y oprimente, como en el gesto bajtiniano de transgresión del orden a través de la distorsión y de lo absurdo (Bachtin 1990). En las dos novelas, las deformaciones que experimentan los cuerpos provocan tanto el temor como la risa del lector. Sería por tanto equivocado limitar lo grotesco a la esfera del sueño nocturno. También los territorios intermedios de las fantasías, alucinaciones, trastornos, psicosis (Gillespie 1970; Álvaro/del Burgo 2007) y, no por último, las ensoñaciones diurnas coinciden en ese aspecto con el sueño propiamente dicho. Todas estas formas producen fragmentos y mosaicos que necesariamente aspiran a ser completados engendrando nuevas imágenes, imágenes que a su vez exigen otros fragmentos.

En cierto modo, esta capacidad aumenta considerablemente el potencial de la dialogicidad en la novela, sometida por su objeto político-histórico a un determinado axioma: en qué sentido la representación de las figuras no se adapta solamente a una posición puramente política, sino que, al contrario, subvierte el orden binario constituido por ésta. El frecuente reproche de que la representación de las figuras en estas novelas galdosianas es demasiado parcial, no se puede rechazar siempre, tal como lo hace Montaner (1969: 105-111) respecto a los enemigos del liberalismo antipáticos al narrador. Se mostrará que este punto de vista no resulta adecuado a la dimensión literaria de los textos y que la crítica les adjudica injustamente además un potencial narrativo limitado basándose en su supuesto carácter abstracto. En este contexto podemos decir, a pesar de las posturas opuestas, que las figuras no suelen encontrarse necesariamente en un diálogo, lo que la situación histórica de 1804 y 1821 con su maniqueísmo entre la reacción y el progreso impide. En la perspectiva del autor implícito, la alianza entre el absolutismo y la Iglesia católica constituye un a priori que éste nunca pone en cuestión (Pérez Gutiérrez 1995: 202). Como el narrador no sólo representa la posición del centro narrativo sino también ideológico, debe establecer un diálogo entre los adversarios. Por parte de las figuras absolutistas y liberales esta posibilidad toca pronto sus límites, como se puede comprobar en las conversaciones entre Lázaro y su tío o de Martín con la camarilla de aristócratas y religiosos. Aquellas figuras dinámicas poco frecuentes, susceptibles a un diálogo por causa de sus experiencias vividas, como es el caso de la amante de Martín, la Condesa Susana de Cerezuelo, o la supuesta santita Paula de Porreño, enloquecen o padecen y finalmente mueren de una enfermedad incurable.

III. Primer ejemplo: *La Fontana de Oro*

Así la dialogicidad del texto no se sitúa tanto en los diálogos de las figuras propiamente dichos sino en aquel espacio que se extiende entre ellas. Esta dimensión espacio-temporal ofrece al lector una dialogicidad que presupone un mundo regido por visiones, ideas o conceptos. La pluralidad se encuentra entonces en el campo textual provocando energías interpretativas. De esta manera cada significante reivindica su soberanía hablando por sí sólo y ofreciendo un significado, y eso mismo acontece justamente en aquellos momentos narrativos en los que las figuras a su vez pierden el control sobre sí mismas. En *La Fontana de Oro* hay un cierto pasaje que interpreta de un modo tópico el conflicto entre aquella unidad social anhelada por los revolucionarios burgueses y una realidad cultural que ya no corresponde a tales proyectos: llegando al centro de un Madrid rebelde Lázaro presencia una multitud, «los miles de corazones», que se manifiesta, unida «por un solo y profundo temor» (Pérez Galdós 1991: 122). Lo que resulta imperioso a la vista del joven liberal es una voz imprescindible, capaz de articular las angustias de las masas populares uniendo así aquel cuerpo informe en una sola voluntad. Lázaro se deleita con la idea de tornarse la cabeza retórica del pueblo al identificar la idea de la unidad con un complejo de superioridad constantemente desafiado por sus carencias intelectuales:

> En estos momentos solemnes es cuando vemos un cuerpo elevarse sobre miles de cuerpos y una mano temblorosa extenderse sobre tantas cabezas. Una voz expresa lo que en tantos cerebros pugna para adquirir formas orales; esa voz dice

lo que una multitud no puede decir; porque la multitud que obra como un solo cuerpo con decisión y seguridad, no tiene otra voz que el rumor salvaje compuesto de infinitos y desiguales sonidos (Pérez Galdós 1991: 122).

No siendo «la opinión de un público la suma de las opiniones de los individuos que lo forman», el narrador omnisciente deja entrever por tanto que el tiempo de principios únicos ya acabó. Siempre que su observación resulte evidente que «en la opinión colectiva de aquél hay algo fatal, algo no comprendido en las leyes del sentido humano» (Pérez Galdós 1991: 105), hay que conceder que el curso de la historia ya no depende de la soberanía de los reyes. Es algo incomprensible, porque en el campo temporal que es la vida suelen chocarse intereses sociales, principios filosóficos o fuerzas divergentes entrelazándose por algún tiempo para apartarse y combatirse finalmente. Ahí no hay leyes únicas que lo determinen exclusivamente, ni gobernantes que lo dirijan absolutamente incluso cuando estén dotados de carisma o talento. Un club como la Fontana de Oro donde diferentes opiniones y posturas participan en los debates públicos o secretos establece también un escenario donde nada es previsible. Ni los revolucionarios ni el rey absoluto determinan la situación completamente. Cuando la historia está acelerando su paso, los valores pierden su solidez: el cambio de poder está al orden del día dando la preferencia al cesarismo despótico, a los liberales moderados o a los elementos más radicales. Incluso el rey Fernando VII que se cree ungido por Dios y deseado por su pueblo fracasa en su intento sardónico de controlar la oposición al servirse de algunos elementos más exaltados.

Épocas de transiciones revolucionarias como ésta, marcadas por «una falta de ponderación y limitación» (Casalduero 1970: 45), se prestan más fácilmente a tentar a la gente. Además de su carácter histórico, «la historia viva, [...] no la superficial de los reinados, batallas y alianzas, sino la interna –algo análogo a la intrahistoria unamunesca– , que refleja la vida de aquellos que cabalmente no tienen historia» (López-Morillas 1965: 25)[6], la novela enfoca el proceso de maduración que Lázaro está sufriendo a lo largo de la trama. Dentro de una educación sentimental conseguida, que incluye tanto su actitud política como sus afectos, se despierta paulatinamente de sus ilusiones sea respecto a su personalidad sea al nivel político. Siguiendo un programa

---

[6] Compárese también Artiles (1977).

pedagógico, el autor implícito crea así un héroe algo deficiente, «for he is the incarnation not only of those qualities of the Spanish which Galdós views with concern, but also of the social class to which he looks for remedies» (Wellington 1972: 463). Así, su deseo animado por su fantasía como «poderosa fuerza conceptiva, [...] para él un enemigo implacable, un demonio atormentador» encuentra diferentes objetos.

Al fin comprende que su vana elocuencia es motivada en gran medida por el afán de prestigio, que está animada, en fin, por el contacto narcótico con los oyentes. Pero lo que más interesa es su camino de iniciación rodeado por la variedad de visiones a veces subversivas que anteceden aquella consciencia feliz. El primer ejemplo que ilustra esta transición es un sueño de Lázaro que implica la función de un recuerdo o, como Freud lo describe, como «ein Stück Regression zu den frühesten Verhältnissen des Träumers, ein Wiederbeleben seiner Kindheit, der in ihr herrschend gewesenen Triebregungen und verfügbaren Ausdrucksweisen» (Freud 1999, 2-3: 554), una cierta regresión a las condiciones de vida más tempranas del soñador, una revivencia de su infancia, de las pulsiones entonces dominantes y las formas de expresión entonces disponibles. Esta herencia arcaica del hombre continúa una parte muy antigua de la humanidad adonde casi no lleva un camino directo.[7] Se realiza aquí en una visión traumática de Lázaro que revive los tiempos más oscuros y más angustiosos de la Inquisición. Detenido después de sus discursos rebeldes durante una manifestación de liberales exaltados, el liberal experimenta en el calabozo un delirio, viendo que

> en el fondo había una mesa con un crucifijo y dos velas amarillas, y sentados alrededor de esta mesa cinco hombres de espantosa mirada, cinco inquisidores vestidos con la siniestra librea del Santo Oficio. Aquellos hombres le hacían preguntas a que no podía contestar. Después se acercaban a él cuatro sayones, le desnudaban, le ataban a la rueda de una máquina horrible, la movían, rechinaban los ejes, crujían sus huesos. Él lanzaba gritos de dolor, es decir, ponía en ejercicio sus órganos vocales; pero el sonido no se oía. Después la decoración y las figuras cambiaban: se le representaban dos filas de hombres cubiertos con capuchón negro y agu-

---

[7] En ese contexto Freud hace referencia a una proposición de Nietzsche (1954, 1: 455): «Im Traum übt sich dieses uralte Stück Menschentum in uns fort, denn es ist die Grundlage, auf der die höhere Vernunft sich entwickelte und in jedem Menschen sich noch entwickelt: der Traum bringt uns in ferne Zustände der menschlichen Kultur wieder zurück und gibt ein Mittel an die Hand, sie besser zu verstehen.»

jereado en la cara en el lugar de los ojos. Por el fondo venían los mismos que le interrogaron, y uno de ellos traía enarbolado el mismo Santo Cristo que presidió al tormento. Cantaban con voz lúgubre una salmodia que parecía salir de lo más profundo de la tierra, y avanzaban todos, él también, en pausada procesión. Gentío inmenso le contemplaba impasible y frío: un fraile, también impasible, iba a su lado, pronunciando a su oído palabras santas que él no pudo comprender. Le hablaba de la otra vida y del alma (Pérez Galdós 1991: 162-163).

Como la crítica destaca (Safarti-Arnaud 1980), ese capítulo tiene mucho en común con el famoso cuento de E. A. Poe *The pit and the pendulum (El pozo y el péndulo)*. Allí (Poe 1938: 246-257) revive el Toledo de la época de la Inquisición con un hombre encerrado en la celda de una oscura prisión sobre el que desciende lentamente desde el techo un péndulo gigante. Su borde es una afilada cuchilla que finalmente, al llegar a su cuerpo tendido en el suelo del calabozo, cortará su carne a tiras. Cuando la habitación está reduciendo su espacio, el prisionero es puesto en la disyuntiva de morir de ese modo o lanzarse al pozo en el medio. En el momento de caer en aquella tumba sin esperanza de poder escapar, le salva el general francés Lasalle que había conquistado la ciudad poniendo fin a las torturas a que eran sometidos las víctimas del siniestro tribunal.

Pero este sueño no constituye un puro reflejo de la realidad histórica vivida por Lázaro: si representa al protagonista en una hoguera donde su cuerpo se transforma lentamente en carne calcinada, su narración se define claramente como un cuadro imaginativo que ya no tiene nada que ver con la situación durante el Trienio Liberal. Como el narrador resalta, las sensaciones que está sufriendo no se viven a través de su experiencia sino de una lectura aparentemente intensa de aquellos folletines que dan preferencia a impresiones tan extremas citadas por el propio Galdós en sus «Observaciones sobre la novela contemporánea en España» (1870), con «traidores pálidos y de mirada siniestra, modistas angelicales, meretrices con aureola, duquesas averiadas, jorobados románticos, adulterios, extremos de amor y odio» (Pérez Galdós 1990: 112). De tal manera la prisión no tenía, en efecto, aquel horror majestuoso con que los poetas nos han pintado los calabozos del Santo Oficio. Sin embargo, las representaciones de Lázaro coinciden con aquellas siniestras relaciones de las cárceles de la Inquisición que había leído en sus libros, en boga a lo largo de todo el siglo XIX. A medida que el poder secular se quitaba del Santo Oficio, éste conquistaba una influencia considerable en la imaginación literaria y popular.[8] El tiempo engendraba un público que consumía ávidamente los retratos horrorosos en *Le manuscrit trouvé a Saragosse* (1805 respectivamente 1810) o *Melmouth the wanderer* (1820) para conocer más sobre una Inquisición cuyos secretos raramente se divulgaban fuera de sus muros. La realidad histórica en cambio ya evidencia que «la Inquisición había perdido la horrible majestad de anteriores siglos», puesto que «ya la costumbre, si no la ley, había suprimido las ejecuciones en grande escala», como el narrador en *El audaz* destaca (Pérez Galdós 1986: 147). No obstante «ha sido siempre una mezcla de lo más horrendo y lo más grotesco, como producto de la perversidad y de la ignorancia» (Pérez Galdós 1986: 121). Allende su significado histórico la temible institución crea monstruos que ya no son siempre los suyos, pues el imaginario tiene una dimensión propia que dota a la historia de lo cotidiano de un sentido interpretativo, completándola con una memoria cultural constituida por mitos y saberes antiguos (Boia 1998).

Aquí se trata de la historia de una libertad oprimida en los tiempos de antaño, cuando el Santo Oficio con su «pedagogía del miedo» (Bennassar 1981) todavía era fuerte y poderoso al contrario de lo que ocurría a comienzos del siglo XIX, cuando ya no era sino una sombra de lo que había sido. Evidentemente esa sombra pesa todavía sobre la imaginación de la gente, penetrando sus consciencias. No obstante, en el destino de Martín el inquisidor simbólico no crea su terror a través de las escenas de tortura tal como las vive Lázaro en su pesadilla. Calumniado por sus enemigos y acusado equivocadamente, el protagonista de *El audaz* está sometido a «una inquisición, que no mataba, pero que deshonraba con calma, con método, digámoslo así, día por día [dejándole] al fin en espantosa soledad física y moral, sin más mundo que la cárcel para el cuerpo y su conciencia para el espíritu» (Pérez Galdós 1986: 10). Además de su cuadro institucional inexistente después de su abolición en

---

[8] Cf. Edwards (1989: 190): «From the narratives and travelers' report of the seventeenth century to the work of Edgar Allan Poe and Grace Aguilar in the nineteenth century, *The Inquisition* became part of a literary world that varied from picaresque romances to gothic and sentimental novels. From the paintings of Pedro Berruguete to those of Francisco Goya, the verbal myth acquired a visual counterpart, one that developed the myth in greater detail and intensity. In the very centuries in which inquisitions were weakening and even disappearing, writers and artists brought their largest and most horrifying dimensions closer to readers and viewers than even the most articulate polemic or the most detailed of histories. In their work the myth took on an immediacy and imposing presence that greatly strengthened its other roles in religious, political and philosophical polemic».

1834, el Santo Oficio todavía representa la impotencia del individuo ante una autoridad implacable. Ésta impone a sus víctimas una rigurosa economía en sus palabras ('que mirase lo que dice', como sugieren los protocolos una y otra vez) y obligándolo a guardar el secreto sobre el proceso. De esa experiencia resulta el terror ante lo desconocido, ante una institución que se blinda herméticamente de las miradas curiosas. Como coerción disciplinaria que produce confesiones en la función de una policía secreta *avant la lettre,* el espíritu del Santo Oficio en el siglo XIX, como escribe Abellán (1987), permanece muy vivo precisamente en el maniqueísmo de las dos Españas (Karimi 2007: 303-323). Los oídos atentos acechando una palabra falsa del adversario y los ojos escrutando un gesto inapropiado –todos y cada uno sujetos a una Inquisición en la que las víctimas pueden pasar a ser sus futuros representantes–. Casi han desaparecido las grandes inquisiciones, pero las pequeñas han quedado para seguir ejerciendo su tiranía en los escenarios cotidianos.

La narración onírica de Lázaro se define entonces claramente como un cuadro imaginativo que ya no refleja una realidad histórica. Forma en sí un lenguaje autónomo que anticipa varios niveles de una realidad a vivir por Lázaro y su amante Clara. Más implícitamente señala los exámenes de conciencia del joven liberal, «la inquisición de la verdad, la persecución dolorosa pero implacable del rostro veraz de la vida o de la Historia [...]» (Vargas Llosa 1997: 13). Además, la conciencia narcisista propia a los protagonistas de las novelas tempranas de Galdós (Martín Muriel, Gabriel de Araceli, Pepe Rey, Teodoro Golfín etc.) (cf. Urey 1981) marca su carácter representativo y típico (Hafter 1959). Así, la visión de Lázaro en la que su cuerpo sufre un auto de fe parece ilustrar tanto todo el liberalismo español en las cadenas de una tiranía implacable todavía vigente como su impotencia frente a una Iglesia que domina el país desde siglos. Pero a primera vista sus tormentos físicos en el sueño anticipan aquel interrogatorio presidido por su tío intransigente, un agente de la causa absolutista en España que le lleva a su tribunal de la Inquisición, como se titula el capítulo XXIII (Pérez Galdós 1991: 205-210: "La Inquisición"). En vez de ayudarle en su trauma (como es el caso en la narrativa de Poe) pone a su sobrino en la disyuntiva de renunciar a sus ideas liberales evitando en el futuro los clubes que solía visitar, tal como la Fontana de Oro, en su concepto un lugar abominable, o quedar librado a sus propios medios.

Lázaro está frente a una decisión difícil, porque en el caso de su oposición se le negaría la posibilidad de volver a ver a su amada Clara, prisionera en la casa de su tío y más tarde de los Porreños. Entre ellos tiene lugar una conversación agresiva equivalente a una triste repetición de todos los dogmas de su tiempo que el autor implícito acertadamente califica de un «diálogo entre ayer y hoy» (Pérez Galdós 1991: 164-171). Como sabemos por Harald Weinrich (1985), la forma retórica del argumento es idónea para motivar el acuerdo del interlocutor o provocar a una contradicción. Por otra parte, la narración le invita a adoptar una actitud diferente diluyendo posiciones pertinaces en un cuento de nunca acabar capaz, por su parte, de extender su espacio al infinito. A la narración no sucede una réplica, con la cual el oyente se opone al otro, sino otro cuento que no podría separarse de la primera narración completamente aunque tampoco coincida con la primera totalmente. A causa del abismo que separa a las figuras, es el narrador omnisciente quien interpreta la mirada escudriñadora que Lázaro dirige a su tío. La Inquisición cambia su objeto: sus rasgos demoníacos contribuyen finalmente a que el sobrino despierte de su sueño de la razón para pasar a la acción y no dejarse usar más como instrumento de oscuras intrigas. En nuestro caso el logos del joven liberal debe seguir otra dirección que la del fanático partidario de Fernando VII. El narrador tiene que trasladar el diálogo con el absolutista intransigente a ese espacio intermediario que lo separa de su sobrino, también a la fisonomía que muestra su constitución psicosomática. Mientras más los sujetos soberanos pierden la conciencia e incluso sus dogmas, más el lenguaje poético adquiere una dimensión notable que transciende el saber de los individuos[9]: entre ellos y los otros se extiende un espacio que permite al narrador echar un vistazo apasionante detrás de las representaciones ideológicas y religiosas de ciertas figuras, como acontece con Lázaro, que toma consciencia del lado siniestro e inquietante de su tío Elías.

Desde el principio el tío está asociado con la oscuridad, de donde está «avanzando lentamente» (Pérez Galdós 1987: 29) de manera casi imperceptible para entrar en una luz miserable. No sólo toda su personalidad está bajo el signo del 'oscurantismo' político, también en el nombre, en la fisonomía y la gestualidad se personifica el espía que viene de la oscuridad (Bonet 1994). Su apellido, Orejón, ya indica una competencia auditiva imprescindible para

---

[9] Tal vez haya en ese aspecto un lazo entre la inconsciencia del autor y la autopercepción de su narrativa capaz de aumentar el potencial interpretativo. Cf. Clarín (1889: 32): «Cuando Galdós escribe mejor es cuando no piensa siquiera en que está escribiendo, y cuando tampoco el lector se fija en aquel intermediario indispensable entre la idea del autor y el propio pensamiento».

este grupo profesional, toda vez que el narrador describe «dos enormes orejas extendidas, colgantes y transparentes» (Pérez Galdós 1987: 29). Sus órganos visuales corresponden a un ave de presa nocturna, pues son capaces de penetrar la oscuridad. Como la crítica destaca con razón, esta figura es una caricatura que recuerda en sus rasgos grotescos a un fantasma onírico que solamente surge cuando la razón burguesa está durmiendo. La avanzada edad del espía que se asocia con su postura reaccionaria, está en oposición a su agilidad y su atención. Su cuerpo está ya en plena decadencia y casi se diría petrificado como sus conceptos anacrónicos de un rey a la imagen de Dios. Pero incluso sus manos flacas y artríticas se asemejan a garras capaces, si es necesario, de atrapar su presa, con lo que «se establece un metaforismo animalesco tan propio del arte de la caricatura en su dimensión más grotesca» (Bonet 1994: 62). En estado de semiconsciencia Lázaro percibe a su tío «que iluminado de lleno por la luz, ofrecía fantástico é infernal aspecto» (Pérez Galdós 1987: 218). Habida cuenta de su imagen infernal, se podría pensar en el concepto de Kayser, de que «la configuración de lo grotesco constituye la tentativa de proscribir y conjurar lo demoníaco en el mundo» (Kayser 1964: 28). Aquí se trata de un grotesco que representa el mal y lo siniestro absoluto visto que Orejón encarna un monstruo de la naturaleza, o sea, el principio de una destrucción subterránea, encontrándose así fuera del orden cósmico.[10] Al final es vencido con las armas que había empleado contra Lázaro y sus amigos liberales, aquellas de la conspiración. Gracias a la intervención de Lázaro fracasa el intento de su tío de fomentar el odio entre liberales tibios y exaltados e instigar hábilmente a la multitud para que lleve a cabo una matanza atroz. A fin de cuentas es el espía del absolutismo acostumbrado a urdir tramas que se encuentra en el banquillo de los acusados, rechazado e incluso asesinado por su propio amo, el rey Fernando.

Mientras Lázaro, que ya alude en su nombre bíblico su pasividad, vive en sueños y tiene que despertar (Wellington 1972), su amante Clara representa una lucidez «por ser un rayo de luz divina en la lóbrega casa del viejo y sombrío absolutista» (Lemertinel 1977: 372). También ella está sometida a una inquisición parecida. Sin embargo, en tanto mujer que en su época es tradi-

---

[10] Con «esa sonrisa perenne de los chacales y de las zorras», sus ojos brillantes de «ansiedad» en la sombra y sus manos «huesosas» que aplauden «resonando como dos piedras cóncavas» (Pérez Galdós 1987: 296), Orejón cumple evidentemente los criterios de Kayser con los que define lo grotesco en el sentido demoníaco.

cionalmente considerada como un ser políticamente ignorante (Aldaraca 1992), su supuesta falta de castidad es el motivo de preocupación a los ojos de sus inquisidores femeninos y también de un Lázaro poco consciente de sí mismo, por no hablar de sus prójimos. Como pupila del viejo absolutista al inicio está enterrada en una especie de panteón familiar en la casa de los Porreños, rodeada de tres solteronas que la apartan del mundo exterior. Su residencia anticipa ambientes tan cerrados como los de Doña Perfecta y Bernarda Alba, futuras fortalezas inexpugnables creadas para resguardar la virtud de las jóvenes damas. Pero la inquisición empleada contra Clara y Lázaro perderá su fundamento en la medida que estas representaciones religiosas y aristocráticas tan convencidas de su superioridad moral y social se desintegren por causa de sus inconsistencias internas.

En esta casa, los habitantes están menos vivos que todo el ambiente que los circunda. En vez de insinuar que este ambiente anacrónico se limita a evocar una reminiscencia histórica, el narrador resalta la artificialidad de los objetos familiares de los Porreños. El tamaño de la casa no se corresponde de ninguna manera con esta especie de inventario de tres siglos, que no sólo refleja la caída económica y social de una familia aristocrática y rica, sino también la decadencia de toda la España imperial. Considerando el proceso de independencia que tenía lugar en aquella época en la mayor parte de las colonias españolas, parece que esta casa fuera una especie de museo, donde se conservan reliquias que evidencian una importancia histórica perdida para siempre, como acontece con el Marqués de Calatrava en *Don Álvaro o la fuerza del sino*, que vive en «una sala colgada de damasco, con retratos de familia, escudos de armas y los adornos que se estilaban en el siglo pasado, pero todo deteriorado» (Saavedra Rivas 1995: 63).

En la casa de los Porreños las paredes ostentan también la grandeza palidecida de una dinastía antiguamente influyente, pero en los retratos el observador buscaría en vano rostros que representen la individualidad de las personas reproducidas. Con la pompa de las ropas que únicamente queda en los cuadros se destaca la preeminencia de los antepasados, de la clase a la que pertenecen (Wright 1979: 16). Esos artefactos indican que la historia pesa tanto sobre el presente que no conocerá un futuro que merece ser vivido. Todo el ambiente parece un sueño casi olvidado que se ha equivocado de época. Y, efectivamente, el reloj que, parecido a aquel en la casa de Doña Perfecta que dice perpetuamente no, está parado a las doce de la noche del 31 de diciembre 1800, resistiéndose a entrar en un nuevo siglo que abomina.

Como el reloj que ha perdido el tiempo, los objetos se desligan de su lugar original, de modo que el ambiente confirma su carácter de museo también en este aspecto, con «roperos sin ropa, jaulas sin pájaros, y arrinconado en la pared, un biombo de cuatro dobleces, mueble que, entre lo demás, tenía no sé qué de alborotado y juvenil» (Pérez Galdós 1991: 141).

Este ámbito espacio-temporal deja también sus secuelas en los cuerpos de las reliquias religiosas que el narrador califica de «tres ilustres ruinas» (Pérez Galdós 1991: 236). Inmóviles como se presentan, parecen «figuras de palo» (Pérez Galdós 1991: 205). Si el tiempo para, las ventanas están estrictamente cerradas para que el aire fresco no entre en la casa. Así las tres damas, quienes no tuvieron una verdadera oportunidad de casarse para continuar la tradición familiar, están consternadas cuando Clara reclama su derecho a fundar una familia. Esconden su vida fallada detrás de una religiosidad exaltada, que en el caso de Salomé y María de Paz resume todavía todos los vicios de una beatería además favorecida por un fuerte instinto de clase privilegiada. Ya dibujadas antes por el narrador que ha deducido las incoherencias síquicas de las desproporciones físicas, éstas aparecen todavía más grotescas en los sueños de Lázaro. Ahí se transforman en objetos gigantes para desminuir su tamaño y deslizarse a la nada. Su sueño anticipa lo que su inconsciente ya sabe sin ser capaz de pensarlo. Las inconsistencias de sus caracteres, que se divulgarán más tarde, ya se reflejan en el tamaño cambiante de las señoras de Porreño que evidentemente remite a la risa carnavalesca de la vida, capaz de abrir la conciencia, el pensamiento y la imaginación del hombre a nuevas posibilidades (Bachtin 1990: 28):

> [...] y en su soñar disparatado, lo parecía que aquellas tres figuras crecían, crecían hasta tocar las nubes y ocupaban todo el espacio: Salomé como una columna que sustentaba el cielo; Paz, como nube gigantesca que unía el Oriente con el Ocaso. Después le parecía que menguaban, que disminuían hasta ser tamañitas: Paz como una nuez, Salomé como un piñón, Paula como una lenteja. Oía la frailuna voz de la devota; veía extraños y complicados resplandores, partidos de la lámpara del viejo; veía la rojiza diafanidad de sus orejas como dos lonjas de carne incandescente; veía la enormidad de su calva iluminada como un planeta; y por último, todos estos confusos y desfigurados objetos se desviaban, dejando todo el fondo obscuro de las visiones para la imagen de Clara que, no desfigurada, sino en exacto retrato, se le representaba, alzando la vista de una labor interrumpida para mirarle (Pérez Galdós 1991: 218-219).

Una vez alcanzado cierto bienestar, la fachada de la decencia y del pudor cristiano se hunden para dar lugar a una inmensa avidez, despojando a las santurronas de su dignidad y transfigurándolas a espantajos (Bachtin 1990: 28). Salomé, la gorda, y Paz, la señorita flaca, a quienes el viejo absolutista llamara mujeres perfectas, se baten codiciosamente «de rodillas y apoyadas en las manos, y en aquella actitud, semejante en algo á la de las esfinges, las dos arpías, revelando con intempestivo vigor sus encontradas pasiones, eran como bestias feroces, [...] como los carnívoros cuando van a dar el salto» (Pérez Galdós 1991: 383). El caso más deprimente constituye sin embargo la devota Paulita que vive desde su infancia una vida de completa devoción retirada de la gente. Parece pura ironía que adore a la Santa Librada, la patrona de las mujeres mal casadas y de las prostitutas. Pues son exactamente su abnegación total y su completa renuncia a vivir como una mujer capaz de recibir y dar amor lo que la precipitan en un abismo existencial. Se enamora de Lázaro, pero éste, incapaz de sentir amor hacia ella, la rechaza categóricamente. Lo que sigue es la desesperación completa de una mujer que entregada a una ficción o a un sueño, no había vivido aún. Con su enfermedad, la catalepsia, que motiva a nivel patológico sus estados de contemplación completa, se personifica además el estancamiento de los Porreños. En cuanto a Lázaro, en su ingenuidad, no puede imaginarse que una santa obedezca a impulsos tan seculares. La identificación total de la devota con su fe tiene, sin embargo, mucho en común con el compromiso político de Lázaro, que casi estuvo al punto de olvidar a su amante. Hay muchas pasiones que excitan a la gente, pero una puede substituir a la otra, la santidad al erotismo, la revolución, a Dios, la política a una vida burguesa dedicada a la familia.

IV. Segundo ejemplo: *El audaz*

Como hemos observado, las personas que desempeñan su papel en la tragedia de las dos Españas no se limitan a enfrentarse en posturas inconciliables. Lo que ocurre al nivel de las conversaciones fanáticas entre Lázaro y su tío, o sea, en «el curioso diálogo entre un fraile y un ateo en el año de 1804» (Pérez Galdós 1986: 7-8) no es nada más que el exterior del texto. Más allá de los monólogos en los que se combaten los tópicos e ideologemas concebidos según un dualismo letal y destructor, liberales y absolutistas, burgueses y aristócratas se reflejan en sus errores y prejuicios. Aunque las ilusiones que influyen en la percepción de la realidad tengan contenidos diferentes, tanto los revolucionarios como sus enemigos viven en ficciones, muchas veces sin descubrir el engaño en que ellos mismos están implicados. La época prerrevolucionaria de 1804 que nuestra segunda novela representa se presta especialmente para establecer la tesis de que la ficcionalización de la realidad comprende todas las partes de la sociedad española, incluso sus camadas liberales. En una nota preliminar al texto, el autor describe

> [...] la sociedad de fines del siglo pasado y principios de presente [...], devorada por una depravación profunda bajo sus apariencias santurronas; aquella sociedad que rezaba el rosario todas las noches y se arrastraba por las mañanas en las antesalas del Príncipe de la Paz; que tenía los pueblos llenos de conventos y los caminos infestados de salteadores; que abrigaba todos los vicios y todos los escándalos de la nuestra, con otros más, ante los cuales se sublevarían hoy hasta las piedras; una sociedad tan corrompida en ideas como en costumbres y hasta en gusto literario [...] (Pérez Galdós 1986: 5).

En los artículos que Galdós dedicó al dramaturgo Ramón de la Cruz (1731-1794), publicados poco antes de su primera novela, su crítica a la España del Antiguo Régimen gana resonancia adicional. Comprende todos los ambientes y sectores de la sociedad dieciochesca, sean las costumbres («perversión del sentido moral»), sea la política («ausencia completa de todo sistema fijo: falta de principios, [...] imperio de las camarillas»), o sean las letras («último grado de la frivolidad y el amaneramiento; [...] cultivo preferente de todas las cualidades exteriores del estilo; muerte de la idea») (Pérez Galdós 2009: 143-144). Especialmente la literatura que según Galdós nos revela la fisonomía moral del siglo XVIII en particular, se distinguía por una hipertrofia de imágenes barrocas y una prodigalidad del decoro contrarias a un concepto literario estrictamente referencial. Justamente por esa razón la falta de líneas clásicas propia de la época, produce esa predilección por las caricaturas, tan sentida por contemporáneos como Goya y D. Ramón de la Cruz, nombres varias veces mencionados a lo largo de la novela.

En cuanto a los aristócratas, viven su vida en un teatro del mundo que ya no tiene nada que ver con aquel tópico barroco en el que Dios preside su creación como autor soberano. Pues, aquellos escenarios de pastores en los que figuran los nobles, han adquirido un estado tan autónomo que se forma un mundo aparte, completamente divorciado de la realidad social. Así, la joven

Pepita Sanahuja, «poetisa fanática por Meléndez [que] deliraba por la literatura pastoril» (Pérez Galdós 1986: 62), desdobla su personalidad en una escena campestre de evocación goyesca, confundiéndola totalmente con su vivir real. Mientras el abate Paniagua, «coronado de flores, con su traje negro, su rara figura y la risa convulsiva» (Pérez Galdós 1986: 73) parece estar consciente de la farsa donde actúa, «en Pepita se borran las fronteras [entre lo real y el teatro] y el grotesco adquiere carácter trágico» (Montes Huidobro 1980: 490). Así, el abate opina

> [...] que Pepita está maniática, no puede vivir sino en el campo. Ya usted recordará. Aquella que en la Florida recitaba versos pastoriles y jugaba a los corderos. Yo me figuro que aquella cabeza no está buena. Está tan enfrascada en su manía, que no hay quien la convenza de que todo eso de lo pastoril es pura invención de los poetas, y que en el mundo no han existido jamás Melampos, ni Lisenos, ni Dalmiros, ni Galateas. Pero ni por esas; ella, con la lectura de Meléndez y de Cadalso, se figura que todo aquello es verdad, y quiere ser pastora y hacer la misma vida que los personajes imaginarios que pintan los escritores (Pérez Galdós 1986: 73).

Tanto Pepita como el abate entran en la duplicidad literaria que, no obstante, se articula de un modo diferente: mientras «en Pepita es interna, en el abate [es] externa y colectiva» (Montes Huidobro 1980: 491). También otros personajes están implicados en ese juego de mascaradas pastoriles que incluye características como amores no correspondidos, cánticos laudatorios dedicados a una pastora, nostalgia frente a un pasado arcádico o un paraíso perdido: Pablo, el hermano humilde de Martín, que no está en situación de interiorizar este desdoblamiento impuesto a su personalidad poco madura y poco fuerte, desempeña igualmente un papel en un idilio que hasta entonces nunca ha conocido. Resulta como aquel conocido dicho, atribuido a la reina francesa María Antonieta, de que no teniendo pan las masas, pueden comer pasteles. Al pasar de la acción externa como paje de la condesa Susana de Celleruelo a pastor de Pepita en el teatro, el famélico chico vagabundo se ve de repente convertido en la ficción poética de un pastor Fileno,

> [...] rebosando de felicidad, porque comer bien después de tantas hambres, vestir después de tanta desnudez, oírse llamar en verso y verse bien tratado después de tantas amarguras le parecía un sueño, una de aquellas visiones que percibía por las noches en la casa de Alcalá, y que le impulsaron a salir buscando aventuras como un caballero andante (Pérez Galdós 1986: 73).

En mayor o menor grado el desdoblamiento teatral incluye todas las clases que se encuentran en una alianza histórica para mantener el trasnochado sistema hasta el siglo XIX, tal como Galdós las ha trazado (Rebollo Sánchez 1996: 78): esa plaga enorme de clérigos y frailes, ignorantes y fanáticos, la clase de los nobles, ejemplo de todos los vicios, que se arroga privilegios por la casualidad de su nacimiento, los reyes, explotadores principales de su pueblo y finalmente el campesinado adaptado a las circunstancias sociales de entonces. Pero el pueblo con «la expresión de venganza de los siglos, [...] las angustias, toda la ignominia, toda la miseria de tantos siglos, la gran carcajada de la Historia» tampoco podía abstenerse de participar en este juego. Como expresaba sus deseos «en formas rudas y violentas», puesto que «no se le había enseñado a hablar de otra manera» (Pérez Galdós 1986: 49), solía subir en efecto a escenarios diferentes al exceptuar casos particulares como Pablo, que no sabe identificarse con los papeles que los nobles le imponen.[11] Los revolucionarios liberales, en cambio, estaban buscando un teatro exquisito donde «la sombra de Robespierre» empeñara un papel invisible, no obstante siempre estar presente, introduciendo así un intertexto, ya importante en *La Fontana de Oro*. José de la Zarza, con el apodo *tío Robispier* y un carácter alucinado, es una figura que anticipa la transfiguración de Martín en un dictador jacobino que acaba por identificarse plenamente con su ídolo: «Yo soy dictador, yo mando aquí. Yo les condeno a muerte» (Pérez Galdós 1986: 302). Su enfermedad mental se explica por sus experiencias durante la Revolución Francesa, provocando visiones que le traen al reino del terror donde asiste al Incorruptible en su oficio homicida; penetra poco a poco en la subconciencia del joven radical, «como si a través de la repetición y el estado mental del protagonista fuera inyectándole el virus de una conciencia revolucionaria [...]» (Montes Huidobro 1980: 488).

---

[11] Escenarios más adecuados para el pueblo son evidentemente los lugares sagrados. Véase Pérez Galdós (1986: 293-294): «Esos pueblos históricos, que se envanecen con títulos antiguos y nombres sonoros, no aman cosa alguna con tanta vehemencia como su Catedral. La soberbia construcción secular, donde tantas generaciones han puesto la mano para embellecerla, sintetiza y encierra todo lo que aquel pueblo ha sentido y todo lo que ha sabido. Allí reposan sus héroes; allí yacen sus antiguos reyes durmiendo tranquilos el sueño de la Historia; allí se ha celebrado un mismo culto por espacio de muchos siglos, y en aquella santa custodia han fijado los ojos, creyendo ver al mismo Dios, los padres, los abuelos, todos los que han nacido y muerto en la ciudad. Los nobles tienen sus escudos en lo alto de alguna capilla; el pueblo ha cubierto de exvotos los pilares de algún retablo; los artistas han aprendido en ella y en ella han impreso su genio».

Así, la Zarza considera a Susana como la desdichada princesa de Lamballe, cuyo cuerpo decapitado fue sometido en la noche del 2 y 3 de septiembre de 1792 a las vejaciones más bajas, incluso al canibalismo, por parte de la chusma más fanatizada que se pueda imaginar. Su visión sangrienta no sólo anuncia el suicidio de la noble, sino también identifica «el erótico-político [de Martín y Susana] dentro la duplicidad Robespierre-Lamballe» (Montes Huidobro 1980: 494), lo que sería el único plano posible del encuentro amoroso. Si Susana se percata finalmente que ha participado en una farsa que provocará su trágica muerte, el proceso de desdoblamiento del propio Muriel «se completa mediante la negación de sí mismo» (Montes Huidobro 1980: 494). En cuanto la sexualidad de Lázaro se desliga de los objetivos transcendentes de la revolución para desembocar en un matrimonio burgués, los instintos sexuales de Martín quedan absorbidos en un sueño revolucionario tan inaccesible como el amor romántico. Distinto a Lázaro, que nunca aparece bajo aspectos grotescos, Martín no escapa a esos fenómenos que parecen marcar su existencia, es decir «a juxtaposition of components that are perceived as incompatible, especially a fusion of reality and its contradiction; a sense of alienation – that is, a feeling of discomfort, of estrangement from an order» (Kronik 1976: 41). Las disparidades que destrozan su personalidad se manifiestan en todas partes en la novela, particularmente cuando culmina la acción en una especie del crepúsculo de los dioses: en el momento en el que el Alcázar de Toledo está en llamas, se rompe la fachada demasiado frágil del revolucionario para caer en una enajenación mental completa:

> ¡Ruinas por todas partes! Aquel hombre que el doble encanto de sus ideas generosas y de su carácter vehemente, embellecido a cada instante con todos los rasgos de la sublimidad, la había atraído, no era ya más que un mísero despojo de espíritu humano, sin razón. Aquella hermosa luz que irradiaba las nobles ideas de emancipación y de igualdad, se había extinguido en una noche de tempestad social en que el fanatismo y la protesta revolucionaria habían chocado sin llegar a luchar. Ella no podía menos de creer que en la llama rojiza que cruzaba los aires, se había ido a otra región el alma ardiente del desdichado joven. [...] A veces se le representaba Martín en proporciones colosales; a veces empequeñecido hasta llegar a la mezquina talla de un loco vulgar, encerrado en su jaula y escarnecido por los chicuelos de las calles. De todas maneras, el ser que había tenido el singular privilegio de atraerla con fuerza irresistible, continuaba deslumbrándola con la magia de su superioridad (Pérez Galdós 1986: 307).

Como en la figura de las Porreños, el cambio de tamaño señala también aquí discrepancias entre el ser y el parecer, entre pretensión y realidad. La utopía con sus generosos proyectos, «el teatro de las soñadas y fantásticas hazañas de un hombre no común» se transforma en «una jaula» (Pérez Galdós 1986: 307), de la que Martín no llega a salir, finalizando sus días, absolutamente desequilibrado, recluido en una cárcel madrileña. Esa combinación estrecha de lo sublime y de lo grotesco, ya favorecida por la rebelión romántica contra los clásicos, se remonta a la disolución de las fronteras que separan lo inmanente de lo trascendente, la redención en la vida eterna de la justicia social en el mundo terrestre. Así, la metafísica de la edad moderna se concretiza en la figura intertextual del Quijote, tan familiar en la obra de Galdós (Karimi 2007: 376 s.) y evidente en la figura del radical. Se manifiesta en su caída absoluta desde la poesía de la revolución hasta la prosa de una sobria realidad que le niega su papel asumido de un *condottiere* político (un tribuno de la camada de un Cola di Rienzi). «Es mucho hombre para tan poca cosa» (Pérez Galdós 1986: 208), un idealista inmerso en medio de una sociedad corrupta y de gente mentalmente limitada.

De la comparación de los actores sociales se desprende que el dualismo ideológico de la tesis tiene un significado limitado, puesto que la legitimidad histórica de la perspectiva liberal y secular no trasciende siempre el fracaso de los individuos que figuran en este proceso. Esa comprensión se aplica también a la inversa, ejemplarmente en el representante de la «horrenda máquina de la Inquisición» (Pérez Galdós 1986: 227) que es el blanco del odio de Martín. Al introducir un inquisidor genial y humano a la vez, el autor implícito acentúa la posibilidad que el progreso mismo de la civilización pueda imponerse en instituciones que le son adversas en el fondo. Mientras nos presenta un revolucionario cuyo compromiso resulta nada, imagínase «an officer of an Institution which must be destroyed if reform is to take place, who does cause reform to occur in practice, and who sets a precedent for even more sweeping changes» (Zlotehew 1985: 33). A medida que el valor histórico de las novelas, especialmente de la última, es puesto en duda por la crítica (Montes Huidobro 1980: 488), se recuerda que Galdós se había compenetrado «muy hondamente del juego entre percepción real y visión imaginaria, y de la tenue frontera que no delimita netamente los dos campos» (Yndurain 1970: 47). Incluso cuando están profundamente marcadas por el discurso de guerra vigente en su época y no desisten de transgredirlo al expresar experiencias basales inmanentes en liberales y absolutistas que continúan viviendo «[in the] unmapped country» (Eliot s.d: 416) de todos los seres humanos.[12]

Bibliografía

Abellán, José Luis (1987): «The persistence of the inquisitorial mind in contemporary Spanish life and culture and theory of the 'Two Spains'». En: Ángel Alcalá: *The Spanish Inquisition and the Inquisitorial Mind.* Boulder: Columbia University Press, pp. 609-621.

Aldaraca, Bridget A. (1992): El Ángel del hogar*: Galdós y la ideología de la domesticidad en España.* Madrid: Visor.

Álvaro, Luis Carlos/Ángel Martín del Burgo (2007): «Trastornos neurológicos en la obra narrativa de Benito Pérez Galdós». En: *Neurología* 22, pp. 292-300.

Artiles, Jenaro (1977): «La intrahistoria: de Galdós a Unamuno». En: *Actas del Primer Congreso Internacional de Estudios Galdosianos.* Madrid: Editora Nacional, pp. 201-229.

Aullón de Haro, Pedro (1981): *Historia breve de la literatura española en su contexto.* Madrid: Playor.

Bachtin, Michail (1990): *Literatur und Karneval. Zur Romantheorie und Lachkultur.* Frankfurt a. M.: Suhrkamp.

Baker, Edward (1991): *Materiales para escribir Madrid: literatura y espacio urbano de Moratín a Galdós.* Madrid: Siglo XXI de España.

Bennassar, Bartolomé (1981): «La Inquisición o la pedagogía del miedo». En: Íd.: *Inquisición española: poder político y control social.* Barcelona: Editorial Crítica, pp. 94-125.

Bly, Peter A. (1998): «Retrospectives, Nineteenth Century: Eighty-One Years of Articles on Nineteenth-Century». En: *Hispania.* 81, pp. 811-817.

---

[12] No obstante, nos parece demasiado discutible evaluarlas dentro de un esquema antropológico basado en la idea de un hombre universal que no corresponde con la novela y su pluralidad cultural. Al consentir la tesis nietzscheana de Foucault (2001: 1015) de que «rien en l'homme – pas même son corps – n'est assez fixe pour comprendre les autres hommes et se reconnaître en eux», tenemos que conformarnos con una escala común y provisoria de lo humano disfrazado en diferentes opiniones y posturas, en la conciencia y la subconciencia, en sueños diurnos y nocturnos, en una sinfín de papeles sociales. Esta escala es tan interminable como las singularidades de lo humano que sustituyen al hombre en singular. A nuestro entender es exactamente el problema de las novelas expuestas, que los hombres más allá las pretensiones humanistas raramente están en situación de reconocer lo humano en el otro, especialmente cuando una guerra ideológica los separa.

Boia, Lucian (1998): *Pour une histoire de l'imaginaire*. Paris: Les Belles Lettres.

Bonet, Laureano (1994): «Don Elías Orejón, el espía que surgió de la sombra (*La Fontana de Oro*)». En: Harriet S. Turner/John W. Kronik (eds.): *Textos y contextos de Galdós: actas del simposio centenario de Fortunata y Jacinta*. Madrid: Castalia, pp. 55-66.

Bravo-Villasante, Carmen (1988). *Galdós*. Madrid: Mondadori.

Casalduero, Joaquín (^{3}1970): *Vida y obra de Galdós (1843-1920)*. Madrid: Gredos.

Chamberlin, Vernon A. (1982): «Soviet Interest in the Works of Galdós (1940-80)». En: *Anales Galdosianos* 17, pp. 109-114.

Cernuda, Luis (1993): *Poesía Completa*. Madrid: Siruela.

Clarín (1889): *Benito Pérez Galdós: estudio crítico-biográfico*. Madrid: Fernando Fe.

Eliot, George (s. d.): *The Works*. Vol. 1: *Daniel Deronda*. Edinburgh/London: William Blackwood and Sons.

Ellenberger, Henry F. (1985): *Die Entdeckung des Unbewussten. Geschichte und Entwicklung der dynamischen Psychiatrie von den Anfängen bis zu Janet, Freud, Adler und Jung*. Zürich: Diogenes.

Foucault, Michel (1997): *'Il faut défendre la société'. Cours au Collège de France, 1976*. Paris: Gallimard/Seuil.

— (2001): «Nietzsche, la généalogie, l'histoire». En: Focault, *Dits et écrits I, 1954-1975*. Paris: Gallimard, pp. 1004-1024.

Freud, Sigmund (1999): *Gesammelte Werke*. Vols. 2-3: *Die Traumdeutung. Über den Traum*. Vol. 7: *Werke aus den Jahren 1906-1909*. Frankfurt a. M.: Fischer.

Gillespie, Gerald (1970): «Galdós and the Unlocking of the Psyche». En: *Hispania* 53, pp. 852-856.

Gold, Hazel (1988): «A Tomb with a View: The Museum in Galdós's Novelas contemporáneas». En: *Modern Language Notes* 103, pp. 312-34.

Hafter, Monroe Z. (1959): «The Hero in Galdós 'La Fontana de Oro'». En: *Modern Philology* 57, pp. 37-43.

Hegel, Georg Wilhelm Friedrich (1970): *Werke in 20 Bänden*. Vols. 13-15: *Vorlesungen über die Ästhetik*. Frankfurt a. M.: Suhrkamp.

Hurtado y Jiménez de la Serna, Juan (1932): *Historia de la literatura española*. Madrid: Ángel González Palencia.

Jean Paul (1975): *Werke in zwölf Bänden*. Vol. 9: *Vorschule der Ästhetik*. Edición de Nobert Miller. München/Wien: Hanser.

Kafka, Franz (1980): *Hochzeitsvorbereitungen auf dem Lande und andere Prosa aus dem Nachlaß*. Edición de Max Brod. Frankfurt a. M.: Fischer.

Karimi, Kian-Harald (2004): «'Des contes qui sont sans raison, et qui ne signifient rien' - Vom 'Roman der französischen Philosophen' zum philosophischen Roman». En: Christiane Solte-Gressner/Margot Brink (eds.): *Écritures. Denk- und Schreibweisen jenseits der Grenzen von Literatur und Philosophie*. Tübingen: Stauffenburg, pp. 71-88.

— (2007): *Jenseits von altem Gott und 'Neuem Menschen'. Präsenz und Entzug des Göttlichen im Diskurs der spanischen Restaurationsepoche.* Frankfurt a. M.: Vervuert.

KAYSER, Wolfgang (1964): *Lo grotesco.* Traducción de Ilse M. Brugger. Buenos Aires: Nova.

KRONIK, John W. (1976): «Galdós and the Grotesque». En: *Anales Galdosianos* 11, pp. 39-52.

LAPLANCHE, Jean/Jean-Bertrand Pontalis (^{13}1996): *Das Vokabular der Psychoanalyse.* Traducción alemana de Emma Moersch. Frankfurt a. M.: Suhrkamp.

LEMARTINEL, Jean (1977): «Unas notas acerca de la 'Fontana de Oro'». En: *Actas del Primer Congreso Internacional de Estudios Galdosianos.* Madrid: Editora Nacional, pp. 367-375.

LÓPEZ-BARALT, Mercedes (1992): *La gestación de Fortunata y Jacinta.* Río Piedras: Editorial Huracán.

LÓPEZ-MORILLAS, Juan (1965): «Historia y novela en el Galdós primerizo: *La Fontana de Oro*». En: *Revista Hispánica Moderna* 31, S. 23-285.

MONTANER, Carlos Alberto (1969): *'Galdós, humorista' y otros ensayos.* Madrid: Partenón.

MONTES HUIDOBRO, Matías (1980): «Desdoblamientos de un ritual sexo-revolucionario». En: *Hispania* 63, pp. 487-497.

MONTOLÍU, Manuel de (1929): *Literatura Castellana.* Barcelona: Cervantes.

NIETZSCHE, Friedrich (1954): *Werke in drei Bänden.* Vol. 1: *Menschliches, Allzumenschliches. Ein Buch für freie Geister.* Edición de Karl Schlechta. München: Hanser.

PÉREZ GALDÓS, Benito (^{2}1984 [1876]): *Doña Perfecta.* Madrid: Cátedra.

— (1986 [1871]): *El audaz.* Madrid: Alianza.

— (1990): *Ensayos de crítica literaria.* Edición de Laureano Bonet. Barcelona: Nexos.

— (1991 [1870]): *La Fontana de Oro.* Madrid: Alianza.

— (2009): «Don Ramón de la Cruz y su época». En: *Memoranda. Benito Pérez Galdós.* Charleston: Biblio Bazaar, pp. 141-165.

PÉREZ GUTIÉRREZ, Francisco (1975): *El problema religioso en la generación de 1868. «La leyenda de Dios». Valera – Alarcón – Pereda – Pérez Galdós – 'Clarín' – Pardo Bazán.* Madrid: Taurus.

PETERS, Edward (1989): *Inquisition.* Berkeley: University of California Press.

PETIT, Marie-Claire (1972): *Galdós et 'La Fontana de Oro'. Genèse de l'oeuvre d'un romancier.* Paris: Ediciones Hispano-Americanas.

POE, Edgar Allan (1938): *The Complete Tales and Poems.* New York: The Modern Library.

REBOLLO SÁNCHEZ, Félix (1996): «Galdós entre la historia y la novela». En: *Historia y Comunicación Social* (Universidad Complutense de Madrid), vol. 1, pp. 75-85.

REGALADO GARCÍA, Antonio (1966): *Benito Pérez Galdós y la novela histórica española (1868-1912)*. Madrid: Ínsula.

ROMERO TOBAR, Leonardo (1976): *La novela popular española del siglo XIX*. Barcelona: Ariel.

SAAVEDRA RIVAS, Ángel de (1995): *Don Álvaro o la fuerza del sino*. Madrid: Castalia.

SAFARTI-ARNAUD, Monique (1980): «Des Nouvelles Histoires extraordinaires à *La Fontana de Oro*: remarques sur l'imaginaire chez Galdós». En: *Revue Canadienne de Littérature* 7, pp. 22-31.

SÁNCHEZ-LLAMA, Íñigo (2005): «Benito Pérez Galdós en el contexto de la modernidad post-isabelina: análisis de *El Audaz. Historia de un radical de antaño (1871)*». En: *Romance Philology* 25, pp. 13-30.

SCHLEIERMACHER, Friedrich (1862): *Sämmtliche Werke*. Abt. 3: *Zur Philosophie*. Vol. 6, *Friedrich Schleiermacher's literarischer Nachlass: zur Philosophie*. Edición de L. George. Berlin: Reimer.

SCHRAIBMAN, José (1960): *Dreams in the Novels of Galdós*. New York: Hispanic Institute.

SERVÉN DÍEZ, María del Carmen (2002): «Sobre la recepción de Galdós y Alas durante el franquismo: la censura». En: *Anales Galdosianos* 37, pp. 13-32.

UREY, Diane F. (1981): «Mythological Resonances in Galdós's Early *Episodios Nacionales*». En: *Hispania* 81, pp. 842-852.

VARGAS LLOSA, Mario (1997): *Una Historia no oficial*. Edición de Miguel García-Posada. Madrid: Editorial Espasa Calpe.

WEINRICH, Harald (1985) «Al principio era la narración». En: Garrido Gallardo/ Miguel Ángel (eds.): *Teoría semiótica. Lenguajes y textos hispánicos*. Madrid: Consejo Superior de Investigaciones Científicas, pp. 89-100.

WELLINGTON, Marie A. (1972): «The Awakening of Galdós' Lazaro». En: *Hispania* 55, pp. 463-470.

WINCKELMANN, Johann Joachim (1969): «Beschreibung des Apollo im Belvedere». En: Helmut Joltzhauer (ed.): *Winckelmanns Werke in einem Band*. Berlin/Weimar: Aufbau, pp. 62-64.

WRIGHT, Chad C. (1979): «Artifacts and effigies: the Porreño household revisited». En: *Anales Galdosianos* 14, pp. 3-26.

YNDURÁIN, Francisco (1970): *Galdós entre la novela y el folletín*. Madrid: Taurus.

ZLOTEHEW, Clark M. (1985): «The Genial Inquisitor of *El audaz*». En: *Anales Galdosianos* 20, pp. 29-34.

Positivismo y poética: la carnavalización de las ciencias en *El doctor Centeno* de Benito Pérez Galdós

Jutta Weiser

El doctor Centeno es sin duda una de las novelas galdosianas más complejas y ricas en alusiones literarias, aunque, al considerar las críticas contemporáneas y modernas, no lo parezca. Muchos contemporáneos –y entre ellos Leopoldo Alas– se han quejado de la falta de unidad del libro, y esta discusión sobre la coherencia y el enlace entre los dos tomos, que parecen no tener más en común que su protagonista, se ha mantenido hasta hoy y la han replanteado José Montesinos ([2]1980: 62-93), Germán Gullón (1970/71) y otros más. Esta cuestión acerca de la unidad sobra –y eso lo ha destacado con justo título Francisco Caudet– al tomar en cuenta la estructura picaresca de la novela que se caracteriza justamente por su carácter episódico (Caudet 1995: 200 s.). Muy semejante al modelo picaresco, Felipe Centeno, hijo de una familia de mineros en el pueblo cantábrico de Socartes, va a Madrid en busca de amos para ganarse la vida y estudiar medicina. Pero allí se ve confrontado con una amarga realidad en la que fracasan sus proyectos e ideales.

En la primera parte de la novela, Centeno vive con el cura y maestro de escuela Pedro Polo y le sirve de criado, mientras que su amo le enseña, lo que da ocasión a una crítica hacia la pedagogía y el sistema de educación. En la segunda parte, Galdós crea un segundo héroe que es, al mismo tiempo, el nuevo amo y pronto muy buen amigo de Centeno: el manchego Alejandro Miquis, al que une más que su origen con el más grande héroe literario de la nación española. Centeno se hace –así dice el texto– «digno Panza de aquel bravo don Quijote» (Pérez Galdós 2002: 446). Miquis es un autor de teatro mediocre que no sólo sufre de prodigalidad crematística –lo que ha destacado sobre todo Montesinos que colocó a *El doctor Centeno* entre «las novelas de locura crematística» (Montesinos [2]1980: 85 ss.)– sino también de una tisis pulmonar que va a costarle la vida. La paulatina consunción de su cuerpo tuberculoso está estrechamente conectada con su ansia de producir comedias calderonianas y románticas, y con el desarrollo de su enfermedad Miquis pierde también la capacidad de distinguir entre la realidad y el mundo imaginario de su obra histórica *El grande Osuna*,[1] en lo que se halla sin duda otra reminiscencia quijotesca.

Ése es, *grosso modo*, el contenido de la novela, en el que ya se pueden percibir las muchas alusiones a la literatura española, y sobre todo a la novela picaresca y cervantina que a menudo sirven de modelos a las novelas galdosianas, como muestran los valiosos estudios de Rubén Benítez (1990 y 1992). La intertextualidad tiene como consecuencia inevitable que la idea del realismo o, mejor dicho, la reproducción mimética de la realidad se ponga en duda. Pero con eso, Galdós tiene en cuenta el modelo español del naturalismo que trató en su prólogo a *La Regenta*, diciendo que «con su feliz concierto entre lo serio y lo cómico responde mejor que el francés a la verdad humana» (Pérez Galdós 1990: 199). Esta mezcla característica de lo serio y lo cómico en el naturalismo español que se busca en vano en las novelas francesas resulta de la genealogía de la novela española. Según Galdós, el realismo ya se había formado en la novela picaresca y cervantina del Siglo de Oro, pero los franceses, con sus teorías del realismo y naturalismo, habrían quitado el elemento humorístico a esa tradición. Los españoles, por su parte, reintegraron entonces los elementos que se habían perdido en el proceso de adaptación del realismo clásico, de modo que el naturalismo español resultó una simbiosis del modelo francés y de la propia tradición del Siglo de Oro.[2] Este fenómeno, tachado por Wolfgang Matzat –con referencia a la teoría de Mijaíl Bajtín– de «recarnavalización de la novela realista»[3], nace de la vinculación estrecha entre el positivismo como elemento del naturalismo francés y el humor picaresco como herencia de la propia tradición nacional. Todo ello conduce a una ambivalencia fundamental de la narración, puesto que el discurso positivista se halla permanentemente subvertido por elementos burlescos e intertextuales.

En lo siguiente se examinarán los discursos científicos mencionados en *El doctor Centeno* para descubrir de qué manera la representación de lo científi-

---

[1] En cuanto a las paralelas entre creatividad y enfermedad en el personaje de Alejandro Miquis cf. Flores Ruiz/Luna Rodríguez (2005).

[2] Cf. Pérez Galdós (1990: 199): «Francia, con su poder incontrastable, nos imponía una reforma de nuestra propia obra, sin saber que era nuestra; aceptémosla nosotros restaurando el Naturalismo y devolviéndole lo que le habían quitado, el humorismo, y empleando éste en las formas narrativa y descriptiva conforme a la tradición cervantesca».

[3] Matzat (1993: 131). En lo que se refiere a la reintegración de lo cómico en el naturalismo español cf. Matzat (2003).

co engendra una recarnavalización de la novela. Es obvio que la deconstrucción así como la carnavalización de las ciencias en *El doctor Centeno* contienen un gran potencial de crítica hacia la situación sociopolítica del país durante la Restauración. Sin embargo, no se limitan a una denuncia del retraso científico español. A través de la deconstrucción del discurso positivista –que precisamente es propio al naturalismo francés– Galdós desarrolla además un modelo novelesco típicamente español que se podría calificar de sincretista por su ligadura de realismo literario e intertextualidad. El pretender conciliar por lo menos dos modelos literarios diferentes en un mismo texto no sólo era característico de la novela galdosiana, sino que llega a ser incluso un rasgo propio del naturalismo español.

Positivismo e intertextualidad

Al principio de *El doctor Centeno*, el lector se encuentra frente a un narrador que adopta una postura científica. La novela empieza con la siguiente presentación del protagonista:

> Es un héroe más oscuro que las historias de sucesos que aún no se han derivado de la fermentación de los humanos propósitos; más inédito que las sabidurías de una Academia, cuyos cuarenta señores andan a gatas todavía, con el dedo en la boca, y cuyos sillones no han sido arrancados aún al tronco duro de las caobas americanas. Esto no impide que ocupe ya sobre el regazo de la madre Naturaleza el lugar que le corresponde, y que respire, ande y desempeñe una y otra función vital con el alborozo y brío de todo ser que estrena sus órganos (Pérez Galdós 2002: 93).

El lenguaje académico da al lector la impresión de que está empezando a leer una novela experimental en la que el narrador, siguiendo la pauta de Émile Zola, tiene la función de observador y experimentador. Sin embargo, en el caso de Felipe Centeno se trata de la aparición extraordinaria de un ser que nunca ha sido visto antes y cuyos rasgos biológicos, por consiguiente, se pueden observar únicamente en la presente novela. El discurso engendra la ilusión de una cientificidad de lo narrado, si bien, en realidad, el objeto de la investigación resulta completamente ficticio. En este sentido, James Hoddie subrayó que «la alusión a la ciencia tiene el efecto de alejarnos de la ciencia, indicando que *la novela es la ciencia adecuada* al estudio del tipo emergente de la nada» (Hoddie 1993: 49). La retórica finge entonces cierta solidez positivista la cual, en realidad, no existe. Esto se podría entender también como una ironía acerca de la poética del naturalismo francés, en tanto que este último favorece justamente el modelo mimético subvertido por Galdós. La omnisciencia, así como la actitud positivista del narrador en la escena inicial, son muestras de estrategias para citar el naturalismo francés y subvertirlo al mismo tiempo.

Lo que comenzó como la exposición de un caso biológico extraordinario se convierte pronto en la presentación de un historiador. Y aunque con esto, Galdós se sirve de un topos muy antiguo de la narrativa europea, esta retórica pone de nuevo en duda la ficcionalidad de la novela. La diferencia entre historiografía y literatura es, como se sabe, de las más antiguas en lo referente a la imitación de la realidad y lleva a una dualidad de hechos y ficciones, que parece estar suspendida en la presente novela. El narrador sugiere que los hechos empíricos realzan la trama:

> No se meterá el historiador en la vida privada, inquiriendo y arrojando a la publicidad pormenores indiscretos. [...] Llevado de su noble anhelo, baraja papeles, abofetea libros, estropea códices, destripa legajos, y al fin ofrece a la admiración de sus colegas los siguientes datos, preciosa conquista de la sabiduría española (Pérez Galdós 2002: 95).

Cabe comprobar que, ya desde el principio, se plantea la cuestión del estado epistemológico de la novela. Eso no parece fruto del azar. El narrador-historiador responde de la autenticidad histórica de lo narrado, lo cual pone de relieve, además, con su invocación de Clío, musa de la Historia.[4] Con estos dos pilares de la novela, el supuesto saber histórico del narrador de un lado, y la intertextualidad del otro, el lector se encuentra ante una ambivalencia fundamental. Todo ello corresponde, por lo demás, a lo que le ocurrió a Don Quijote, para quien los libros de caballería tenían valor empírico.

---

[4] Cf. Pérez Galdós (2002: 133): «Dice Clío, entre otras cosas de menor importancia, que Don Pedro Polo y Cortés se levantaba al amanecer [...]»; Pérez Galdós (2002: 137): «Don Pedro Polo y Cortés era de Medellín; por lo tanto, tenía con el conquistador de México la doble conexión del apellido y de la cuna. ¿Había parentesco? Dice Clío que no sabe jota de esto».

Los «datos históricos», presentados por el narrador al comienzo de esta novela, son los siguientes: Centeno, de 13 o 14 años, se desmayó al fumarse un puro. Lo encontraron sin conocimiento los estudiantes Miquis y Cienfuegos delante del observatorio y en cuanto se despertó, Felipe les pidió un puesto de criado. Estos «datos empíricos» del historiador, no obstante, resultan dudosos al considerar el texto literario que sirvió a Galdós de modelo para este comienzo de novela. Esta situación de dos estudiantes que encuentran a un joven dormido en busca de amo para financiarse sus estudios reproduce exactamente la escena inicial de *El licenciado Vidriera*, novela ejemplar de Cervantes.[5]

Esta intertextualidad tiene una consecuencia directa para el pretendido discurso histórico del narrador, que pierde su autenticidad empírica a la luz de esta referencia a otro texto literario. La autorreferencialidad producida por el juego intertextual es contraria al procedimiento positivista que había anunciado el narrador. Los modelos literarios que sirven de base a la novela, es decir, la estructura cervantina, así como la picaresca, subvierten la pretendida cientificidad del discurso narrativo. De este modo, resulta inevitable que todo recurso a un saber positivista pierda credibilidad, y el discurso biológico, así como el historiográfico, se reduzcan a una simple estrategia retórica. En total, los discursos científicos están dominados y subvertidos por los modelos literarios.

Astronomía y religión

El papel de la ciencia se puede entonces relativizar de la manera que propuso Geraldine M. Scanlon al poner de relieve la prevalencia de lo poético –e incluso todo concepto de magia, superstición, creatividad e imaginación– sobre lo científico (Scanlon 1978: 245 s.). Este fenómeno se puede observar ante todo en un personaje secundario: el astrónomo Federico Ruiz, que se presenta al mismo tiempo como «hombre de imaginación» y autor de teatro: «Parecerá extraño que un astrónomo haga comedias; pero ya se sabe que aquí servimos para todo. ¿No fue director del observatorio un célebre poeta?» (Pérez Galdós 2002: 116).

---

[5] Para los paralelismos entre *El doctor Centeno* y *El licenciado Vidriera* véase el análisis de Rodríguez (1984).

Galdós no sólo creó este personaje del astrónomo-poeta para mostrar una doble competencia de científico y literato, sino también para criticar el retraso científico en España:[6]

> [...] su espíritu fluctuaba entre el Arte y la Ciencia, víctima de esa perplejidad puramente española, cuyo origen hay que buscar en las condiciones indecisas de nuestro organismo social, que es un organismo vacilante y como interino. El escaso sueldo, la inseguridad, el poco estímulo, entibiaban el ardor científico de Federico Ruiz. ¿Para qué se metía a descubrir asteroides, si nadie se lo había de agradecer como no fuera el asteroide mismo? España es un país de romance. Todo sale conforme a la savia versificante que corre por las venas del cuerpo social. Se pone un hombre a cualquier trabajo duro y prosaico, y sin saber cómo le sale una comedia (Pérez Galdós 2002: 116).

En vez de consagrarse con toda su fuerza a la investigación del sistema planetario, las competencias y el anhelo de Ruiz quedan repartidos entre dos campos diferentes. Por consiguiente, no logra éxito ni como científico ni como literato: «De todo esto se desprende que Federico Ruiz, astrónomo sin sustancia, debía de ser adocenado poeta» (Pérez Galdós 2002: 204).

El vacilar entre la ciencia y el arte, característico para Federico Ruiz, remite a una mediocridad que, en último término, se debe a las estructuras sociales del país. La ciencia pura no existe, dado que siempre se halla entremezclada con lo poético: «Es que la poesía se mete en todas partes, aun donde parece que no la llaman, y así, cuando se cree encontrarla en los arroyuelos, aparece en las matemáticas» (Pérez Galdós 2002: 116). Eso significa que la distancia entre las ciencias y las letras está muy reducida. Sin embargo, Galdós muestra de qué manera la simbiosis entre poesía y matemáticas se revela más como un obstáculo para el éxito de cada uno de ambos dominios.

En el personaje de Federico Ruiz no sólo se unen la astronomía y la literatura, sino también la ciencia y la religión. Como católico convencido y un poco fanático desarrolla un proyecto peculiar que consiste en reemplazar los

---

[6] Bell analiza esta crítica social en el contexto del darwinismo y krausismo en la obra de Galdós. En este sentido, Federico Ruiz representa las tendencias degenerativas en España. Cf. Bell (2006: 121): «There is little doubt that Galdós recognised a degeneracy of spirit [...] and intellect in his contemporary countrymen, and like Darwin and the Krausists he looked back in time for explanation».

nombres mitológicos de los planetas por los nombres de santos de la Iglesia, de modo que se puede asociar con cada astro un santo:

> ¿Qué mejor catedral que la aparente bóveda del cielo? Los hombres adorarían a la entidad San José, San Juan en la imagen luminosa de este o del otro astro; y como la celebración de la festividad por la Iglesia coincidiría con un fenómeno astronómico, he aquí establecida simbólicamente una armonía sublime entre la religión y las matemáticas… (Pérez Galdós 2002: 206).

A causa de la solemnidad y el silencio en que Ruiz hace la observación del paso del Sol por el meridiano, Miquis llama a esta operación una «misa astronómica».[7] En esta última se unen entonces la ciencia y el culto religioso. Pero, esta fusión no queda escasa de burla, y, consiguientemente, se profanan tanto la religión como la astronomía. El observatorio, lugar santo de la ciencia, está siempre asociado con la iglesia, lugar santo del catolicismo. Ambos sitios tienen en común que ante ellos los españoles han perdido todo respeto:

> Pensar que tres españoles, dos de ellos de poca edad, pueden estar en el lugar más solemne sin sacar de este lugar motivo de alguna broma, es pensar lo imposible. A la iglesia van muchos a pasar ratos divertidos, cuanto más a una sala meridiana donde no hay más respeto que el de la ciencia, donde se entra con el sombrero puesto, y aun se fumaría si la susceptibilidad de los instrumentos lo permitiera (Pérez Galdós 2002: 209).

Semejante a un sacerdote y sus operaciones, Ruiz observa el paso del Sol, hace subir y bajar la bola de la Puerta del Sol a medianoche, registra los cronómetros y anota sus observaciones, mientras que los dos estudiantes quedan indiferentes «como los sacristanes ante los sagrados ritos» (Pérez Galdós 2002: 209).

El trabajo científico de Ruiz, que está emparentado con los ritos de la Iglesia católica, se podría entender todavía en el contexto de la crítica al retraso español, en la medida que se mantiene con toda fuerza un culto tradicional que no contribuye de ninguna manera al progreso científico. Igual que la

---

[7] Cf. Pérez Galdós (2002: 208): «No se efectuó el acto sin cierta solemnidad como religiosa, con silencio, sosiego y aun algo de poesía, por cuya circunstancia, y por ser operación diaria, decía Miquis que aquello era la *misa astronómica*».

poesía, la tradición católica traspasa las ciencias, y aún más, la ciencia se practica en analogía al culto religioso. En consecuencia, está condenada al fracaso.

Sin embargo, esta fusión de la astronomía con la religión es también producto de una estrategia sutil que aproxima dos polos contrarios y vincula así las llamadas «dos Españas» reuniéndolas en un discurso híbrido. En esta construcción, el saber tradicional y el moderno, así como la ciencia y la religión no consiguen ser contradictorios. No obstante, el precio de esta armonía de los contrarios es enorme, porque las dos materias se vacían y pierden su sustancia.

Ni la religión ni la astronomía se pueden tomar en serio en el episodio en que Miquis le pide a Ruiz que le haga su horóscopo. Esta situación da lugar a una profanación y degradación de una ciencia por la cual Ruiz ya no puede entusiasmarse. La ciencia astronómica se convierte en objeto de burlas cuando Ruiz se inventa el horóscopo. Galdós aprovecha la ocasión para pintar la decadencia social en su país al expresar la indignación del astrónomo frente a la situación de las ciencias en España por medio del estilo indirecto libre:

> ¡Oh! Sin ir más lejos... si él hubiera nacido en Inglaterra o en Francia, habría tenido aquel y otros respetos, sí, señor, porque seguramente ganaría mucho dinero con la ciencia; ¡pero aquí, en este perro país!... Como español (y gato de Madrid, por más señas), podía hacer mofa de todo. Manos a la obra. ¿Horóscopo dijiste? (Pérez Galdós 2002: 209).

El horóscopo hecho por Federico Ruiz implica una carnavalesca vuelta al revés de ambos discursos autoritarios: la astronomía está reducida a la astrología, así como la religión decae en la superstición. De este modo, el horóscopo simboliza la decadencia de la religión y la ciencia en España, así como la profanación de dos ámbitos que antes gozaban de gran prestigio. El horóscopo, como resultado de una carnavalización y degradación de la ciencia astronómica, atestigua que el retraso español se debe a la perdida de respeto, curiosidad y entusiasmo.

Medicina y poesía

Galdós no sólo pone en duda la astronomía, sino también la ciencia médica. Pepe Moreno Rubio, que ya se presenta en *La Desheredada* como un médico experimentado en la auscultación, aparece en la segunda parte de *El doctor Centeno* para tratar la tuberculosis de Alejandro Miquis. Es un médico sensible, que tiene mucha compasión de sus pacientes. Al mismo tiempo es ambicioso y se apasiona por la observación y la auscultación de los enfermos, y, en suma, representa este entusiasmo por su disciplina que le falta a Federico Ruiz. Por eso, resulta sorprendente que, a pesar de su amor al saber médico, sus actividades profesionales no engendren un discurso científico y positivista, sino una pasión romántica por la poesía y la música:

> Observar la marcha metódica de la enfermedad, conforme en cada uno de sus terribles pasos con el diagnóstico que él había hecho; ver y oír cada síntoma; examinar las turgencias, las morbideces, los ruidos torácicos, las eliminaciones... ¡qué cosa tan entretenida! Esto y los cantos de un bello poema venían a ser cosas muy semejantes. Principalmente la auscultación, en la cual Moreno Rubio empleaba todos los días un largo rato, enamoraba su espíritu. Las cosas que dice el aire en los pulmones son en verdad estupendas. Esta música no es igualmente seductora para todos; pero su expresión sublime nadie la negará. La resonancia sibilante, la cavernosa, los ecos, los golpes, los trémolos, las sonoridades indistintas y apianadas, que ya no parecen voces del cuerpo, sino soliloquios del alma, constituyen una gama interesantísima. ¡Lástima que la letra de esta música sea casi siempre una endecha de muerte! (Pérez Galdós 2002: 383-384).

El examen del cuerpo enfermo no sólo se compara con los cantos de un poema, sino que las metáforas musicales sustituyen finalmente por completo a lo que percibe el médico en la auscultación. No se trata de voces del cuerpo, sino de *soliloquios del alma*. Por consiguiente, este párrafo contrasta estilísticamente con la observación médica y así la perspectiva queda indecidible. ¿Se trata de la voz del narrador o del mismo médico? Da la impresión de que el narrador informa primero al lector sobre la actitud de Moreno Rubio acerca de su profesión, y que esta perspectiva del narrador se sustituye por una focalización interna del mismo médico cuando el tiempo de los verbos cambia del imperfecto al presente del estilo directo libre.

El método científico de la novela naturalista se subvierte una vez más por el arte a la hora de convertir lo percibido por el estetoscopio en una sinfonía. Semejante a lo que ya vimos en el caso de la astronomía, se fusionan la medicina y la poesía a través de un estilo romántico, ya pasado de moda en esta época. De este modo, Galdós muestra que la poesía, el arte y la música penetran en las ciencias y, en consecuencia, estas últimas no logran el descubrimiento de verdades, sino que llegan a ser parte de un mundo poético e imaginario. En efecto, ni un astrónomo que escribe comedias y celebra *misas astronómicas*, ni un médico que escucha una sinfonía al auscultar, se pueden tomar en serio.

Pocas líneas después de este «exceso romántico» sigue una conversación profesional entre los dos médicos, Moreno Rubio y Cienfuegos, la cual rompe completamente con el estilo poético precedente: «Los tubérculos han destruido casi todo el parénquima. Ha empezado de una manera alarmante el reblandecimiento y expulsión de tubérculos» (Pérez Galdós 2002: 384). El contraste entre el discurso profesional y el poético no podría ser más grande: en este diálogo con su colega menor, el doctor Moreno Rubio argumenta de manera objetiva y sobria utilizando los términos técnicos adecuados. El cambio de lo poético a lo científico se realiza de manera tan abrupta que la perspectiva de este mismo médico no podría corresponder tanto a la conversación profesional como al himno poético a la auscultación. Si el párrafo poético fuera un comentario irónico del narrador, se trataría de una polifonía en la que el discurso positivista del personaje y el discurso poético del narrador se mantienen uno al lado del otro.

Una técnica narrativa semejante se encuentra en la representación de la tuberculosis de Alejandro Miquis. Paralelamente al personaje enfermo, que pierde cada vez más la capacidad de diferenciar entre el mundo del teatro y la realidad, el narrador abandona su postura positivista y cambia su objetividad por un estilo humorístico.[8] Miquis ya ha entrado en la fase terminal de su enfermedad en que los órganos dejan paulatinamente de funcionar y los nervios se hallan en una sobreexcitación permanente. Todo ello se expresa por un buen número de síntomas como dolores de cabeza, náuseas, insomnio, falta de apetito y trastornos psíquicos. No puede comer sino con grandes dolores y rehusaba todo medicamento y calmante. En este estado avanzado

---

[8] Acerca de la relación entre la enfermedad infecciosa del personaje y el discurso narrativo sustento una hipótesis que no puedo desarrollar aquí por extenso. En mi Habilitación sobre la representación de las enfermedades y del saber médico en la novela española del siglo XIX, he planteado la hipótesis de que el delirio creciente del autor teatral tiene una influencia decisiva en la narración. Esta interdependencia entre la tuberculosis del protagonista y el discurso narrativo se manifiesta en lo que yo llamaría un «estilo tísico». Esto quiere decir que el estilo se amolda al objeto de la descripción, o sea, a la progresión paulatina del delirio tísico. Cf. Weiser (2009).

de la tisis, las descripciones clínicas dan paso a una presentación burlesca de lo que sucede dentro del organismo enfermo:

> Los órganos, desmayados, no querían funcionar más. Unos decían: «¡que me rompo!». Otros: «¡bastante hemos trabajado!». Pero la anarquía, el desbarajuste principal estaban en la parte de los nervios, que ya no reconocían ley, ni se dejaban gobernar de ningún centro, ni hacían caso de nada. Cual desmoralizado ejército, que al saber el abandono de la plaza se niega a combatir y a la crápula y al desorden se entrega, aquellos condenados discurrían ebrios, haciendo como un carnaval de sensaciones. Ya fingían el dolor de cabeza, ya remedaban el traqueteo epiléptico, ya jugaban al histerismo, a la litiasis, a la difteria, a la artritis. Para que su escarnio fuera mayor, hacían hipocresías de salud. Difundiendo por toda la casa un bienestar engañoso. Todo era allí jácara, diversión, horrible huelga. Si entraba algún alimento, lo recibían a golpes, con alboroto de dolores y escándalo de náuseas. Siempre que la sangre traía alguna sustancia medicamentosa, si era tónica, la arrojaban con desprecio; si era calmante, la cogían y hacían burla y chacota de ella. Todos se confabulaban contra el sueño, que quería entrar. Apenas éste se presentaba, tales empujones recibía, y tales picotazos y pellizcos le daban, que el pobre salía más que de prisa... En el cerebro, las funciones más notables, desoyendo aquel tumulto soez de la sangre y los nervios, se despedían del aposento en una larga y solemne sesión (Pérez Galdós 2002: 419-420).

Este discurso narrativo se distingue fundamentalmente de la presentación positivista del saber médico que se encuentra también en la novela. La personificación es la figura retórica sobresaliente: cada órgano está provisto de una voz con que se queja de su fatiga, los nervios festejan un carnaval y se disfrazan de epilepsia, de histerismo o de cualquier otra enfermedad. Con esta retórica de la personificación de los procesos fisiológicos y psíquicos, que, sin duda, produce un efecto cómico, Galdós reintegra en su texto aquel elemento humorístico, mencionado en su genealogía de la novela española. En este sentido, el cambio del estilo positivista al humorístico se puede considerar como rasgo de la novela española. De esta alternancia permanente entre el discurso científico y el discurso cómico no sólo se infiere la polifonía, sino también la subversión del método positivista y experimental de la novela decimonónica.

Con el abandono de la objetividad y el cambio de discurso, el narrador se muestra desconcertante y veleidoso, lo que corresponde precisamente a los síntomas de la tuberculosis en el personaje de Miquis. Esto significa que el mismo «carnaval de los nervios» que describe el texto se encuentra también en el discurso narrativo: análogo a la tisis que se muestra proteo e imita los síntomas de varias enfermedades, el narrador se apropia de estilos ajenos y, de este modo, acaba con su función «sana» dentro de la narración. De ahí que el lector se quede confundido por no saber colocar de manera inequívoca las perspectivas. Se puede decir, incluso, que le ocurre lo mismo al lector que Miquis experimenta con respecto a su tuberculosis, porque el narrador ya no se muestra como una instancia racional y responsable del orden novelesco.

Algo semejante sucede en el ejemplo del himno a la auscultación que hemos visto antes: existe sin duda un paralelismo entre la postura romántica del narrador acerca del examen médico y la de Miquis acerca de sus comedias. En otros términos: el narrador adopta la actitud de su personaje *por contagio*. De todo ello se puede concluir que, en último término, el estilo resulta tan contagioso como la enfermedad, dado que el narrador imita al discurso patológico de un escritor aquejado de una idea fija. Que el narrador pierda cada vez más el control, de lo que resulta inevitablemente cierta incoherencia narrativa, no sólo condiciona la polifonía, sino que señala también la paulatina consunción del narrador: éste se consume como su personaje tísico. Ambos pierden cada vez más fuerzas hasta la muerte. El fallecimiento de Miquis va acompañado de la completa desaparición del narrador. Por consecuencia, se efectúa al final un cambio de la estructura narrativa a la dramática. En esta forma teatral, que sólo consiste en diálogos y acotaciones, el narrador se ha desvanecido por completo, y así, este último se muestra como un espejo del protagonista que está muriendo de tuberculosis.

En conclusión, cabe comprobar que la actitud del narrador resulta lo contrario de la impasibilidad e imparcialidad que exige la novela realista-naturalista. Se trata, en cambio, de un narrador que toma parte en el destino del personaje, e incluso le imita y se hace su espejo.

Para resumir lo hasta aquí expuesto, se puede concretar que en *El doctor Centeno* los diferentes discursos científicos, como la historiografía, la astronomía y la medicina pierden valor por ser entremezclados con discursos incompatibles como la poesía o la religión. Esta subversión de las ciencias se manifiesta en el cambio de estilos, así como en la confusión de las perspectivas dentro del discurso narrativo y produce, en último término, una profanación o una carnavalización en todos los dominios. Aparte de esto, si bien se encuentran paralelas temáticas entre *El doctor Centeno* y la novela naturalista —como por ejemplo la decadencia social o la representación de enfermedades y trastornos psíquicos– las rupturas con la narración positivista conducen a una crítica al modelo francés en el que la postura del observador se mantiene a lo largo de la narración. Aparentemente, mucho más importantes que una adaptación de la poética naturalista eran para Galdós los elementos que transgreden la narración realista, es decir, la intertextualidad, la ironía y cierta ambivalencia del narrador.

La parodia de la anatomía patológica

El último aspecto del presente estudio concierne el héroe principal de la novela: Felipe Centeno, el pícaro que quiere hacer carrera de médico y mejorar así su condición social y económica. Como el lector ya sabe desde el principio, Centeno nunca tendrá éxito en sus estudios por falta de inteligencia. Sin embargo, cuando su amo y amigo Alejandro ya está agonizando, Felipe se esfuerza por salvarle la vida. En vano busca explicaciones en los libros de anatomía que puedan ayudarle en su propósito. Por ende, efectúa estudios de anatomía por sí mismo cuando enferma el gato de Rosa Ido del Sagrario, lo que le ofrece a Centeno una ocasión de examinarlo ampliamente:

> [...] le tomó el pulso, le auscultó, le examinó, pronunciando hinchadas frases de hipocrático sentido, como:
> –Este señor es muy aprensivo... ¿ha comido este señor algo más de lo que tiene por costumbre?... Hay fiebre... Esperaremos la remisión de la mañana... Debe ser cosa del *parénquima*... ¿sabes tú lo que es el *parénquima*?... Pues es donde están los tubérculos, unas cosas muy malas, muy malas (Pérez Galdós 2002: 389).

Metido en su papel de médico, Centeno utiliza el vocabulario técnico que ha escuchado en una conversación entre Moreno Rubio y Cienfuegos; también imita la actitud y el estilo de estos médicos, a los que toma por modelo. El discurso del doctor Centeno revela, sin embargo, que todavía sabe muy poco de medicina, excepto tal vez que los tubérculos en el parénquima de los pulmones son peligrosos. Esto desemboca, sin pretenderlo Centeno, en una parodia de la jerga médica.

Esta estrategia paródica nos remite de nuevo a la teoría de Bajtín que diferencia entre la *palabra autoritaria* y la *palabra interiormente persuasiva*. Mientras que la última se integra sin problemas en el propio discurso, la primera no se deja asimilar sin reparo porque carece de convicción intrínseca. El lenguaje profesional siempre permanece autoritario y esotérico. De ahí que la imitación de una *palabra autoritaria* frecuentemente signifique al mismo tiempo una transcodificación y una parodia (Bachtin 1979: 229 ss.). Con su imitación del discurso médico, Centeno crea un *mundo al revés* en el sentido bajtiniano: el hecho de que el *pícaro*, personaje de una posición social inferior, imite el lenguaje académico y adopte así un papel contrario al suyo, nos permite hablar de una *carnavalización*. Dentro del marco del carnaval, el personaje más bajo se da aires de académico e invierte las posiciones sociales a la hora de imitar un discurso autoritario ajeno.

La parodia acerca del gato enfermo es llevada por Rosa Ido del Sagrario hasta el extremo al preguntar: «¿Y qué le damos para esos tabernáculos?» (Pérez Galdós 2002: 389). Sin quererlo, la niña desfigura el lenguaje técnico que recibe de segunda mano: así, los *tubérculos*, término técnico de medicina, se convierten en *tabernáculos*; por analogía de sonidos, la palabra médica se transforma en una palabra eclesiástica y con ello se convierte en un objeto de burla. Mientras que Rosa, preocupada por su gato, participa en la parodia sin ninguna intención de burlarse, Centeno parece identificarse cada vez más con su papel de veterinario, lo que tiene por consecuencia cierta exageración y abundancia de términos técnicos dentro de su discurso carnavalesco: «En vista de que las funciones tal y cual –dijo Centeno, ni serio ni festivo– no van como es debido; y en vista de que la inflamación de la pulmonía de la clavícula interesa al hueso palomo del infarto de la glándula estomacal mocosa [...]» (Pérez Galdós 2002: 389). Se trata de una yuxtaposición de palabras médicas exentas de todo sentido.

Pero, la burla no sólo tiene por objeto la jerga de los médicos. Tras morirse el gato, Centeno hace la disección con una navaja y así prosigue el discurso carnavalesco:

> Hola, hola, aquí tenemos los pulmones: son estas esponjas, estas cosas llenas de huequecillos... Me parece que este caballero y mi amo tienen la misma enfermedad. Pero no veo nada... ¿Y el parénquima? Será esto que está detrás. ¿Pues y esta canal? Por aquí va lo que comemos. Me parece que el corazón está por aquí. Por estos caños entra y sale la sangre... Sigamos la canal abajo. ¡El estómago! Ábrete, perro, ábrete. ¡Zas!... (Pérez Galdós 2002: 392).

Continúa el viaje anatómico a través del cadáver y, otra vez, la niña extrema la parodia constatando: «Le has hecho la *utosia*»; el doctor Centeno la corrige: «No se dice *utosia*, sino *utopia*» (Pérez Galdós 2002: 393). De esta manera, la autopsia se convierte en una utopía por asociaciones acústicas. En la conversación entre Rosa y Felipe se originan juegos de palabras que deforman el lenguaje autoritario de los médicos.

A pesar de estos rasgos cómicos y carnavalescos que resultan de la ingenuidad del doctor Centeno en sus primeros pasos de patólogo, el pícaro logra, sin saberlo, un avance científico con su examen del cadáver. Su empeño por mirar *dentro* del cuerpo para comprobar las causas de la enfermedad está condicionado por el paradigma anatomoclínico, vigente en la segunda mitad del siglo XIX. Esta mentalidad anatomopatológica parte de la premisa de que toda enfermedad está determinada por una lesión orgánica (Laín Entralgo 1974). Centeno precisamente tiene esta misma idea de que la tisis de su amo debe ser ligada a lesiones anatómicas. De ahí que quiera abrir el cuerpo enfermo de su amigo para quitarle el foco patógeno:

> ¿Cuál es su antojo? Nada menos que averiguar cómo era su amo *por dentro*; meter sus miradas en aquel dichoso parénquima, en aquellas cavernas y tubérculos, para ver en qué consistía el daño, y por qué se había de morir su amo. Mentalmente le abría en canal con un grande y cortante instrumento que no causaba daño, y luego introducía con sutileza sus manos para extraer el mal... Lo dicho, dicho: Moreno Rubio era un pobre hombre que no sabía el oficio (Pérez Galdós 2002: 386).

Con la autopsia del gato y el intento de localizar la enfermedad, Centeno actúa conforme al método anatomoclínico. No se contenta con la sola observación estetoscópica para su diagnóstico, como lo hace el médico Moreno Rubio, sino que añade la vista y el toque directos de las lesiones ocultas deseando meter sus miradas sobre los órganos infectados e introducir sus manos para extraer el mal. Así se completa la «triangulation sensorielle» señalada por Michel Foucault para designar el conjunto del ver, oír y tocar como forma de percepción paradigmática de la anatomía patológica (Foucault [5]1983: 166). Entonces, Centeno representa un paradigma médico que está ligado a célebres científicos franceses como Laënnec, Bichat, Corvisart y Bayle. En el siglo XIX, la localización anatómica de las lesiones en el interior del cuerpo sustituyó a otro método mucho menos sólido, en que el diagnóstico se apoyaba únicamente en los síntomas exteriores. Con este cambio de enfoque, la observación *post mortem* llegaba a ser una parte esencial del diagnóstico que ya no dependía de los síntomas clínicos. En este contexto, Laënnec y Bayle desarrollaron un sistema nosológico cuyo diagnóstico se establecía únicamente en relación a las lesiones descubiertas en la autopsia (Laín Entralgo ²1961: 227-259; Lachmund 1997: 62- 71). El método anatomoclínico se apoyaba en una epistemología en que la percusión y la auscultación eran de gran importancia, puesto que las señales acústicas –como la transformación de la voz, los soplos cardíacos o los murmullos respiratorios– indicaban las lesiones ocultas en el interior del cuerpo. A través de la auscultación se podía establecer un diagnóstico casi asegurado ya antes de la muerte del paciente. Aunque, en esta época, la autopsia resultaba lo más importante en la investigación médica, se intentaba desarrollar métodos diagnósticos para poder tratar a los pacientes en tanto que estaban con vida, o sea, antes de que la lesión orgánica apareciera en la autopsia.

Así pues, cabe decir que, a pesar de su incompetencia médica, Centeno actúa conforme al paradigma anatomoclínico a la hora de abrir un cadáver de gato para aplicar más tarde lo estudiado a su amigo tísico. De este modo, participa en un desarrollo de la ciencia médica en que la percepción óptica de lo patológico llega a ser cada vez más importante. Al echar una mirada al parénquima pulmonar en busca de cavernas y tubérculos, Centeno no se aleja del diagnóstico de la tuberculosis desarrollado por Laënnec. Este último estableció nuevas categorías nosológicas cuyos criterios se encontraban en las particularidades anatómicas del enfermo. Por lo tanto, la tuberculosis sólo se podía diagnosticar en caso de que la autopsia dejara ver cavernas en los tejidos pulmonares.[9] Pero el doctor Moreno Rubio actúa también en el sentido del patólogo francés relacionando lo que se percibe en la auscultación con las lesiones descubiertas más tarde en la autopsia. Un síntoma cierto de la tisis pulmonar era la llamada pectoriloquia, es decir, la intensificación de la voz en el pecho que se observaba mediante la auscultación.[10] Moreno Rubio explica este fenómeno cuando Cienfuegos se da cuenta de la transformación de la voz del enfermo:

---

[9] Cf. Laënnec (1819); cf. también Lachmund (1996: 62 ss.).
[10] Cf. Foucault (⁵1983: 164): «Le signe, maintenant, parle seul, et ce qu'il prononce est apodictique: la toux, la fièvre chronique, l'affaiblissement, les expectorations, l'hémoptysie rendent de plus en plus probable, mais, au bout du compte, jamais tout à fait certaine la phtisie; la pectoriloquie, à elle seule, la désigne sans erreur possible».

–La voz –dijo Cienfuegos, no menos triste– se le transformó desde ayer por la mañana. Me espanté cuando le oí.
 –La broncofonía nos indica la formación súbita de grandes cavernas... Mañana auscultaremos, y observará usted el curioso fenómeno de la pectoriloquia... (Pérez Galdós 2002: 384).

Las explicaciones de Moreno Rubio corresponden a lo que escribió Laënnec en su célebre estudio sobre la auscultación donde designaba la pectoriloquia como «un phénomène tout-à-fait singulier» (Laënnec 1819: 17) y signo unívoco de los tubérculos, rasgo anatómico de la tisis pulmonar.[11]

En resumen, la autopsia operada por Centeno parece significar mucho más que una simple parodia de la anatomía clínica. La crítica de la anatomía patológica contenida en las actividades médicas del *pícaro* resulta notable, y el mismo doctor Centeno la pronuncia en las palabras siguientes: «Los médicos de ahora no sirven –pensó–. Para médicos los de mañana, los que van a venir» (Pérez Galdós 2002: 386). Dicho esto por el personaje cómico, logra una dimensión carnavalesca. El lector sigue una marcha virtual por las entrañas del gato cuyas características anatómicas –aun pareciendo absurdo desde una perspectiva positivista– deben corresponder, según lo que pretende Centeno, a las de su amo. De un lado las actividades médicas de Felipe Centeno resultan cómicas a pesar suyo y, de esta manera, limitan la autoridad del discurso médico; de otro, el pícaro se propone seriamente curar a su amo. El examen del gato muerto queda representado por medio de la ironía dramática en tanto que sólo para el lector produce un efecto cómico, mientras que el personaje no tiene ninguna intención de comicidad.

La adaptación del lenguaje técnico por el personaje picaresco no se limita a la parodia, sino que indica también un posible avance y una mejora de la ciencia médica. En este sentido, resulta destacable que el plan para los futuros médicos se esboce justamente en una obra literaria, caracterizada por el humor. Últimamente, a modo de carnaval, Felipe Centeno supera a los médicos imitados, y anuncia un nuevo paradigma médico.

Para terminar, esclarecemos la parodia de la ciencia a la luz de la poética. Esbozando un nuevo paradigma médico en su novela, Galdós recorre al

---

[11] Cf. Laënnec (1819: 20): «L'existence des tubercules dans le poumon est la cause et constitue le caractère anatomique propre de la phthisie pulmonaire». Para las categorías diagnósticas de Laënnec véase también Lachmund (1997: 82-87).

modelo poetológico del humanismo cuyas formas de proceder, la *imitatio* y la *aemulatio*, se apropia también el doctor Centeno al pretender componer versos petrarquistas. Conforme al modelo de la 'quijotización de Sancho', el héroe llega a ser el espejo e imitador de su amo al copiar las fantasías e ideales de este último. Entusiasmado por la idea de actuar como su amo, el pícaro empieza a escribir y, claro está, su esfuerzo para ser poeta resulta tan cómico como sus empeños médicos. A pesar suyo, Centeno parodia el modelo del amor cortesano:

> Su amo dormía; sentóse Felipe, cogió la pluma y ¡zas!... allá te van renglones. ¡Quiá! esto no suena. Otra vez; borra y vuelve a escribir. No sale… Ahora… *Gentil señora, de beldad bella y hechicera…* ¡Oh! esto no sonaba. A ver ahora: *Cuando las auras…* Esto de las auras era de lo más majo que usan los poetas. *Cuando las auras gimen ¡ay! y gimen…* ¡Magnífico! (Pérez Galdós 2002: 344).

Estos intentos poéticos –irónicamente tildados de «ardientes pruritos de emular a Petrarca» (Pérez Galdós 2002: 345) por el narrador– resultan cómicos por la combinación del estilo alto de la poesía petrarquista con el origen inferior del poeta-pícaro. Por eso, no es de extrañar que el discurso poético se interrumpa por comentos groseros.

Hay, sin duda, ciertas analogías entre los intentos poéticos y médicos de Felipe Centeno: los dos episodios se parecen en su vinculación característica de lo serio y lo cómico. En ambos casos se trata de la imitación y superación de un modelo anterior. Este paralelismo entre el proceder poético y el científico sugiere la intercambiabilidad de los métodos, de modo que se infiere de nuevo una relación estrecha entre la poesía y la ciencia, como ya se ha notado en el caso de la astronomía. En conclusión, se puede decir que Galdós propone una manera de proceder originada en la poetología para lograr un avance científico, si bien acusa al mismo tiempo esta fusión de la poesía y la ciencia, e incluso la califica de ser un mal de España. Sin embargo, resulta destacable que *imitatio* y *aemulatio*, como modelos poéticos y médicos, no sólo se encuentran en el discurso carnavalesco del doctor Centeno, sino también en toda la estructura de la novela, dominada por una intertextualidad que no escapa al lector atento. Por consiguiente, en lugar de conclusión, cabe repetir lo que ha observado el narrador con respecto al astrónomo-poeta Federico Ruiz: «Es que la poesía se mete en todas partes, aun donde parece que no la llaman».

BIBLIOGRAFÍA

BACHTIN, Michail (1979): *Die Ästhetik des Wortes*. Edición de Rainer Grübel. Frankfurt a. M.: Suhrkamp.
BELL, T. E. (2006): *Galdós and Darwin*. Woodbridge: Tamesis.
BENÍTEZ, Rubén (1990): *Cervantes en Galdós (literatura e intertextualidad)*. Murcia: Universidad de Murcia.
— (1992): *La literatura española en las obras de Galdós (función y sentido de la intertextualidad*. Murcia: Universidad de Murcia.
CAUDET, Francisco (1995): «*El Doctor Centeno*: La educación sentimental de Galdós». En: Francisco Caudet: *Zola, Galdós, Clarín. El naturalismo en Francia y España*. Madrid: Universidad Autónoma de Madrid, pp. 199-218.
FLORES RUIZ, Eva María/LUNA RODRÍGUEZ, Juan David (2005): «Tuberculosis y escritura. Las dos muertes de *El Doctor Centeno*». En: *Revista de Literatura* 67, pp. 49-75.
FOUCAULT, Michel (^{5}1983 [1963]): *Naissance de la clinique. Une archéologie du regard médical*. Paris: Presses Universitaires de France.
GULLÓN, Germán (1970/71): «Unidad de *El Doctor Centeno*». En: *Cuadernos Hispanoamericanos* 250-252, pp. 579-585.
HODDIE, James H. (1993): «Reexamen de un enigmático texto galdosiano: *El doctor Centeno*». En: *Cuadernos Hispanoamericanos* 521, pp. 47-67.
LACHMUND, Jens (1996): «Die Erfindung des ärztlichen Gehörs. Zur historischen Soziologie der stethoskopischen Untersuchung». En: Cornelius Borck (ed.): *Anatomien medizinischen Wissens. Medizin, Macht, Moleküle*. Frankfurt a. M.: Fischer, pp. 55-85.
— (1997): *Der abgehorchte Körper. Zur historischen Soziologie der medizinischen Untersuchung*. Opladen: Westdeutscher Verlag.
LAËNNEC, René Théophile Hyacinthe (1819): *De l'auscultation médiate ou Traité du diagnostic des maladies des poumons et du cœur, fondé principalement sur ce nouveau moyen d'exploration*, vol. 1. Paris: J.-A. Brosson/J.-S. Chaudé.
LAÍN ENTRALGO, Pedro (^{2}1961 [1950]): *La historia clínica. Historia y teoría del relato patográfico*. Barcelona: Salvat Editores.
— (1974): «Introducción». En: Laín Entralgo, *Historia Universal de la Medicina*, vol. 6 (*Positivismo*). Barcelona: Salvat, pp. XVII-XIX.
MATZAT, Wolfgang (1993): «Galdós und der französische Realismus/Naturalismus. Zur Wirklichkeitsmodellierung in den Novelas contemporáneas». En: Hans-Jürgen Lüsebrink/Hans T. Siepe (eds.): *Romanistische Komparatistik. Begegnungen der Texte – Literatur im Vergleich*. Frankfurt a. M.: Peter Lang, pp. 127-145.
— (2003): «Novela y sociedad: En torno a la perspectiva cómica en el Naturalismo español». En: Hartmut Stenzel/Friedrich Wolfzettel (eds.): *Estrategias narrativas y*

construcciones de una 'realidad'. Lecturas de las 'Novelas contemporáneas' de Galdós y otras novelas de la época. Las Palmas de Gran Canaria: Cabildo de Gran Canaria, pp. 311-333.

MONTESINOS, José F. (²1980): *Galdós*, vol. 2. Madrid: Castalia.

PÉREZ GALDÓS, Benito (1990): «Leopoldo Alas (Clarín)». En: Benito Pérez Galdós: *Ensayos de crítica literaria*. Edición de Laureano Bonet. Barcelona: Península, pp. 195-205.

— (2002): *El doctor Centeno*. Edición de José-Carlos Mainer. Madrid: Editorial Biblioteca Nueva.

RODRÍGUEZ, Alfred (1984): «Notas para una relectura de *El doctor Centeno* en el centenario de su publicación». En: *Anales galdosianos* 19, pp. 143-146.

SCANLON, Geraldine M. (1978): «El Doctor Centeno: A study in obsolescent values». En: *Bulletin of Hispanic Studies* 55, pp. 245-253.

WEISER, Jutta (2009): *Poetik des Pathologischen. Medizin und Romanliteratur in Spanien (1880-1905)*. Habilitationsschrift, Universität Duisburg-Essen (inédito).

Degeneración y crisis de la provincia en *Los Pazos de Ulloa*

Jobst Welge

Las siguientes reflexiones sobre la figura de Emilia Pardo Bazán forman parte de una investigación más amplia sobre la historia y la geografía de la novela, un estudio en el que intento aclarar la importancia de las narraciones genealógicas y de la función –asociada a lo anterior– de los espacios periféricos en la novela moderna (Welge 2009). Para ello pretenderé demostrar que las historias genealógicas funcionan en cada caso como una alegoría para la representación de un determinado momento de crisis en la historia de una nación. Las novelas realistas y naturalistas de la Península Ibérica de la década de 1880 –entre las que se encuentran también, por ejemplo, *Os Maias*, de Eça de Queirós, *Fortunata y Jacinta*, de Benito Pérez Galdós o *La Regenta*, de Clarín– utilizan la perturbación del orden familiar y sexual como un motivo privilegiado para poner en escena la 'decadencia' de la nación frente a los países 'progresistas' del norte de Europa, o reflejan el problema del cambio histórico en el nivel de esas historias privadas (Freeland 1993).

Por otro lado, hay en la España del siglo XIX numerosas novelas regionales que se ocupan del papel de las periferias internas de España. El contraste implícito entre centro y periferia, ciudad y campo, e incluso el contraste entre 'Europa' y España, puede considerarse una oposición fundamental, típica de la época, en la novela de ese período (Gumbrecht 1990: 728; Matzat: 1995). En algunos casos se contrapone el cuadro idealizado de la vida rural a los fenómenos negativos de la vida urbana moderna, mientras que, en otros casos, el lugar de la periferia se convierte en un escenario de atavismo cultural, o se retiene un mundo que desaparece debido al proceso de la modernización. En España, la oposición campo-ciudad es particularmente significativa, ya que aquí las identidades nacionales y el aislamiento geográfico perduraron durante mucho más tiempo que en cualquier otra parte, mientras que el proceso de modernización fue menos abarcador y avanzó de una manera más lenta. De ese modo, una situación de subdesarrollo económico se corresponde con la significación cultural de la novela regional española

(Candido 2006). En la interpretación de Roberto Dainotto, la literatura regional no sólo puede entenderse como 'lo otro' de la nación, sino también, en cierto modo, como un último baluarte y una reserva de los 'auténticos' valores de una *imagined community* nacional:

> As a spatial metaphor, the binary region/center proposes naïve polarizations between nature and culture, rustic and industrial life, authentic and imagined communities, marginalized region and marginalizing national center. It is in this reevaluation of notions of authenticity, of natural and organic community, that I see regionalism as an attempt to revive some peculiarly nationalist ideals by passing them off as «new» regionalist ones (Dainotto 1996: 488).

Esta definición hace justicia únicamente a una sola forma de literatura regional. Por esa razón es también habitual dividir las diferentes manifestaciones de la novela regional española en dos tendencias generales: una que es 'tradicional y conservadora', la cual resalta el carácter restaurador y nacional-simbólico de la periferia nacional como una 'patria chica' (Fernán Caballero, Valera, Pereda); y otra que es 'liberal' y, asimismo, mucho más pesimista a la hora de enjuiciar la realidad social, y en la cual se inscribe la novela de Pardo Bazán *Los Pazos de Ulloa* (1886). En el caso de Pardo Bazán puede hablarse de un 'regionalismo crítico' en la medida en que la autora aprovecha desde una postura crítica las oposiciones habituales en este contexto y escoge un punto de vista que no está inequívocamente en deuda con el polo extremo: el de la modernidad. El espacio descrito en *Los Pazos* alterna entre los conceptos de región y provincia, aun cuando este último aspecto, es decir, la diferencia negativa con respecto a la civilización urbana, se encuentra en un primer plano.

Esto está vinculado, por demás, con la relación ambivalente de Pardo Bazán con el naturalismo francés. La importación del naturalismo francés a la literatura española de aquellos años tiene una significación simbólica específica como problema generacional, como un punto de inflexión en el espacio de la literatura nacional, el cual, en sí mismo, es un síntoma de 'modernidad', aun cuando, al mismo tiempo, mantenga una diferencia con respecto a Zola (Casanova 2008; Caudet 1995). En ese sentido, la adaptación crítica que hace Pardo Bazán del programa naturalista –un tema que no analizaré más a fondo en este contexto–, constituye una compleja respuesta a las distintas temporalidades de una geografía literaria.

I.

Ahora bien, ¿cómo se representa esa relación entre centro y periferia en la propia novela, en *Los Pazos de Ulloa*? Al igual que en muchos otros ejemplos de novela regional, aquí también aparece la figura de un foráneo que viaja por la periferia, quien, como representante del mundo civilizado, enfoca su mirada de observador hacia el mundo 'retrasado' y 'bárbaro' del campo, en un contexto en el cual la región montañosa de Galicia puede ser considerada como muy aislada dentro de la España de entonces (Sinclair 2003: 57). Este papel del personaje foráneo y observador es encarnado en esta novela por el joven sacerdote Julián Álvarez. Aunque ya en su primera aparición en el primer capítulo se le presenta como un 'viajero' proveniente de la ciudad de Santiago de Compostela que se aproxima a la casa de campo de los Ulloa, el narrador crea una distancia hacia su persona mediante un retrato irónico que, muy a la manera naturalista, resalta su constitución física debilucha y 'afeminada'. Si bien su chocante confrontación con la propiedad rural de Ulloa es preciso entenderla en el marco de una confrontación mayor entre la naturaleza y la cultura, por otra parte, la relativización de su perspectiva subjetiva a través del narrador objetivo significa también una restricción de esa perspectiva 'cultural'. Esto es típico para la novela en general, la cual combina el énfasis de la imaginación subjetiva, tan habitual en la novela española, con el análisis de las circunstancias objetivas y materiales (Gullón 1990: 85-87). En esa ampliación de la perspectiva, en parte también contradictoria, a esas otras causas múltiples, radica el particular mérito innovador de la novela en cuestión.

Julián viene a los pazos por recomendación del tío del propietario, don Pedro; su intención es la de ayudar en el funcionamiento de la capilla privada de la finca, pero también tiene la misión, no tan explícita pero no por ello menos importante, de ejercer una influencia civilizadora en el señor de la casa, el marqués, un hombre salvaje y 'bárbaro'. Don Pedro parece depender del mayordomo Primitivo, ya que vive en concubinato con la hija de éste, la criada de la casa, Sabel. Más tarde que el lector, el inexperto e ingenuo Julián, descubrirá que el joven Perucho es el producto de esa relación indigna, sufriendo el correspondiente *shock*.

El tema de la decadencia de una familia aristocrática se pone de manifiesto sobre todo en la escena del cuarto capítulo en la que Julián recibe el encargo de poner orden en el archivo de los Ulloa, abriéndose así, de una manera muy típica de la novela del siglo XIX, una perspectiva histórica. En este caso se inaugura una perspectiva diacrónica hacia la historia de la familia, quien, en la trama de la novela, sólo se mostrará en su última fase de decadencia. Llama la atención que el *flash back* narrativo hacia la historia de esa familia esté asociado vagamente a una intuición de Julián, mientras que las informaciones reales permanecen unidas a la instancia del narrador omnisciente. Esta situación algo confusa puede explicarse, a su vez, a partir del intento de la autora de combinar la posición objetiva del naturalismo con una perspectiva más intensamente enfocada hacia lo subjetivo:

> La verdad era que el archivo había producido en el alma de Julián la misma impresión que toda la casa: la de una ruina, ruina vasta y amenazadora, que representaba algo grande en lo pasado, pero en la actualidad se desmoronaba a toda prisa. Era esto en Julián aprensión no razonada, que se transformaría en convicción, si conociese bien algunos antecedentes de familia del marqués.
> Don Pedro Moscoso de Cabreira y Pardo de la Lage quedó huérfano de padre muy niño aún (Pardo Bazán 1986: 158).

Desde el comienzo, la decadencia encarnada por el marqués se explica como una consecuencia de las condiciones del entorno provinciano. Este punto de vista es expresado de manera característica por el tío de don Pedro, cuya advertencia ahora recuerda Julián: «—Encontrará usted a mi sobrino bastante adocenado… La aldea, cuando se cría uno en ella y no sale de allí jamás, envilece, empobrece y embrutece» (Pardo Bazán 1986: 144). Puesto que el tío, el señor De la Lage, vive en la ciudad y no en el campo, podemos suponer que está del lado de la 'civilización'.

En relación con el ya mencionado tratamiento 'dialéctico' del tema de la barbarie y la cultura, resulta por supuesto de enorme importancia el capítulo sobre la estancia de don Pedro en la ciudad. Dado que Julián se siente desconcertado ante la relación más o menos abierta de don Pedro con Sabel, algo que contradice tanto la 'dignidad' de su clase social, él lo convence para que lo acompañe a la ciudad a buscar una mujer apropiada. Entre las cuatro hijas de su tío, es la mayor, Rita, con su carácter vivaz y sus formas exuberantes, la que parece la elección 'más natural' para don Pedro. La atracción sexual instintiva de este último se ve reforzada por sus reflexiones racionales (reproducidas mediante el discurso indirecto) sobre la capacidad reproductiva de la joven, la cual es a todas luces elevada. Y esto, precisamente, parece ser la mejor garantía contra la decadencia genealógica, ya que, a fin de cuentas, los planes de boda de don Pedro sólo están motivados por su deseo de tener un heredero varón:

> Lo que más cautivaba a su primo, en Rita, no era tanto la belleza del rostro, como la cumplida proporción del tronco y miembros, la amplitud y redondez de la cadera, el desarrollo del seno, todo cuanto en las valientes y armónicas curvas de su briosa persona prometía la madre fecunda y la nodriza inexhausta. ¡Soberbio vaso en verdad para encerrar un Moscoso legítimo, magnífico patrón donde injertar el heredero, el continuador del nombre! El marqués presentía en tan arrogante hembra, no el placer de los sentidos, sino la numerosa y masculina prole que debía rendir [...] (Pardo Bazán 1986: 211-212).

Después de llevarse una impresión negativa de la reputación de Rita gracias al cotilleo de la pequeña ciudad, discute esa cuestión con Julián y llega a la conclusión de que la veleidosa Rita no puede ser considerada como una esposa honorable, mientras que Nucha, mucho menos llamativa, puede hacer galas de una dote financiera muy sustancial.

Cuando la elección recae finalmente en Nucha, como resultado de unas reflexiones financieras guiadas por la clase, pero también como resultado del propio deseo reprimido de Julián, esa elección se revela como un error fatal que será responsable del trágico final (y del que Julián también es culpable). Nucha, que ha crecido en la ciudad, no tiene aptitud ninguna para la vida en el campo. En contraste, por ejemplo, con *Fortunata y Jacinta*, de Galdós, donde el vínculo sexual más allá de los límites de clase esconde cierto potencial de renovación, la transposición de esta hipersensible mujer al entorno rural conlleva un reforzamiento de la decadencia. Por lo tanto, la novela aborda repetidamente el tema de la incompatibilidad entre la persona y el entorno, si bien no se concibe el influjo del entorno a partir de un punto de vista determinista, como puede verse en el hecho de que la robusta Rita también ha crecido en la ciudad.

El papel del entorno en este contexto queda destacado por el contraste entre don Pedro y su sobrino residente en la ciudad, Manuel Pardo de la Lage, quien está marcado por rasgos físicos hereditarios que llaman la atención por idénticos:

> Viéndoles juntos, se observaba extraordinario parecido entre el señor De la Lage y su sobrino carnal: la misma estatura prócer, las mismas proporciones

amplias, la misma abundancia de hueso y fibra, la misma barba fuerte y copiosa; pero lo que en el sobrino era armonía de complexión titánica, fortalecida por el aire libre e los ejercicios corporales, en el tío era exuberancia y plétora: condenado a una vida sedentaria, se advertía que le sobraba sangre y carne, de la cual no sabía qué hacer (Pardo Bazán 1986: 207).

En este caso, sin embargo, la vida 'sedentaria' en la ciudad, la ausencia de aire fresco, ha traído consigo la gordura y la degeneración, algo que está en contraste con la sana virilidad de su sobrino:

> Magnífico ejemplar de una raza apta para la vida guerrera y montés de las épocas feudales, se consumía miserablemente en el vil ocio de los pueblos, donde el que nada produce, nada enseña, ni nada aprende, de nada sirve y nada hace. ¡Oh dolor! Aquel castizo Pardo de la Lage, naciendo en el siglo XV, hubiera dado en qué entender a los arqueólogos e historiadores del XIX (Pardo Bazán 1986: 207).

Este pasaje pone claramente de manifiesto que la circunstancia de la degeneración biológica no puede atribuirse solamente a la influencia del entorno –tal y como se expresa en la diferencia existente entre el tío y el sobrino–, sino que también está asociada a la derrota histórica de su clase social. En otra comparación de ambos hombres, sin embargo (cap. XIII), Manuel es vinculado a un estatus más elevado de civilización, lo cual se atribuye tanto a su estancia en la ciudad como a la influencia 'civilizadora' de su esposa y sus hijas. Su anhelo ocasional de pasar una temporada en el campo no se debe tanto a la afloración de deseos atávicos («instintos selváticos»; Pardo Bazán 1986: 247), sino más bien al deseo genuinamente moderno de disfrutar de una naturaleza (domesticada) con el propósito de su recreación espiritual: «[...] le solicitaban aficiones más delicadas, de origen moderno: el deseo de tener un jardín, de cultivar frutales [...]» (Pardo Bazán 1986: 247). La degeneración psicológica del tío queda de este modo contrastada con el hecho de que él, al mismo tiempo, encarna el proceso de progreso y civilización, en una relación inversa a la sucesión de las generaciones: «He aquí por qué el suegro, a pesar de encontrarse cronológicamente una generación más atrás que su yerno, estaba moralmente bastantes años delante» (Pardo Bazán 1986: 247).

El desplazamiento temporal del escenario hacia la ciudad es también significativo ya que muestra un lado más humano y alegre de un don Pedro que hasta entonces ha aparecido como una figura meramente autoritaria. Su alejamiento del mundo de los Pazos fortalece la impresión de que la verdadera fuente del mal radica en Primitivo. Por ejemplo, cuando don Pedro, después de la boda, envía a Julián para que se adelante y vaya al campo, a fin de poner orden allí en la medida en que pueda («civilizar algo la huronera», Pardo Bazán 1986: 239) y, al mismo tiempo, alertarlo sobre Primitivo. El hecho de que las mejores cualidades de don Pedro se manifestaran lejos del entorno de los Pazos, le da al narrador la oportunidad para hacer el siguiente comentario:

> No era ésta la única vez que don Pedro manifestaba sagacidad en el conocimiento de caracteres y personas, don esterilizado por la falta de nociones de cultura moral y delicadeza de esas que hoy exige la sociedad a quien, mediante el nacimiento, la riqueza o el poder, ocupa en ella lugar preeminente (Pardo Bazán 1986: 239).

Este comentario contiene un contraste implícito entre don Pedro y Julián y, al mismo tiempo, constituye un llamamiento explícito a la responsabilidad social y moral de una clase dirigente y privilegiada. Con ello se formula asimismo la pregunta sobre la medida en la que la decadencia encarnada por el personaje de don Pedro no es, de hecho, la expresión de la decadencia de toda una clase dirigente y en qué medida ese problema está asociado a un lugar específico. ¿Cuáles son los motivos más generales a los que la novela culpa la crisis de la aristocracia?

II.

Después de su boda, don Pedro y Nucha visitan también a aquellos representantes de la alta sociedad que los rodean. La descripción de esos representantes de la aristocracia gallega sirve para ilustrar el carácter anacrónico de sus privilegios sociales. La región de Galicia se caracterizaba por la repartición de la tierra en feudos de ínfimo tamaño entre un elevado número de herederos, así como por la difundida práctica del 'ausentismo', la cual motivó al historiador Raymond Carr a referirse a Galicia como la «Irlanda de España» (Carr 1982: 8).[1] A su vez, es el narrador omnisciente el que complementa las

---

[1] En ese sentido, podríamos recordar tal vez las novelas de la escritora anglo-irlandesa Maria Edgeworth, que giran justamente en torno a este tema del *absenteeism* (Edgeworth 1999).

impresiones de Julián con los conocimientos acerca de las circunstancias socioeconómicas, en este caso la práctica del llamado minifundismo: «Dada la complicación de red, la subdivisión atomística que caracteriza a la propiedad gallega, un poco de descuido o mala administración basta para minar los cimientos de la más importante fortuna territorial» (Pardo Bazán 1986: 161).

Como ya he destacado anteriormente, a Pardo Bazán es preciso clasificarla dentro de la tendencia del regionalismo crítico. Su posición política, sin embargo, es en el fondo conservadora, ya que su crítica a la aristocracia no va dirigida contra los privilegios de clase, sino más bien contra el ejercicio degenerado de un derecho, en su criterio, 'natural'. Dado que la propia Pardo Bazán era la última representante de una familia de la aristocracia gallega, podemos sospechar que pretende defender la herencia de esa tradición a la luz de su corrupción actual (Wolfzettel 1990: 290).

Las referencias a acontecimientos políticos contemporáneos no parecen estar a primera vista en relación alguna con la trama central de la novela. En ello, sin embargo, podemos reconocer un vínculo estructural entre el centro y la periferia, el cual explica las ambivalentes referencias tanto a la decadencia como al progreso, a la barbarie y a la civilización. De hecho, los acontecimientos políticos se refieren a fin de cuentas a las circunstancias de la incorporación de la periferia regional al contexto del Estado moderno (Henn 1988: 125-133).

El contexto de la revolución nacional se sitúa en relación con la lucha entre dos caciques locales, Barbacana (que representa el lado 'moderado' y conservador) y Trampeta (que representa el liberalismo que se impone). El narrador desenmascara la naturaleza absolutamente superficial de esa constelación pseudo-política que no se basa en convicciones ni ideas:

> Conviene saber que ninguno de los dos adversarios tenía ideas políticas, dándoseles un bledo de cuanto entonces se debatía en España; mas, por necesidad estratégica, representaba y encarnaba cada cual una tendencia y un partido (Pardo Bazán 1986: 345).

Pardo Bazán fue una gran crítica de la práctica del caciquismo, que ella veía como uno de los problemas principales de la España de la época (Labanyi 2000: 346-347). Este término alude al excesivo poder de los funcionarios de la administración local, y se asocia sobre todo a la manipulación del derecho electoral (Carr 1982: 367). El sistema del caciquismo era neofeudalista en la medida en que unía los lazos entre la élite del poder de Madrid con las oligarquías de la periferia. Independientemente de la práctica de la manipulación y el amedrentamiento, ese sistema es típico de la situación de sociedades 'atrasadas', donde la modernización política del Estado (por ejemplo, la introducción del derecho al voto universal) ha ejercido una influencia inconclusa en las periferias internas. En otras palabras: a pesar de su carácter arcaico y en parte criminal, el sistema del caciquismo tenía en sus comienzos una función práctica, la de vincular la ciudad y el campo, creando así un sentimiento de comunidad nacional (Carr 1982: 369; Henn 1988: 132). Durante la época de la Restauración, sin embargo, después de 1887, creció el poder del sistema, convirtiéndose en una estructura de violencia sistemática, ya que el mundo antes estable de la economía agraria y la red que lo soportaba, la de las estructuras familiares, se encontraba en pleno proceso de disolución. En relación con la novela, esto significa que el problema del caciquismo constituía un problema aún mayor en la época de publicación de la novela, 1886, que en el tiempo representado en la novela (1866-1869). Pardo Bazán critica en ella, por lo tanto, un problema muy actual.

En contra de lo que podría suponerse, Manuel apoya a la parte conservadora, mientras que Pedro respalda al partido de la revolución. Cuando su tío lo priva del derecho a emitir juicios de carácter político, el narrador confirma la impresión de superficialidad de las simpatías de don Pedro con el liberalismo. Al final, tras una fuerte discusión con su tío, don Pedro abandona la ciudad, ya que la vida urbana se basa en cierto grado de igualdad social que contradice profundamente sus costumbres feudales: «No podía sufrir la nivelación social que impone la vida urbana; no se habituaba a contarse como número par en un pueblo, habiendo estado siempre de nones en su residencia feudal. ¿Quién era él en Santiago?» (Pardo Bazán 1986: 250).

Pero es precisamente ese orden económico nuevo y basado en el dinero, encarnado en las maquinaciones de Primitivo, el que contribuye decisivamente al hundimiento de la casa de los Ulloa. Aunque Primitivo, sobre la propia base de su nombre, está concebido como un personaje malvado, él ocupa la posición estructural del típico hombre mediocre y arribista, que aprovecha la ruina del sistema aristocrático para sus propios fines 'capitalistas'.[2]

---

[2] En ese sentido su papel es comparable a los de Jason Quirk en la novela de Edgeworth *Castle Rackrent* (1800), o de Don Calogero en *Il Gattopardo* (1958), de Lampedusa.

Es Primitivo el que le presta a Pedro un dinero que le ha robado para que éste pueda financiar su campaña electoral. En la medida en que ella misma es una aristócrata, Pardo Bazán parece ver en esta situación una amenaza de sus privilegios sociales, y en esa misma medida quizá no sea una casualidad que el malvado de Primitivo, al final, sea asesinado por el bando político contrario. Ahora bien, ¿por qué se representa a la figura alegórica de la nueva clase emergente como bárbaro y 'primitivo'? Como ha apuntado Jo Labanyi, el proceso de la modernización en España conduce a una situación híbrida característica en la que «la modernización fortalece al subdesarrollo» (Labanyi 1998: 61). De ese modo podemos explicarnos el hecho de por qué la novela asocia repetidamente los síntomas del 'progreso' con un regreso a la barbarie.

El último capítulo de la novela comienza con una referencia explícita a la categoría del tiempo histórico y el paralelismo entre el desarrollo individual y el público-nacional. La idea del cambio histórico sólo se introduce, sin embargo, para resaltar la manera en que la situación de los Pazos se reafirma en contra de lo primero:

> Diez años son una etapa, no sólo en la vida del individuo, sino en la de las naciones. Diez años comprenden un período de renovación: diez años rara vez corren en balde, y el que mira hacia atrás suele sorprenderse del camino que se anda en una década. Mas así como hay personas, hay lugares para los cuales es insensible el paso de una décima parte de siglo. Ahí están los Pazos de Ulloa, que no me dejarán mentir. La gran huronera desafiando al tiempo, permanece tan pesada, tan sombría, tan adusta como siempre. Ninguna innovación útil o bella se nota en su moblaje, en su huerto, en sus tierras de cultivo. Los lobos del escudo de armas no se han amansado; el pino no echa renuevos; las mismas ondas simétricas de agua petrificada bañan los estribos de la puente señorial (Pardo Bazán 1986: 410).

Los «diez años» mencionados aquí se refieren al tiempo transcurrido de 1870 a 1880, con lo cual el tiempo se acerca a una distancia de seis años al año en que se escribió la novela, 1886. Mientras los Pazos se mantienen reacios al cambio, la localidad vecina de Cebre ha entrado en el espacio del tiempo 'nacional', donde las fuerzas del progreso parecen imponerse contra la reacción en la figura de Trampeta («encarnación viviente de las ideas avanzadas y de la nueva edad»; Pardo Bazán 1986: 411). En ese sentido, los Pazos se convierten en un símbolo de la resistencia contra el tiempo homogéneo y moderno de la historia.

Por lo tanto, cuando el último capítulo destaca la oposición de la región al desarrollo nacional, es porque, en la novela que le daría continuación, *La madre naturaleza* (1887), esta relación quedaría vinculada al problema de la España 'retrógrada', como una periferia de Europa. En ésta es Gabriel –el hermano de la entretanto fallecida Nucha, el cual aparece sólo brevemente en la primera novela–, el que, de forma parecida a lo que había hecho antes Julián, emprende un viaje a los Pazos como representante de la civilización. En este caso contamos con una retrospectiva narrativa del pasado biográfico de Gabriel, el cual establece un paralelismo entre el individuo y la nación basado en el hecho de que Gabriel aparece como representante de una generación determinada. Esto podemos reconocerlo de un modo muy particular en el pasaje en el que éste reflexiona sobre la necesidad de fundar una propia familia y vincula esto con otra necesidad, la de una regeneración nacional: «[…] todo individuo sano e inteligente, con mediano caudal, buena carrera e hidalgo nombre, está muy obligado a crear una familia, ayudando a preparar así la nueva generación que ha de sustituir a ésta tan exhausta, tan sin conciencia ni generosos propósitos» (Pardo Bazán 2007: 176). Estimulado por su entusiasmo idealista y el recuerdo de su hermana Nucha, a la que embellece en su memoria con el apodo de «la mamita», Gabriel renuncia a sus antiguos planes de 'civilizar' (Pardo Bazán 2007: 172) la nación por medio de acciones militares, políticas e ideológicas, y comienza a ver el plan de fundar una familia como la célula germinal de una renovación de tal índole. Su visión normativa y altamente idealizada de una familia se nos presenta como la respuesta regresiva al problema del agotamiento generacional. El particular significado de ese plan consiste en que Gabriel no quiere casarse con una mujer cualquiera, sino precisamente con la hija de su hermana/'madre' Nucha, su sobrina Manuela, que la novela presenta como una criatura natural que, en total desconocimiento de lo que es el pecado, forma una pareja con su medio hermano Perucho. Y puesto que Manuela, desde la perspectiva de Gabriel, es calificada constantemente como «mamita», no cabe duda de la dimensión del incesto simbólico que, a su vez, refleja la relación incestuosa entre Perucho y Manuela que, ya en la primera novela, nos había proporcionado la imagen final que se desarrolla sobre la tumba de Nucha. También en *Los Pazos* desempeñaba un papel el incesto simbólico: la desproporcionada relación entre Pedro y Nucha queda contrastada con la relación idealista entre Nucha y Julián, que asume ante ella el papel del protector y 'hermano', con lo cual esta relación es caracterizada también, de forma implícita, como una relación subterráneamente incestuosa. El propio Julián, que define en repetidas ocasiones a Nucha como un «ángel», racionaliza y sublima esa dudosa relación como una imagen de la 'Sagrada Familia', es decir, del mito cristiano de un matrimonio no sexual, con la idea paradójica de la virgen como una madre 'asexuada' (Koschorke 2000: 57-63). Los dos hijos de don Pedro son, en cualquier caso, pero de manera distinta, el producto de una unión 'desnaturalizada', pero en *La madre naturaleza* representan también la pareja de una inocencia en cierto modo mítico-paradisíaca. En esa novela de tesis se critican tanto los proyectos civilizadores del hombre urbano (Gabriel) como el estado natural y presocial de los dos hermanos.

El incesto colateral entre hermanos y sus descendentes marca un tabú, pero también se asocia con un tiempo cíclico e ahistórico, una relación de motivos que desempeñará un papel muy importante en la novela genealógica del siglo XX (Drechsel Tobin 1978: 42). Las novelas de Pardo Bazán sobre la región de Galicia muestran que el espacio de la provincia siempre tiene que poner en claro de un modo nuevo el conflicto entre la naturaleza y la cultura. Si en la primera novela se abordaba el tema de la relación entre modernización y barbarie –la resistencia de la provincia frente el progreso–, en la segunda novela se problematiza básicamente el gesto colonizador de la cultura frente a la 'madre' naturaleza. Si bien podríamos calificar el primer texto de tragedia genealógica, el segundo muestra el contraste entre las aspiraciones de reforma de una generación específica y la esfera de un mundo mítico, cerrado, y apartado de la historia. En ambos casos son motivos genealógicos los que aluden de forma alegórica al cuerpo de la nación.

Bibliografía

Candido, Antonio (2006): «Literatura e subdesenvolvimento». En: Antonio Candido: *A Educação pela Noite*. Rio de Janeiro: Ouro sobre Azul, pp. 169-96.
Carr, Raymond (1982): *Spain, 1808-1975*. Oxford: Clarendon Press.
Casanova, Pascale (2008): *La république mondiale des lettres*. Paris: Éditions du Seuil.
Caudet, Francisco (1995): *Zola, Galdós, Clarín. El naturalismo en Francia y España*. Madrid: Universidad Autónoma de Madrid.
Dainotto, Roberto M. (1996): «'All the Regions Do Smilingly Revolt': The Literature of Place and Region». En: *Critical Inquiry* 22, pp. 486-505.

DRECHSEL TOBIN, Patricia (1978): *Time and the Novel. The Genealogical Imperative*. Princeton: Princeton University Press.

EDGEWORTH, Maria (1999 [1800]): *Castle Rackrent*. Edición de George Watson. Oxford: Oxford University Press.

FREELAND, Alan (1993): «Evolution and Dissolution: Imagery and Social Darwinism in Eça de Queirós and Leopoldo Alas». En: *Journal of the Institute of Romance Studies* 2, pp. 323-36.

GULLÓN, Germán (1990): *La novela del XIX: Estudio sobre su evolución formal*. Amsterdam: Rodopi.

GUMBRECHT, Hans Ulrich (1990): Eine *Geschichte der spanischen Literatur*. Frankfurt a. M.: Suhrkamp.

HENN, David (1988): *The Early Pardo Bazán. Theme and Narrative Technique in the Novels of 1879-89*. Liverpool: Francis Cairns.

KOSCHORKE, Albrecht (2000): *Die Heilige Familie und ihre Folgen*. Frankfurt a. M.: Fischer.

LABANYI, Jo (2000): *Gender and Modernization in the Spanish Realist Novel*. Oxford: Oxford University Press.

MATZAT, Wolfgang (ed.) (1995): *Peripherie und Dialogizität. Untersuchungen zum realistisch-naturalistischen Roman in Spanien*. Tübingen: Narr.

PARDO BAZÁN, Emilia (1986): *Los Pazos de Ulloa*. Edición de Marina Mayoral. Madrid: Castalia.

— (2007): *La madre naturaleza*. Edición de Ignacio Javier López. Madrid: Cátedra.

SINCLAIR, Alison (2003): «The regional novel: Evolution and Consolidation». En: Harriet Turner/Adelaida López de Martinez (eds.): *The Cambridge Companion to the Spanish Novel from 1600 to the Present*. Cambridge: Cambridge University Press, pp. 49-64.

WELGE, Jobst (2009): *Allegories of Nationhood. Genealogy, Periphery, and Historical Change in the Modern Novel*. Berlin: Habilitationsschrift, FU Berlin.

WOLFZETTEL, Friedrich (1999). *Der spanische Roman von der Aufklärung bis zur frühen Moderne*. Tübingen: Francke.

SU ÚNICO HIJO Y *UNA MEDIANÍA* DE CLARÍN: ¿FINAL DEL MODELO DISCURSIVO REALISTA-NATURALISTA?

Francisco Caudet

CAMBIO DE PARADIGMA NOVELESCO

La acción es impelida en *La Regenta* por factores internos –el estado psicológico de Ana– y externos –el medio y el momento histórico– que condicionan la aparición y sucesión de una serie de causalidades que no las establece caprichosamente el narrador sino por esos factores. En carta de mediados de 1884, le anunciaba Clarín a Galdós que estaba escribiendo una novela, *La Regenta*, que «tiene dos tomos –por exigencias editoriales», y añadía poco después: «No me reconozco más condiciones que un poco de juicio y alguna observación para cierta clase de fenómenos sociales y psicológicos, algún que otro rasgo pasable en lo cómico, un poco de escrúpulo en la gramática... y nada más» (Ortega 1964: 160). Dejando a un lado lo de la inseguridad como novelista, que solía reiterar en las cartas a sus amigos, importa destacar del fragmento de esta carta a Galdós lo referente a la «observación» y a los «fenómenos sociales y psicológicos», porque ello compendia los principios básicos del realismo-naturalismo. En *Su único hijo* iba a haber más rasgos cómicos que en *La Regenta*, pero el principio de causalidad del realismo-naturalismo tiene poca presencia porque lo que la tiene, y mucha, es el narrador omnisciente que es dueño y señor de sus personajes, a quienes trata, en particular a Bonis, como marionetas. Puede pensarse que Bonis es más bien marioneta de Emma, que lo secuestra y lo convierte en su criado, o de la Gorgheggi, que le inicia en el sexo-sexo o que con su voz le anuncia la ocurrencia-revelación de la paternidad, lo cual es sólo mínimamente cierto porque esos y el resto de los personajes son marionetas del narrador. Alguna vez les permite a unos que hagan de titiriteros de otros; pero lo hacen como marionetas del único titiritero de verdad: el narrador.

Ese sumo narrador-titiritero, que mueve a su antojo los hilos de sus personajes-marionetas, era la antítesis del narrador impersonal de la novela realista-naturalista y, por tanto, *Su único hijo* era asimismo la antítesis de ese modelo canónico de novelar, que había seguido, casi a pies juntillas, en *La Regenta*. El recurso en *Su único hijo* a la ópera bufa, a la trama-parodia de tramas canónicas, sacralizadas, tiene su génesis en el imperativo que se impuso Clarín de que esta novela fuera el antimodelo –habiendo en ella mucho de las dos– de *Madame Bovary* y de *La Regenta*.

Lo cual lleva a la irónica situación de que *Su único hijo*, por una parte, está escrita contra una manera de novelar –la practicada en *La Regenta*–, y tiene un grado de dependencia de ese tener que ir contra esa otra manera; por otro, el narrador-titiritero maneja a su antojo a los personajes. En *La Regenta*, novela realista-naturalista, el movimiento está generado por el principio positivista de causalidad, pero en una novela como *Su único hijo*, donde se rechaza el paradigma realista-naturalista y se rompe con el positivismo, ¿podría persistir el principio de causalidad aun cuando no estuviera asentado en las premisas del objetivismo positivista sino en el errático, ilógico e irracional dictado del narrador-titiritero? ¿Será que en *La Regenta*, novela del realismo-naturalismo, los hechos objetivos generan una causalidad externo-objetiva mientras que en *Su único hijo* en vez de causas hay necesidades interno-subjetivas que son las que generan ese tipo de discurso errático, ilógico e irracional y de narrador-titiritero?

Pero, por otra parte, ¿acaso no tiene ese discurso su propia lógica y su inevitable orden discursivo, bien que el referente no sea el mundo real sino el del imaginario del narrador-titiritero que mueve a sus personajes, en ese tablero suyo del texto, a su antojo?

Para empezar a responder a estos interrogantes, habría que señalar, de entrada, que tal discurso, si no hubiera nada más que eso en la constitución de su paradigma, invitaría a una lectura plana. De ser así, el texto se limitaría a reflectar el dictado de ese narrador. Pero la presencia en el texto de unas instancias desestabilizadoras, principalmente la ironía y la parodia, refractan otros muchos horizontes de lectura, confiriendo al texto y a ese tipo de narrador una complejidad que, a primera vista, puede resultar insospechada.

Bonis estaba –hablaré ahora de él olvidándome del narrador– más necesitado de continuar los eslabones de la cadena familiar que de ser padre por ser padre. No aplicaba a la paternidad el ya mencionado principio del culto al arte por el arte. La paternidad, que descubrió en el capítulo XIV, «era la fuente; allí estaba el manantial de las verdaderas ternuras… ¡La cadena de los padres y los hijos!… Cadena que, remontándose por sus eslabones hacia el pasado, sería toda amor, abnegación, la unidad sincera, real, caritativa, de la pobre raza humana» (Clarín ?1998: 440-441). Esa cadena, continúa diciéndose a renglón seguido –es una prédica con su carga ideológico-filosófica, muy poco o nada religiosa–, «venía de lo pasado a lo presente, a lo futuro…, y era cadena que la muerte rompía en cada eslabón; era el olvido, la indiferencia» (Clarín ?1998: 441).

Si a Bonis le quedaba el subterfugio del consuelo del hijo, un consuelo, o seudoconsuelo, de sombras que ensombrece –perdóneseme esta patosa tautología– la muerte, terminando todo en «el olvido, la indiferencia», el Flugel de *La vocación* (en alemán, *Flügel*, que significa ala o piano de cola) se agarra a la música, a la melodía que dejan en el aire los que están y los que se van, siendo todos no eslabones sino parte de un mismo movimiento que, como tal, niega el concepto de sombra y de vacío. En el capítulo III de *La vocación* coge carrerilla Flugel y en una de sus largos monólogos se explaya diciendo que

> […] si Lucrecio hubiera sabido que la esencia de las cosas es *su música*, no habría creído en el vacío; no hay más que movimiento, dicen los sabios con Heráclito, ¿y qué es el movimiento para Heráclito? Música. El mundo sideral, la secreción, que se llama reino mineral el reino vegetal, el animal, todo aparece con la intensidad de su timbre, en mi sinfonía, y por graduación lenta voy de uno a otro pasando insensiblemente; porque, en verdad, esta división de reinos es abstracta; todo está en todo, y nada dura; *panta rei*, todo pasa; se desliza; la música es también símbolo de la vida, porque en la música no cabe el reposo; el reposo es como su sombra, pero en la realidad la música no tiene sombra, porque ni existe el vacío, ni existe el reposo […] (Clarín 2000: 584).

A Bonis, fuera de la cadena de padres e hijos, sombras unos y otros, «le parecía estar solo en el mundo, sin lazo de amor con algo que fuese un amparo […]» (Clarín [3]1998: 441); y, en alusión al eslabón del hijo, exclama: «¡Oh infinito consuelo!» Todo es, pues, «amparo» y «consuelo» de ser aquí abajo –por eso necesita al hijo, que es eso, una necesidad– «algo».

«EL PAN DUDOSO, ¡QUÉ MIEDO!»

La Regenta y *Su único hijo* empiezan con unas frases que funcionan como marcadores del derrotero narrativo que iban a recorrer ambas novelas. *La Regenta* comienza con una referencia a Vetusta: «La heroica ciudad dormía la siesta» (Clarín [5]1990, I: 93), y *Su único hijo* con estas palabras: «Emma Valcárcel fue una hija única mimada» (Clarín ³1998: 157). En la frase inaugural de *La Regenta* el sujeto es una ciudad y en *Su único hijo*, un individuo. Si el señuelo narrativo de *La Regenta*, en ese comienzo, es colectivo, la perspectiva es –lo enfatizan el adjetivo antepuesto «heroica» y el sustantivo «siesta»– irónica, y en lo que sigue en ese primer párrafo y continúa en el segundo: «Vetusta, la muy noble y leal ciudad, corte en lejano siglo, hacía la digestión del cocido y de la olla podrida [...]» (Clarín ⁵1990, I: 93), se incide y persiste en el estado de declive y degeneración de ese espacio-tiempo. En *Su único hijo* el sujeto que abre la novela es una mujer con nombre y apellido, a quien de entrada caracteriza el narrador con la conjunción de adjetivos «única mimada». Esa conjunción de adjetivos, que resulta chocante, tiene, junto a la intención irónica, el efecto añadido de prefigurar la personalidad del sujeto acreedor a esos dos adjetivos. Más adelante, como si se tratara de ondas que expanden y complementan esa prefiguración primera, se dirá de Emma que «era el jefe de la familia», «su tirano», «un carácter enérgico de hombre superior; hubiera sido un gran caudillo, un dictador; pero la suerte quiso que no tuviese a quien dictar nada, a no ser a él, al pobre escribiente de don Diego Valcárcel» (Clarín ³1998: 220).

En *Su único hijo*, aparecen en boca de Bonis, entre burlas y veras, estas palabras propias de Adam Smith: «La riqueza es una garantía de la independencia de las naciones» (Clarín ³1998: 249). A continuación, tras recapacitar que la suma de 7.000 reales que le hace entrega un sacerdote no era suficiente para irse con la Borgheggi a Toscana o a Lombardía, se confiesa a sí mismo: «En realidad, ¡qué pobre había sido él toda la vida! Había vivido de limosna [...] y quería ser amante de una gran artista llena de necesidades de lujo y de fantasía [...]» (Clarín ³1998: 249).

Bonis, que decía amar el arte por el artista, admiraba a aquella gente que recorría el mundo sin estar jamás seguros del pan de mañana.

> ¡Cómo hay valiente –pensaba él– que se decida a fiar su existencia del fagot, o del cornetín o del violoncello, verbigracia, o de una voz de bajo segundo, con veinte reales diarios, que es lo más bajo que se puede cantar! Yo, por ejemplo, sería un flauta pasable, pero ¡por cuanto hay no me atrevería a escaparme de casa y a ir por esos mundos hasta Rusia, tapando huecos en una orquesta! Acaso a mi dignidad y a mi independencia les estuviera mejor emprender esa carrera; pero ¡antes me tiro al agua! El azar..., lo imprevisto..., el pan dudoso, ¡qué miedo! (Clarín ³1998: 204-205).

Pero, por eso, porque se creía incapaz de ser *artista*, en el sentido de echar a correr por el mundo con su flauta, admiraba todavía más a aquellos hombres que eran, a todas luces, de otra madera.

Bonis es caracterizado como una confusa mezcolanza –es una constante a lo largo de *Su único hijo*– de poesía y prosa. La poesía, referida a él, está relacionada con el romanticismo, la pasión, el ideal; la prosa, con la seguridad, la paz, la conciencia satisfecha, el amor dentro del orden de la vida, la pertenencia, las zapatillas, las babuchas, la tierra.

LA RELIGIÓN DEL HOGAR

Bonis, que se debate en *Su único hijo* entre la poesía y la prosa –el equivalente en *La Regenta* a «O el cielo o el suelo, todo no puede ser» (Clarín ^{5}1990, II: 9)–, llega a plantearse, tras haber intimidado con la Gorgheggi, cuál es su situación y qué solución hay a los dilemas que le asedian. La mala conciencia, o acaso la simple necesidad que su ser pacato siente de retroceder hacia el acomodaticio orden burgués, explican que, según revela el omnisciente narrador en el capítulo XI, se diga a sí mismo:

> ¡Oh, la familia honrada, sin adulteraciones, sin disturbios ni mezclas, era también su encanto! ¿Sería la familia incompatible con la *pasión*, como las babuchas con el laúd? Tal vez no. Pero él no había encontrado la *conjunción* de estos dos bellos ideales. La familia no era familia de verdad para él; Dios no lo había querido. Su mujer era su tirano, y en sus veleidades de amor embrujado, carnal y enfermizo, corrompida por él mismo, sin saberlo, era una concubina, una odalisca loca; y, lo que era peor que todo: faltaba el hijo. Y en casa de Serafina, en casa de la *pasión*... no había la santidad del hogar, ni siquiera la esperanza de una larga unión de las almas (Clarín ^{3}1998: 343-344).

No solamente aspiraba, por tanto, a la conjunción de lo dispar –de «la cópula de lo blanco y de lo negro» (Clarín ^{3}1998: 337), según se dice en el capítulo XI– sino que, además, aspiraba a conseguirlo dentro de «la santidad del hogar». Coincide en este extremo, lo que no deja de ser chocante, con el ateo de Vetusta, don Pompeyo, quien, sintiéndose enfermo poco antes de morir, entró «en su casa, pidió tila, se acostó [...] y al verse rodeado de su mujer y de sus hijas que le echaban sobre el cuerpo cuantas mantas había en casa, el ateo empedernido sintió una dulce ternura nerviosa, un calorcillo confortante y se dijo: «Al fin, hay una religión, la del hogar» (Clarín ⁵1990, II: 340).

Bonis, al igual que don Pompeyo, termina agarrándose a esa idea de la santidad-religión del hogar por necesidad. Uno y otro apaciguan así la para ellos urgencia mundana, terrenal, de hacer compatibles, de hacer que cohabiten en una fusión-conjunción, los dos extremos de la serie de ejes binarios cielo/tierra, poesía/prosa, orden/caos, esposa/amante, hogar/amancebamiento… Al hijo, una entelequia, una quimera, una invención, se le convierte en la fusión-conjunción, en la síntesis, de lo que era percibido, hasta el momento de esa conversión de Bonis-don Pompeyo, como antitético e irreconciliable. Pero el hijo, producto de las «intermitentes veleidades místicas» de Bonis y de «sus horas de sensualismo racionalista y moderado», que él mismo «calificaba de enfermizas» (Clarín ³1998: 420), es –solamente puede ser– prosa, tierra, hogar. Hogar prosaico y terrenal, como el hijo que no será verbo hecho carne para ser verbo –un Mesías que le iba a redimir y dar a su vida un sentido–, sino carne hecha carne para ser solo carne –una medianía, como él, Bonis, quien también lo era–. Toda afirmación va acompañada en ambas novelas de una negación. Toda afirmación acaba siempre, por igual en las dos novelas, diluyéndose. La afirmación con la que termina *Su único hijo* –la consideran como tal no pocos críticos– es rotundamente negada en *Una medianía*, su continuación.

Bonis es muy dado a poner sobre lo real una pátina idealizadora-espiritualizadora. Su discurso suele oscilar, de manera muy confusa y a la vez acomodaticia, entre lo ideal-espiritual y lo real. Es un irracionalista y, como tal, un pragmático. La lógica la quiebra a su antojo. En el capítulo VII se dice a sí mismo: «Sí, ella [la Minghetti] se lo había asegurado, el amor de los artistas era así, extremoso, loco en la voluptuosidad…». Pero él hace su personal lectura –cambiante, siempre *ad hoc*– de su relación erótica con ella, y «pasaba por una dulcísima pendiente del arrobamiento ideal, cuasi místico, a la sensualidad desenfrenada…» (Clarín ³1998: 251).

Ya en el capítulo IV, que es cuando Bonis ve y oye cantar por primera vez a la Gorgheggi, discurre metido en la cama:

> ¡Sí, es muy hermosa, pero lo mejor que tiene es la frente; no sé lo que dice a mi corazón aquella curva suave, aquella onda dulce!… Y la voz es una voz… maternal; canta con la coquetería que podría emplear una madre para dormir a su hijo en sus brazos: parece que nos arrulla a todos, que nos adormece…; es… aunque parezca un disparate, una voz honrada, una voz de ama de su casa que

canta muy bien: aquella *pastosidad*, como dice el relator, debe de ser la que a mí me parece timbre de bondad; así debieran cantar las mujeres hacendosas mientras cosen la ropa o cuidan a un convaleciente... ¡qué sé yo!, aquella voz me recuerda la de mi madre... que no cantaba nunca (Clarín ³1998: 203).

Sublima Bonis, desde un primer momento, la atracción y el deseo erótico, con una taimada palabrería. Esa sublimación preanuncia la otra sublimación, aún más acomodaticia y sobre todo más filistea, de conferir a la voz atributos de honradez, de ama de su casa, de mujer hacendosa, o recuerda a la «madre... que no cantaba nunca». A esta sublimación –queda mencionado ya– la llamará en otro momento –la misoginia y el filisteísmo van de la mano aquí y en otros pasajes de esta novela y de *La Regenta*– «religión del hogar» (Clarín ⁵1990, II: 340).

Eros cede abiertamente el protagonismo, sobre todo a partir del capítulo XI, a esa deriva sublimadora anunciada en el capítulo IV. En el capítulo VII, dice el narrador que a Bonis, ya iniciado en las *minghettianas* «horas de transportes báquicos», «lo que más picante le parecía, lo que venía a remachar el clavo de la felicidad, era el contraste de Serafina, quieta, cansada y meditabunda, con Serafina en el éxtasis amoroso» (Clarín ³1998: 257). Pero lo primero, que ocurría «cuando el cansancio material irremediable sobrevenía y llegaban los momentos de calma silenciosa, de reposo inerte» (Clarín ³1998: 257), era lo que de ella más le gustaba porque entonces,

> [...] tomaba aire, contornos, posturas, gestos, hasta ambiente de dulce madre joven que se duerme al lado de la cuna de un hijo. Las últimas caricias de aquellas horas de transportes báquicos, las caricias que ella hacía soñolienta, parecían arrullos inocentes del cariño santo, suave, que une al que engendra con el engendrado. Entonces *la diabla* se convertía en la mujer de la voz de *madre*, y las lágrimas de voluptuosidad de Bonis dejaban la corriente a otras de enternecimiento anafrodítico; se le llenaba el espíritu de recuerdos de la niñez, de nostalgias del regazo materno. (Clarín ³1998: 257)

Esta fijación anafrodítica, asexuada, que le llenaba el espíritu con esos recuerdos, termina desplazando y anulando a Eros. Ese proceso habría de convertir a la Minghetti en chivo expiatorio. Otra suerte corrió la *Tiplona*, cuya historia se cuenta al principio de *Su único hijo*:

> [H]abía vuelto a la ciudad varias temporadas, y por último se había casado con un coronel retirado, dueño de aquella casa de la plaza del teatro, el coronel Cere-

cedo; y allí había vivido años y años dando conciertos caseros y admirada y querida del pueblo filarmónico, agradecido y enamorado de los encantos, cada vez más ostentosos, de la ex tiple (Clarín ³1998: 198).

Si Emma Bovary acaba teniendo un amante como lo tenían las protagonistas de las novelas de folletín que solía leer, todo indica que Bonis se enamora de la Minghetti porque de joven se aficionó a la ópera «escuchando a aquella real moza [la *Tiplona*], que enseñaba aquella blanquísima pechuga, un pie pequeño, primorosamente calzado, y unos dientes de perlas» (Clarín ³1998: 199). Lectura y amante, canto y pechuga, otros ejes binarios más también en busca de una síntesis. Una síntesis imposible porque esos ejes binarios estaban basados en premisas falsas que, además, no buscaban la fusión sino su eliminación. Que es lo que finalmente ocurre en *Su único hijo*: se elimina a la amante, y el hijo-religión del hogar es una patraña, un autoengaño, un preanuncio del concepto nietzscheano-noventayochista de mentira vital.

El narrador de *Su único hijo*, que presenta a Bonis como una confusa mezcolanza de prosa y poesía, dice de él, como si estuviera mofándose de lo que Clarín diría unos años después, en el prólogo a *Cuentos morales*, del «hombre interior»:

> Es de notar que Bonifacio, hombre sencillo en el lenguaje y en el trato, frío en apariencia, oscuro y prosaico en gestos, acciones y palabras, a pesar de su belleza plástica, por dentro, como él se decía, era un soñador, un soñador soñoliento, y hablándose a sí mismo, usaba un estilo elevado y sentimental de que ni él se daba cuenta. Buscando, pues, algo que le llenara la vida, encontró una flauta (Clarín ³1998: 163).

La estructura de *Su único hijo* no sigue el mismo sistema de modulaciones que *La Regenta*. Aunque menos encontrados de lo que se suele pensar, representan, con todo, dos paradigmas novelescos diferenciados.[1] *Madame Bovary*

---

[1] *La Regenta* tiene una estructura bipolar que va modulando, ininterrumpidamente a lo largo de los veinticinco primeros capítulos, un *crescendo* que alcanza su punto álgido –Clarín dominaba la técnica del folletín que Antonio Gramsci llamó «popular-artístico» (Caudet 1995: 255)– en los últimos cinco capítulos. Esta praxis de la escritura hace merecedora a *La Regenta* del calificativo de novela sinfónica. Pero, claro está, se trata de una novela sinfónica reducida en lo esencial a dos movimientos que giran y giran en torno a los ejes bipolares que he mencionado ya reiteradamente: poesía/prosa, orden/caos, espíritu/materia, cielo/tierra…

es en las dos novelas un punto de referencia –mayor en *La Regenta*; en *Su único hijo* hay además una complicidad con *Bouvard y Pécuchet* inexistente en *La Regenta*–; hay Eros en las dos novelas de Clarín, aunque lo hay más en *Su único hijo*, donde, por otra parte, apenas hay Ecclesia; el naturalismo, sello dominante en *La Regenta*, no es del todo abandonado en *Su único hijo*; el idealismo-espiritualismo es compartido por las dos novelas, si bien es de distinto signo: en *Su único hijo* recibe ese signo la impronta de la parodia, que marca otra línea divisoria entre las dos novelas, pues lo que en *La Regenta* conduce a la tragedia, en *Su único hijo* termina, a lo sumo, en tragicomedia.

Lo que más y más marcadamente une a las dos novelas de Clarín, por encima de esas y otras semejanzas y diferencias, es que la música religiosa escuchada en la iglesia –en *La Regenta* el tema es la Crucifixión y en *Su único hijo*, la Anunciación– son por igual los dos momentos álgidos de las tramas que determinan y precipitan los derroteros que van inexorablemente a conducir hacia dos finales que tienen diferencias pero también mucho en común.

A Bonis, «soñador soñoliento», perteneciente «a una honrada familia, distinguida un siglo atrás, pero hacía dos o tres generaciones, pobre y desgraciada» (Clarín ³1998: 158), a quien ya en el capítulo VII, en el café de la Oliva, la música de la guitarra «le daba energía y la energía le sugería ideas de rebelión, deseo ardiente de emanciparse... ¿De qué? ¿De quién?» (Clarín ³1998: 250). A lo que el narrador responde que «de todo, de todos: de su mujer, de Nepomuceno, de la moral corriente, sí, de cuanto pudiera ser obstáculo a su pasión» (Clarín ³1998: 250). Pues bien, a este Bonis la voz de la Minghetti, mientras canta la plegaria a la Virgen, le produce una súbita y personalísima identificación con el misterio de la Anunciación. En esa voz le empezó, de pronto,

> [...] a narrar el misterio de la Anunciación: «Y el ángel del Señor anunció a María...» ¡Disparate mayor! ¡Pues no se le antojaba a él, a Bonis, que aquella voz le anunciaba a él, por extraordinaria profecía, que iba a ser... madre; así como suena, madre, no padre, no; ¡más que eso... madre! La verdad era que las entrañas se le abrían... (Clarín ³1998: 380-381).

Al poco, cuando «cesó la música, calló la voz, estallaron los aplausos, y Bonis cambió de súbito de ideas y sensaciones y de sentimientos»; y añade el narrador: «Volvió a la realidad» (Clarín ³1998: 382-383).

Pero, ¿volvió de veras, en ese momento y en todo lo que sigue hasta llegar al final de la novela, a la realidad? Hay motivos para sospechar que no fue tal el caso. Prueba de ello es la quimera del hijo y el consiguiente derrotero narrativo que toma la trama de *Su único hijo*, la trama de la ópera bufa que acaba siendo –una prueba más de ello es el continuo recurso a la parodia– *Su único hijo*.

El imperativo de la necesidad

Poco le importaba a Bonis, y poco ha de importar a los demás, si era o no el padre biológico de Antonio Reyes. Estaba él necesitado de un hijo y quería tenerlo, fuera quien fuera el padre porque, con tal de que su esposa fuera la madre, él iba a ser legalmente el padre. Es otra parodia más, esta vez de la Anunciación. Bonis, en el papel que en esa parodia le toca representar, va a ser, como san José, padre putativo. El hijo de Bonis como el Hijo de San José es anunciado por un soplo de voz, humano en el caso del futuro Antonio Reyes, divino en el de Jesús.

La vida sin sentido de Bonis había descubierto uno que será, en adelante, la razón última de su existencia:

> Amar a la mujer... siempre era amar a la mujer. No, otra cosa... Amor de varón a varón, de padre a hijo. ¡Un hijo, un hijo de mi alma! Ese es el *avatar* que yo necesito. ¡Un ser que sea yo mismo, pero empezando de nuevo, fuera de mí, con sangre de mi sangre! (Clarín ³1998: 411).

La paternidad es en Bonis, pues, más una necesidad que una convicción. O lo que es lo mismo, esa convicción la crea-inventa –como se encargaba él mismo de dejar bien sentado en la cita de arriba– la necesidad. El hijo es, en fin, el clavo ardiendo al que Bonis se agarra por necesidad. Pero, señalada esa variante, esa especial causa/efecto, hay que insistir en que al narrador, a diferencia de a Bonis, no le pasan por alto ciertas incongruencias a las que debía –era una necesidad de otro tipo pero, al cabo, otra necesidad más– prestar atención. La principal incongruencia es que Bonis no era hombre de convicciones: «¡Si él no tenía bastante fe, ni mucho menos! ¡Si dudaba, dudaba mucho, y con un desorden de ideas que le hacía imposible aclarar sus dudas y volver a creer a machamartillo! [...] No era creyente... ni dejaba de serlo. Había cosas en la Biblia que no se podían tragar» (Clarín ³1998: 416). Con todo, hace suyo –la necesidad no se suele arredrar ante las incongruencias, ni ante nada– el misterio de la Encarnación. Pero no por fe sino –insisto– por necesidad.

No es casual, pues, que en *Su único hijo* retomara Clarín el tema de la sustitución de los «ensueños amorosos de *don Juan por dentro*...» (Clarín 2000: 14) por la «*leyenda* de Dios». Hay ecos de oportunismo o pragmatismo espiritual cuando raudamente establece Bonis, en el capítulo XIV, esa taxativa e inapelable relación *ad hoc* entre la partida de Serafina y la llegada del hijo: «Se fue *ella*, y viene *él*; no quería venir hasta hallar solo tu corazón para ocuparlo entero. Se fue la *pasión* y viene el *hijo*» (Clarín ³1998: 430). Y a continuación sigue, tampoco es casual, esta escena mordazmente cómica: «Se lanzó [Bonis] a estrechar en sus brazos la cabeza de su esposa; pero ésta le recibió con los puños, que, rechazándole con fuerza, le hicieron perder el equilibrio y casi caer sobre don Basilio» (Clarín ³1998: 430).

Al final del capítulo IV, Bonis, que estaba asistiendo como único espectador a un ensayo de la compañía de ópera, intercambia con Mochi unas sonrisas y éste «al poco rato ya le consagraba a él, a Reyes, todos sus *concetti*» (Clarín ³1998: 208). Bonis estaba por ello tan agradecido que «al tiempo de levantarse para salir del palco deliberó consigo mismo si debía saludar al tenor con una ligera inclinación de cabeza. Miró Mochi a Reyes... y Reyes, poniéndose muy colorado, sacudió su hermosa cabellera con movimientos de maniquí, y se fue a su casa... impregnado del ideal» (Clarín ³1998: 208-209). Cuando al final del capítulo V le besó por primera vez la Gorgheggi, Bonis «cayó redondo, entre convulsiones» (Clarín ³1998: 230). En el capítulo VIII, le vemos caerse «sobre su silla como un saco» (Clarín ³1998: 271).

Bonis es una marioneta en manos del narrador, quien lo mueve a su antojo y deja también a su antojo que una y otra vez se tambalee y caiga el suelo, el espacio de lo irrisorio donde se hacen añicos los cristales de los sueños y de las leyendas. Y cuando el narrador le concede el subterfugio de que tenga sueños-leyendas como la del hijo, serán sueños-leyendas de ese mismo frágil cristal y susceptibles, por tanto, de que se resquebrajen cuando se caigan al suelo.

En *Su único hijo*, como en *La Regenta*, se tiende a huir de la realidad y buscar refugio en unos ámbitos inconcretos, vagos, inasibles, abstractos: la idea, el espíritu, el cielo... Fermín de Pas, como Paula Raíces, su madre, lo hacen, en un primer momento, por la agobiante necesidad de salir de la miseria y más tarde, siendo Fermín magistral de la catedral, para conservar el monopolio del comercio de cálices y velas con el que obtienen pingües beneficios. Su autoproclamado espiritualismo tiene ese innominado materialismo.

En doña Ana y en Bonis las necesidades y motivaciones son distintas a las de Fermín y su madre, pero en todos ellos se da esa inversión de conceptos, que es síntoma de un compartido patrón de conducta. Esa inversión desencadena, en *La Regenta* y en *Su único hijo*, una serie de ejes binarios –a los que ya me he referido– que van a la busca de una quimérica conjunción. Esa inversión y esa busca propulsan en las dos novelas una dialéctica discursiva en la que lo espiritual es siempre un subterfugio falaz y lo material el único reducto verdadero, real. Lo cual no significa que ese reducto sea en verdad la alternativa, la solución.

En el capítulo XVI de *La Regenta*, doña Ana va descifrando, sentada sola en el comedor, el sentido de los signos que desordenadamente se amontonan sobre la mesa. Doña Ana, como Bonis cuando experimenta sus primeras anagnórisis y busca alguna tabla de salvación –primero, será una flauta; después, la Minghetti; después, la ambivalente escena de la luna, «menguante, rodeada de nubes, siniestras» (Clarín ^{3}1998: 337) o elevándose «suave, majestuosa y poética» (Clarín ^{3}1998: 338); finalmente, el hijo–, abandona la mesa en busca de aire, de un respiro.

La medianía del hijo

En *La Regenta* lo real tiene la viscosidad del sapo y en *Su único hijo* la medianía del hijo. A doña Ana la besará el sapo; a Bonis, el hijo o, si se prefiere, su idea del hijo. En ambos casos, el efecto del beso –el del sapo y el de esa idea– es el mismo: el derrumbe de los ensueños. Lo real, entendido como la esperada plasmación de unas necesidades, que tienen mucho de ensoñación y de quimera, no es, en ninguna de las dos novelas, una alternativa sino todo lo contrario, una falsa alternativa o incluso una antialternativa. Por eso digo que hace presencia, por igual en ambos casos, el derrumbe de los ensueños. Pero, a pesar de lo que une a las dos novelas, las separa el rasgo distintivo de que en la segunda novela, en *Su único hijo*, se rompe con el paradigma del realismo-naturalismo. Tal quiebra afecta a la forma de las dos novelas pero no necesariamente a su fondo. Acaso se desvirtúa ese fondo común de ambas cuando se parte de la premisa de que en el caso de la segunda novela hay una alternativa a lo real –a lo real entendido como la plasmación del ineludible derrumbe de los ensueños–. Quienes defienden esa premisa valoran la forma de *Su único hijo*, novela adscrita con un muy –insisto en ello– discutible criterio al idealismo-espiritualismo, por encima de la forma de *La Regenta*, novela representativa del realismo-naturalismo. Pero el sentido de *La Regenta*, su fondo, también ha sido objeto de una conversión –la alquimia de la crítica literaria– a ese sentido-fondo supuestamente idealista-espiritualista de *Su único hijo*.

BIBLIOGRAFÍA

CAUDET, Francisco (1995): «La novela popular: mecánica estructural e ideológica». En: Francisco Caudet (ed.): *Zola, Galdós, Clarín. El naturalismo en Francia y España*. Madrid: Universidad Autónoma de Madrid, pp. 245-264.
CLARÍN (1990 [1884, 1885]): *La Regenta*. Edición de Gonzalo Sobejano. Madrid: Castalia.
— (1998 [1890]): *Su único hijo*. Edición de Juan Oleza. Madrid: Cátedra.
— (2000): *Cuentos completos*, Vol. 2. Edición de Carolyn Richmond. Madrid: Alfaguara.
ORTEGA, Soledad (ed.) (1964): *Cartas a Galdós*. Madrid: Revista de Occidente.

Un cronotopo folclórico: la noche de San Juan en la novela realista española de los siglos XIX y XX

Friedrich Wolfzettel

I

Comencemos por jalonar el terreno. A diferencia de tipos tradicionales de la novela cuyo cronotopo (en el sentido bajtiniano)[1] está estructurado por ciertas señales convencionales, la novela realista de los siglos XIX y XX representa un tipo completamente abierto del cronotopo regido tan sólo por señales arbitrarias e individuales. Claro que cada autor prefiere ciertos modelos de estructuración y que, por lo tanto, una obra galdosiana o clariniana es fácilmente distinguible de una novela –digamos– de Fernán Caballero, pero esto no impide que el género no tenga reglas. Razón de más para los autores de practicar ciertas técnicas de jalonar la ambientación y la cronología de lo narrado. No es fácil determinar las preeminencias respectivas del ambiente y del tiempo. Ya sabemos que la novela típica del siglo burgués está caracterizada por una ambientación precisa incluso respecto al medio social, pero constatamos también un papel siempre más conspicuo desempeñado por los aspectos de la temporalidad. Ahora, esta misma temporalidad tiene una función diversa en los dos grandes tipos de la novela del siglo XIX, en la novela histórica y la novela psicológica, 'privada', el tiempo de la historia está bien marcado y el tiempo privado no. Por consiguiente, necesita el autor de este último tipo más jalones adicionales para estructurar la vida de sus personajes. Y, muy frecuentemente, por falta de datos históricos, las sazones, los días festivos y las fiestas van a alcanzar una relativa importancia en la trama novelesca. Porque, por un lado el día festivo sirve para organizar y articular el proceso de una vida privada, y por otro lado –y éste constituye quizás un aspecto más importante– el día festivo actúa de mediador entre la esfera privada y la esfera pública, conectando de este modo la historia privada con la historia general y añadiendo así una dimensión simbólica suplementaria a lo narrado

---

[1] Me estoy basando en la edición de Michael Holquist (Bakhtin 1981:184-258).

en la novela. Los datos simbólicos contribuyen sin duda alguna a crear el cronotopo realista al mezclarse la cronología histórica con la privada de la vida individual.

Visto este papel fundamental de las fiestas y la cronología litúrgica, parece algo extraño que el aspecto en cuestión no haya sido estudiado más detenidamente por la crítica. Recordemos en comparación que, desde hace tiempo, el problema ha llamado la atención de los medievalistas y que, por ejemplo, Philippe Walter ha consagrado un libro voluminoso al cronotopo festivo y folclórico de la novela curial y artúrica del medievo (Walter 1989). Pero, por lo que se refiere al tipo de la novela burguesa, mi propósito es mucho más modesto. En lo siguiente, yo querría investigar tan sólo un aspecto especial de esta temática bastante vasta, es decir, la función de la noche de San Juan como elemento religioso y mítico a la vez y como señal iniciática de la peripecia dramática de la trama novelesca.[2] El solsticio el día 21 de junio y la fiesta de San Juan del día 24 de junio siempre formaban un conjunto en el imaginario popular.[3] Los ejemplos literarios pertenecen probablemente a todas las literaturas europeas (y hasta orientales) –pensemos en Shakespeare, *A Midsummernight's Dream*, en Henrik Ibsen, *Sancthansnatten* (1853), en Cesare Pavese, *La luna e i falò* (1950)–, pero el motivo parece tener una importancia especial en la literatura y en la vida pública españolas. «San Juan/que es la más pública noche», leemos en el drama *La noche de San Juan*, de 1635, en el que Lope de Vega hace triunfar el amor de los jóvenes enamorados sobre la fuerza patriarcal (Lope de Vega 1935: v. 1192). En su relato de viaje *Zwei Jahre in Spanien und Portugal*, de 1856, el viajero alemán Moritz Willkomm describe una 'víspera de San Juan' madrileña, «die an die Mährchen von Tausend und eine Nacht erinnerte»: «Die ganze Nacht hindurch gab es entsetzlichen Lärm in allen Straßen Madrids. Singend, spielend, zechend und tanzend brachte die heitere, aus den verschiedenartigsten Elementen zusammengesetzte Volksmenge die sternenhelle warme Sommernacht unter den Bäumen des Prado zu» (Willkomm 1856: 295, 294).

---

[2] El tema ya ha sido estudiado en algunos aspectos por Wilma Newberry (1974: 239-259). La autora dice haber coleccionado unos cincuenta ejemplos del mismo en la literatura española desde el medievo hasta la modernidad.

[3] Cf. el artículo «Johannisfeuer» en: *Handwörterbuch des deutschen Aberglaubens* (^{3}2000: columnas 733-740), y, por lo que se refiere a los ritos masónicos, el artículo «Johannisfest», en: *Internationales Freimaurer-Lexikon* (1932, 1980: columna 782-783).

Sin embargo, falta en este relato entusiasta el elemento ritual, así como el tema básico de la hoguera. Porque sabemos que la fiesta de San Juan implica un rito de pasaje y de transición, una especie de bautizo de fuego con todas las ceremonias exorcistas apotropaicas concomitantes de la danza en corro en torno a la hoguera, de la virtud curativa de ciertas hierbas y del rocío de la mañana, del efecto fertilizador de la cenizas y del simbolismo sexual y matrimonial. Por eso la importancia de la fiesta para las solteras, los amantes, los novios y los matrimonios. No olvidemos que Tristán e Isolda beben el filtro mágico un día de San Juan y que el efecto mágico acaba en otro día de San Juan tres años más tarde (Walter 1982: 7-20). Se sabe que en el medievo *le mal Saint-Jean* denota una especie de danza epiléptica asociada con prácticas mágicas y recuerdos míticos del culto a Diana. El solsticio de verano, el que marca el punto más alto del sol antes del regreso, denota un paso mítico por la muerte, la iniciación en otra etapa de la vida y, por lo tanto, la fecha constituye un rito gnoseológico también. Pensemos en el simbolismo de los dos Juanes en los ritos masónicos y el sentido de la cabeza de Jano en la mitología romana. El solsticio es el momento de una toma de conciencia y de conversión, pero también, como en el drama de Shakespeare, el momento de la ruptura de lo usual y de la irrupción de lo mítico en la rutina ordinaria. Por eso no cabe duda de que la noche de San Juan se caracteriza por sus rasgos carnavalescos estudiados en el gran libro de Bajtín sobre Rabelais (Bakhtine 1970). En su estudio sobre el cronotopo, el autor destaca el tipo particular del cronotopo folclórico (Bakhtin 1981: 206-224). La subversión del orden y la euforia orgiástica de la fiesta nocturna trasciende la realidad cotidiana al vincular los participantes con otra realidad mítica. La polifonía que, según Bajtín, resulta de la dimensión carnavalesca, hace entonces parte de la trama novelesca al añadir a esta última una dimensión más honda en vistas a llevar la acción a una solución duradera y a corregir las deficiencias de la vida normal. Es decir, que el cronotopo folclórico corrige en cierto sentido la trama individual de la novela realista al reemplazar la aparente banalidad de las circunstancias reales por el nivel simbólico de un dato cósmico, folclórico y religioso a la vez. Además, el cronotopo ritual interrumpe el tiempo lineal al conferir a los acontecimientos narrados otra dimensión circular y periódica. De este modo sirve para rescatar una dimensión perdida del discurso moderno e introduce algo como un comentario simbólico en la trama narrada.

II

Por supuesto, el cronotopo folclórico de la noche de San Juan se desarrolla preferentemente en el tipo del discurso realista basado sobre la descripción de la realidad circunstancial de las costumbres colectivas. Por ende, el lugar apropiado del esquema folclórico es el costumbrismo español, con su apertura hacia la realidad del pueblo y la celebración romántica y posromántica de las tradiciones ancestrales. Este hecho mismo parece explicar también la reanudación del tema en el ámbito del neorrealismo de posguerra,[4] en donde se trata, sobre todo, de la función gnoseológica del tema. Wilma Newberry ha llamado la atención, por ejemplo, sobre el drama neocostumbrista del autor asturiano Alejandro Casona, *La dama del alba*, publicado en 1953 en Buenos Aires. De hecho, el clima existencialista, de Carmen Laforet hasta Carmen Martín Gaite, parece representar el medio ideal para la funcionalización del tema estrechamente vinculado a la tradición costumbrista de que se tratará a continuación. Basta con pensar en la novela *Nada*, de Carmen Laforet, verdadero punto de arranque del neorrealismo de posguerra. En la aventura de «conocer lo que es la vida» de la joven protagonista Andrea, la noche de San Juan en la Barcelona de posguerra marca el momento decisivo de una crisis existencial en la que Andrea comienza a darse cuenta de su ser como mujer, a abandonar su «ruin papel de espectadora», a «subir desde el fondo de algún hondísimo pozo» y a cambiar el rumbo «de su vida» (Laforet 1981: 293, 224, 282, 291). Colocado entre el frío invierno de una aclimatación mal lograda y la luz jubilosa del verano tardío, es decir, a finales de la segunda parte de la novela, antes de la resurrección a la vida, el episodio de la noche de San Juan denota aquí para la protagonista la anagnórisis y la peripecia de un camino de liberación de sí misma, experiencia vinculada al drama familiar que sugiere hasta la comparación con «una tragedia griega» (Illanes Adaro 1971: 224). Entre el «nuevo sentido de la Naturaleza» (Laforet 1981: 139), los primeros momentos de libertad descritos a comienzos de la segunda parte y la «impresión de belleza casi mística» de las estrellas de la noche de verano casi al final de la novela, la noche de San Juan designa así el verdadero centro de esta primera novela femenina moderna de la literatura española (Illanes Adaro 1971: 139, 287).

---

[4] Cf. a este respecto Alvar (1972: 12-46) y Martínez Cachero (1979).

Aun más conspicua es la función gnoseológica del motivo de la noche de San Juan en *Retahílas* de Carmen Martín Gaite (1981); la novela, publicada en 1974, marca la transición entre el existencialismo neorrealista de posguerra y la novela estructural del postfranquismo. Por primera vez, la función existencial y gnoseológica del motivo implica al mismo tiempo el papel autorreflexivo introducido en la novelística española por Juan Goytisolo (Spires 1980: 73 ss.). En la novela de Carmen Laforet, la heroína se había encontrado a sí misma mediante el simbolismo colectivo de la noche del solsticio; para Carmen Martín Gaite se trata de encontrar la fuente cegada de la palabra, de hallar el camino «de la soledad al diálogo»[5] mediante el 'fuego' de la comunicación. Este «canto a la palabra» (Buchanan 1979: 13) gira de hecho sobre la función terapéutica de la memoria conectada con el tema de la noche de San Juan. El joven Germán ha conducido a una vieja dama a una aldea gallega donde esta última quiere morir. Su tía debe cuidar de la anciana. A lo largo de la vela, en la noche de agosto, entabla el joven conversación con su tía todavía bastante joven también; en el transcurso de esta conversación nocturna, muchísimos recuerdos comunes van a evocar toda una novela familiar al abarcar a la vez un vasto panorama de los tiempos antes y después de la Guerra Civil. El título *Retahílas* sirve como *Leitmotiv* para indicar la salvación mediante el lenguaje de la memoria: «Se convierte esta noche en tiempo rescatado de la muerte» (Martín Gaite: 216). Pero estos recuerdos de la infancia y de la juventud están justamente ligados a la experiencia de una noche de San Juan cuya hoguera fue como un fuego de amor, como escribe la autora, el recuerdo va a «asociar la idea de amor a la de la conversación» (162). En el fuego de la conversación, el sobrino y la tía van a tomar conciencia de su amor mutuo, porque: «no hay lumbre parecida a la de las palabras que calientan la boca» (224). Al fin, Germán confiesa a la tía amada: «necesitaba tu hoguera para encender la mía» (223). La hoguera de San Juan es el equivalente simbólico de la noche de amor, el momento de una peripecia y de una renovación. La noche del solsticio es el símbolo mismo de una *Vergangenheitsbewältigung* en el sentido personal, pero también por lo que se refiere al traumatismo de la guerra, en el sentido de que el recuerdo de la noche de San Juan logra vincular los dos momentos antes y después de la Guerra Civil y sanar la ruptura cultural y mental.

---

[5] Soralo (1974: 1923). Cf. también Martín Gaite (1982).

III

Después de este rodeo vamos a regresar a la novela del siglo XIX para rozar muy someramente un tema que funciona como un *Leitmotiv* genérico –de *Pepita Jiménez* (1874) de Juan Valera, *Gloria* (1876/7) de Benito Pérez Galdós, y *Tal palo, tal astilla* (1879) de José María de Pereda, hasta *La barraca* (1898) de Vicente Blasco Ibáñez y *El curandero de su honra* (1926) de Ramón Pérez de Ayala–.[6] Se trata de un itinerario temático que conduce de la simple función ambiental y folclórica al triunfo mítico del conocimiento de sí mismo al poner en evidencia la importancia ideológica y estructural a la vez del tema folclórico en el cronotopo de la novela realista. Es verdad que podríamos preguntarnos por qué los ejemplos más significantes de la temática no pertenecen al período romántico mismo, caracterizado por la emergencia del costumbrismo folclórico, sino, al contrario, a la segunda mitad del siglo XIX y a comienzos del siglo XX, como si la experiencia de la modernidad fuera el requisito indispensable de esta revalorización de elementos tradicionales. Es decir, que este tema folclórico y ritual parece haber sido descubierto y revalorizado sólo después de la ruptura con el romanticismo y la instauración de la nueva dicotomía entre cultura alta y cultura popular descrita, por ejemplo, por Pierre Bourdieux como «l'émergence d'une structure dualiste» (Bourdieux 1998: 192-210). En este ámbito socio-estético descubrir la noche de San Juan como motivo literario pertinente equivale a redescubrir una tradición ya parcialmente perdida que promete una curación.

Tal vez no sea una casualidad que el autor más intelectual, Juan Valera, preceda a los otros en este camino. Porque la historia narrada en *Pepita Jiménez* (1874) es en cierto sentido no sólo la historia de un joven curado por las fuerzas sanas de la naturaleza a cuya apoteosis asistimos en la noche de San Juan (Valera 1998: 293). El solsticio es también un ejemplo de la función salvadora del elemento popular y folclórico para el andamiento de esta novela intelectual calificada irónicamente por el autor mismo de rigurosamente auténtica y exacta. La mezcla conflictiva de las perspectivas, la perspectiva epistolar del joven y la perspectiva autorial de los comentos por parte del tío, un ejemplo singular de polifonía discursiva en el sentido bajtiniano, parece

---

[6] En vista de la vasta erudición conectada con estos títulos, me permito remitir a los capítulos correspondientes de mi libro (Wolfzettel 1999).

reflejar la coexistencia de lo subjetivo con el cronotopo objetivo de la fiesta folclórica al hacer de este último el signo más valiente de la autonomía del texto.[7] La renovación del género novelístico (y epistolario)[8] parece ser emblematizada por la noche de San Juan, que marca el punto culminante del conflicto del joven seminarista Luis de Vargas, inexperto y cohibido; es el símbolo de la peripecia objetiva que le hace posible al héroe ver claro en sí mismo. En las cartas que Luis de Vargas, futuro sacerdote, dirige a su tío entre el mes de marzo y mediados de junio («las cartas de mi sobrino»), el héroe tiene que admitir el creciente conflicto entre su vocación clerical y su amor. Porque desde la merienda que le ofreció Pepita a comienzos de abril en el ambiente arcádico de su huerta y desde que Luis pudo admirar las manos «diáfanas como el alabastro» y los ojos «grandes, verdes como los de Circe, hermosos y rasgados» de la muchacha (Valera 1998: 176, 177), se siente la víctima de «una tempestad de encontradas afecciones» que resultan en el «desorden» de sus ideas (243). La imagen de la joven querida, Pepita Jiménez, está conectada así desde los comienzos con las fuerzas de la naturaleza y la noche de San Juan va a marcar el triunfo de la verdad de una naturaleza mítica. En el diálogo esencial de los amantes, el lenguaje se hace una vez más 'fuego', en el sentido de la novela citada de Carmen Martín Gaite: Pepita va a quemar y desenmascarar el idealismo falso del héroe para conducirlo al «amor terrenal y caduco». La heroína, «la endiablada mujer» (241), es aquí hechicera y curandera a la vez. Como representante de la naturaleza traduce el mensaje de «la tierra» que, en esa noche de verano, «toda parecía entregada al amor» (289).

> La bóveda azul no trocó en negro su color azulado; conservó su azul, aunque le hizo más obscuro. El aire era tan diáfano y tan sutil, que se veían millares de estrellas fulgurando en el éter sin término. La luna plateaba las copas de los árboles y se reflejaba en la corriente de los arroyos, que parecían de un líquido luminoso y transparente, donde se formaban iris y cambiantes como el ópalo. Entre la

---

[7] «Al llegar a este punto, no podemos menos de hacer notar el carácter de autenticidad que tiene la presente historia, admirándonos de la escrupulosa exactitud de la persona que la compuso» (Valera 1998: 293).

[8] Como subraya el editor, «Pepita Jiménez es un texto autónomo e irrepetible», el que «desaumatizó la serie de la novelística española contemporánea al troquelar un modelo que no era ni la trivial reproducción de los conflictos eróticos peculiares de las novelas de *boudoir* ni la adopción de la fórmula iniciada por Galdós pocos años antes» (Romero 1998: 21).

espesura de la arboleda cantaban los ruiseñores. Las hierbas y flores vertían más generoso perfume (288).

Se trata obviamente del primer ejemplo de una descripción de la naturaleza en celo en la literatura española –de muy larga tradición antes del naturalismo de Blasco Ibáñez–. Y el lector debe compartir la euforia de todo lo creado. Camina con el joven entregado aún a sus recuerdos de leyendas pías, pero atraído irresistiblemente a la fiesta pública en un «lugar [...] animadísimo», donde:

> Las mozas solteras venían a la fuente del ejido a lavarse la cara, para que fuese fiel el novio a la que tenía, y para que a la que no le tenía le saltase novio. Mujeres y chiquillos, por acá y por allá, volvían de coger verbena, ramos de romero u otras plantas, para hacer sahumerios mágicos. Las guitarras sonaban por varias partes. Los coloquios de amor y las parejas dichosas y apasionadas se oían y se veían a cada momento (290).

El efecto coral y público que transmite el pasaje citado es importantísimo porque transmite la función transindividual de la fiesta religiosa que conserva, como insinúa el autor mismo al destacarlos, «resabios del paganismo y naturalismo antiguos» y «la coincidencia aproximada de esta fiesta con el solsticio de verano» (290). Por lo demás, la perspectiva folclórica coincide con la de la historia cultural y literaria: «En nuestros viejos romances y leyendas siempre roba el moro a la linda infantina cristiana y siempre el caballero cristiano logra su anhelo con la princesa mora, en la noche o en la mañanita de San Juan [...]» (290). Nuestro héroe estará así en sintonía con toda una tradición literaria y mítica a la vez. La trama individual hace parte del cronotopo colectivo. No sin una buena dosis de ironía, el autor convierte un simple motivo costumbrista y tradicional en el equivalente de lo reprimido bajo la superficie de la España católica y clerical. La toma sucesiva de conciencia por parte del héroe adquiere de este modo una significación general y ejemplar, más allá de la historia individual de amor. La noche de San Juan sirve para curar al héroe en un momento de crisis paroxística detrás de la cual los protagonistas deben encontrar su verdad y la verdad de la vida normal cuyos detalles son irónicamente descritos por el autor en las últimas páginas de esta novela de formación y de conversión. Ya Luis de Vargas no escribirá cartas, porque el diálogo vivo de la noche de San Juan le ha abierto el 'fuego' del lenguaje directo del amor.

Mucho menos llamativas son las pautas colectivas de la fiesta en el conflicto de amor descrito por Pérez Galdós en *Gloria* (1876-77); el autor ha suprimido las resonancias costumbristas del motivo a favor de la función litúrgica. La novela, que pertenece a la primera fase de las *Novelas Contemporáneas*, fue publicada inmediatamente después de *Doña Perfecta*, con la cual comparte la tendencia ilustrada y el tema de la lucha contra el tradicionalismo. Representó el primer éxito internacional del autor, el que parece rivalizar aquí con la George Eliot de *Daniel Deronda* (1876). En *Doña Perfecta* el joven ingeniero Pepe, que viaja a la ficticia Orbajosa, símbolo de la 'vieja España', va a fracasar en su amor por la hija de su intransigente tía. *Gloria* describe la llegada del joven Daniel Morton, judío inglés ilustrado, a la ficticia Ficóbriga, donde se enamora de la hija del padre ortodoxo Juan de Lantigua. En vez de la siniestra intriga de *Doña Perfecta*, asistimos a la tragedia de un padre y de dos amantes que no están a la altura de la situación. Igual que *Doña Perfecta*, el 'drama' novelesco comporta muchos elementos típicamente románticos y melodramáticos: es el héroe el *bel inconnu*, un náufrago salvado de las olas en la tempestad de la noche de San Juan, y hay que destacar el papel de la noche y de los sueños y la descripción de la naturaleza salvaje en el norte de España. El conflicto típico del siglo XIX es también un conflicto simbólico: a finales de la novela, pese al embarazo de Gloria, los amantes no pueden contraer matrimonio, pero en un último diálogo y antes de morir Gloria en los brazos de Daniel, se van a declarar cónyuges ante Dios y el hijo, Nazarmito que ya anuncia al héroe de *Nazarín*, será cargado con un mensaje mesiánico.

Bajo estas circunstancias, el tema folclórico no puede señalar el triunfo final de la naturaleza, sino que sirve, al contrario, para indicar, ya a comienzos de la novela (I, 13), el camino futuro. La lluvia torrencial, así como la inmensa bruma que envuelve el horizonte, parecen marcar el futuro cambio del destino. La fiesta del solsticio, ajena a todas las connotaciones folclóricas e idílicas del verano, es en efecto el cruce de caminos entre dos edades, el de San Juan Bautista y el del futuro Mesías. Claro que el extranjero, viniendo de afuera y salvado por casualidad, representa también ciertos rasgos mesiánicos; es el que enseñará a Gloria la libertad de pensar y la emancipación, simbolizada, por ejemplo, en el motivo del vuelo de los pájaros, tal vez una referencia intertextual a *La Gaviota* de Fernán Caballero. Como en la vieja iconografía, por ejemplo en la iconografía masónica, pues, la cabeza de San Juan, de San Juan Bautista y de San Juan Evangelista, está mirando a dos lados opuestos, en este caso en dirección de una España liberal futura y hacia la España de 1492 y los comienzos de una política de represión ideológica y de expulsión de los judíos. La llegada del joven judío marca, pues, la vuelta de lo reprimido.[9] Al papel mesiánico del héroe anunciado simbólicamente por la noche de San Juan celebrada durante la tempestad de verano, corresponderán en lo siguiente las connotaciones mesiánicas y marianas del sufrimiento de Gloria en la Semana Santa. Después de dar a luz a una criatura, Gloria vive el último trance de su amor trágico a lo largo de la Semana Santa. Su muerte, el domingo de Pascua, sugiere obviamente un papel cristológico y una especie de Resurrección subrayada por la significación del hijo mesiánico ya nombrado, «la personificación más hermosa de la humanidad emancipada de los antagonismos religiosos» (521). Tal como lo indica el desdoblamiento de la cabeza de San Juan, el hijo reúne en sí mismo la sangre contraria de dos personas, es «el símbolo en que se han fundido dos conciencias» (522). Toda la novela está, pues, estructurada según un esquema sagrado que trasciende el simple relato de una vida privada. Y en este cronotopo litúrgico, la fiesta de San Juan, lejos de tentaciones folclóricas y costumbristas, ocupa un puesto ideológico central, el de la irrupción de un cambio decisivo en la vida tradicional mentalmente atrasada de esta comarca rural del norte pintoresco de España. De ese modo dialéctico, la misma noche de San Juan, fiesta tradicional, denota el 'solsticio' moderno esperado, el fuego de la Ilustración y de la futura libertad, al convertirse literalmente en la fiesta anunciadora de San Juan Bautista.[10]

Ya sabemos que Pereda, amigo personal de Pérez Galdós, pero enemigo convencido de las posiciones progresistas de este último, no tardó en escandalizarse del mensaje ideológico de *Gloria*, ubicada, además, junto a la región asturiana misma donde estaba, por decirlo así, el coto privado del costumbrismo peredano. La respuesta de Pereda a este desafío, la novela intitulada *Tal palo, tal astilla* (1879), cuyo colorido proverbial ya indica un mensaje tradicionalista, va a transponer el conflicto galdosiano en términos 'realistas' al suprimir el cronotopo litúrgico a favor de la restauración de las connotaciones costumbristas y folclóricas. A diferencia de los comentos lacónicos de Galdós, Pereda nos dará una descripción extensa y muy detallada de la noche

---

[9] En cuanto al tema del judío aquí y en la obra posterior del autor, cf. Schyfter (1978: 15-39).

[10] Por eso me parece erróneo hablar con Charles A. Zamora de un tiempo cíclico (1963: 465-470). El marco litúrgico-folclórico denota, al contrario, el nuevo evangelio de la libertad.

de San Juan que, también a diferencia de lo que hace Galdós, tiene una posición central en la trama de esta novela lúgubre. En vez de hacer de la fiesta de San Juan el símbolo de un cambio mental y de la llegada del Mesías, a comienzos de la obra, como en *Gloria*, el autor traslada la hoguera de la noche de San Juan a finales de la novela, al convertir el fuego en un símbolo de purificación y de castigo. La peripecia de la noche es, pues, el equivalente simbólico de la ruptura decisiva de los amantes y de la distancia que separa la joven huérfana pía del pueblo, Águeda, del médico e intelectual, Fernando, venido de afuera. Al judío mesiánico de Galdós corresponde el ateo volteriano que representa la ciudad y la modernidad. Sin embargo, al contrario de la historia de conversión y de salvación de *Peñas arriba*, por ejemplo, nuestro héroe alienado no encontrará la paz en el campo, sino que se rompe en el conflicto suscitado por su gran amor. En el momento en que Águeda se despierta de la fiesta de San Juan, Fernando va a suicidarse en la quebrada que simboliza el abismo entre los dos mundos intelectuales del campo y de la ciudad, de la tradición secular y el modernismo.

No vamos a entrar aquí en los detalles de esta novela amplia y, pese a su mensaje tradicionalista, quizás más convincente y lograda que la *Gloria* de Galdós. Pero en el marco del muy elogiado 'realismo sensorial' del autor, hay que resaltar el papel de la hoguera en el capítulo XXII de la novela (Bonet 1980: 33). Es obvio que la larga descripción costumbrista tiene a la vez una función tradicionalista y una estructural. Estando en el centro –social y simbólico– de la aldea, representa la resistencia contra todas las tendencias ajenas. Por eso, por ejemplo, Águeda que, por el cariño que tiene a Fernando no pertenece ni enteramente a su pueblo ni al mundo intelectual más allá de la quebrada que separa la casa del amante de su pueblo, no podrá participar en los ritos folclóricos de la noche de San Juan, y al despertarse al día siguiente de la noche parece haber envejecido diez años. La hoguera es el símbolo del fracaso de un amor emocionante, pero ilegítimo. Sin embargo, Pereda no es un autor simplista. En su descripción de lo que pasa en esa noche de San Juan y más tarde, no olvida subrayar también los rasgos abusivos de la fiesta y la decadencia moral de los que asisten a ella. Los acontecimientos demuestran cuán lejos está la vida de la aldea de la inocencia esperada. Así, irónicamente, es la hoguera misma la que indica el inminente fracaso del tradicionalismo y la que se convierte de este modo en el símbolo de la decadencia de las fundaciones del pueblo. La tragedia individual de los dos amantes está guarnecida de la tragedia colectiva del viejo mundo moralmente contaminado. Una vez más, la noche de San Juan sirve para denotar el cambio y la transición cultural. El conflicto trágico, pero sublime va a reflejarse en el pozo inmundo de la realidad.

Con esto, la novela ya anuncia en cierto sentido la versión naturalista del tema en *La barraca* (1898), de Vicente Blasco Ibáñez (1987: 479-651). Con *La barraca* volvemos al núcleo mítico de la violencia, del paroxismo, pero también a la función colectiva original del solsticio. Sin embargo, este tercer gran ejemplo europeo del tipo de la novela social paisana después de *Les Paysans*, de Balzac, y sobre todo, *La Terre*, de Zola, representa una novela fascinante y contradictoria a la vez al amalgamar el tema balzaciano de la lucha de clases con el zoliano de la violencia y del odio de la colectividad al intruso (López Sáenz 1976-1977: 265-303). Por lo pronto, se trata de la explotación de la población rural de la dehesa valenciana por el comercio usurario burgués de Valencia y en este contexto el plazo del arriendo bianual es justamente marcado por el solsticio de verano y el solsticio de invierno. Pero a este asunto general se añade el problema del pobre inmigrante andaluz Batiste. Batiste ha arrendado la finca del tío Barret, que había sido encarcelado después de asesinar a su usurario. Por lo tanto, parece ser maldita la finca: es «algo fatal» en estas «tierras malditas» (535), y la gente considera también al nuevo arrendatario, Batiste, como un 'cuerpo extraño' en la comunidad. No habrá, pues, ni sombra de una solidaridad proletaria. La estructura dramática de la novela, una «espantosa tragedia» (485) representa este conflicto. La obra, voluntariamente descriptiva y unidimensional, que carece de complejidad psicológica, proporciona al lector un sentido de lo inexorable del destino[11] simbolizado justamente por la hoguera de San Juan. En el fuego de la hoguera confluyen los aspectos diversos del color rojo, sangre, violencia, calor, alcohol, muerte (Chamberlin 1967: 23-36). Los ocho primeros capítulos dibujan la creciente hostilidad de la población al intruso hasta el momento retardatorio de la vela colectiva en la que los aldeanos demuestran su consideración con el protagonista cuyo hijo ha muerto. Pero esta vela significa tan sólo un momento de relajación antes de estallar el conflicto en el capítulo nono: «Había llegado San Juan, la mejor época del año: el tiempo de la recolección y la abundancia» (542). El paroxismo de la catástrofe se oculta bajo el manto irónicamente pacífico de la plenitud. La paz aparente no tardará en convertirse en el momento de la verdad, es decir: la realidad del rencor colectivo que, por

---

[11] El autor hace valer «an extraordinary organic unity» (Medina 1984: 62-63).

supuesto, sirve para ilustrar el riguroso determinismo basado en la teoría de la novela naturalista. La «Arcadia laboriosa y feliz» (544) se convierte en una «Arcadia moruna» (497). La noche de San Juan es, pues, el momento revelador que conducirá a la expulsión definitiva del héroe y de su familia. Las connotaciones del alcohol, del ardor del sol de verano y de las pasiones primitivas van a apoyar el drama simbólico de la alienación cuyo motivo central parece ser el fuego. Sin embargo, no es un fuego de la renovación y de la toma de conciencia, sino un fuego de la incomunicación definitiva. El conflicto social asume el carácter de un conflicto mítico, y Blasco Ibáñez consigue aquí aprehender algo de la dimensión arcaica de los ritos del solsticio de verano.

IV

Con esta presentación muy breve de la novela tal vez más famosa de Blasco Ibáñez, la potencialidad del tema en el siglo XIX parece acabada. Probablemente sería fácil encontrar otros ejemplos, menos vistosos, para ilustrar la importancia de tales datos mítico-religiosos cuando se trata de estructurar la trama novelesca aparentemente banal de una vida privada. Sólo así parece ser posible dar un sentido general a lo que carece de sentido al insinuar una dimensión cósmica y simbólica de lo que pasa. Pero nuestra vista de conjunto, muy sumaria, sería demasiado incompleta si no echamos una última ojeada a un ejemplo más tardío. El díptico novelesco de Ramón Pérez de Ayala, *Tigre Juan* y *El curandero de su honra* (1926), analizado detalladamente en el artículo citado de Wilma Newberry (1974), es un vínculo entre la tradición decimonónica y la novela existencial del siglo XX. Así, toda la acción va a culminar en la celebración mítica de la noche de San Juan, que transpone el conflicto individual al nivel colectivo al hacer desembocar este último en una reconciliación cósmica y en una toma de conciencia mítica mediante la cual el héroe se descubre a sí mismo (Pol Stock 1988: 143). En esta reescritura novelesca de toda una tradición costumbrista, el tema de la noche de San Juan obedece a una finalidad gnoseológica que está de acuerdo con la concepción, típica de este representante de la generación del 98, de una epifanía y regeneración.[12] Pérez de

---

[12] Para una interpretación del díptico en el marco de la generación del 98 véase Macklin (1980).

Ayala, que ha definido su manera poetológica del narrar como la «novela poemática de la vida española» (Pérez de Ayala 1916) –según el título de la trilogía en 1916–, describe el drama individual como un gran 'poema' colectivo del ser español antes de la Guerra Civil.

El héroe del díptico, ubicado también en el norte asturiano, es una vez más un protagonista cohibido sexualmente. El apotecario Juan, soltero en «nostalgia de la paternidad» (Pérez de Ayala 1926: 102), tiene cariño a su hijo adoptivo Colás. La simpatía furtiva de una viuda no lo alcanza. Sin embargo, cuando Colás, que se ha enamorado de la joven Herminia, no puede obtener el amor de esta última, Juan se atreve a pedir la mano de la muchacha. Por supuesto, el matrimonio será un fracaso y de pronto un 'Don Juan' comisionista intentará seducir a la esposa frustrada. Es un escándalo local realzado irónicamente por el hecho de que el ridículo protagonista había sido llamado «Tigre Juan» después de representar el *Curandero de su honra* calderoniano antes de las bodas. Ahora tiene que curar su propia honra. Trata de suicidarse, pero será salvado por Herminia, quien después de escaparse con su Don Juan, ha vuelto a su marido. Al final, Tigre Juan se habrá convertido en «Juan Cordero», capaz de perdonar el adulterio a su mujer. Pero, por lo pronto, el conflicto no se ha acabado. Por eso es necesaria la experiencia de una noche de San Juan durante la cual el héroe desgraciado va a pasar por una fase de regeneración: «Don Juan, el Tigre, ha muerto. Bien muerto está. Ha renacido otro don Juan [...]» (354). El fuego de San Juan simboliza el fuego de la novela que quiere funcionar como una «nueva luz vivísima: la luz de la experiencia dolorosa» (377). Por eso, el autor concluye su relato con un poema-oración que quiere resumir la «historia interna» de la «alquimia psicológica» (377) de los sentimientos.

De hecho, el capítulo central, ubicado a finales de la novela, representa el ejemplo más hermoso del tema hasta la fecha. La «mágica noche de los enamorados» (326), celebrada por el autor en una espléndida escena de dos diálogos líricos paralelos, nos hace sentir la magia del cambio mental y de la toma de conciencia del héroe salvado. Es, además, la transposición genial del carácter colectivo de la fiesta mítica y un ejemplo completamente nuevo de dialogismo. El ambiente mítico sirve para desmitificar el pasado individual y nacional con vistas a crear una esperanza nueva (Viñuela 1991). El mito del fuego primitivo bajo las estrellas de la noche consigue curar los falsos mitos nacionales (Don Juan, la honra), así como una mentalidad errónea. El fuego de la hoguera funciona como un 'despertador de conciencia' al desembocar en el tema central de la regeneración colectiva de la generación del 98. La hoguera de la noche de San Juan se convierte así en el símbolo de una España regenerada y humanizada por el calor y la luz de la compasión y del dialogismo. Es un fuego curador y salvador el que remite una vez más a la función terapéutica del lenguaje como instrumento de purificación. Así, los diálogos del *Curandero de su honra* y de *Retahílas* de Martín Gaite parecen querer completarse al restituir al motivo su verdadera función de arreglar simbólicamente el orden de un cronotopo folclórico y gnoseológico, que sirve para trascender la mera dimensión particular e individual de la trama novelesca al restituir la dimensión colectiva.

BIBLIOGRAFÍA

ALVAR, Manuel (1972): «Noventa y ocho y novela de postguerra». En: *Revista de Estudios Hispánicos* 6, pp. 12-46.

BÄCHTOLD-STÄUBLI, Hanns (ed.) unter Mitwirkung von Edward Hoffmann-Krayer (^{3}2000), *Handwörterbuch des deutschen Aberglaubens*, vol. 4. Berlin/New York: Walter de Gruyter.

BAKHTINE, Mikhaïl (1970): *L'œuvre de François Rabelais et la culture populaire au Moyen âge et sous la Renaissance*. Traducción de Andrée Robel. Paris: Gallimard.

BAKHTIN, Mikhail (1981): «Forms of Time and of the Chronotope in the Novel». En: Michael Holquist: *The Dialogic Imagination. Four Essays by M. M. Bakhtin*. Austin: University of Texas Press, pp. 84-258.

BLASCO IBÁÑEZ, Vicente (1987 [1898]): *La barraca*. En: Vicente Blasco Ibáñez: *Obras completas*, 6 vols. Madrid: Aguilar (vol. 1).

BONET, Laureano: «Introducción». En: José María de Pereda: *La Puchera*. Edición, introducción y notas de Laureano Bonet. Madrid: Castalia, 7-63.

BOURDIEU, Pierre (^{2}1998): *Les règles de l'art. Genèse et structure du champ littéraire*. Paris: Seuil.

BUCHANAN, Luanne (1979): «La novela como canto a la palabra». En: *Ínsula* 34, p. 13.

CHAMBERLIN, Vernon A. (1967) «Les imágines animalistas y el color rojo en *La barraca*». En: *Duquesne Hispanic Review* 6, pp. 23-36.

ILLANES ADARO, Graciela (1971): *La novelística de Carmen Laforet*. Madrid: Editorial Gredos.

LAFORET, Carmen (1981 [1944]): *Nada*. Barcelona: Ediciones Destino.

LEUNHOFF, Eugen/POSNER, Oskar (eds.) (1988 [1932]): «Johannisfest». En: *Internationales Freimaurer-Lexikon*. München/Wien: Amalthea, columna 782-783.

LOPE DE VEGA (1935 [1631]), *La Noche de San Juan*. Edición de H. Serís. Madrid: Biblioteca Universal (192).

LÓPEZ SÁENZ, Raquel (1976-77): «Algunas motivaciones y aspectos de la violencia en *La Terre*, de Emile Zola, y en *La barraca*, de Vicente Blasco Ibáñez». En: *Filología Moderna* 17, pp. 265-303.

MACKLIN, John (1980): *Pérez de Ayala: "Tigre Juan" and "El curandero de su honra"*. London: Grant & Cutler (Critical Guides to Spanish Texts, 28).

MARTÍN GAITE, Carmen (1981 [1974]): *Retahílas*. Barcelona: Ediciones Destino.

— (1982): *La búsqueda de interlocutor y otras búsquedas*. Barcelona: Ediciones Destino.

MARTÍNEZ CACHERO, José María (1979): *La novela española entre 1939 y 1969. Historia de una aventura*. Madrid: Editorial Castalia.

MEDINA, Jeremy T. (1984): *The Valencian Novels of Vicente Blasco Ibáñez*. Valencia: Albatros Ediciones.

NEWBERRY, Wilma (1974): «Three examples of the midsummer theme in modern Spanish literature: *Gloria, La dama del alba*, and *El curandero de su honra*». En: *Kentucky Romance Quarterly* 21, pp. 239-259.

PEREDA, José María de (1981 [1880]): *De tal palo, tal astilla*. Edición de Joaquín Casalduero. Madrid: Cátedra.

PÉREZ DE AYALA, Ramón (1916): *Prometeo. Novelas poemáticas de la vida española*. Madrid: Impresión clásica española.

— (1991 [1926]): *Tigre Juan y El curandero de su honra*. Edición de Andrés Amorós. Madrid: Castalia (Clásicos Castalia).

PÉREZ GALDÓS, Benito (1972 [1877]): *Gloria*. Madrid: Editorial Hernando.

POL STOCK, Margaret (1988): *Dualism and Polarity in the Novels of Ramón Pérez de Ayala*. London: Tamesis.

ROMERO, Leonardo (1998): «Introducción». En: Juan Valera: *Pepita Jiménez*. Edición de Leonardo Romero. Madrid: Cátedra, pp. 11-99.

SCHYFTER, Sara E. (1978): *The Jew in the Novels of Benito Pérez Galdós*. London: Tamesis.

SORALO, Enrique (1974): «Carmen Martín Gaite: De la soledad al diálogo» en: *La Estafeta literaria* 1-2.

SPIRES, Robert C. (1980): «From neorealism and the New Novel to the self-referential novel: Juan Goytisolo's *Juan sin tierra*». En: *Anales de la narrativa española contemporánea* 5, pp. 73-82.

VALERA, Juan (1998 [1874]): *Pepita Jiménez*. Edición de Leonardo Romero. Madrid: Cátedra.

VIÑUELA, Miguel (1991): *Desmitificación y esperanza en la novela de Pérez de Ayala*. Oviedo: Instituto de Estudios Asturianos.

WALTER, Philippe (1982): «Le solstice de Tristan». En: *Travaux de linguistique et de littérature* 22, 2, 7-20.

— (1989): *La mémoire du temps. Fêtes et calendriers de Chrétien de Troyes à «La Mort Artu»*. Paris/Genève: Champion.
WILLKOMM, Moritz (1856): *Zwei Jahre in Spanien und Portugal, Reiseerinnerungen*. Leipzig: Arnoldsche Buchhandlung.
WOLFZETTEL, Friedrich (1999): *Der spanische Roman. Von der Aufklärung bis zur frühen Moderne*. Tübingen/Basel: Francke.
ZAMORA, Charles A. (1963): «Tiempo cíclico: estructura temporal en *Gloria* de Galdós». En: *Hispania* 46, pp. 465-470.

Ecos, incrustaciones, reflejos, apropiaciones y otras estrategias en narradores del siglo XX

Mª. Carmen Porrúa

Entre las estrategias narrativas que caracterizan a los escritores de la modernidad y la llamada postmodernidad (como la disolución de géneros, la desaparición o desdibujamiento del autor, la inasibilidad de personajes etc.), la exhibición de los ecos literarios ofrece especial interés.

Los novelistas del siglo XIX afrontaron las críticas de 'influencias', cuando no de plagio ante la más leve referencia, el más leve eco de otra obra narrativa. Baste recordar, en el ámbito de la literatura española, la atribución a Clarín de la 'copia' de Flaubert, de los destellos de Eça de Queirós y de Zola. Solamente las teorías bajtinianas cruzaron la frontera de la culpa y volvieron a estos ecos un hecho natural en la transmisión de la cultura. Podríamos añadir también la aceptación del *Zeitgeist* como razonable intermediario entre las obras literarias. En definitiva, por ejemplo, recorre Europa entre 1857 y 1895 –ciñéndonos a las obras más representativas– la novela 'de adulterio', la novela con la fórmula mujer insatisfecha, aburrimiento, seductor/infidelidad/castigo como representación de época, como crítica a la sociedad del momento. En esas novelas, el desafío a las normas impuestas causa la destrucción de las protagonistas (Emma, las dos Anas, Effi).

Una de las estrategias más atractivas que utiliza especialmente la narrativa y que llega hasta nuestros días es la aparición de estos ecos, conexiones, coincidencias. Sin ignorar otros autores de antes y de ahora, me ceñiré a dos que considero especialmente representativos en el uso de este recurso. Ambos pertenecen al siglo XX aunque uno haya comenzado a escribir en el XIX y el otro lo siga haciendo en el XXI. De las afinidades entre ambos me he ocupado en otro lugar y de manera más general (cf. Porrúa 2000). Hoy me interesa destacar el uso del discurso ajeno (y del propio) y la intencionalidad que ello puede manifestar.

En los comienzos del siglo XX, un autor periférico –Ramón del Valle Inclán– se inició en la literatura apoyándose en los movimientos finiseculares y en el incipiente modernismo. Pronto sobresalió por el atrevimiento formal y técnico que lo hace –aún hoy– ser considerado como un creador de primera magnitud.

Sus inquietudes intelectuales lo condujeron por diferentes derroteros (de los que no podemos excluir un momento de misticismo relacionado con el quietismo de Miguel de Molinos), que contribuyeron a su evolución estética y política, a la creación de nuevas formas de expresión, a la renovación del lenguaje, al deslizamiento genérico y la apropiación de textos ajenos. Es sobre este último aspecto que quisiera –tal como dije– detenerme, porque el recurso conforma una actitud ante la vida y la literatura que sorprendió a sus contemporáneos que lo advirtieron y produjo críticas adversas sobre las que volveré en un momento. El escritor que utiliza estas estrategias se presenta ante nosotros en su faceta de lector. Vuelca en sus textos el bagaje de sus lecturas, de sus descubrimientos, de sus aproximaciones. Como dice Bajtín, en todo enunciado hay siempre ecos de otros enunciados, o más exactamente habla de «palabras que están habitadas por voces ajenas». Y añade: «Las recibe a través de la voz del otro, colmadas con la voz del otro. Toda palabra de su propio contexto proviene de otro contexto, ya marcado por la interpretación del otro. Su pensamiento sólo encuentra palabras que ya están ocupadas» (Bakhtine 1970).[1] Esto es lo que los enriquece, conformando una suerte de *continuum* que tiene que ver, además, con afinidades y preferencias que resuenan sin ser explicitadas. Simplemente están ahí, se insertan.

Ante las palabras punzantes de Julio Casares en su *Crítica Profana*, de 1916, Valle Inclán aclara que, en efecto, utilizó textos y situaciones tomados de las *Memorias* de Casanova porque necesitaba saber si había logrado el clima apropiado.[2] En una entrevista de Luis Calvo para el *ABC* (03/08/30) se lee:

> Cuando escribía yo la *Sonata de Primavera*, cuya acción pasa en Italia, incrusté un episodio romano de Casanova para convencerme de que mi obra estaba bien ambientada e iba por buen camino. El episodio se acomodaba perfectamente a mi narración [...].

Es claro que Valle Inclán era absolutamente consciente de la estrategia narrativa que estaba utilizando y de su legitimidad. Incrustó no solamente a Casanova sino también a D'Annunzio, de la misma manera que lo hizo con

---

[1] Lo cita Todorov (1975: 51).
[2] Eliane Lavaud-Fage (1991: 306-307), en su análisis/estudio exhaustivo *La singladura narrativa de Valle Inclán (1888-1915)*, hace referencia a este hecho. Las palabras de Valle Inclán están recogidas en Javier y Joaquín de Valle Inclán (1994: 311) y también en Dru Dougherty (1983: 163).

pinturas, esculturas y otras formas del arte. Ya Zamora Vicente advertía –refiriéndose a la misma *Sonata*– que «el héroe modernista [...] necesita estar siempre apoyado en muletas, en sostenes de prestigio artístico. De ahí su extraordinaria erudición, la permanente cita de textos, cuadros, versos joyas etc. [...]» (Zamora Vicente 1969: 15).

Estoy usando el ejemplo tal vez más célebre pero hay otros ecos que recorren las obras del escritor gallego, tal vez no tan notables como la apropiación de Casanova. Quizás el más interesante se produzca en *Tirano Banderas*. No estoy haciendo ningún descubrimiento propio, Speratti Piñero lo realizó hace ya muchos años en su libro canónico (Speratti Piñero 1957). Pero, antes de seguir adelante, creo necesario enunciar mínimamente una idea: la de que *Tirano Banderas* que se nutrió de ecos literarios, sirvió de inspiración –y a veces de fuente– de otras novelas de tirano americano y es la que inauguró –en 1926– el camino que luego fue seguido por Miguel Ángel Asturias (*Señor Presidente*, 1946), Roa Bastos (*Yo, el Supremo*, 1971), García Márquez (*El otoño del patriarca*, 1975), Alejo Carpentier (*El recurso del método*, 1974), Vargas Llosa (*La fiesta del Chivo*, 2000).

Creo que vale la pena recordar brevemente que se trata de la utilización de dos crónicas cuyo parentesco con *Tirano Banderas* había sido advertido en un trabajo de J. I. Murcia publicado en un número del *Bulletin Hispanique* de 1950, pero cuya importancia dentro de la narración valleinclanesca fue trabajada por Speratti Piñero. Las crónicas citadas eran: "Jornadas del río Marañón" y "Relación verdadera de todo lo que sucedió en la jornada de Omagua y Dorado", reunidas en *Historiadores de Indias*, Madrid 1909. El cotejo que hace la estudiosa mexicana es interesante, pero no tiene que ver con lo que deseo demostrar en este momento: el hecho en sí de los reflejos, apropiaciones, ecos y su valor –de diversas facetas– en un nuevo texto literario. La investigación de Speratti Piñero añade una tercera fuente, la *Elegía de varones ilustres de Indias* de Juan de Castellanos. Todas ellas hacen referencia al carácter diabólico de Lope de Aguirre, a sus desmanes y crueldad. En una muy citada carta a Alfonso Reyes, Valle Inclán dice: «Estos tiempos trabajaba en una novela americana: *Tirano Banderas*. La novela de un Tirano con rasgos del doctor Francia, de Melgarejo, de López, de Rosas y de don Porfirio [...]».[3] O sea, una síntesis entre Paraguay, Bolivia, Argentina y México.

---

[3] Carta del 14-11-1923, citada –entre otros– por Díaz Migoyo (1984: 216).

Valle toma datos históricos; saca de ellos sus elementos constitutivos: el personaje y su ambiente e «incrusta» –para seguir con la terminología que utilizó el propio escritor al hablar de las *Sonatas*– en su texto escenas y palabras. ¿El resultado? Una vivacidad y veracidad extremas, una síntesis americana que era lo que pretendía el autor, tal como lo manifestó en diversas oportunidades.[4]

Pasados los años, cerca de cincuenta, otro autor periférico e iconoclasta se apodera a su vez de una tradición histórica y la hace centro de un texto absolutamente novedoso donde la vieja leyenda del traidor abre la puerta a la construcción de un mundo laberíntico y reivindicador. Me estoy refiriendo por supuesto a *Don Julián* (1970) de Juan Goytisolo, obra en la que las llamadas intertextualidades por los movimientos teóricos postbajtinianos cruzan la escritura en todas las direcciones posibles.[5]

Hete aquí que Juan Goytisolo tampoco reniega de sus ecos. Llega a un extremo mucho menos encubierto (son otros los tiempos; es otra la formación) y nos brinda (por primera vez utiliza este recurso) una lista de agradecimientos donde figuran los autores que ha utilizado de una u otra manera y con variados propósitos.[6]

Lo que me interesa destacar es que esos ecos nunca son gratuitos; están al servicio de la ideología de un texto; están construyendo un universo narrativo que necesita de esa suerte de entramado como sustento.

Volvamos a 1926. En *Tirano Banderas*, en el libro III (cap. II) aparece la apropiación a mi juicio más interesante. Valle legitima la procedencia del relato que escuchan los presos, presentando al autor real del cuento *La Juída* (Gerardo Murillo, que usaba el seudónimo de 'Dr. Atl') como el personaje (con el apellido levemente modificado) que toma notas en un cuaderno mientras el soldado narra la historia.

> El Dr. Atle, famoso orador de la secta revolucionaria, encarcelado desde hacía muchos meses, un hombre joven, de frente pálida, la cabellera romántica, incor-

---

[4] En el citado libro de Dougherty (1983) aparece una entrevista a Mariano Tomar donde Valle Inclán responde a la pregunta de «¿Qué labor prepara?» Con estas palabras: «Dos novelas, para las que aún no tengo editor. Una sobre América, con vocabulario y modismos americanos, con una sensación casi física de calor, de color y de aroma; se titulará *Tirano Banderas* [...]» (Dougherty 1983: 163).

[5] Este tema lo he tratado siguiendo la terminología genettiana (Porrúa 2004).

[6] Esta 'costumbre' la hallamos en otras obras como *La saga de los Marx* de 1993 o *Las semanas del jardín* de 1997.

porado en su hamaca, guardaba extraordinaria atención al relato. De tiempo en tiempo escribía alguna cosa en un cuaderno, y tornaba a escuchar (Valle Inclán 1994: 157).

El soldado conserva el nombre del cuento real (Indalecio) y se le añade un apellido. Las modificaciones que introduce Valle Inclán no son inocentes. El relato es mejorado notablemente en cuanto a su vocabulario y estilo, conservando la esencia de origen profundamente americano.

El aprovechamiento de lo supuestamente histórico es utilizado por Goytisolo de manera harto diferente. La leyenda del conde don Julián es el pretexto para una traición mental y las apelaciones a los textos ajenos son absolutamente distintas. Lo que en Valle eran incrustaciones, en Goytisolo es el entramado. La bibliografía al respecto es bastante copiosa y nada aportaría al detenerme en este aspecto pero es imprescindible hacer algunas observaciones.[7] Aquello que en Valle es culminación es en Goytisolo punto de arranque. De 1970 en adelante, la estrategia narrativa se repite con variantes importantes, casi diría con una especie de pacto de lectura, constituido por una esperada articulación entre obras incluyendo las referencias a la propia, aspecto que tiene su momento más fuerte en la suerte de continuación de *Paisajes después de la batalla* (1982) en *Exiliado de aquí y allá. La vida póstuma del monstruo del Sentier* (2008). Esa «prolongación autógrafa» (usando un término de Genette) ya estaba insinuada –sólo insinuada– de muy otra manera por cierto en *Telón de boca* de 2003, estrechamente emparentada con *Coto vedado* y *En los reinos de taifa* (1985 y 1986).

Cuando Valle Inclán se apartaba del canon establecido violando el gusto de la época, avanzando en innovaciones y experimentos textuales, algunas de sus estrategias (por ejemplo la que es mi objeto en este momento) no tenían aún –en la primera mitad del siglo XX– calificación ni clasificación, excepto la de 'plagio' ya citado, o más benignamente la de 'influencia' o la de 'fuente'.

Fue después del conocimiento de los estudios y conclusiones de M. Bajtín y de su divulgadora Kristeva, quien encuentra en el estudioso ruso «momentos proféticos»,[8] cuando se abrieron otros horizontes y se pudieron arribar a

---

[7] Las intertextualidades en *Don Julián* han sido exhaustivamente trabajadas por Martín Morán (1992: 107-145).

[8] En *Semiótica* dice: «Bajtín es uno de los primeros en reemplazar el tratamiento estadístico de los textos en los que la estructura literaria no *está* sino que *se elabora* con relación a *otra* estructura» (Kristeva 1978, vol.1: 169).

otras formas de conocimiento en el hecho literario, principalmente en la narrativa. En efecto, la observación bajtiniana de que detrás de un hecho literario se escuchan los ecos de otras obras, legitimó la utilización de Valle Inclán de otros textos como 'incrustaciones', como ecos a los que en algunos casos, podríamos considerar ejemplos de la interdiscursividad que define Cesare Segre[9] (la palabra del modernismo, la de las tradiciones gallegas, la intrusión de la pintura prerrafaelista y el antiindustrialismo inglés, la literatura francesa finisecular, las crónicas de Indias, la literatura mexicana, los modismos latinoamericanos entre otros elementos de posible rastreo). Esa plurivocidad llega, a finales del siglo, a una suerte de paroxismo en la narrativa goytisoliana, con sus homenajes y degradaciones de autores españoles en *La reivindicación del conde don Julián* (título reducido a *Don Julián* por decisión del autor); con la apropiación de San Juan de la Cruz –y de los poetas sufíes– en *Las virtudes del pájaro solitario* de 1988 (una de las obras más bellas de su producción), con los escritores tutelares que planean sobre algunas de sus obras como veremos más adelante.

En este aspecto, los intereses de Valle Inclán son diferentes. Sin embargo, el ocultamiento de la procedencia, ese velo que hay necesariamente que descorrer si la intención es hallarla, logra el efecto que el autor deseaba y une a los dos escritores.

En el caso de *El ruedo ibérico* se han registrado alrededor de una docena de fuentes históricas.[10] Entre las de utilización –y deformación– más notables están *La estafeta de Palacio* de Ildefonso Bermejo, *La historia general de España* de Lafuente, un texto de Severo Catalina, las *Memorias* de Estévanez, una carta de Bakunin reproducida por Guillaume, el libro de Arjona *Carlos VII y Don Ramón Cabrera*, el de Zugasti *El bandolerismo*... Todas obras aparecidas entre 1875 y 1905.

Estamos ante un caso clarísimo de 'incrustaciones'. Pero también podemos encontrar otro tipo de intertextualidades en el autor gallego. Por ejemplo, en las *Comedias bárbaras* hay ecos, nítidos ecos, de *Los hidalgos de Monforte* (1856), novela histórica de Benito Vicetto. Se ha hablado también de las similitudes de los personajes de esa obra con los de *Los Pazos de Ulloa* de Pardo Bazán, pero este acercamiento me resulta totalmente falto de relevan-

---

[9] Cesare Segre (1985 [1983]) explica exhaustivamente este tema bajtiniano.
[10] Lo ha hecho, por ejemplo, Leda Schiavo (1984).

cia, en todo caso tan irrelevante como el acercamiento de Ana Ozores con Emma Bovary. Ambos son producto de circunstancias epocales y sociales: el hidalgo gallego y sus características de despotismo, soberbia y aficiones primitivas, las mujeres religiosas y sometidas, etc. o –en el caso de Emma Bovary/Ana Ozores– *l'ennui* de la mujer decimonónica insatisfecha que ha sido motivo de diferentes estudios.[11] Por supuesto que no pierden su característica de 'ecos' y no se pueden ignorar. El Pedro de Tor de Vicetto, el Pedro Moscoso de Pardo Bazán y el valleinclanesco don Juan Manuel Montenegro, están emparentados por el rango, las costumbres, el entorno social. Es claro que todo eco, por lejano que sea, por superficial que parezca, enriquece y vuelve sugerente a un texto narrativo, como sucede en este caso con las *Comedias bárbaras* (soy consciente de que estoy asimilando el fenómeno a una obra supuestamente concebida para la representación, pero éste es otro problema que tiene que ver con ciertas modalidades genéricas valleinclanianas que no es momento de analizar, aunque su síntesis de géneros y subgéneros también constituye un procedimiento novedoso a tener en cuenta).

Creo que podemos estar de acuerdo con que el reconocimiento de lo que podemos llamar de forma general 'intertextualidad'[12] es una noción que ha provocado una fuerte ruptura con la crítica tradicional. Gracias a este concepto se ha vuelto a definir el concepto de escritura y también el de lectura. Se ha hecho consciente la imagen de la red que une diferentes textos de diferentes épocas. Pero –tal como dije al principio–, lo más interesante es la intencionalidad del autor, que ya desde Valle Inclán –repito–, utiliza el recurso de forma consciente y al servicio de su propia escritura.

Ahora bien, cuando Valle 'incrusta' en *Tirano Banderas*, está apropiándose de culturas ajenas. Inserta Iberoamérica en sus textos pero no de una manera superficial sino con una toma de posición. Hay muchas manifestaciones del propio Valle al respecto. Como ejemplo podemos citar las palabras que se reproducen en *El Heraldo de Madrid* el 3 de abril de 1922, donde manifiesta la triste impresión que le produjo la colonia española en México, censura la civilización occidental moderna que prostituyó el cristianismo y señala el

---

[11] La bibliografía es muy copiosa en este aspecto tanto en obras generales como en específicas, muchas veces tomando personajes de varias novelas decimonónicas.

[12] El término como es sabido fue acuñado por Kristeva en el año 1969. Todas las variaciones y subespecies han sido trabajadas por otros críticos o teóricos cono Segre, Todorov, Genette, Barthes, Eco, Derrida, Van Dyck y otros (Kristeva 1978: 169).

contraste entre las leyes colonizadoras y la realidad. Termina mirando la España de hoy y diciendo que son en ella lo más antiguo y sincero y ejemplar los gitanos, cuya imitación recomienda. En España –termina– «lo honroso es, como los gitanos, correr siempre delante de la Guardia Civil».

Otro ejemplo lo encontramos en una carta que publicó en el diario *España* (20/10/1923) en la que expresa: «Los Gobiernos de España, sus vacuos diplomáticos y sus ricachos coloniales, todavía no han alcanzado que por encima de los latifundios de abarroteros y prestamistas están los lazos históricos de cultura, de lengua y de sangre [...]. Hora es ya de que nuestros diplomáticos logren una visión menos cicatera que la del emigrante que tiene un bochinche en América».

En la misma revista y en febrero de 1924 se reproduce otra carta donde dice que trabaja en una novela americana «de caudillaje y avaricia gachupinesca».[13]

La justificación de la inclusión de vocablos americanos también aparece en varias conferencias o entrevistas publicadas, por ejemplo, en *El Heraldo de Madrid* del 16 de abril de 1925: «Las pampas son un vasto océano de trigo donde nace el pan de la humanidad y donde se elabora el nuevo idioma español, que romperá la cárcel hermética del castellano actual, que ha de hacerse más flexible, más vivo y más sonoro. El verbo de América será, quiéralo Dios, para el castellano lo que fueron los romances de las colonias romanas para el latín anquilosado en el porvenir». Y más interesante aún en el mismo diario el 30 de junio de 1935:[14]

> Es menester crear el «sermo» hispanoamericano, aceptando, pero sin limitaciones y sin titubeos las voces americanas. Tenemos que incorporar a nuestro idioma algo más que esos bajos vocablos de garito y de burdel, que es hasta ahora lo único que hemos tomado del habla de América. Hay por allá palabras muy hermosas, muy expresivas. Por ejemplo: para designar a un tronera, a un pícaro simpático, dicen en la Argentina 'loco lindo' (...) En una novela que voy a publicar ahora, *Tirano Banderas*, uso más de cien americanismos de estos.[15]

---

[13] Todas estas opiniones fueron recogidas por Dougherty en notas 175 a 177 (Dougherty 1983: 146-147).

[14] En notas 163 y 192 de la misma obra (Dougherty 1983: 135 y 157). También reproducido en Joaquín y Javier del Valle Inclán (1994: 282).

[15] En *Don Julián*, Goytisolo hace una encendida (y regocijante) defensa de los vocablos hispanoamericanos (Goytisolo 1976: 193-195).

En cuanto a Goytisolo es muy conocida su postura interculturalista que lo lleva a tomar actitudes claras y definidas que emergen una y otra vez –aunque de diferentes maneras– en sus textos. Ya hice referencia a la apropiación de autores tutelares como puede ser un caso extremo San Juan de la Cruz. Las intertextualidades son utilizadas como un parámetro de concordancias y diferencias, son elementos de juicio estético y ético y/o político. En el caso de *Las virtudes del pájaro solitario*, logra una simbiosis entre la poesía del místico español y la del místico sufí Ibn Al Farid. Dice el texto que funciona como acápite:

> En la interior bodega
> De mi Amado bebí
> San Juan de la Cruz, *Cántico espiritual*
>
> Un vino que nos embriagó
> Antes de la creación de la viña
> Ibn Al Farid, *Al Jamriya*
> (Goytisolo 1988: portadilla).

Se puede dar algún otro ejemplo que demuestre la perfección de los ensamblamientos con la voz de San Juan. En la p. 157 se lee:

> Nuestra vida era una ruleta rusa, dice mientras enciende un cigarrillo filipino con manos temblorosas y recompone como puede el rostro devastado, cada encuentro fortuito por montes y espesuras, sin otra ley ni oficio que aquel amor trocado en ejercicio, cada visita al reino de tinieblas que apaga los enojos con llama que consume y no da pena [...].[16]

O el final de la novela:

> sólo tuvo tiempo de copiar aprisa sus versos
>   en soledad vivía
>   y en soledad ha puesto ya su nido
>   y en soledad la guía
>   a solas su querido
>   también en soledad de amor herido

---

[16] Los versos pertenecientes a San Juan e insertados en este párrafo pertenecen a *Obras completas,* ed. Lucino Ruano de la Iglesia (BAC), vol. 1, Madrid ²2002, p. 137.

antes de volar con las demás aves y cerrar definitivamente las páginas del libro ya compuesto (Goytisolo 1988: 170).

Las intertextualidades se dan también con la biografía de Crisógono de Jesús y con otros textos identificados por el autor en los «Reconocimientos» finales en los que afirma que la *Obra Completa* de San Juan de la Cruz vertebra la obra.

En *La saga de los Marx*, de 1993, uno de los textos más paródicos (sólo superado por la *Carajicomedia* de 2001), las alusiones, citas y referencias no dejan títere con cabeza. Desde el valleinclanesco reparto (*Dramatis personae*) la palabra ajena enriquece la obra. Es una novela felliniana por cierto. *E la nave va* se engarza naturalmente en el escenario satíricamente descrito de un balneario de privilegiados que «habían pagado para ocupar su pequeña parcela de dicha costera [...]». El uso del anacronismo permite cruzar la película con las noticias, la actualidad con el tiempo de la familia Marx. Se entremezclan citas verdaderas o falseadas y –al finalizar la novela– (una verdadera trenza de ficción surrealista y realidad histórica) nos espera no solamente una cita de los personajes utilizados intertextualmente o simplemente nombrados con su correspondiente identificación biográfica, sino una «Bibliografía consultada», con lo que el libro asume (como otras obras de Goytisolo) un curioso color de texto ensayístico o académico.

Un caso diferente lo constituye *El sitio de los sitios*, cuyo hipotexto es otra obra goytisoliana, el periodístico *Cuaderno de Sarajevo*. También podemos hablar de *Ella* como hipotexto de *Telón de boca*. En las dos novelas no deja de haber otro tipo de intertextualidades y ecos. Significativo es el uso de Tolstoi y de Proust en *Telón de boca*. Poco a poco, sin abandonar la apelación a textos ajenos, las obras de Goytisolo van utilizando cada vez más la propia palabra del autor (aunque las reiteraciones vienen de antiguo). La terraza con hortensias (evidentemente la de Torrentbó) ya aparece en obras tan tempranas como *Duelo en el Paraíso*, de 1956.

Dentro de la línea paródica podemos ubicar también a la *Carajicomedia*, una suerte de «historia» de los intelectuales franceses y españoles de la década de los 70 donde se reproducen y transforman textos de autor ajeno. Uno de los personajes –*el père de Trennes*– le dice a Gil de Biedma que lo que Goytisolo pretende:

[...] es disponer el oído a la escucha de las voces del pasado para apropiarse de ellas y convertirse en dueño y señor de su escritura, olvidándose de quienes bregan por serlo de la literatura y la vida literaria. La vitalidad de un artista se mediría así por su aptitud para asimilarse las distintas corrientes literarias de la tradición en que se inscribe al servicio de un proyecto original, vasto y ambicioso [...] quien no tuviera ese sustrato o biblioteca digerida [...] se condenaba a vivir y desaparecer con su época [...] (Goytisolo 2000: 20-21).

Lo más notable es la parodización de *Camino*, de Escrivá de Balaguer, transformando las máximas de carácter religioso en una lectura de amor homosexual. El texto se vale del hilo unitivo que proporcionan las transmigraciones de fray Bugeo (autor de la verdadera *Carajicomedia)*, utilizando textos del Arcipreste de Talavera, la poesía de Villamediana, *La lozana andaluza*, el *Guzmán de Alfarache* y hasta *La Regenta* de Clarín, para citar solamente unos pocos, entre los que están Cernuda, Blanco White, Menéndez y Pelayo. En el capítulo I se explicita que se tratará de «Una historia de España basada en su relación con la sexualidad a la luz de la doctrina católica por medio de un viaje por la lengua castellana desde la Edad Media hasta hoy» (Goytisolo 2000: 20).

Ahora bien, la utilización de textos ajenos en algunas obras es una manera de cruzar culturas y de aceptarlas y la intencionalidad estriba –en gran parte– en la inclusión social y en el denostar los nacionalismos. En este aspecto es mucho más amplia la posición de nuestro contemporáneo.

La intertextualidad es un discurso a dos voces, en el que confluyen tiempos, culturas y tradiciones. Se trata de establecer relaciones visibles de una obra a otra que no sean del orden de la imitación ni de la sustitución, o sea, una relación que permita a las obras establecer una verdadera red. Por otra parte constituye una forma de universalismo, contraria al individualismo que pareciera ser la tónica de la literatura de los siglos XX y XXI. También se ha considerado a la intertextualidad como la productora de elaborados juegos literarios en las formas que hemos estado viendo: citas, ecos, reflejos, parodias, etc. En otras palabras, se acentúa el origen lúdico de estas estrategias, aspecto que también es necesario tener en cuenta y que tiene su temprano exponente latinoamericano en la literatura de Jorge Luis Borges. Al ser puesta de manifiesto por los propios autores se vuelve una estrategia autoconsciente y autorreflexiva. En este aspecto son notables algunas páginas de Goytisolo, quien suele producir textos literarios y teóricos al mismo tiempo.

Ateniéndome al siglo XX comencé con Valle Inclán, en quien se asoma tímidamente el recurso pero –y hay que resaltarlo– se pueden descubrir en él muchos de los aspectos que podemos ver en autores posteriores: el interculturalismo, la ideología subversiva manifiesta, la presentación y defensa de identidades marginales.

Por supuesto que no podemos dejar de lado la actividad lectora a la que ya hice referencia. Para que los contactos entre obras –sean ficcionales, históricas o ensayísticas– obtengan su plenitud se exige una competencia lectora que también puede producir, no solamente la actividad de 'completud', sino también el factor lúdico al que ya mencionamos. Ya se vea como elemento de transformación, tal como postula Kristeva entre otros (Barthes por ejemplo); ya sea simplemente un elemento que organiza la participación del lector o ya sea vista negativamente como un reciclaje de deshechos semánticos, un juego con los sobrantes de la herencia o la industria cultural, la intertextualidad manifiesta su originalidad justamente en esa especie de juego[17] que hace surgir los textos existentes y las estructuras tradicionales como eco, alusión, cita, parodia, reflejo.

En *El bosque de las letras* (1994: 57), Goytisolo explicita que «una cultura es al fin de cuentas la suma total de las influencias exteriores que ha recibido» y añade más adelante:

> Cada cultura nacional constituye un árbol de múltiples raíces y todo escritor que tome a pechos su labor literaria parte de una realidad insoslayable: la del árbol cuya vida aspira a prolongar y, sobre todo, a enriquecer. Cuanto más alto, copudo, hojoso y ramificante sea, mayores serán sus posibilidades de juego y aventura y más vasto el campo de maniobras en cuyo ámbito emprenderá sus rastreos y búsquedas. El novelista o poeta que aspiren a dejar huella, a agregar un ramal o bifurcación a su árbol, no estarán sujetos a influencia particular alguna porque su voracidad literaria les vedará centrarse en un autor concreto, en un molde único: como Cervantes o Borges, ambicionarán saquear la totalidad del acervo cultural de su tiempo (Goytisolo 1994: 160-161).

Si me he detenido en este rasgo es porque considero que es uno de los que demuestra con mayor claridad el carácter plural y múltiple que puede asumir una obra literaria. Si he tomado dos autores aparentemente dispares y de dos épocas alejadas en el tiempo es justamente porque considero que ambos pose-

---

[17] María Amoretti (1996) recuerda que Raymond Federman acuñó al respeto el término «playgarism» refiriéndose a una combinación entre lo lúdico y lo intertextual.

en –en uno esbozadas, en el otro expandidas? esas características que conllevan una postura ideológica clara que –trasladada a la práctica– resulta una toma de posición en defensa del multiculturalismo y de su consecuencia: el mestizaje literario.

BIBLIOGRAFÍA

AMORETTI, María. (1996): «La intertextualidad: un ensayo metacrítico». En: *Filología y Lingüística* 22, 2, pp.7-14.
BAKHTINE, Mikhail (1970): *La poétique de Dostoievski*. Paris: Seuil.
BAJTÍN, Mijaíl (1982): *Estética de la creación verbal*. México: Siglo XXI.
DÍAZ MIGOYO, Gonzalo (1984): *Guía de Tirano Banderas*. Madrid: Fundamentos.
DOUGHERTI, Dru (1983): *Un Valle Inclán olvidado. Entrevistas y conferencias*. Madrid: Fundamentos.
GENETTE, Gérard (1989): *Palimpsestos. La literatura en segundo grado*. Madrid: Taurus.
GOYTISOLO, Juan (1976 [1970]): *Reivindicación del conde don Julián*. Barcelona: Seix Barral.
— (1988): *Las virtudes del pájaro solitario*. Barcelona: Seix Barral.
— (1995): *El bosque de las letras*. Madrid: Alfaguara.
— (2000): *Carajicomedia de Fray Bugeo Montesino y otros pájaros de vario plumaje y pluma*. Barcelona: Seix Barral.
— (2001): *Don Julián*. Barcelona: Galaxia Gutemberg/Círculo de Lectores.
— (2003): *Telón de boca*. Barcelona: El Aleph.
KRISTEVA, Julia (1978): *Semiótica*. 2 vols. Madrid: Fundamentos.
LAVAUD-FAGE, Eliane (1991): *La singladura narrativa de Valle Inclán (1888-1915)*. La Coruña: Fundación Barrie de la Maza.
MARTÍN MORÁN, José Manuel (1992): *Semiótica de una traición recuperada. Génesis poética de «Reivindicación del conde don Julián»*. Barcelona: Anthropos.
PORRÚA, María del Carmen (2000): «Convergencias y divergencias: Valle Inclán y Juan Goytisolo». En: Florencio Sevilla/Carlos Alvar (eds.): *Actas del XIII Congreso de la Asociación Internacional de Hispanistas*. Madrid: Castalia.
— (2004): «Las transtextualidades en la obra de Juan Goytisolo». En: Isaías Lerner/Robert Nival/Alejandro Alonso (eds.): *Actas del XIV Congreso de la Asociación Internacional de Hispanistas*. Madrid: Juan de la Cuesta.
SCHIAVO, Leda (1984): *Historia y novela en Valle Inclán. «Para leer El Ruedo Ibérico»*. Madrid: Castalia.
SEGRE, Cesare (1985): *Principios de análisis del texto literario*. Madrid: Crítica.

SPERATTI PIÑERO, Emma Susana (1957): *La elaboración artística de Tirano Banderas*. México: El Colegio de México.

TODOROV, Tzvetan (1975): *Qué es el estructuralismo. Poética*. Buenos Aires: Losada. [*Qu'est-ce que le structuralisme? Poétique*. Paris: Seuil, 1968.]

VALLE INCLÁN, Joaquín del/VALLE INCLÁN, Javier (eds.) (1994): *Entrevistas, conferencias y cartas. Ramón María del Valle Inclán*. Valencia: Pre-Textos.

VALLE INCLÁN, Ramón María del (1954): *Obras Completas*. Madrid: Plenitud.

VALLE INCLÁN, Ramón María del (1994 [1926]): *Tirano Banderas. Novela de tierra caliente*. Edición, introducción y notas de Juan Rodríguez. Barcelona: Planeta.

ZAMORA VICENTE, Alonso (1969): «Prólogo.» En: Ramón María del Valle Inclán: *Sonata de primavera*. Madrid: Salvat y Alianza editorial, pp. 11-21.

Sobre *Ladrón de lunas* de Isaac Montero
ante el fondo de la teoría bajtiniana

Eberhard Geisler

En septiembre de 2008 murió en su ciudad natal, Madrid, el narrador y guionista Isaac Montero. Tenía setenta y un años. En algún artículo necrológico pudo leerse –y para sus lectores esto no era nada nuevo– que en su vida no había obtenido el reconocimiento que hubiera merecido. Por cierto, se publicaron reseñas elogiosas cada vez que apareció una nueva obra, pero Montero no llegó nunca a las primeras filas de la atención del público nacional y, menos, aún internacional. Rafael Conte observó en 1998: «No creo que exista en la historia literaria española del último medio siglo un caso tan flagrante de injusticia sociocultural como el que se comete con la obra de Isaac Montero, uno de los más sólidos, potentes y significativos narradores con que contamos hoy [...]» (Conte 1998: 12). Este hecho sorprende porque este autor nos ha legado una literatura que brilla por sus cualidades de sismógrafo sensible de la sociedad española bajo el franquismo. Hace tiempo llamé ya la atención sobre los primeros libros de Montero (Geisler 1982: 27-46). Hay que nombrar aquí sobre todo su tetralogía *Documentos secretos*, en la que retrata con una impresionante perspicacia psicoanalítica las perturbaciones y rarezas psíquicas de personas expuestas a las presiones de la dictadura. Para el autor era la sociedad española entera la que fue marcada con llagas por el sistema político reinante: «No se trata de casos aislados patológicos. La patología ha sido instaurada en el país como forma de conducta normal» (Montero 1976: 13). Más tarde, Montero describió también la sociedad del posfranquismo y de la transición, como en *Pájaro en una tormenta* (1984) o *La fuga del mar* (2000).

En lo que sigue nos proponemos dar un análisis de su novela *Ladrón de lunas* (1998), libro extenso que muchos críticos consideran su mejor obra. En 1999, el autor fue galardonado por ella con el Premio de la Crítica. Una vez más, el autor se refiere a los comienzos del franquismo. Una vez más, nos vemos confrontados con una vida que pierde el equilibrio bajo las condiciones de la dictadura. El autor crea una variante interesante del tema de las 'dos

Españas'. Concibe la historia de un héroe que en los primeros cinco años después de la Guerra Civil española lleva una doble vida, que está casado con dos mujeres a la vez y que lleva una existencia dividida: por una parte, la de un anarquista y derrotado; por otra parte, la de un falangista y vencedor. El republicano Antonio Sanahuja, después de haberse apropiado de los documentos de Antonio Sinisterra, un falangista fusilado durante de la guerra, dispone de dos identidades: es dos Antonios. Presentándose como Sanahuja, vuelve siempre a pasar algunos días en Madrid, presentándose como Sinisterra, vive en Villafranca, en la provincia.

Veamos, primero, la pluralidad que está en el centro de la novela, es decir, las diferencias sociales y culturales entre las dos existencias de Antonio Sanahuja alias Antonio Sinisterra. Queda muy clara la diferencia económica. Sanahuja nace en una familia de obreros modesta y se cría en un barrio pobre de Madrid, donde, como el autor le hace decir a su héroe, las muchachas se ajan al alcanzar los treinta años, donde la gente suele tener malas dentaduras y donde se empeñan los colchones en tiempos de huelga (cuando escasea el dinero). Para destacar el hecho de que la familia carece de bienes económicos reales, el abuelo declara una vez a su nieto Antonio propietario ficticio de las fuentes públicas de Madrid. Cuando después de la guerra vuelve a encontrar en la capital a su primera esposa, Cristina, la ve demacrada y con los zapatos rotos; es bella, pero sin recursos. Con su segunda mujer, Matilde, con la que vive bajo el apellido de Sinisterra, Antonio tiene más suerte económica: la familia con la que se ha emparentado por casamiento es burguesa, el suegro posee fincas, líneas de transporte, tenerías, una fábrica de cerámicas y varias casas. Antes de la guerra, la familia solía veranear en San Sebastián y Biarritz, y gran parte de la contienda bélica la pasan los suegros en Francia. Frente a estos contextos sociales diferentes, el protagonista descubre que ha sido dividido en un ser que quedaba a merced de la suerte, y otro que tenía la oportunidad de poder planear su porvenir. También políticamente se abre un abismo entre las dos clases sociales. Antonio proviene de una familia con tradición anarquista, una familia que canta "La Internacional". Él mismo tiene ideas izquierdistas, quiere luchar contra los ricos y establecer justicia e igualdad. La familia de Matilde, en cambio, es de derechas; emplea el vocabulario correspondiente, escucha Radio Burgos, y el padre ha sustentado la organización reaccionaria de la CEDA. Y finalmente pueden observarse diferencias culturales. La familia de Matilde posee un árbol de familia que registra los antecedentes de siglos pasados; la familia de Antonio desconoce tal costumbre y se pierden sus orígenes en una noche sin nombre. En una ocasión, nota Antonio, en calidad de marido de Matilde, que las mujeres de la alta burguesía saben llorar por orgullo y soberbia, no por dolor y humillación, como es el caso de las mujeres de la clase baja.

Hay que constatar, sin embargo, que tal pluralidad es muy problemática y se ve contrarrestada por la idea de la unidad. Tanto el protagonista como el pueblo mismo, pues, se encuentran divididos, debiendo normalmente formar una unidad. La tesis que queremos defender corresponde a este carácter problemático de la pluralidad. Puede comprobarse, en otras palabras, que poniendo la mirada en la totalidad del discurso de esta novela y empleando los conceptos de Mijaíl Bajtín, nos topamos aquí con una simultaneidad entre una apertura hacia una pluralidad o a elementos carnavalescos, por una parte, y hacia ideas más bien determinadas por el monólogo, por otra parte. Así, el protagonista pertenece en su juventud a los «tíos con marcha» (Montero 1998: 338): «[…] era lo que en el Madrid de la época se llamaba "un bugatti", un tipo con gasolina para remontar cualquier cuesta» (Montero 1998: 18). Varias veces se denomina a sí mismo como «pícaro». Es pícaro en su juventud, y lo es durante los cinco años en que practica la bigamia. Es pícaro cuando falsifica documentos. Y es pícaro más tarde, continuando con sus mentiras e imposturas, después de que ha decidido romper con su existencia doble, ha abandonado sus dos familias paralelas, ha simulado su muerte en un accidente de coche, se ha embarcado y ha emigrado al Caribe para ganarse el pan de cada día en el Nuevo Mundo, finge ser psiquiatra y prueba fortuna como terapeuta de las damas de la sociedad caribeña. De esta manera, la novela de Montero se aproxima al género de la novela picaresca. Para Mijaíl Bajtín, este género tiene claros rasgos carnavalescos. Escribe: «La novela picaresca presentaba una vida que había salido de su carril habitual, legitimado, por decirlo así; cambiaba las posiciones jerárquicas de los hombres, jugaba con esas posiciones, era de cambios repentinos, de transformaciones y de mistificaciones, concebía el entero mundo representado como zona de contacto familiar» (Bachtin 1971: 178).[1] La novela de Montero rompe con la normalidad, juega con las jerarquías y destaca la facilidad del héroe de trabar contactos en cualquier situación. No obstante, no es una novela picaresca cien por ciento. El protagonista tiene, durante su estancia en España, escrú-

---

[1] Todas las citas de las obras de Bajtín son traducciones mías de las versiones alemanas.

pulos morales y es descrito como víctima de un desastre histórico que es de una seriedad absoluta y que está fuera de toda discusión, fuera de todo juego dialógico. El mismo protagonista sabe de esta ambivalencia. Cuando se da cuenta de que su suegro burgués, el padre de Matilde, ha hecho investigaciones sobre su vida anterior y ha descubierto sus relaciones con otra mujer en Madrid, escribe sobre él: «[...] me tomó en suma por lo que fui: una mezcla de pícaro y herido de guerra» (Montero 1998: 200).

Para nuestro análisis nos basamos, sobre todo, en los dos grandes estudios de Mijaíl Bajtín, el uno sobre Rabelais y la cultura popular, el otro sobre Dostoievski y la novela dialógica. Si bien estos libros tratan fenómenos diferentes, enfocan algo esencialmente parecido. Este parentesco se muestra ya en el hecho de que Bajtín, también en su libro sobre Dostoievski, se ocupe detenidamente del carnaval. En el fondo, los dos libros giran alrededor de la transindividualidad, subrayan aquello que sobrepasa el mero individuo, es decir, el pueblo o el diálogo, y dirigen su ataque contra todo aquello que quiera imponerse, y contra todo aquello que quiera cerrarse en sí mismo. La visión del mundo carnavalesca es la de una ambivalencia alegre en la que muerte y engendramiento se reconcilian. «Esta materia alegre [del mundo] es ambivalente, es tumba y seno que pare, pasado que pasa y futuro inminente, es el devenir mismo» (Bachtin 1995: 236). La transindividualidad es el lugar de tal génesis perpetua: «[...] se echa al bajo vientre colectivo todo lo limitado, lo típico, lo rígido y lo concluido para que se funda y que renazca» (Bachtin 1995: 104). La visión carnavalesca excluye todo aquello que se niega a tal devenir sempiterno, es «una sensación del mundo que hacía frente a todo lo cerrado y perfecto, a todas las pretensiones de imperturbabilidad y de eternidad [...]» (Bachtin 1995: 59). Los dos libros, además, coinciden en la exclusividad que conceden a sus asuntos. El libro sobre Rabelais destaca el carnaval y descuida la seriedad. Es cierto que el mismo Bajtín se ha dado cuenta de que tal exclusividad, en el fondo, no puede sostenerse. Recuerda, pues, que hay obras en la literatura mundial que saben reunir la tragedia con el juego de los sátiros, como, por ejemplo, el teatro de Eurípides. «Conocemos textos literarios en los que ambos aspectos del mundo, el serio y el de la risa, están uno al lado del otro y se reflejan mutuamente» (Bachtin 1995: 168). Y sigue: «La risa auténtica, ambivalente y universal no niega la seriedad sino que la purifica y la completa. La libera del dogmatismo, de la parcialidad y osificación, del fanatismo y una postura demasiado categórica, de elementos del miedo y de la intimidación, de la ingenuidad y de ilusiones, de limitación, de univocidad y de pesadez tonta. La risa no permite que la seriedad se ponga rígida y se desprenda de la totalidad siempre infinita de la vida. Restablece la totalidad ambivalente, esta es su función dentro de la historia de la cultura y de la literatura» (Bachtin 1995: 168). Pero Bajtín tiene que conceder en el mismo párrafo que este problema del equilibrio entre los dos aspectos sobrepasa su propio estudio. Él no lo puede tratar en su libro sobre Rabelais: «Las observaciones que acabamos de hacer sobre los tipos de seriedad y sus relaciones respectivas con la risa exceden ya el margen de este trabajo. Nuestro material, restringido a una época, no permite amplias generalizaciones teóricas, nuestras opiniones más bien tienen el carácter de tesis provisionales» (Bachtin 1995: 168). Y Bajtín, de hecho, se interesa sólo por la cultura de la risa. El Renacimiento que tanto celebra es una época en la que todo se ha vuelto alegría y en que se disputa el espacio a cualquier seriedad. Otro tanto ocurre con el libro sobre Dostoievski, autor que él ve en la misma tradición que Rabelais. Admite, por cierto, que existe una válida tradición monologística de la novela, pero la novela dialógica es la encarnación más alta del género. Habrá siempre obras monologísticas, eso sí, pero lo esencial se expresa dialógicamente: «[…] aquéllas zonas del ser del hombre y de la naturaleza que exigen formas del conocimiento artístico objetivadas, definitivas, es decir, monologísticas, existirán siempre y se extenderán siempre. Pero, repitámoslo una vez más, la conciencia humana pensante y la esfera de ser dialógica de esta conciencia, en toda su profundidad y particularidad, son inaccesibles al modo de ver artístico monologístico. Han sido objeto de la descripción verdaderamente artística primero en la novela polifónica de Dostoievski» (Bachtin 1971: 304). Épocas en las que hay variedad de discursos son épocas que favorecen la novela (Bachtin 1979: 296); en otras palabras: el teórico ruso concibe la novela como esencialmente dialógica. Cuando dice que la verdad se produce tan sólo dentro de estructuras dialógicas, habla, por cierto, del diálogo socrático, pero éste corresponde a su propia visión de las cosas: «La verdad no nace y no vive dentro de la cabeza de un hombre solo, sino que nace entre hombres que juntos la buscan, en comunicación dialógica» (Bachtin 1971: 122). Así, el libro sobre Dostoievski exalta el diálogo y pospone el monólogo. Como veremos, Montero, en cambio, busca la simultaneidad de los aspectos opuestos.

Empecemos por destacar la parte carnavalesca de la novela. Para el protagonista hay una ligazón estrecha entre vivacidad y humor. Es el humor «la mejor señal para saberse vivo» (Montero 1998: 278). Escribe, además, que tiene que reír automáticamente si piensa en su existencia doble o si se figura su invento de hacer entrar en contacto al uno de los dos Antonios con el otro. Lo que experimenta en estas reflexiones es la alegría de la gestación, considerada por Bajtín como parte integral de la concepción carnavalesca del mundo. Confiesa el narrador: «Sólo sé que la mayoría de esas fugas risueñas de la voz, venidas de vayamos a saber qué soterradas grutas, se derramaron para darme lo que el agua da a la tierra: fertilidad y nuevas cosechas» (Montero 1998: 321). Además, consigue cierta fuerza del yo, cuando ríe («esas risas [...] me esponjaban»); la risa le proporciona algo que los otros le quieren quitar, es decir, el poder de los otros y el miedo que causan ya no tienen influencia sobre él.

> La cuestión está, ya os digo, en que esas risas a mí me consolaban, acaso porque salían a mis labios solas y yo las dejaba ir o las contenía en las comisuras según anduviera de humor, pero siempre las escuchaba fuera y me esponjaban. Y tal vez el misterio estribase en que reía porque, a fin de cuentas, daba lo que querían quitarme (Montero 1998: 321).

El que la risa le brinde alborozo a salvo de toda presión ocurre precisamente dentro de situaciones angustiosas: «Y el hecho es asimismo que en todos esos años me asaltó siempre una risa de niño goloso cuando corría el riesgo de un viaje improvisado, o imaginaba que alguien pudiera darse de cara con mis embustes» (Montero 1998: 321). Para Bajtín, es especialmente el pavor vuelto íntimo el que es superado por la risa carnavalesca. El teórico ruso apunta: «La risa libera no sólo de la censura exterior, sino también y sobre todo de la censura interior, del miedo producido en el hombre durante muchos siglos, miedo a lo sagrado, a la interdicción, al pasado y al poder. [...] Abre los ojos a lo nuevo y al futuro» (Bachtin 1995: 143).

Nos topamos igualmente con aquello que Bajtín llama la *mésalliance* carnavalesca. En una ocasión, el protagonista tiene que recoger a su suegro enfermado de un burdel. Este burdel es dirigido por una monja que ha abandonado su convento. Bajtín nota sobre tal *mésalliance*: «A la familiarización se une una tercera categoría de la sensación del mundo carnavalesca: las *mésalliances* carnavalescas. El enfoque libre, familiar se extiende sobre todos los campos, sobre todos los valores, todos los fenómenos y todas las cosas. Entra en contactos y relaciones carnavalísticos todo aquello que no ha sido cerrado, separado y distanciado uno del otro por la visión del mundo jerárquica, no carnavalesca. El carnaval aproxima lo sagrado y lo profano, lo grande y lo fútil, lo sabio y lo tonto, lo encadena juntos, lo desposa y lo liga» (Bachtin 1971: 138). Antonio, el narrador instaurado por Montero, dice que a los españoles les gustaba la *mésalliance* carnavalesca ya desde siempre. La atribuye a la época barroca, aunque la influencia de la sensación del mundo carnavalesca, según Bajtín, ya era retrógrada en el siglo XVII. El narrador escribe: «En la España de mi infancia y juventud las historias de putas convertidas en "la perfecta casada" competían con las de monjas de clausuras trocadas en *madames*, y las de las hermanas de la caridad enamorando enfermos para llevarlos al altar. A los españoles siempre nos gustaron los retablos barrocos» (Montero 1998: 308).

En el momento en que Antonio Sanahuja se transforma en Antonio Sinisterra, experimenta su propia historia como suceso carnavalesco. El Yo viejo muere para nutrir con esto al Yo nuevo. Hay algo como un eterno retorno. Y se cita la sabiduría popular carnavalesca según la cual los supervivientes han de dirigirse hacia la vida, no debiendo afligirse por los muertos:

> En fin, Matilde me llevó a la ermita del Humilladero, y allí, y con mayor premura de la que gusta Madre Naturaleza, ambos Antonios, Sanahuja y Sinisterra, cumplieron el rito del eterno retorno: alimentar a lo que viene con lo que se va para que lo recién nacido pueda devolver un día el banquete. En otras palabras, el muerto al hoyo y el vivo al bollo (Montero 1998: 69-70).

El narrador cuenta un caso de muerte inmerecida. Dos individuos han violado y matado a una muchacha. El narrador toma este acontecimiento como punto de partida para una reflexión sobre la esencia del hombre. La ve marcada por un profundo dualismo entre un ser moral, por una parte, y un ser que obedece a sus necesidades y apetitos corporales y materiales, por otra. Finalmente, decide ver la vida como proceso puramente material, idea que le lleva a admitir la muerte sin lamentación. Coincide así con la visión carnavalesca, la cual, como es sabido, coloca la inmortalidad de la sustancia común sobre la muerte individual:

> No dispongo de respuestas sobre lo que ha de hacerse en un trance así, pues cabe hacer poco. Y no ya con dos perros salvajes que mataron porque tenían una solución cómoda a mano, sino con la triste cosa que es un hombre; con esta criatura doble y contrariamente obligada por su naturaleza: al altruismo pero también a la defensa del pobre territorio de un cuerpo propio; aupada a la vez al sen-

tido moral y a un apetito sin otro límite que la saciedad. Me temo que las respuestas se esconden en el edificio de un orden social equitativo, algo que ni se ve fácil de levantar ni con cuya estabilidad quepa hacerse ilusiones. De momento, frente al apetito voraz de mirar por nosotros mismos, sin el cual no somos nada, sólo nos salva el temor al pecado, un fruto del común o de Dios, si es que Dios existe. Aunque la moral acaso no sea más que una forma del egoísmo de la especie, la satisfacción de cumplir con decencia alegra la vida porque reconocemos en la mirada ajena un brillo de gratitud. (¿Qué digo? La vida, la del cuerpo, la única, es sólo un proceso de la materia, y vista así ninguna muerte resulta inmerecida o injusta.) (Montero 1998: 471).

Durante los años en que vive una existencia doble, el protagonista no teme a la muerte injusta: «Volviendo al crimen con que abrí estas líneas, diré que durante aquellos años no sentí el horror de la muerte inmerecida» (Montero 1998: 472). Pasa por alto el precepto social de la justicia, normalmente interiorizado, y quita el aguijón al miedo de la muerte. Con esto se aproxima, pues, al hombre carnavelesco sobre el que Bajtín escribe lo siguiente: «Era la victoria sobre el miedo la que el hombre de la Edad Media sentía especialmente manifiesta en la risa, victoria no sólo sobre el miedo místico (temor de Dios) y el miedo a las fuerzas de la naturaleza, sino victoria, sobre todo, sobre el miedo moral que ata la conciencia, la oprime y la oscurece. El miedo a todo lo sagrado y prohibido ("maná" y "tabú"), al poder humano y divino, a mandamientos e interdicciones, a la muerte y a la penitencia después de la muerte, al infierno, a todo aquello que es más horrible que la tierra, el miedo a todo esto parecía susceptible de ser vencido por la risa» (Bachtin 1995: 140).

También en otros lugares, el autor hace arremeter a su héroe contra la seriedad de la moral. Éste nunca se ha arrepentido de sus maquinaciones, confiesa «la falta de arrepentimiento que siempre sostuvo mi vida» (Montero 1998: 635). Hay una cita que, por cierto, evoca el sufrimiento moral que consiste en el deseo de una negación de sí mismo, y el deseo de una reparación de sus fechorías, pero la vida dispone de trucos para escaparse de la desesperación moral. Uno no tiene que ser muy escrupuloso –uno descarga su conciencia haciendo el bien al primero que se acerque– o uno hace de su propio ser un pecador algo relativo, esperando que también los otros pequen. La renovación y la autoafirmación de la vida se rebelan contra la moral destructiva:

Y es que el sufrimiento moral, y confío en que lo sepáis pronto, no consiste en otra cosa que en este deseo de desvanecernos cuando el mal se hace dueño absoluto de nuestra vida, pues lo alimenta la obligación de perdonarnos en la intimidad de la conciencia. Erigidos de golpe y sin remedio en jueces de nuestras obras imponemos una sentencia que resarza el daño hecho, y como el curso de la vida nos desborda, nos consentimos pagar no a quien lo padeció sino al primero que se acerque, aunque no le haga falta e ignore el origen de nuestra generosidad. Quienes morimos de viejos sabemos de estas cuentas, así como de la esperanza de que otros pequen de nuevo para redimirnos un poco. Sólo así se explica que tanto canalla pueda morir en su cama (Montero 1998: 479).

La tradición carnavalesca concibe al hombre siempre en crisis, éste se encuentra siempre en un umbral y está expuesto a los cambios repentinos, al azar, a la elevación o a la humillación. La novela de Montero compara la vida, en este sentido, con un juego de dados: «[...] la vida sí juega a los dados» (Montero 1998: 639). De los golpes del azar habla el narrador también en otra ocasión, cuando ya está cansado de su existencia doble y cuando recuerda al niño Chenel al que él y su primera mujer, Cristina, habían bautizado «bugatti», por tener, al igual que el joven Antonio, un carácter de pícaro. Escribe:

Lo cierto es que la mañana en que me di de cara con «el bugatti» Chenel jugaron conmigo a los dados del igual modo a como habían jugado antes y seguirían jugando después. Es la cotidiana partida mantenida por el azar con los apetitos de cada hombre, la que sólo termina cuando la voluntad se despide para siempre (Montero 1998: 651).

Montero revela en su novela el ímpetu carnavalesco del cambio y de la renovación vital. Antonio se enamora de Matilde, cuando ya está casado con Cristina. Y gusta de enmascararse también después de su huida de España, al menos al principio de su tiempo en el Caribe, donde finge ser psiquiatra. El disfraz, pues, es un arma contra el mundo rígido, inmutable. El que se disfraza está en el umbral. La mascarada se basa, a su vez, en un proceso transindividual de renovación y renacimiento. Bajtín comenta: «El individuo se siente como parte inseparable del colectivo, como miembro del cuerpo de la masa y del pueblo. En esta totalidad, el cuerpo individual casi deja de ser él mismo, se hace factible, por decirlo así, cambiar los cuerpos, renovarlos (disfrazarlos y enmascararlos). El pueblo, en ello, siente su unidad concreta, material, corporal» (Bachtin 1995: 296). En sus disfraces, nuestro protagonista se mueve en la sociedad como el pez en el agua.

Bajtín cuenta entre los fenómenos carnavalescos también los reflejos y el empleo de dobles. Encontramos un ejemplo de un reflejo en el párrafo siguiente. Antonio Sanahuja, el republicano, había conocido a Antonio Sinisterra, el falangista, y le había acompañado en sus últimos momentos antes de su ejecución por los rojos. Después se haría con los papeles de Sinisterra, con su historia y con su identidad. Pero Sinisterra –el auténtico–, riéndose a carcajadas, revela haber quitado ya él mismo sus papeles y su historia a otro moribundo.

> Un último vistazo a los senderos del azar. La noche de su muerte y poco antes de que vinieran a llevárselo, Sinisterra se echó a reír y me advirtió de que le había robado los papeles, la historia y el equipaje a uno que fusilaron cuando se pasaba al enemigo a fines del 36. Aunque sin demasiadas ganas, ya lo había dicho en la detención y en el juicio, y todavía me pregunto si no sería esta la verdad (Montero 1998: 270).

Hay varios dobles. Sísifo es un mendigo jorobado que se le presenta al protagonista cuando éste pasa por Madrid como Antonio Sinisterra y hombre rico que se aloja en los mejores hoteles de la capital. «Tú no te acuerdas de mí, pero yo a ti te conozco. Eres Antonio Sanahuja, el sobrino del estuquista, un rojo de cuidado» (Montero 1998: 587). Sísifo conoce a Antonio de la juventud de ambos. El texto muestra un parentesco entre los dos indicando que la expresión maligna del rostro de Sísifo enseña «mañas de pícaro» (Montero 1998: 586). Es un doble que se distingue de Antonio por su destino lamentable. Otro doble es Jerónimo Gallego, republicano como Antonio y novio de su hermana pequeña. Comparte con el protagonista la ambición de artista, pues acompaña a un grupo de teatro estudiantil, y Antonio había dibujado en su juventud y solía manejar el pincel aún como Sinisterra. El destino de este doble es igualmente siniestro, le sorprende el alzamiento franquista y, después de la guerra, termina como alcohólico y tuberculoso. El doble más destacado, sin embargo, es el ya mencionado Salvador Chenel, un joven al que llaman un segundo 'bugatti'. A Antonio le trae a la memoria su propia juventud. Como Antonio, no conoce el remordimiento y le gusta mentir. «Muy significativas para el pensamiento carnavalesco son parejas de figuras, que se eligen o según el principio de contraste (alto y bajo, gordo y delgado) o según el principio de identidad (dobles, gemelos)» (Bachtin 1969: 53). Chenel, sin embargo, tiene un destino trágico porque se suicida, mientras que Antonio revela en su vida una habilidad picaresca que, por cierto, tiene algo de cómico. Bajtín observa tal tensión entre dobles también en Dostoievski. «Es sumamente característica para Dostoievski tal duplicación de escenas y figuras, que se reflejan mutuamente o que se transparentan, una por la otra, teniendo lugar la una en un nivel cómico, la otra en un nivel trágico [...], o la una en un nivel alto, la otra en un nivel bajo, o la una como afirmación, la otra como negación» (Bachtin 1969: 64).

La mirada sobre la estructura narrativa pertenece a nuestro contexto. Esta estructura es determinada por un narrador ficticio en primera persona, distanciándose, así, del discurso monologante y totalizador del narrador heterodiegético. Eligiendo este individuo como narrador, Montero se opone a la idea de que es el espíritu de un pueblo o el de la historia el que garantiza la verdad (como veremos en un segundo paso, esta idea no le es completamente ajena a nuestro autor). Según Bajtín, el juego con un narrador ficticio ya significa variedad de discursos: «El juego humorístico con lenguajes, la narración que no procede del autor (sino del narrador, del autor ficticio, de una figura), los discursos y zonas de los héroes y, finalmente, los géneros encajados o flanqueantes, todo aquello son formas fundamentales de la introducción y organización de la variedad de discursos en la novela» (Bachtin 1979: 212). Nuestro narrador dirige su discurso en un intento de diálogo con sus nietos –mero intento, por cierto– que aborda varias veces en el decurso de su texto. «Quiero deciros también que si no escribí estos recuerdos sólo para vosotros, los nietos de mis dos ramas españolas, sin vosotros, interlocutores mudos y benévolos, jamás habrían llegado al papel» (Montero 1998: 13). Durante su tiempo como dos Antonios, el protagonista tiene que cambiar ideas con su compañero de años anteriores, Argimiro Cepeda, para no volverse loco. La intersubjetividad es el fundamento de la existencia individual: «Compartir la vida con los demás es lo que nos salva de la locura» (Montero 1998: 483).

Queremos mencionar aquí, finalmente, también dos párrafos en los que se habla de la existencia de lo inconsciente. Esto, desde luego, no es un rasgo típicamente carnavalesco. A nuestro saber, Bajtín no ha tratado lo inconsciente en ninguno de sus escritos. Pero su inclusión en nuestro análisis es conveniente porque criticar primacías, en resumen, es importante para Bajtín. La polifonía que él defiende, la multiplicidad de puntos de vista obra aquello que Derrida describe como la deconstrucción de la secundariedad de valores que tradicionalmente pasaban por subordinados y que ahora resultan parte de lo que pasaba por primordial. En su ensayo «Freud et la scène de l'écriture», Derrida (1967: 293-340) lee al médico vienés y constata que no puede concebirse el texto de la conciencia en forma de presencia, dado que ya el texto que traduce, el texto del subconsciente, carece de presencia y está tejido, en cambio, de diferencias; de esta manera se rompe la tradicional supremacía metafísica de lo consciente sobre lo inconsciente. Lo inconsciente ya no puede pasar por secundario. Se abre así como un pulular de elementos iguales. El protagonista de la novela dice sobre el poder de lo reprimido y de lo inconsciente lo siguiente:

> [...] si aún albergo el júbilo de abrir los ojos y gozar con lo que mis sentidos roban fuera, albergo sobre todo deseos fallidos y apetitos que no sacié nunca, agravios y rencores, sueños vanos, envidias, el miedo a la muerte inmisericorde y el loco afán de vencerla. Día tras día, realojo a estos súbditos desleales que jamás se preocupan del alcance de sus actos ni asumen responsabilidad por sus desmanes, y a veces les consiento asomar y les predico templanza, y en ocasiones los escondo con violencia. Sólo que ni he podido domeñarlos ni di con un confín remoto al que escapar de su acoso. Como nos ocurre a todos, basta un nimio acontecimiento a mi alrededor para que este reino íntimo e ingobernable se me subleve (Montero 1998: 211).

Como muestra el párrafo, el narrador comunica con sus deseos escondidos («les consiento asomar y les predico templanza»), es decir, entra en un diálogo consigo mismo. En este sentido, Bajtín clasifica el soliloquio como diálogo –como postura dialógica frente al propio yo (Bachtin 1971: 134). En el lugar respectivo hay que tildar al teórico ruso, sin embargo, como metafísico en el sentido de Derrida. Privilegia, pues, el interior sobre el exterior, y la esencia sobre la aparición. Con esto deja intacta la jerarquía tradicional de lo primero sobre lo segundo, en una palabra: la metafísica tradicional. Bajtín escribe sobre el soliloquio: «El género [del soliloquio] se basa en la apertura del hombre interior, del "propio yo". Este yo no es abordable por la observación pasiva de sí mismo, sino solamente por la actitud activa y dialógica frente al propio yo, actitud que destruye la uniformidad ingenua de las ideas que el hombre tiene de sí mismo [...]. La actitud dialógica frente a uno mismo quebranta las envolturas exteriores de la imagen propia que existen para otros hombres, que determinan el examen exterior del hombre (en los ojos de otros) y que ofuscan la pureza de la conciencia del yo» (Bachtin 1971: 134). Para el yo que habla en la cita de Montero, el interior, en cambio, no es el yo verdadero sino algo reprimido y horrible con lo que lucha la conciencia. Este yo no es idéntico consigo mismo sino que remite a la secundariedad; representa algo plural.

En otro lugar, el autor tiende a la idea correspondiente de que en un yo se esconde normalmente una cantidad mayor de componentes diferentes. El individuo está buscando febrilmente otro yo y consiste en un sinnúmero de proyectos y fracasos. La mano quiere coger en vano lo más disparatado, es decir, la conciencia enfoca continuamente diversos componentes del yo, mientras que otros componentes continuamente le escapan sin por eso perder virulencia.

> Ya sabréis asimismo que bajo la piel de cualquiera viven tantos proyectos como emociones fallidas y ocasiones truncas, y que la mano busca cosas imposibles de conseguir a la vez. Los psiquiatras llaman a esto esquizofrenia y añaden que lo demás es música. No los hagáis caso maldito. Tal vez queramos ser muchos a lo largo de nuestra vida porque sólo podemos amar a una sola persona en cada instante (Montero 1998: 82).

El narrador protesta contra el hecho de que la gente tienda a seguir a los psiquiatras, denominando esquizofrenia un caso como el suyo. Opina que tan sólo se puede hablar de una plétora de aspiraciones del yo, propia de cada individuo. Con esto, Montero vuelve a aproximarse a la visión de Bajtín sobre Dostoievski. «Dostoievski rechazaba la psicología contemporánea como se expresa en la literatura científica, en las bellas letras y en la práctica forense. Veía en ella una reificación del alma que humilla al hombre, reificación que no toma en consideración su libertad e imposibilidad de llegar jamás a un punto definitivo. No toma en consideración su vaguedad e indecisión especiales que en Dostoievski son objeto principal de su descripción literaria. Siempre, pues, pinta al hombre en el umbral de la decisión última, en el momento de una crisis y de un viraje de su alma no concluido y no susceptible de ser predeterminado» (Bachtin 1971: 69). Frente a la psiquiatría que reifica, el narrador aboga por concebir la vida del alma no como algo cerrado sino como algo abierto y móvil.

Llamemos la atención ahora sobre lo que la novela contiene de seriedad y de monólogo. Lo carnavalesco, en determinados lugares, se halla enfrente de su contrario, enfrente de fenómenos, pues, que, según Bajtín, pertenecen más bien a una cultura restrictiva, en sí cerrada. Autores como Rabelais desconocen el miedo y pintan un mundo completamente luminoso: «Ya hemos dicho que el grotesco de la Edad Media y del Renacimiento con su experiencia del mundo carnavalesca libera precisamente a tal mundo de todo lo horrible y amenazante, le quita el miedo y lo vuelve, por eso, alegre y luminoso» (Bachtin 1995: 98). En Montero, sin embargo, surgen también la prohibición de la risa y el miedo a la muerte, que no son nada carnavalescos. La cita empieza con la visión conciliadora que tiene el carnaval de la muerte, para conducir al espanto y a la oscuridad:

> De tanto en tanto nos recordamos que la vida se nutre de la muerte, pero se trata de un pensamiento consolador, que liga nuestra existencia a millones de existencias, y todas al eterno movimiento de los astros. Después de recordarnos esta obviedad, ¿por qué no acudir a un festín, como en los viejos funerales? Pocas veces, sin embargo, nos es dado ver que nuestro medro no sólo depende del infortunio de los demás, sino que nuestro mínimo aliento exige la extinción a uno y otro lado del camino. ¿Cómo no iba estremecerme aquella tarde de invierno? Me angustiaba la razón de mi invulnerabilidad, el sinsentido de permanecer en pie gracias a que otros caían, y temblaba ante el enigma de esa cuenta azarosa que me favorecía. ¿Hasta cuándo?, me dije. ¿Con cuántos más a mis espaldas? ¿Para qué?
> No era, bien lo sé, una reflexión excepcional, ya que el misterio de la vida nos define a todos de la misma manera y su trama es igual para todos. Pero mis lazos con las muertes ajenas eran tan innegables, tan evidente la relación de causa a efecto, que sentí el terror del niño ante la oscuridad de una estancia aún no explorada. O el que se siente ante los cielos inabarcables cuando nos cuentan que un soplo de calor en una estrella arruina la sal de los mares (Montero 1998: 439).

Hemos visto que el protagonista sabe reír sobre su disfraz y su división en dos figuras. Pero igualmente le vence el miedo. Cuando Enrique, un primo de la familia de Matilde que viene de Madrid, los visita y le hace preguntas penosas sobre su presunto pasado como falangista, le agarra el miedo de ser destruido totalmente: «Y ahí fue donde me llegó a la boca el sabor a tierra del miedo y me sentí de cristal. No transparente, entendedme, sino quebradizo. Se adueñó de mí la certidumbre de que cualquier movimiento podría romperme en mil pedazos» (Montero 1998: 252).

La tendencia hacia el monólogo se muestra claramente en un hecho lingüístico. El narrador, tras su fuga de España, ha vivido largos años en el Caribe y en gran medida ha tomado el matiz del lenguaje de ahí. «Cuando me paseaba por Madrid en mi primera visita a la tierra natal, no sólo traía la tez cobriza de los Trópicos, sino la cadencia perezosa de su decir y los diminutivos que delatan su clima tanto como el tostado de las mejillas» (Montero 1998: 337). Después de mucho tiempo vuelve a España donde empieza a escribir su gran confesión que los lectores tenemos en las manos. Para esta finalidad decide volver al idioma del español peninsular. «Y por ello, una y mil veces taché vocablos que se usaban allá, como lebrillo o chapín o boliche, para sustituirlos por los de acá, que son palangana, cojitranco y mercería, porque, ya digo, el paladeo de la lengua de mis tiempos niños me aviva la memoria» (Montero 1998: 338-339). Es cierto que su razón para esta vuelta es que en el español de la Península se acuerda mejor de su pasado, pero, de todas formas, infringe así el precepto bajtiniano de la variedad de discursos que debe haber en la novela. Es, de nuevo, un lenguaje único que encarna el sentido y la verdad. Sin embargo, cabe hacer una restricción: el narrador no elige el lenguaje elevado, sino el lenguaje coloquial. Evita el patetismo. Demos algunos ejemplos para este tono popular y coloquial de la prosa de Montero. Escribe: «Me había propuesto que vieran en mí a un hombre que ocultaba más de lo que dejaba entrever e inicié un trabajo de actor. Y como tenía mis tablas, sabía que para sacarlo a flote había de tomármelo en serio y llevarlo a cabo sin descuidos pues no estaba el horno para bollos» (Montero 1998: 30). «Sólo que esto es adornarse a pitón pasado, claro, pues ni Matilde ni yo imaginamos lo que se nos venía encima» (Montero 1998: 249). «Luego le hice unas pocas preguntas; y como se había rendido y estaba hecho unos zorros [...]» (Montero 1998: 257). «Así que mi suegra hizo de tripas corazón y decidió visitar a los parientes de Medina [...]» (Montero 1998: 293). «Por otra parte, creo que, amén de estar en el ajo de la ruina de 'los Bollo' [...]» (Montero 1998: 331). «Seguí en mis trece, y de pronto [...]» (Montero 1998: 405). «'Mi general', le había dicho al bajar del coche, 'por ese amigo tienes que poner toda la carne en el asador'» (Montero 1998: 494). «Mi padre estaba feliz con la exhibición del trabajo de su nuera, pues le servía para darla a valer, y de ahí pasó a mis idas y venidas, de las que jamás había dicho esta boca es mía» (Montero 1998: 604). «Dicho a la pata la llana, quería seguir ocultando ante Cristina Sánchez el matrimonio con Matilde Aguado [...]» (Montero 1998: 607). Podemos resumir: hay una verdad que se encuentra sobre el suelo patrio, pero no emana de ningún predicador o de ningún juez, sino del pueblo y de su uso lingüístico común. Por lo demás, Montero no favorecía precisamente la idea de una pluralidad de lenguas en el suelo español. En diciembre de 1994, Montero, que era presidente de la Asociación Colegial de Escritores (ACE), dimitió de su cargo, al no ser respaldada su propuesta de apoyar el contenido de la carta del director de la Real Academia Española, Fernando Lázaro Carreter, al presidente del Gobierno, Felipe González, en la que se le proponía intervenir en defensa del castellano en Cataluña. Fue sustituido por Juan Mollá al frente de la Asociación. En la cuestión de la diversidad de lenguas en España, Montero, pues, era partidario del monólogo. Es sabido que, políticamente, simpatizaba con la izquierda, pero con su postura frente al catalán coincidía más bien con la derecha.

Podemos observar, además, una tendencia a dar una totalidad, tachando la pluralidad. El narrador, pues, niega la diferencia entre el comportamiento de la gente en España y en el Caribe. Hay diferencias en el lenguaje y en ciertos rasgos del carácter, pero no en general. Lo que ha visto durante su tiempo con Matilde, lo ve también en el Caribe:

[…] ese paisaje humano se continuaría en el Caribe cuando al fin me asenté allí, y poco a poco me encontré metido en las mismas costumbres y rodeado por parecidas gentes.
(Oigo las conversaciones sobre las expectativas de la próxima cosecha, las obscenidades de los hombres al quedarse a solas, las partidas de cartas, las maledicencias sobre los apuros de dinero de un vecino, la petición de consejo para los estudios de un hijo, los comentarios del periódico y las preguntas sobre la vida de la capital… En el Torgo faltaban las moscas, los contoneos de las mulatas, el perfume podrido de las flores olvidadas en un jarrón, el ronroneo de los ventiladores, el cuello y las axilas húmedas que parecen de golpe una piel ajena imposible de quitar. Nada importante.) (Montero 1998: 679).

Bajtín ha escrito lo siguiente sobre el fenómeno monológico: «El concepto monologístico de la conciencia prevalece también en otros campos de la creación ideológica. Por doquiera se reúne todo lo significativo y lo valioso alrededor de un centro, del soporte. Se piensa y se concibe cada obra ideológica como expresión posible de una conciencia, de un espíritu. Aun tratándose de un colectivo o de una multiplicidad de fuerzas creadoras, se ilustra la unidad, no obstante, por la imagen de la conciencia única, del espíritu de la nación, del espíritu del pueblo, del espíritu de la historia, etc.» (Bachtin 1971: 91). El monólogo en Montero no es tan idealista como en la descripción de Bajtín, no hay un espíritu de la historia, pero sí una exclusión de cualquier idea que no conciba la historia de la Guerra Civil española como un desastre y un suceso originado por la desunión social. No es de dudar que el desdoblamiento doloroso del protagonista se origine en la contienda bélica que España tuvo que sufrir: «La causa de todo ello era, ya os lo he dicho, la guerra civil que acababa de terminar» (Montero 1998: 12). Además, Montero da lugar al uso de la sentencia. Bajtín escribe sobre la sentencia en Dostoievski: «Es un hecho característico para las obras de Dostoievski que no haya en ellas de ninguna manera pensamientos, tesis y formulaciones sueltas en forma de sentencias, proverbios, aforismos etc., los cuales, desprendidos del contexto y separados de la voz, irían a mantener su significado en forma impersonal» (Bachtin 1971: 107). En Montero se produce muchas veces una lectura doble: dialógicamente como voz y monologísticamente como sentencia. Estas frases no se dirigen a nadie y no piden reacción de nadie. Damos unos ejemplos para el discurso sentencioso.

> A los hombres, sin embargo, nos dibuja con más nitidez lo que no son estrictamente maneras, sino un modo de callar y responder que es el fruto de nuestro carácter y de nuestro acomodo, de la educación que recibimos y de las penas que nos tocaron en suerte, pero sobre todo de lo que nos proponemos hacer (Montero 1998: 29).

Otro ejemplo muestra un discurso monologístico en primera persona del plural. Es, sin embargo, antiidealista, destacando el papel de las circunstancias en la vida de los hombres:

> [...] y, si me apuráis, diré que la paternidad del segundo rostro de mi vida es menos mía que de los miedos del final de la guerra, ya que a fin de cuentas somos tan hijos de las circunstancias como de nuestros padres carnales, tan vástagos del deseo como de la memoria (Montero 1998: 30-31).

Otro texto sentencioso lo encontramos en un párrafo apodíctico sobre Robert L. Stevenson y su novela *Dr. Jekyll y Mr. Hyde*. Todos nosotros somos Dr. Jekyll y Mr. Hyde, todos nosotros representamos la posibilidad del mal. Es otra vez una afirmación sobre el género:

Y es que Jekyll y Hyde habitan en todos nosotros con la naturalidad con que el bien y el mal se pasean a diario por la conciencia sin que los sintamos extraños, pues la certidumbre de que pagaremos por su cobijo se basta y sobra para consentir el trato habitual entre ellos. En suma, que somos Jekyll hoy, y mañana seremos Hyde, para retornar a la figura inicial en cualquier momento. Somos el buen doctor en casa, y el criminal allá donde las circunstancias nos fuerzan a la comisión de un delito (Montero 1998: 482).

Cuando caen las máscaras, una última verdad se revela. La cita que expresa esta idea no es nada carnavalesca. En ella se distingue terminantemente entre locura y razón. En la sátira menipea que ha proporcionado la sensación del mundo carnavalesca como mediador literario, se había visto la locura y la razón, como observa Bajtín, como algo relativo. Hasta hay una reminiscencia bíblica:

> Os digo todo esto, acaso ya innecesario y tardío, para que comprendáis que un día cualquiera una mirada errática, o un mal sueño, nos quita las máscaras y nos pone ante la verdad de nuestra locura. Nos dice quiénes somos: un poco de barro que se piensa inmortal porque siente dolor y acierta a quejarse (Montero 1998: 668).

En Dostoievski, la novela polifónica reside en la capacidad de escuchar todas las voces simultáneamente. Ella se funda en el talento de ver el mundo en acción recíproca y coexistencia. Por eso, el narrador ruso desconoce el pensamiento histórico y la reflexión de la causalidad. «Por eso, sus novelas carecen de causalidad, de génesis, de explicaciones por el pasado, por influencias del ambiente, de la educación o de fenómenos parecidos. Cada acción ocurre completamente en el presente y, en este sentido, no se encuentra predeterminada: el autor concibe y describe al héroe como hombre libre» (Bachtin 1971: 36). Montero, por el contrario, conoce claramente el pensamiento histórico y la reflexión de la causalidad.

Con esto, Montero concibe la objetividad histórica. Su narrador la requiere: «Aunque no escribo un libro de historia, sí os diré que mis recuerdos y lo que cuentan los libros coinciden [...]» (Montero 1998: 122). El narrador ha leído libros de historia que por sí mismos se oponen a lo dialógico. Hay frases que no admiten oposición. Así, Adela, la hermana de Antonio, aplica las palabras siguientes a él: «A unos los fusilaron, y a otros os partieron por dentro» (Montero 1998: 611). Al principio, Antonio quiere dar una réplica a su hermana, pero luego se calla, reconociendo enfurecido la precisión con que ella ha captado su situación: «[...] la cólera no provenía de las palabras de Adela sobre la suciedad de mis ganancias, o de su alusión a mis dos hogares, algo a lo que se había referido mucho más directamente otras veces, sino de que describiera con tanta precisión lo que me sucedía» (Montero 1998: 611). Frente a la violencia de los hechos no puede haber réplica.

Bajtín escribe que la novela debe representar la variedad de los discursos de una época, si pretende reflejarla. «En la novela han de estar representadas todas las voces socio-ideológicas de la época, es decir, todas las lenguas esenciales de la época, en una palabra: la novela ha de ser un microcosmo de la variedad de discursos» (Bachtin 1979: 290). Fueron Luis Martín-Santos y Juan Goytisolo los autores que, en los años sesenta, introdujeron la variedad de discursos en la novela española. Martín-Santos empieza a usarla en *Tiempo de silencio* cuando cita el discurso de los intelectuales de la cultura oficial en el franquismo. Lo parodia hablando de un «gran maestro» que da una conferencia filosófica en Madrid:

> [...] solemne, hierático, consciente de sí mismo, dispuesto a bajarse hasta el nivel necesario, envuelto en la suma gracia, con ochenta años de idealismo europeo a sus espaldas, dotado de una metafísica original, dotado de simpatías en el gran mundo, dotado de una gran cabeza, amante de la vida, retórico, inventor de un nuevo estilo de metáfora, catador de la historia, reverenciado en las universidades alemanas de provincia, oráculo, periodista, ensayista, hablista, el-que-lo-había-dicho-ya-antes-que-Heidegger, comenzó a hablar [...] (Martín-Santos 1970: 133).

Goytisolo inicia su novela *Señas de identidad* con un fragmento de la prensa franquista en el que se evoca su curso de la vida, su exilio francés, su visita a Cuba y su postura general, poco arraigada y supuestamente hostil a la cultura española:

> Instalado en París cómodamente instalado en París con más años de permanencia en Francia que en España con más costumbres francesas que españolas incluso en el ya clásico amancebamiento con la hija de una notoria personalidad del exilio residente habitual de la Ville Lumière y visitante episódico de su patria a fin de dar un testimonio parisiense de la vida española susceptible de *épater le bourgeois* conocedor experto de la amplia geografía europea tradicionalmente hostil a nuestros valores sin que falte en el programa de sus viajes la consabida

imposición de manos del santón barbudo de la ex-paradisíaca isla antillana transformada hoy por obra y gracia de los rojos semirrojos e idiotas útiles en callado y lúgubre campo de concentración [...] (Goytisolo 1976: 9).

Veamos ahora cómo Montero se refiere al discurso franquista. Lo hace citando, al mismo tiempo, elementos del uso de lengua republicano:

> Unos meses antes habría sido imposible escuchar en aquella estancia «los nacionales», o «el Caudillo» o «el alzamiento», pero Matilde se sirvió de esas palabras con naturalidad y el jefe de la Brigada las recibió con una sonrisa antes de responder, cuando le llegó el turno, con un simple «el general rebelde» o «los fascistas» o «la sublevación» (Montero 1998: 35).

Montero no está interesado en presentar el discurso franquista más detalladamente y de ponerlo así en ridículo. No lo hace en ningún lugar de su novela. En esto se nota la diferencia de la situación en la que escribían Martín-Santos y Goytisolo, y en la que escribe Montero. El autor de *Ladrón de lunas* ya no escribe desde la opresión sino desde la democracia realizada. Comparte una postura que parte de la unidad de la sociedad y que permite constatar la desunión de la sociedad en el pasado y lamentarla. Martín-Santos y Goytisolo trataban de luchar contra el discurso único de la dictadura, parodiándolo dentro de su discurso narrativo; Montero, en cambio, vive la democracia que, permitiendo una pluralidad de discursos, necesita razonar y ser defendida en un discurso no-plural. De esta manera, nos topamos aquí en el discurso del narrador con un discurso conductor que como tal alude a los discursos enemistados, que conoce un discurso posterior a la contienda bélica, discurso posfranquista que en sí restablece la unidad antes perdida. El narrador se hace portavoz del autor. Habíamos dicho que la novela de Montero tiene una estructura dialógica, pero cabe decir también que esta estructura, al mismo tiempo, es monologística.

Vemos, con todo esto, que el autor de *Ladrón de lunas* no comulga, a la postre, con los conceptos de Bajtín. Defiende una cierta seriedad sin representar, por ello, una Edad Media rígida y oscurantista. Deja transparentarse la utopía de una unidad social, igualitaria y antitotalitaria por cierto, la cual, como la democracia moderna, ofrece al individuo posibilidades de desarrollo personal. Puede haber aquí una palabra última, pero no es totalitaria. Bajtín había escrito sobre el concepto de la catarsis en el que también conoció la esencia de la risa: «En el mundo todavía no ha pasado nada definitivo, no se ha pronunciado la palabra del mundo y sobre el mundo última, el mundo está abierto y libre, todo es inminente y será inminente siempre. Éste precisamente es el significado purificador de la risa ambivalente» (Bachtin 1969: 68). Nuestro narrador dialoga con sus nietos, pero concibe la posibilidad de una palabra válida sobre la historia. La formación de antagonismos rígida que practica Bajtín ya no es sostenible. Alexander Kaempfe critica la interpretación del carnaval como modelo cultural opuesto al totalitarismo. Escribe: «En la época de Stalin, hostil a la risa, la cultura de la risa, como modelo opuesto, era algo tentador. Bajtín lo ha pagado demasiado caro para conocer su relatividad. De lo contrario se hubiera dado cuenta de que la risa puede ser acomodación a los poderes dominantes, aun cuando se porta como elemento de oposición y falta de respeto» (Kaempfe 1967: 147). El discurso de la oposición no puede renunciar a cierta seriedad. Algo parecido vale para el concepto de lo dialógico. Robert Weninger ha llamado la atención sobre el hecho de que lo dialógico y lo monologístico difícilmente se dejan delimitar. «Ambos contienen y reflejan la variedad del discurso, ambos poseen componentes dialógicos y monologísticos. Bajtín mismo lo ha sentido» (Weninger 1999: 129). La condición abierta del discurso siempre exige la posibilidad de una palabra última. Montero, finalmente, conserva la intención del autor que amaga con desaparecer en la teoría de Bajtín. Weninger constata el peligro siguiente: «La variedad de los discursos se independiza y parece pluralizar la individualidad e intencionalidad profundamente y sacarlas de su centro, si no las suspende completamente. Al final uno tiene que partir del supuesto de que cualquier intención de autor se disuelve en el "mosaico de los textos y de las citas", como Julia Kristeva lo explica» (Weninger 1999: 118). Montero evita tal «difusión del autor» (Weninger 1999). Redescubre la simultaneidad entre carnaval y seriedad, entre diálogo y monólogo. Podemos decir que reconquista, de esta manera, la riqueza de la tradición novelesca en su totalidad. (Por supuesto, no comulgamos con el ataque que el autor en su función de presidente de un gremio de escritores quiso dirigir contra el uso del catalán. Pero la novela que aquí tratamos defiende el uso del castellano peninsular frente al castellano caribeño por razones muy convincentes, ya que el protagonista escribe, pues, sobre el tiempo en que vivía en la península.)

Queremos añadir una nota sobre la intertextualidad en nuestra novela. Como es sabido, Bajtín mismo no ha desarrollado el concepto de la intertextualidad. Fue Julia Kristeva quien lo introdujo en la discusión, refiriéndose en esto, sin embargo, explícitamente al teórico ruso. Bajtín estudia tan sólo el texto por separado, haciendo hincapié en el hecho de que cada palabra se encuentra en un diálogo con otras palabras del mismo texto. Kristeva abre este concepto, analizando las relaciones dentro del universo de los textos. Hablamos aquí de la intertextualidad porque es una forma de diálogo, y porque podemos observar, una vez más, que Montero procede en esta novela de manera ambivalente. El narrador nos cuenta repetidas veces que ama los libros y que le gusta leer. Lee aun en años posteriores, cuando ha vuelto del Caribe y se encuentra otra vez en España. Lo hace por el gusto del soliloquio: «[…] nunca ya renuncié a esa afición de hablar conmigo a través de una página impresa» (Montero 1998: 703). En una ocasión habla el narrador de su gusto por la novela en general. La considera un regalo para el lector: «Se trata de un regalo itinerante que nos convierte en exploradores del alma humana y nos coloca junto a las víctimas de la codicia cuando desvelan [las novelas] las maquinaciones de un usurero; que nos obliga a compartir la rabia del derrotado, o la melancolía y los celos de quien, lejos de su tierra, añora y sufre» (Montero 1998: 262). He aquí un metatexto que puede leerse, *mutatis mutandis*, como reflejo de la novela que tenemos en manos. Intertextualidad en sentido estricto se presenta cuando el narrador cita un plagio. Lee a Blasco Ibáñez cuyas narraciones se desarrollan en el paisaje valenciano, para hacerse una idea de este ambiente, ya que el falangista Sinisterra del que ha tomado la identidad, era valenciano. Luego, en la conversación, hace pasar acontecimientos tomados de estas novelas como vivencias suyas: «Así que las emociones y los razonamientos y los gestos de Manuel García y su hijo, de Tonica, o Neleta o el Cubano, se disfrazaron también cuando salían a mis labios. Unas veces los presenté como míos, otras se los atribuí a mis padres, a un amigo, a un maestro […]» (Montero 1998: 263). Y hay más: el narrador coge en una escena un volumen de los estantes de la biblioteca de su suegro. Se trata de *La famille vertueuse* de Restif de la Bretonne. La familia retratada en esta novela es, de veras, virtuosa. Aquí todo es virtud e inocencia, nobleza del alma y pureza del corazón. Es cierto que también esta familia se ve enfrentada con vicios y crímenes, con adulterio, violencia e incesto, pero al final vence sobre todos estos obstáculos y se reconcilia con sus enemigos más maliciosos. El libro termina con un elogio del padre de la familia: «Il êt l'èxemple de la terre, la consolation des malheureus, l'ami de tous les hommes» (Restif de la Bretonne 1987: 285). El protagonista de la novela de Montero se topa entre las páginas del libro francés con una foto que muestra a su suegro junto a la cuñada de éste y una carta en la que se habla de la pasión prohibida entre ambos. El padre de la familia de Matilde no es nada virtuoso, pues. Montero, en otras palabras, crea una intertextualidad irónica con el hipotexto francés. Pero a veces es como si la intertextualidad se frenara. En tales casos, el juego de las relaciones intertextuales se para. El narrador lee, por ejemplo, un libro histórico sobre Carlos V y los últimos momentos de su vida, señalados por la profunda fe cristiana del soberano. Ocurre, sin embargo, que esto no tiene ninguna relación con el narrador, porque no se cuentan sus últimos momentos en ningún sitio. De Matilde el lector varias veces llega a saber que está leyendo *Guerra y paz* de Tolstoi. Pero el lector no llega a saber nada más. Montero no emprende ningún juego intertextual con este libro, ningún juego de ecos o alteraciones. *Ladrón de lunas* no tiene que ver con *Guerra y paz*. Finalmente hay hasta un rechazo de recepción. El protagonista compra *La psicopatología de la vida cotidiana* de Freud cuando pasa por Lisboa para embarcarse al Caribe. Empieza la lectura, pero no la acaba por resultarle demasiado difícil: «Al pisar tierra de América, la carta a Matilde y Cristina seguía tan inacabada como la obra de Freud, cuyas palabras se me atascaban» (Montero 1998: 624). Esta simultaneidad entre desenvolvimiento y freno de la intertextualidad refleja la estructura general del libro analizado.

Bibliografía

BACHTIN, Michael (1969): *Literatur und Karneval. Zur Romantheorie und Lachkultur*. München: Carl Hanser.
BACHTIN, Michail (1971): *Probleme der Poetik Dostoevskijs*. München: Carl Hanser.
— (1979): *Die Ästhetik des Wortes*. Edición de Rainer Grübel. Frankfurt a. M.: Suhrkamp.
— (1995): *Rabelais und seine Welt. Volkskultur als Gegenkultur*. Frankfurt a. M.: Suhrkamp.
CONTE, Rafael (1998): «De la esquizofrenia española». En: *ABC*, 15 de octubre de 1998 (*ABC* Cultural), p. 12.
DERRIDA, Jacques (1967): *L'écriture et la différence*. Paris: Éditions du Seuil.
GEISLER, Eberhard (1982): «Der Krater ums Schweigen. Isaac Montero und die okkupierte Sprache unterm Franquismus». En: *Iberoamericana* 16/17 (6, 2/3), pp. 27-46.
GOYTISOLO, Juan (1976): *Señas de identidad*. Barcelona: Seix Barral.

KAEMPFE, Alexander (1969): «Die Funktion der sowjetischen Literaturtheorie». En: Michael Bachtin: *Literatur und Karneval. Zur Romantheorie und Lachkultur.* München: Carl Hanser, pp. 133-148.

MARTÍN-SANTOS, Luis (1970): *Tiempo de silencio.* Barcelona: Seix Barral.

MONTERO, Isaac (1976): «Me han reducido la vida a la mitad. Entrevista». En: *Reseña de literatura, arte y espectáculos* 94, abril 1976, pp. 11-13.

— (1998): *Ladrón de lunas.* Madrid: Taller de Mario Muchnik.

RESTIF DE LA BRETONNE, Nicolas-Edme (1987): *La famille vertueuse.* Vols. 3-4. Genève/Paris: Slatkine Reprints.

WENINGER, Robert (1999): «Zur Dialektik des Dialekts im deutschen Realismus: Zugleich Überlegungen zu Michail Bachtins Konzeption der Redevsielfalt». En: *The German Quarterly* 72, 2, pp. 115-132.

Intérpretes, voces y significado: a propósito de cuatro novelas del Caribe hispano

Héctor León García

En la década del ochenta del siglo pasado, algunos escritores del Caribe Hispano,[1] van a producir relatos que toman como base de su estructura narrativa, la figura de cantantes populares que han adquirido la categoría de leyendas y creado una imagen instalada en el porvenir como representación de la identidad cultural hispanoamericana. Estos intérpretes se van a destacar fundamentalmente desde finales de la década del treinta, hasta los años sesenta del siglo pasado; coincidiendo con el desarrollo de los grandes medios masivos de comunicación –cine, radio, televisión, industria del disco– y conquistando grandes escenarios continentales, sobre todo con uno de los géneros musicales más importantes y trascendentes del Caribe hispano, como es el bolero.

Las novelas a comentar, y en donde el eje temático gira en torno a grandes intérpretes son *Bolero* (1984), del cubano Lisandro Otero, que narra la historia de Benny Moré, el gran sonero de Cuba; *La importancia de llamarse Daniel Santos* (1988), del puertorriqueño Luis Rafael Sánchez, que cuenta la intensa vida bohemia del borinqueño Daniel Santos; *Si yo fuera Pedro Infante* (1989), del venezolano Eduardo Liendo, que fabula sobre el significado del cantante mexicano Pedro Infante y *Entre el oro y la carne* (1990), del también venezolano José Napoleón Oropeza, que narra la vida trágica del bolerista Felipe Pirela. A pesar de que estas novelas se producen a partir de la década del ochenta del siglo pasado, como decíamos al comienzo, su estructura de significados las enlaza con la denominada literatura del *boom* literario latinoamericano de los años sesenta, de vital influencia en las generaciones poste-

---

[1] El término Caribe ha sido objeto de criterios heterogéneos, que va desde lo geográfico, lo étnico, lo cultural, lo idiomático. En nuestro caso hemos creído conveniente tomar la definición de José A. Rodríguez (1983): «El caribe es una cuenca integrada por los países en vías de desarrollo que, comprendidos en la zona que va desde México a Panamá y de las Bahamas a la Guayana Francesa, se encuentran unidos por la común aspiración al desarrollo nacional independiente».

riores. Sin embargo, muchos de estos relatos configuran una estructura de significados narrativos que evidencian nuevas perspectivas, nuevos cambios «en textos de estética realista interesados en abordar la intrahistoria, desacralizar mitos, y revisar discursos oficiales a través del frecuente uso del humor y la ironía» (Noguerol 2008: 24); todo ello con una realidad mediática avasallante, significativa, lo que parecería normal al transcurrir más de veinte años de la aparición exitosa del *boom*, pero de esto hablaremos más adelante.

Esta producción literaria de América en la década del sesenta, presupone un punto crucial en el viraje que sufre esta región del continente. Hasta la década del cincuenta, la literatura de América Latina se comprendía en función, sobre todo, de una historiografía literaria que la asociaba a su carácter anecdótico, o era medida en relación a criterios generacionales o temáticos.

Sin embargo, es a partir de la primera posguerra, cuando comenzamos a vislumbrar una producción artística que no se podía medir con las armas de una caracterización, que tenía su asidero en concepciones tradicionales, maniqueístas e incapaces de precisar con objetividad una realidad literaria que la sobrepasaba.

Poco a poco, la producción literaria fue generando su propia historiografía, que fue adaptándose a formas expresivas que la obligaban a plantearse una metodología diferente. Como bien afirma María del Carmen Bobes (2008: 25), «la obra literaria, como todo objeto artístico, es inagotable en su significación. Las relaciones que establece con sus lectores y con su entorno cultural, provoca nuevas relaciones, incluso internas, entre sus unidades».

Debemos considerar entonces que la génesis de la denominada literatura del *boom* no es un producto espontáneo de esa época, como ya advertimos. Está centrada en la década del veinte, donde el mundo atraviesa la profunda crisis cambiante de la primera posguerra, que coincide con la hegemonía de un nuevo orden económico. Las denominadas vanguardias artísticas proyectarán, así, una nueva concepción de lo literario. Dice Fernando Burgos (1995: 106) de este momento crucial: «De ahí la necesidad de ver en la vanguardia un centro de convergencias desde el cual las prolongaciones y las rupturas pueden dirigirse hacia el pasado y el 'futuro', lo pre-vanguardista (el modernismo) y lo posvanguardista (la denominada literatura 'actual')».

Estas nuevas actitudes artísticas –léase también formas– seguirán imperando hasta finalizar el siglo XX, (con) fundiéndose con lo que se ha dado en llamar época de la postmodernidad o crisis de la modernidad, circunstancia ésta que está en pleno desarrollo.

Es así que relatos como *Cubagua, Pedro Páramo, El señor presidente, El juguete rabioso, La muerte de Artemio Cruz, Los pequeños seres, Hijo de hombre, Rayuela, Cien años de soledad, La casa verde, Tres tristes tigres, Arráncame la vida, Los detectives salvajes, Los impostores, El viaje vertical,* por nombrar sólo unos poquísimos casos, responden a las condiciones que impone una sociedad permeable a las transformaciones en todos los órdenes, a la par del desarrollo interno de cada país en particular.

Uno de los temas recurrentes de esta narrativa lo constituye el rescate de lo popular. Hasta la década del sesenta, lo popular siempre fue considerado como una temática marginal, identificado con las nociones del 'destino impuesto', lo que se desprecia o reivindica, como diría el escritor mexicano Carlos Monsiváis (1984: 2). Los narradores del *boom*, sobre todo, se permitirán una pluralidad temática, que consigue proyectar, redimensionar, todas las esferas de la vida social. Todo es narrable; y algunos escritores se vinculan a sus propias tradiciones, incorporando temas y manifestaciones que la 'gran' crítica consideraba de un gusto alejado de los grandes temas universales. Sin embargo, y a pesar de que algunos narradores del *boom* consiguen romper –como ya señalamos– con los esquemas tradicionales en cuanto a una temática variada, la música popular, con su enorme significado, sus grandes intérpretes y compositores, no logra ser asimilada, aceptada, por esa élite que, a decir de Jorge Bracho (2007: 82-83), pareciera todavía poseer «una fuerte creencia en un orden unívoco, plagado de una fuerte tendencia hacia la homogeneidad, que hace inevitable la negación del otro, categoría ésta con la que es posible la explicación del silenciamiento [...] de aquellos grupos culturales dejados al margen».

Sólo unos pocos narradores desencadenan sus universos narrativos con lo que siempre estuvo presente, como influencia directa en su conducta personal, de sus gustos, y su íntima relación con la atmósfera de la música popular. Guillermo Cabrera Infante y sus *Tres tristes tigres*, publicada en 1967, aunque fue galardonada en 1964 con el premio Biblioteca Breve, novela en la cual confluye toda una galería de personajes del mundo musical popular cubano, con un lenguaje trepidante, pleno de anécdotas. Manuel Puig, con sus novelas *La traición de Rita Hayworth*, de 1968, y *Boquitas pintadas*, de 1969, que integra en un *collage* narrativo elementos como el radioteatro, el cine, la canción popular, el folletín. Los relatos del colombiano Umberto Valverde, *Bomba camará*, de 1970, que muestra la recolección de múltiples registros como el de la música, que se intercala en la narración logrando un efecto con referencias de tiempo y lugar específicas; la única novela de Andrés Caicedo,

Que viva la música, de 1977, relato alucinante sobre la música de ciertos sectores de la sociedad de Cali y algunos relatos de Salvador Garmendia y la bohemia de la Caracas de la segunda mitad de los años cincuenta.

Dentro de estas manifestaciones del relato, vinculadas a una parte de la historia musical popular latinoamericana, el ídolo es de importancia vital para algunos textos, donde es centro de la historia que se narra. Como dijimos al comienzo, es a partir de los años ochenta, sobre todo, cuando algunos autores se adentran en ese mundo donde los ídolos musicales, hace rato, se han sedimentado y formado un imaginario social de referencia. *Celia Cruz, Reina Rumba*, 1982, de Umberto Valverde, novela biográfica sobre la vida musical de la gran cantante cubana; *El entierro de Cortijo*, 1983, del puertorriqueño Edgardo Rodríguez Juliá, crónica novelada que cuenta el día del entierro de Rafael Cortijo, el legendario director de orquesta borincano; *Bolero*, 1984, de Lisandro Otero, narra la historia de Benny Moré, el gran sonero y bolerista cubano; *La importancia de llamarse Daniel Santos*, 1988, del puertorriqueño Luis Rafael Sánchez, que persigue la intensa vida bohemia de Daniel Santos; *Si yo fuera Pedro Infante*, 1989, del venezolano Eduardo Liendo contará la trayectoria musical del cantante y actor mexicano Pedro Infante; *Entre el oro y la carne*, 1990, del venezolano José Napoleón Oropeza, que narra la trágica vida del bolerista de América, Felipe Pirela; *El coplero de Guareguare*, 1996, de otro venezolano, César Gedler, que fabula sobre la trayectoria vital y musical de un músico regional venezolano, Margarito Aristigueta; *Julio Jaramillo, ruiseñor de América*, 2006, biografía con tono ficcional de Edgard Allan García, que narra la vida intensa del mejor cantante popular nacido en Ecuador.

Ahora bien, estas novelas que he denominado 'de los intérpretes',[2] pero donde también se incluye una buena parte de la literatura caribeña e hispanoamericana y que tienen un cordón umbilical con los narradores del *boom*, presentan a su vez algunas particularidades o claves significativas. Álvaro Salvador (2008: 139) en referencia a esta narrativa que se produce a partir de la década de los ochenta, conocida también como narrativa del *post-boom*, de tendencias diversas, destaca su relación con la enorme influencia, el gran impacto, que tuvieron en esos narradores los *mass media*: «Así las imágenes cinematográficas,

---

[2] Algunos críticos han utilizado el nombre de 'novela bolero' para caracterizar este grupo de novelas, aunque amplían su temática en base a otros elementos como el idilio amoroso, el ritmo musical, las canciones –bolero, salsa, sones, rancheras–, todas con el telón de fondo de los *mass media* como eje integrador del argumento.

[...] las radionovelas y telenovelas, las letras de canciones desde el rock al bolero, el lenguaje de la publicidad, la estética kitsch y cursi comienzan a erigirse en materiales sustentadores de las estructuras narrativas más frecuentadas». Salvador afirma, asimismo, que estos relatos se inscriben en un momento económico y social que se conoció en gran parte de Hispanoamérica y Europa como 'desarrollismo', término tomado de criterios sociológicos, y que abre la perspectiva, entre otros aspectos, para la «irrupción de los medios de comunicación de masas [...] donde se produce una mayor democratización de la educación, haciéndola cada vez más asequible para unas clases medias día a día más numerosas [...] y que van ayudando a construir una nueva percepción de la realidad, así como una nueva sensibilidad, una nueva perspectiva a la hora de elaborar posibles representaciones artísticas de esa realidad» (Salvador 2008: 136).

En efecto, las novelas de los intérpretes configuran en sus estructuras determinados esquemas de construcción que han sido penetradas de las más variadas esferas de la vida mediática y política, apropiándose en esta particular circunstancia de uno de nuestros géneros musicales populares más arraigados de nuestro imaginario colectivo, como es el bolero; y con el, la proyección de su perdurabilidad a través de la figura del intérprete, auténtico mensajero capaz de trastocar espacios, vincular sentires y valores, y definir colectivamente rasgos comunes.

> Hay en las transformaciones de sensibilidad que emergen de la experiencia audiovisual un fermento de cambios en el saber mismo, el reconocimiento de que por allí pasan cuestiones que atraviesan por entero el desordenamiento de la vida urbana, el desajuste entre comportamientos y creencias [...] (Barbero 1998: 53).

Por lo demás, las novelas de los intérpretes soportan a través de sus contextos una comprensión de universos vividos, indagan sobre el sentido de nuestra realidad, trazan líneas para la configuración de acciones de solidaridad y búsqueda de sentido y de plenitud.

A LA BÚSQUEDA DE NUESTRO IMAGINARIO SOCIAL EN LA NARRATIVA DE LOS INTÉRPRETES

El imaginario social contemporáneo de orden urbano, está estrechamente conectado con la proyección y la síntesis de los procesos de modernización, ocurridos en los países latinoamericanos con el desarrollo de nuestras repúblicas en la segunda mitad del siglo XIX —después de una cruenta guerra independentista—, lo que garantizará una gradual integración de Latinoamérica y el Caribe como parte de la cultura occidental, hecho que se produce hacia 1870, cuando nuestra región se inserta —de manera dependiente— en la economía mundial. Este período, como dice Ángel Rama (1985: 82), «cabe denominarlo, en literatura y arte, al igual que en los demás aspectos de la vida social, *el período de modernización*».

En este sentido la realidad latinoamericana, que está presente indirectamente en su literatura, es un constructo cultural ideológico construido a partir de lo real, vale decir un interpretante social de lo real latinoamericano; lo que equivale a plantear que sobre una misma base material, pueden erigirse distintas realidades, que en sí misma es múltiple, heterogénea, compleja. Los ídolos populares se insertan así en una experiencia que estará sustentada en sus particulares contextos. El crítico Francés Robert Abirached (1994: 44) sostiene que hay tres maneras de cristalización del personaje en el imaginario colectivo; la primera tiene que ver con la memoria del público, sus imágenes, «valoradas por la ideología de su época y atesoradas para su utilización por las generaciones siguientes»; la segunda tendría que ver con su integración a un imaginario social, donde cada uno reconoce su visión de la vida cotidiana en su colectividad, sometido a códigos que admiten todos y por último, el personaje se halla «ligado a las instancias fundadoras del inconsciente colectivo, donde se hacen visibles formas arquetipales».

Es evidente que los ídolos populares musicales beben de estas tres fuentes de las que nos habla el profesor Abirached, entrecruzando sus propios referentes en la realidad compleja que es América Latina, proyectándose en un universo real, concreto, como mencionamos antes. El ídolo popular será entonces expresión de la realidad, pero también la crea en otros ídolos, que no se encerrarán en sí mismos. Julio Jaramillo, Celia Cruz, Benny Moré, Agustín Lara, Rafael Escalona, Carlos Gardel, Daniel Santos, Pedro Infante, Felipe Pirela, son intérpretes y compositores que proyectan unos valores arraigados en nuestra sentimentalidad. Su fama está ligada al auge de los géneros musicales más importantes del Caribe hispano y de América Latina, como el son, el tango, el bolero, el vallenato, la salsa, «de modo que no es apresurada una reflexión en torno a la importancia que adquirieron en el imaginario musical estas melodías, sus letras y los cantantes que las interpretaban» (Mora 2008: 1).

Las novelas en donde aparecen algunos de los ídolos musicales del Caribe, que se han proyectado por toda la realidad hispanoamericana,[3] enfrentan a esa realidad, establecen con ella un diálogo y además forman parte de ella. Son parte de su memoria colectiva. Esa realidad nuestra consigue establecer, entonces, una mediación significativa que se da entre las obras literarias y la realidad que las produce. Los narradores detienen el tiempo en la evocación, para rescatar esa memoria a la que hacíamos referencia anteriormente, y que está referida a sus cantos, melodías y personajes únicos, particulares. Como bien dice Daroqui:

> Por las ranuras de estos relatos se filtran interferencias, construcciones paródicas, códigos discursivos de otras manifestaciones estéticas, que propician un extenso diálogo. De igual modo, las voces y las figuras de aquellos sujetos desplazados hacia los bordes por la hegemonía discursiva pueblan los lugares de los espacios enunciativos (Daroqui 1998: 18).

La novela de los intérpretes: voces, identidad y significado

Decíamos al comienzo de este trabajo que es a partir de los años sesenta, con la literatura del *boom*, cuando lo popular se redimensiona, aunado al desarrollo de los medios masivos de comunicación. Los ídolos populares se proyectan en todo el orbe musical hispanoamericano, sobre todo, creando modelos de conducta y generando —como ya destacamos— un imaginario social que mitifica sus vidas, que consiente y encumbra sus canciones. «Todo esto, sin embargo, no se acepta públicamente por la cultura oficial. La radio, el cine, la historieta [...] no son registrados por una literatura todavía atenta a esta división sacra y reñidora entre la alta cultura y lo popular» (Monsiváis 1984: 3).

Como ya señalamos, es a partir de los años ochenta cuando los ídolos comienzan a aparecer tímidamente en los discursos estéticos de narradores de

---

[3] Los intérpretes de las novelas comentadas, tuvieron su extraordinario éxito sobre todo en el Caribe hispánico, aunque también fueron conocidos en Latinoamérica. Santos fue muy venerado en Colombia, Perú, Ecuador, al igual que Infante, cuya figura se proyectó aún más por su protagonismo en las películas mexicanas de los años 40 y 50, de gran resonancia también en España.

primer orden en el universo de la novela latinoamericana, caribeña en especial. Estas novelas de los intérpretes, destacarán la trayectoria vital o la tragedia de nuestros más queridos cantantes de boleros, convertidos ya en leyendas e idolatrados por distintas generaciones. En este sentido, afirma el investigador Pausides González Silva, en relación a los textos literarios donde aparece la música como protagonista:

> Esos textos construyen un discurso que considera todo un repertorio popular de sentimientos y conductas [...] donde la soledad y los celos junto a la nostalgia, traman los contenidos del imaginario de un colectivo que busca legitimarse en la figura del cantante, el intérprete y en el repertorio musical que lo acompaña (González Silva 1998: 14).

En efecto, nuestros narradores consiguen establecer con sus protagonistas, el compromiso igualitario de todos los hombres que, de acuerdo con González Silva, se legitiman en las figuras de Daniel Santos, Benny Moré, Felipe Pirela y Pedro Infante. El lector, así, se identifica con unos valores arraigados en nuestra sentimentalidad, que mantiene vivas sus propias o nuestras propias esperanzas y del ideal de nuestra propia realización en la sociedad: «El efecto de la aventura del héroe cuando ha triunfado es desencadenar y liberar de nuevo el fluir de la vida en el cuerpo del mundo» (Campbell 1980: 44).

Voces

Uno de los personajes de *La importancia de llamarse Daniel Santos* dice que la sola mención del nombre del artista –Daniel Santos– en la geografía musical popular caribeña genera todo un universo de referencias relacionadas con la vida intensa, concupiscente, aventurera, del famoso intérprete de boleros. «Dicen que lo educó el rigor de la crítica de la razón fálica [...]. Dicen que no hubo asignatura de la carrera sensual que no aprobó [...] también trasiega el secreteo de los euforizantes que, dicen, tanteó» (Sánchez 1988: 18). Pero también sucede con la mención de otros ídolos caribeños y latinoamericanos, que han tenido vidas extraordinarias: o bien cortas y trágicas –Gardel, Pirela, Infante, Jaramillo, Moré, Lavoe– o bien largas y complejas –Santos, Celia Cruz–. Todas ellas trayectorias artísticas con grandes éxitos musicales en los distintos contextos donde se desarrollaron, y con referencia obligada en las diversas generaciones –las voces del tiempo– que los vieron brillar en el mundo difícil de la música popular caribeña y latinoamericana.

Cuando se producen las novelas de los intérpretes, en especial las que estamos comentando, a partir de la década del ochenta, hacía tiempo que sus referentes artísticos formaban parte de la historia musical popular caribeña. Los cantantes Daniel Santos, Benny Moré, Felipe Pirela, Pedro Infante cimentaron su fama en el género del bolero, que había tenido su época de oro entre las décadas del cuarenta y sesenta del siglo pasado. Sin embargo, sus figuras mantenían –y mantienen– una perdurabilidad en sectores amplios de escuchas y forman parte del imaginario social caribeño y latinoamericano, ya que representan un espacio y un tiempo donde se entrecruzan identidades de distinto orden, convirtiéndose en leyendas, integrados a una sociedad que los venera, que son referencias de lo que somos, «no son fines en ellos mismos, sino guardianes, encarnaciones o dadores del licor, la leche, el alimento, el fuego, la gracia de la vida indestructible» (Campbell 1980: 161).

Las cuatro novelas a comentar, *La importancia de llamarse Daniel Santos* (1988), *Bolero* (1984), *Entre el oro y la carne* (1990) y Si *yo fuera Pedro Infante* (1989), presentan ciertas características comunes a todas, aunque, claro está, con sus particulares especificidades. Los autores confeccionan sus fabulaciones en las que hablan desde ellos, de ellos y de los otros agentes sociales. Pero ¿cuál es el principio constructivo de las novelas de los intérpretes? Sin lugar a dudas estos relatos revelan una realidad particular de los pueblos del Caribe, con su cultura afroamericana, su sensibilidad musical y su vivir cotidianamente la memoria histórica.

La integración del todo en las obras no se produce por la presencia constante de una voz narrativa, sino por la presencia de varias voces. En una interesante comparación sobre dos películas brasileñas de 2003, *Una onda en el aire* y *Ciudad de Dios*, Emanuelle K. F. Oliveira (2008) nos habla de las voces que nos cuentan ambas historias, para afirmar que en *Ciudad de Dios* la voz narradora es vertical, es decir, contada desde el poder mientras que en *Una onda en el aire*, la voz narradora es horizontal, contada desde dentro del discurso: «Las narrativas testimoniales forman 'voces horizontales' en oposición a 'voces verticales' impuestas por las élites sobre las clases populares. Las 'voces horizontales' rompen, por lo tanto, con los modelos de representación que miran al subalterno desde una visión exótica y extraña» (Oliveira 2008: 430). Este criterio podemos adoptarlo para las voces que recorren la novela de los intérpretes, ya que es precisamente desde adentro, desde la horizontalidad, como se cuentan las historias, las alegorías, los sinsabores, las nostalgias, los amores, los éxitos, los fracasos, las pasiones de los intérpretes famosos. En algunas novelas, hasta los mismos intérpretes se cuentan a sí mismos: «Así como surgen las ondas de un manantial sumergido, así las formas del universo se expanden en círculos desde su fuente» (Campbell 1980: 298).

En *La importancia de llamarse Daniel Santos*, de Luis Rafael Sánchez, en adelante LDS, el narrador, que es a su vez sujeto de la enunciación y protagonista, al igual que Daniel Santos, el intérprete puertorriqueño, que es el referente de su propio referente, propondrá una lectura híbrida, que se va a contraponer a una tradición constructora de novelas secuenciales, en las que las palabras son súbditos de organizaciones mayores. En cierta medida, el narrador nos está proponiendo una desalienación de lo argumental: «*La importancia de llamarse Daniel Santos* es una narración híbrida y fronteriza, mestiza, exenta de las regulaciones genéricas. Como fabulación nada más debe leerse» (Sánchez 1988: 16).

Estas palabras que abren la presentación del relato que va a comenzar a ser contado, nos ofrecerá ciertas claves para su lectura, según el narrador: hay que leerlo como fabulación, es decir, como rumor, como invención, como signo de la oralidad. Nos prepara ese narrador central, ese narrador viajero, esa voz interrogadora, por el periplo del cantante de Puerto Rico, que nos acercan a «Algunas geografías, la letra de las canciones, su nombre, otros nombres populares, integran la verdad racionada del texto a continuación» (Sánchez 1988: 14).

Como vemos, la voz del narrador propone la necesidad de integrar, de construir, de seguir distintos espacios –casi un renacer cubista–, donde nos va a presentar una realidad entremezclada: el itinerario de Santos, su mito y su música. En este sentido son diversas las voces a las que apela el narrador en procura de resolver, de explicar las nostalgias, los saberes cotidianos, la magia de los boleros, el significado de la noche bohemia, los amores peregrinos, incluso sus propios avatares: «Desequilibrio que como concepción general de la productividad artística y creativa de la vanguardia (el tiempo, la obra de arte, la relación artista-sociedad) desciende también a los estratos mismos de la lengua y la comunicación» (Burgos 1995: 106).

Ciertamente, el vehículo apropiado del narrador básico de LDS es el lenguaje que, en su conjunto, logra articular las diferentes 'mediaciones' significativas que convierte las distintas voces de la narración, en notables portadores de imágenes que carga de sentido y significado la vida bohemia del inquieto cantante de Puerto Rico. Efectivamente LDS novela puede verse así como una toma de conciencia de la particularidad del idioma y de lo que éste conlleva. El narrador, desdoblado en muchas voces, se pasea por distintos países de América, que conocieron de las andanzas del magistral intérprete de boleros, buscando «Los tejidos del rumor, la persistencia del mito, las servidumbres de la fama» (Sánchez 1988: 16). Son claves de la búsqueda. Los diversos modos y hablas de la lengua castellana, enfocados en bares, palenques, cantinas, de los barrios populares de Puerto Rico, México, Perú, Colombia, Cuba, Venezuela, van configurando una suerte de apreciación de un significado existencial en la memoria colectiva del ser caribeño, latinoamericano. Daniel Santos es una de nuestras imágenes.

En *Bolero* (1984), de Lisandro Otero, el mismo autor nos ofrece claves para la lectura del texto: «Esta novela ha sido escrita mediante un método usual en el proceso de creación narrativa: tomando elementos verídicos de diferentes caracteres y contextos y añadiendo recursos de fantasía pura» (Otero 1984: 7), para más adelante apelar a lo que presente como la natural asociación del lector con los referentes internos de la obra: «Aunque el lector pueda hallar huellas que le induzcan a atribuir ciertas apariencias como correspondientes a identidades varias» (Otero 1984: 7).

Al igual que la novela de Sánchez, son diversas las voces que recorren la historia de Beto María Galán, un sonero y bolerista que tuvo su cenit musical, sobre todo en la década del cincuenta del siglo XX, y cuya referencia asociamos a la figura mítica del gran cantante cubano Benny Moré. Las distintas voces que recorren la novela tienen un punto central en la voz de Agustín Esquivel, un periodista que a raíz de la muerte del cantante Beto María Galán, comienza a indagar en los testigos que conocieron al intérprete. Entonces surgen otras voces que no tienen otro tiempo que el de la reflexión existencial a partir de una evocación apresada largamente.

En este caso, hay voces autorizadas, como la del Profesor, capaz de precisar en su reflexión sobre el famoso músico, su desarrollo y su búsqueda de la perfección musical, lo que a decir de Nelson Osorio (2003) adquiere una nueva dimensión, al equiparar la angustia del artista popular y sus conflictos con su música, con su arte, con los denominados «grandes creadores universales». Esta voz, la del Profesor, es capaz de contextualizar momentos reales, fundamentales en el desarrollo de nuestra música popular: «muchos dicen que esa incierta frontera se atraviesa en 1947 cuando Dizzie Gillespie presenta a Chano Pozo en el concierto de Town Hall» (Otero 1984: 71).

Pero también están las voces íntimas de personajes como Olimpia, mujer de Beto Galán, enfocada más en contar la vida quejumbrosa del artista, de resaltar sus dudas musicales, de sus infidelidades, de su figura seductora. Otras voces se asoman también para imponer sus criterios desde diferentes alturas del tiempo, divergiendo entre sí y contradiciendo otras voces: «Esas meditaciones de su gran intimidad las obtuve de la incondicionalidad ferviente de Tareco, la lejanía de Olimpia, la indiscreción del doctor Arturo [...] la erudición del Profesor, la pericia musical de Blas Cabral [...] y mi obligada [...] persecución de la verdad» (Otero 1984: 48). Es el recurso del narrador transvasado en la voz de Agustín Esquivel, el periodista, para ir configurando el imaginario social del mito musical de Benny Moré, sonero y bolerista mayor caribeño.

En la novela del venezolano José Napoleón Oropeza, *Entre el oro y la carne*, de 1990, se contará la vida trágica del mejor bolerista venezolano, Felipe Pirela, llamado el bolerista de América. La integración del todo en la novela está basada en la voz del periodista y locutor Javier Díaz, amigo de infancia del intérprete, quien será el hilo conductor narrativo en el desarrollo del relato.

Sin embargo, como sucede en las novelas anteriormente descritas, vamos a encontrar, además de Díaz, la existencia de otras voces que irán conformando, delineando, la trayectoria vital del famoso cantante de boleros, en una esfera narrativa totalizadora, en donde observamos la manifestación de varios lenguajes en rotación. Todos, bajo la perspectiva de su propia visión, de sus particulares puntos de vista. El lector asiste así a un ámbito donde se recrean aspiraciones, triunfos, esperanzas y ansiedades, que las distintas voces van contextualizando. En este sentido, la novela a través de las distintas voces narradoras, con(funde) el espacio y el tiempo del relato, que se desplaza en el recuerdo de cada una de las voces, quienes van contando su historia, a través de flashes, de imágenes instantáneas, de recuerdos y nostalgias: «allí aparecía la noticia del debut del nuevo bolerista, el negrito de El Empedrado que sólo tenía catorce años y cantaba como Lucho Gatica y como Alfredo Sadel» (Oropeza 1990: 37).

El relato va avanzando, con el entrecruzamiento de sus planos de tiempo y espacio y la introspección de algunas de las voces, en un desarrollo gradual, progresivo de la historia del cantante. Como ya mencionamos, asistimos a la contextualización de ciertos instantes, momentos de la niñez, adolescencia, triunfos, y fracasos de Felipe Pirela y que están diseminados en el relato. Aun así, el desorden no se aparta del orden real de los hechos que el lector debe, necesariamente, precisar, organizar para establecer la continuidad de la secuencia narrativa.

En el relato de Oropeza también la voz narrativa de Felipe Pirela cuenta su propia historia, sus triunfos y sus fracasos: «Hasta hoy, me ha acompañado la suerte. Lo esperaba. Tampoco me quejo. Tengo para los gastos y, todas las semanas, le envío algún dinero a mamá» (Oropeza 1990: 62). El novelista se vale de todos los medios a su alcance para presentarnos una novela híbrida, que por lo demás es la esencia de algunas novelas de los intérpretes: «Su foco narrativo principal es la exploración de espacios interiores del texto y su manifestación exterior más evidente apunta hacia el experimentalismo gráfico. Les interesa notoriamente la transgresión de los esquemas espaciales del discurso» (Barrera Linares 1997: 200).

Esta reconstrucción de la vida del intérprete venezolano a través de la narración múltiple y que se corresponde con las innovaciones de las vanguardias, personaliza la reacción de cada voz narradora ante los demás narradores –esto caracteriza también a otras novelas de los intérpretes–. Esta polifonía de voces, en el sentido bajtiniano del término, con una voz narrativa dominante –la de Javier Díaz– va desarrollándose a partir de las anécdotas, entrevistas, diálogos, crónicas o las letras de boleros. Las voces de Lidia, madre del cantante, la de Marina, su esposa niña, la de sus hermanos, la de Panchita, su novia de Puerto Rico, donde el cantante morirá asesinado, se yuxtaponen en los segmentos de la acción, para contar en distintos tiempos verbales.

La realidad se entremezcla entonces con el recuerdo, con la reflexión existencial: «el recuerdo inmoviliza el pasado, transforma la imagen en objeto, la memoria apuesta a las tensiones internas de la lengua, tiende a crear otras huellas, a reterritorializar el sentido» (Daroqui 1997: 20).

En realidad, Felipe Pirela se apropió de un espacio y un tiempo que proyectó su trágica existencia a través de un imaginario social, que mantiene su recuerdo permanentemente actualizado, como toda leyenda musical latinoamericana y donde el bolero asume su rol protagónico para hacernos partícipes de un tiempo vital, simbolizado en la voz del bolerista de América Felipe Pirela.

En *Si yo fuera Pedro Infante* (1989) en adelante SYPI, novela de otro venezolano, Eduardo Liendo, la voz principal es la de Perucho Contreras, un hombre del común, quien desde su convalecencia en un hospital nos revela la vida de otro, que es a su vez una rebeldía de su yo íntimo, de su yo social. Es una vida irrefrenable, un ímpetu de gozo que va más allá de la razón y que «no puede impedir que esta noche me transmute en el mito de Pedro Infante (mi opuesto), mediante una alquimia de los sentimientos e inventar una existencia» (Liendo 1989: 53).

Perucho proyecta así su historia común en la vida de un ídolo, Pedro Infante, el cantante mexicano de boleros rancheros en las décadas del cuarenta y cincuenta, uno de los íconos más trascendentales de la cultura mexicana y que marcó los ideales vivenciales, sentimentales de toda una generación de latinoamericanos que se nutrió del cine, la radio y de una incipiente televisión, y que iniciara el tránsito hacia un mundo más complejo que el protagonista evita a ratos.

Perucho está, en 1989, contando una historia que se desarrolló hace cuarenta años. Se habla en presente y en pretérito en una integración del texto de la novela con el contexto del lector. Como bien dice Mukarovsky (1975: 36): «la obra artística está destinada a servir de intermediario entre su autor y la colectividad». De manera que ese recorrer la vida de otro, como si fuese la de uno, esa cosmovisión de un tiempo es justamente la expresión de un deseo, es la ilusión de conducirnos a la inmortalidad a través de la presencia mágica y poderosa del ídolo. Es la imaginación que condensa y desplaza la realidad, como el sueño.

En esta novela también Pedro Infante, el mito, asume su propia historia vital, su propia voz, participando en los acontecimientos como protagonista: «Uno entiende sin explicaciones que la música está en el origen. Uno tiene a la indita enterrada en el corazón y la abuela la bailaba sobre las rodillas, tarareando la bamba» (Liendo 1989: 7). «Porque María Luisa era una muchacha distinguida y yo en ese entonces ni escribir sabía… además para mí que un hombre con una guitarra y un buen corazón no necesita letras» (23). «Así llegamos al cementerio jardín. Me profundizaron justamente al lado de la tumba de mi cuate Jorge Negrete: será muy buena compañía para la eternidad» (129).

El narrador asume entonces una desintegración de la fisonomía del relato, que consigue contraponer a través de la (con)fusión de voces de Perucho Contreras y la del mismísimo Pedro Infante, pero con orden en la concepción de tiempo y espacio, donde a través de los boleros famosos de Infante se irá conformando el imaginario musical hispanoamericano.

La voz de Perucho Contreras y la voz de Pedro Infante se integran entonces a una mirada retrospectiva, que es portadora de alegorías, porque el mundo de Perucho Contreras y el mundo de Pedro Infante es el mundo del lenguaje contagio: es un rito ceremonial, es palabra, es acto: «Los arquetipos que han de ser descubiertos y asimilados son precisamente aquellos que han inspirado, a través de los anales de la cultura humana, las imágenes básicas del ritual, de la mitología y de la visión» (Campbell 1980: 25).

Por eso SYPI son los combates de la lucha libre y su galería de ídolos, es el cine mexicano, tan popular en los años cuarenta y cincuenta en toda Latinoamérica, son las composiciones machistas y desgarradoras de José Alfredo Jiménez, de Toña la Negra y, por supuesto, los boleros plañideros de Pedro Infante. Éste —como ya señalamos— se cuenta a sí mismo en el relato y cuenta también a Perucho Contreras. Ambos evocan sus vidas en la del otro, «la memoria realiza un movimiento de traslación, es decir, vuelve a traer imágenes, hechos, al presente con la finalidad de refuncionalizarlos» (Daroqui 1997: 20).

Al final, Perucho Contreras reflexiona y dice en tono conciliatorio: «Tampoco está mal ser Perucho Contreras». Es su propia reivindicación, es la aceptación de su propio ser, de su propio yo. Pedro Infante es la sublimación de su propia y genuina existencia, de su propia esperanza. Es su imaginario social, revelado a través de la figura del gran ídolo mexicano, el bolerista Pedro Infante.

Identidad, significado

Ya hemos reiterado que las denominadas novelas de los intérpretes se inscriben en los esquemas estéticos y significativos de la literatura del *boom* literario latinoamericano. Pero se abren también a algunos códigos que suponen una apertura constante hacia lo humano concreto, hacia la vida cotidiana, hacia la memoria íntima de los pueblos, que son propuestas de interpretación de la realidad de nuestras regiones, y que están relacionadas con el cambio social y político, que se desarrolla, que se va creando. *Glocalización*, han dicho algunos. Lo global y lo local, donde a la par que se acepta el mundo globalizado, se asume la soberanía y la sustentabilidad que consoliden nuestras identidades, que favorezcan la construcción colectiva del saber vivo, del hacer compartido, presente en nuestros valores estéticos, musicales, intelectuales. Son las voces horizontales que hablan desde la intersubjetividad, configuradas y comprometidas con nuevos estadios sociales. Las novelas de los intérpretes recrean, sobre todo, lo urbano y de lo urbano, lo popular. Todas tienen en común el recuerdo y la nostalgia a través de la historia de los ídolos, grandes intérpretes, principalmente, del bolero caribeño –Santos y Moré interpretaron otros ritmos–.

El bolero es un género fundamental para articular esa relación directa, dialéctica, de orden referencial, entre la imagen cultural ideológica planteada por los textos novelísticos –o referente interno– y la imagen cultural ideológica construida a partir de lo real hispanoamericano, esto es, la realidad hispanoamericana erigida como interpretante social de lo real hispanoamericano, o referente externo de la obra literaria. El bolero proyecta entonces su perdurabilidad en estas novelas, donde la figura del cantante, como ya vimos, es eje central de su estructura.

Estos intérpretes de boleros, que es una música de la modernidad caribeña, se entrelazan en un todo con su historia, con su intrahistoria: «Lo que nos parece constante es la estrecha relación que mantiene el personaje con el ideal de un grupo humano, mediante un proceso complementario de aquel que le impone las señas de una individualidad concreta» (Abirached 1994: 44).

Podemos afirmar que los boleros tienen su arraigo en una clase media emergente, urbana y medianamente culta, que empieza a desarrollarse a principios del siglo XX. Se construye el imaginario social, mítico, de los grandes cantantes populares del Caribe –como indicamos, con el desarrollo de los medios masivos de comunicación– ante un entramado emocional que tiene su raíz en el romanticismo –aunque no pocos afirman que el bolero es heredero de la poesía modernista– y su derivación melodramática del siglo XIX.

Pero más allá de consideraciones de carácter literario, lingüístico o musical, gran parte de la indestructibilidad del bolero, de su persistencia en el tiempo, es que nacido romántico o modernista, uno de sus significados lo constituye el hecho cierto de que su temática se centra en el deseo profundo, verdadero y universal de alcanzar el amor absoluto, el amor único, que «se vuelve soso, se cotidianiza, uno vuelve a salir a la búsqueda del amor único porque la felicidad en el amor es el gran mito» (Morin 1969: 4). Estas consideraciones del amor, que revela la contradicción entre la intensidad de la pasión y la duración del amor, es la proyección de la canción bolero en el imaginario sentimental caribeño y latinoamericano, que se realiza siempre en las distintas composiciones e interpretaciones de los grandes artistas populares de nuestra región. Como dice el Profesor, uno de los personajes de la novela *Bolero* «el éxito del artista sobreviene cuando logra objetivar su conciencia y la incorpora a un contexto; obtiene así una vivencia compartida con la muchedumbre que comienza a aclamarlo» (Otero 1984: 24).

Son justamente las vivencias de nuestras distintas generaciones las que son recogidas, estimuladas, sentidas, en las novelas de los intérpretes:

> El escritor en su afán por entender tanto los múltiples contrastes como las híbridas situaciones que devienen de estos espacios fronterizos –unas y otros videntes signos del presente– recorre con variadas estrategias las huellas y marcas del pasado instaladas en el diario acontecer (Daroqui 1997: 19).

Esa percepción de la condición humana del ser caribeño, establece un nexo particular y social con los textos donde aparece destacada una parte de nuestra memoria colectiva: la de nuestra música y nuestros intérpretes: «Toda identidad se fundamenta en un nosotros. La identidad opera por la diferencia porque todo nosotros implica otro, en función de rasgos y sensibilidades compartidas y una memoria colectiva común» (Bracho 2008: 75).

Todo producto literario tiene el sentido que le otorga la sociedad que lo produjo. Todas nuestras escrituras terminan expresando nuestra realidad, y las novelas de los intérpretes no son una excepción. Además, en conjunto, muestran las preocupaciones por nuestra integridad y, por qué no, pueden verse como resistencia a las fuerzas que la amenazan.

Daniel Santos, Benny Moré, Felipe Pirela y Pedro Infante comunican, cuentan y cantan –a través de los relatos que los destacan– la realidad caribeña, latinoamericana, hispanoamericana. Brindemos por ellos.

Bibliografía

Abirached, Robert (1994): *La crisis del personaje en el teatro moderno*. Madrid: Adee.
Barbero, J. (1998): «Hegemonía comunicacional y descentramiento cultural». En: Roberto Follari/Rigoberto Lanz (eds.): *Enfoque sobre posmodernidad en América Latina*. Caracas: Sentido, pp. 37-71.
Barrera Linares, Luis (1997): *Desacralización y parodia. Aproximación al cuento venezolano del siglo XX*. Caracas: Monte Ávila.
Bobes, María del Carmen (2008): *Crítica del conocimiento literario*. Madrid: Arco/Libros.
Bracho, Jorge (2007): *Miranda, Bolívar y Bello. Tres tiempos del pensar latinoamericano*. Caracas: Ucab.
— (2008) *Globalización, Regionalismo, Integración*. Caracas: Río Orituco.
Burgos, Fernando (1995): *Vertientes de la modernidad hispanoamericana*. Caracas: Monte Ávila.

CAMPBELL, Joseph (1980): *El héroe de las mil caras. Psicoanálisis del mito*. México: FCE.

DAROQUI, María Julia (1997): *(Dis)locaciones. Narrativas híbridas del caribe hispano*. Valencia: Tirant lo Blanch.

GONZÁLEZ SILVA, Pausides (1998): *La música popular del caribe hispano en su literatura*. Caracas: Fundarte/Celarg.

LIENDO, Eduardo (1989): *Si yo fuera Pedro Infante*. Caracas: Monte Ávila.

MONSIVÁIS, Carlos (1984): «Ídolos musicales y literatura, en América Latina». En: <http://www.lablaa.org/blaavirtual/publicacionesbanrep/boletín/boleti3/bol1/idolos.htm>.

MORA, Gladys (2002): «La hibridación en la novela, tendencia o género al fin del milenio». En: <http://www2.cyberhumanitatis.uchile.cl/13/tx16.html>.

MORIN, Edgar *et al.* (1969): *El amor en cuestión*. Buenos Aires: Roberto Alonso.

MUKAROVSKY, Jan (1975): *Escritos de estética y semiótica del arte*. Barcelona: Gustavo Gili.

NOGUEROL, Francisca (2008): «Narrar sin fronteras». En: Jesús Montoya Suárez/Ángel Esteban (eds.): *Entre lo local y lo global*. Madrid/Frankfurt: Iberoamericana/Vervuert, pp. 19-33.

OLIVEIRA, Emanuelle K. F. (2008): «De paso por la ciudad de Dios». En: Mabel Moraña (ed.): *Cultura y Cambio Social en América Latina*. Madrid/Frankfurt: Iberoamericana/Vervuert, pp. 421-438.

OROPEZA, José Napoleón (1990): *Entre el oro y la carne*. Caracas: Planeta.

OSORIO, Nelson (2003): «Beto Galán: El sonero como artista». En: <http://www.cubaliteraria.com/autor/lisandro_otero/opinionesno.htm>.

OTERO, Lisandro (1984): *Bolero*. Caracas: Contexto Audiovisual (Colección Amistad).

RAMA, Ángel (1985): *La crítica de la cultura en América Latina*. Barcelona: Biblioteca Ayacucho.

RODRÍGUEZ, J. (1983): *Venezuela país del caribe*. Caracas: Presidencia de la República.

SALVADOR, Álvaro (2008): «Apostillas a 'El otro boom' de la narrativa Hispanoamericana: Los relatos escritos por mujeres desde la década de los ochenta». En: Jesús Montoya Suárez/Ángel Esteban (eds.): *Entre lo local y lo global*. Madrid/Frankfurt: Iberoamericana/Vervuert, pp. 133-149.

SÁNCHEZ, Luis Rafael (1988): *La importancia de llamarse Daniel Santos*. México: Diana.

Sobre los autores

Francisco Caudet enseña Literatura Española en la Universidad Autónoma de Madrid. Ha sido profesor visitante en universidades de Inglaterra, Francia, Alemania, Estados Unidos y Argentina. Fue galardonado, en 1996, con el Premio Humboldt de Investigación en Humanidades. Entre sus publicaciones más recientes pueden citarse *Mirando en la memoria las señales. Diez ensayos sobre el exilio republicano de 1939* (2010), *Clío y la mágica péñola. Historia y novela 1885-1912* (2010), *Tríptico galdosiano: El amigo Manso, Fortunata y Jacinta. La incógnita-Realidad* (2011), *Galdós y Max Aub. Estéticas del realismo* (2011).

Angela Fabris enseña Literatura Española y Literatura Italiana en la Universidad de Klagenfurt (Austria). Es especialista en novela pastoril y en novela corta del siglo XVII. Últimamente ha publicado –en calidad de editora– la miscelánea *Vie Lombarde e Venete. Circolazione e trasformazione dei saperi letterari nel Sette-Ottocento fra l'Italia settentrionale e l'Europa transalpina* (2011), además de varios estudios en torno al epígrafe en los periódicos morales del siglo XVIII. Está preparando una edición del texto de Juan de Piña *Casos prodigiosos y cueva encantada*.

Robert Folger enseña Literatura Española y Literatura Hispanoamericana en la Universidad de Utrecht (Países Bajos). Es especialista, sobre todo, en literatura española medieval y áurea. Recientemente ha publicado *Escape from the Prison of Love: Caloric Identities and Writing Subjects in Fifteenth-Century Spain* (2009), *Picaresque and Bureaucracy: 'Lazarillo de Tormes'*, y *Writing as Poaching: Interpellation and Self-Fashioning in Colonial 'relaciones de méritos y servicios'* (2011).

Eberhard Geisler enseña Literaturas Iberorrománicas en la Universidad Johannes Gutenberg de Maguncia. Actualmente, su obra *Geld bei Quevedo* ('Dinero en Quevedo') está en proceso de traducción al español. Ha publicado numerosos artículos sobre literatura española del Siglo de Oro, de los siglos XIX y XX, literatura hispanoamericana del siglo XX y literatura catalana moderna. Como traductor, últimamente ha publicado en versión alemana una selección del *Quadern gris* de Josep Pla.

MAX GROSSE enseña Literaturas Románicas en la Universidad de Tubinga. Sus áreas de especialización son literatura francesa medieval, literatura áurea española y la recepción de la Antigüedad clásica en las literaturas románicas. Últimamente ha publicado ensayos sobre el concepto de 'literatura' medieval, la écfrasis en los romances medievales relacionados con la Antigüedad y la recepción del mito de Fedra.

INKE GUNIA enseña Literaturas Hispánicas en la Universidad de Hamburgo. Sus áreas de especialización son la novela picaresca española, la literatura española de los siglos XVIII y XIX, la literatura hispanoamericana de los siglos XIX y XX, narratología y ciencias culturales. Últimamente ha publicado *De la poesía a la literatura. El cambio de los conceptos en la formación del campo literario español del siglo XVIII y principios del XIX* (2008).

KIAN-HARALD KARIMI enseña actualmente Literaturas Románicas en la Universidad Humboldt de Berlín. Sus investigaciones se enfocan en las literaturas española, francesa y portuguesa. Últimamente ha publicado *Jenseits von altem Gott und 'Neuem Menschen'* (2007), un estudio que trata del lugar de lo divino en el discurso de la Restauración española.

HÉCTOR LEÓN GARCÍA enseña Literatura Latinoamericana, especialmente la venezolana, en la Universidad Pedagógica Experimental Libertador en Caracas (Venezuela). Su investigación se centra en la literatura caribeña, en especial la relacionada con la música popular. Entre sus publicaciones se encuentran *Daniel Santos: claves de una fabulación* (2009), *Tiempo de Barrabás, de Uslar Pietri, y de Vanguardia* (2011).

STEPHAN LEOPOLD enseña Literaturas Románicas en la Universidad Johannes Gutenberg de Maguncia. Sus áreas de especialización son, por una parte, la poesía del Siglo de Oro y, por otra, la literatura hispanoamericana de los siglos XIX y XX. Su último libro en este campo lo constituye la edición de un conjunto de artículos en colaboración con Robert Folger, *Escribiendo la Inde-*

pendencia. Perspectivas postcoloniales sobre la literatura hispanoamericana del siglo XIX (2010).

JOSÉ MANUEL MARTÍN MORÁN enseña Literatura Española en la Facoltà di Lettere e Filosofia (Vercelli) de la Università del Piemonte Orientale. Es especialista en Cervantes y en la novela del siglo XIX y XX. Recientemente ha publicado *Autoridad, palabra y lectura en el «Quijote»* (2008) y *Cervantes y el «Quijote» hacia la novela moderna* (2009).

WOLFGANG MATZAT enseña Literaturas Románicas en la Universidad de Tubinga. Sus investigaciones se centran en la teoría e historia de la novela, y se enfocan especialmente en la novela pastoril, en Cervantes, en Pérez Galdós y en la novela latinoamericana del siglo XX. Recientemente ha publicado, en calidad de editor, *Espacios y discursos en la novela española del realismo a la actualidad* (2007).

HANS-JÖRG NEUSCHÄFER enseñó, hasta su jubilación, Literaturas Románicas en la Universidad del Sarre (Saarbrücken). Sus principales campos de trabajo son el Renacimiento italiano, la literatura francesa del siglo XVII y XIX, y la literatura española desde la Edad Media hasta hoy. Recientemente ha publicado *Spanische Literaturgeschichte* (^{4}2011), *Klassische Texte der spanischen Literatur* (2011).

Mª. CARMEN PORRÚA enseña Literatura Española en la Universidad de Buenos Aires y es investigadora principal del CONICET. Es especialista en literatura española de los siglos XIX y XX, particularmente en Pérez Galdós, Valle-Inclán y Juan Goytisolo. Últimamente ha publicado, en calidad de editora, *Lugares. Estudios sobre el espacio literario* (1999), *Sujetos a la literatura* (2008) y *Dialectos de la memoria* (2011).

JUTTA WEISER enseña Literaturas Románicas en la Universidad de Duisburgo-Essen. Su especialidad es la relación entre la medicina y la literatura en los siglos XIX y XX. Su tesis de habilitación *Poetik des Pathologischen. Medizin und Romanliteratur in Spanien (1880-1905)* está actualmente en vías de publicación.

JOBST WELGE enseña actualmente Literatura Comparada en la Universidad Libre de Berlín. Sus investigaciones se enfocan en literatura moderna, específicamente en novela en lengua española, portuguesa e italiana. Últimamente ha publicado ensayos sobre Curzio Malaparte, Roberto Arlt y Ramón del Valle-Inclán. Su libro *Allegories of Nationhood: Periphery, Genealogy, and Historical Change in the Modern Novel* se publicará próximamente.

HORST WEICH enseña Literaturas Románicas en la Universidad de Múnich. Sus intereses abarcan la literatura del Siglo de Oro (Cervantes y poesía) y las formas de la escritura cómico-paródica. Últimamente ha publicado artículos sobre poesía moderna española (Luis Muñoz) y poesía portuguesa del Renacimiento (Sá de Miranda y D. Manuel de Portugal).

FRIEDRICH WOLFZETTEL enseñó, hasta su jubilación, Literaturas Románicas en la Universidad Goethe de Frankfurt am Main. Es especialista en literatura medieval, en la novela moderna en Francia y España desde el siglo XVIII, y en historia de los libros de viaje. Últimamente ha publicado *Der Spanische Roman von der Aufklärung bis zur frühen Moderne* (1999) y *Reiseberichte und mythische Struktur* (2003).